中国法律史学文丛

秦汉律与唐律杀人罪
立法比较研究

刘晓林　著

商务印书馆
创于1897　The Commercial Press

图书在版编目(CIP)数据

秦汉律与唐律杀人罪立法比较研究/刘晓林著.—
北京:商务印书馆,2021
(中国法律史学文丛)
ISBN 978-7-100-20068-4

Ⅰ.①秦…　Ⅱ.①刘…　Ⅲ.①杀人罪—立法—对
比研究—中国—秦汉时代、唐代　Ⅳ.①D924.342

中国版本图书馆 CIP 数据核字(2021)第 116649 号

国家社科基金青年项目"秦汉律与唐律杀人罪立法比较
研究"资助(批准号:13CFX015,结项证书号:20190373)
吉林大学法学"日新"文库(1)资助

中国法律史学文丛
秦汉律与唐律杀人罪立法比较研究
刘晓林　著

商　务　印　书　馆　出　版
(北京王府井大街 36 号　邮政编码 100710)
商　务　印　书　馆　发　行
北 京 新 华 印 刷 有 限 公 司 印刷
ISBN　978-7-100-20068-4

2021 年 9 月第 1 版　　　开本 880×1230 1/32
2021 年 9 月北京第 1 次印刷　印张 10⅛
定价:78.00 元

总　　序

随着中国的崛起，中华民族的伟大复兴也正由梦想变为现实。然而，源远者流长，根深者叶茂。奠定和确立民族复兴的牢固学术根基，乃当代中国学人之责。中国法律史学，追根溯源于数千年华夏法制文明，凝聚百余年来中外学人的智慧结晶，寻觅法治中国固有之经验，发掘传统中华法系之精髓，以弘扬近代中国优秀的法治文化，亦是当代中国探寻政治文明的必由之路。中国法律史学的深入拓展可为国家长治久安提供镜鉴，并为部门法学研究在方法论上提供养料。

自改革开放以来，中国法律史学在老一辈法学家的引领下，在诸多中青年学者的不懈努力下，在这片荒芜的土地上拓荒、垦殖，已历30年，不论在学科建设还是在新史料的挖掘整理上，通史、专题史等诸多方面均取得了引人瞩目的成果。但是，目前中国法律史研究距社会转型大潮应承载的学术使命并不相契，甚至落后于政治社会实践的发展，有待法律界共同努力开创中国法律研究的新天地。

创立已逾百年的商务印书馆，以传承中西优秀文化为己任，其影响达致几代中国知识分子及普通百姓。社会虽几度变迁，物是人非，然而，百年磨砺、大浪淘沙，前辈擎立的商务旗帜，遵循独立的出版品格，不媚俗、不盲从，严谨于文化的传承与普及，保持与学界顶尖团队的真诚合作，始终是他们追求的目标。追思当年，清末民国有张元济（1867—1959）、王云五（1888—1979）等大师，他们周围云集一批仁人志士与知识分子，通过精诚合作，务实创新，把商务做成享誉世界的中国品牌。抗战烽烟使之几遭灭顶，商务人上下斡旋，辗转跋涉到渝、沪，艰难困苦中还不断推出各个学科的著述，中国近代出版的一面旗帜就此屹立不败。

近年来，商务印书馆在法律类图书的出版上，致力于《法学文库》丛书和法律文献史料的校勘整理。《法学文库》已纳入出版优秀原创著作十余部，涵盖法史、法理、民法、宪法等部门法学。2008 年推出了十一卷本《新译日本法规大全》点校本，重现百年前近代中国在移植外国法方面的宏大气势与务实作为。2010 年陆续推出《大清新法令》(1901—1911)点校本，全面梳理清末法律改革的立法成果，为当代中国法制发展断裂的学术脉络接续前弦，为现代中国的法制文明溯源探路，为 21 世纪中国法治国家理想呈献近代蓝本，并试图发扬光大。

现在呈现于读者面前的《中国法律史学文丛》，拟收入法律通史、各部门法专史、断代法史方面的精品图书，通过结集成套出版，推崇用历史、社会的方法研究中国法律，以期拓展法学规范研究的多元路径，提升中国法律学术的整体理论水准。在法学方法上致力于实证研究，避免宏大叙事与纯粹演绎的范式，以及简单拿来主义而不顾中国固有文化的作品，使中国法律学术回归本土法的精神。

何 勤 华

2010 年 6 月 22 日于上海

序　一

　　《秦汉律与唐律杀人罪立法比较研究》，是晓林2013年国家社科基金青年项目的最终成果。在《唐律"七杀"研究》（商务印书馆2012年）出版之后，他就开启了秦汉与唐律杀人罪的比较研究。

　　唐律的"七杀"——谋杀、劫杀、斗杀、故杀、误杀、戏杀、过失杀，晓林对每一"杀"罪皆单独撰文研究。七篇论文，自2010至2012年的三年中，陆续发表于大学学报及社会科学院系统的专业刊物。《唐律"七杀"研究》秉承了先成文、后成书的研究路径，在出版著作之前，已经将各部分的主要著论基本发表完毕。

　　《秦汉律与唐律杀人罪立法比较研究》大致采取了相同的研究路径。目前为止，作者已经发表了《秦汉律与唐律"谋杀"比较研究》（《甘肃社会科学》2013年第2期）、《秦汉律中有关的"谒杀""擅杀"初考》（《甘肃政法学院学报》2013年第5期）、《从"贼杀"到"故杀"》（《苏州大学学报（法学版）》2015年第1期）等文章，讨论秦汉律至唐律诸"杀"罪的发展；又有《立法语言抑或学理解释：注释律学中的"六杀"与"七杀"》（《清华法学》2018年第6期），更延伸至宋元明清律学与清代官箴书中有关诸"杀"罪的演变。

　　相比于《唐律"七杀"研究》，晓林新著《秦汉律与唐律杀人罪立法比较研究》因采取比较的方法，具有视野宽阔、线索清晰两大特征。

　　其一，视野宽阔，《秦汉律与唐律杀人罪立法比较研究》已不限于唐律一个朝代诸杀罪的静态、横向研究，而深入到长时段的动态、纵向的维度，从而具有从共时性研究转变到历时性研究的特性。

比如，关于贼杀、故杀，该书描述到：秦汉魏晋时期，作为犯罪主观心态的"贼""故"并存，唐律中仅见"故"而无"贼"，"贼杀"演化为"故杀"；汉律中的"贼伤"演化为唐律中的"殴伤"，汉律中的"谋贼杀"演化为唐律中的"谋杀"。

其二，线索清晰，《秦汉律与唐律杀人罪立法比较研究》的每一个专题，都清楚梳理了诸"杀"个罪的演变过程与结果。

比如，秦汉律中的谒杀，至唐代演化为父母擅自处死有罪子女、奴婢的轻罪或勿论；秦汉律中的擅杀，唐律基本沿袭了其规定，并进一步详细区分了犯罪对象有无过错、行为人的主观方面、行为人与犯罪对象之间的身份关系三方面的内容。

注意线索连接，是该书的清醒意识，贯穿了整个写作过程。全书八章之中，专门探讨七类杀罪的七章，包括谋杀、贼杀（故杀）、擅杀、盗杀、斗殴杀、戏杀伤、过误杀，每章皆设立"发展趋势"一节，除各杀罪的来龙外，也探讨其在唐以后的去脉。

此外，作者的法学专业知识和背景的存在，以及对学理的娴熟使用，也使得该书刑法史的特性更为突出。专门史津梁，这是该书的第三个特征。

比如关于谋杀罪，作者指出：在秦汉律中，有关谋杀定罪量刑的记载多附属于贼杀、盗杀等罪名，且谋杀均为共同犯罪，具体犯罪行为包括未杀与已杀两个阶段。而在唐律中，谋杀是独立且内部结构非常庞杂的罪名，既可以是共同犯罪，又可以是单独犯罪，但由共同犯罪构成的谋杀是唐律中谋杀的典型形态；唐律中的谋杀，包括谋而未行、谋而已伤、谋而已杀三个阶段。中国古代的谋杀是贼杀、盗杀等法律概念发展到一定阶段而派生的产物，秦汉时期是谋杀这一概念产生、发展的关键时期。基于此分析，作者最后得出结论说：唐律中的谋杀在含义、定罪量刑、犯罪形态、行为阶段等方面较之秦汉律有进一步的发展，但从中仍能明显地看到沿袭秦汉律的痕迹。

当然，新著之中，也有值得检讨的地方。比如，唐律七杀，依照法典中出现顺序，为谋杀、劫杀、斗杀、故杀、误杀、戏杀、过失杀；依照相互关联性或重轻程度，则可以有新的排列。在《唐律"七杀"研究》中，晓林采取谋杀、故杀、劫杀、斗杀、戏杀、误杀、过失杀的顺序。新著《秦汉律与唐律杀人罪立法比较研究》，作者分谋杀、贼杀（故杀）、擅杀、盗杀、斗殴杀、戏杀伤、过误杀七种。这种秦汉与唐的概念混杂，在杀罪的命名上，一会儿使用秦汉视角，一会儿使用唐朝视角，可能会让读者感觉复杂纷繁，本已随作者建立的分类和区别，重又陷入混乱。这是需要注意的。

但瑕不掩瑜。对刑法史投入精力，尤其对唐律倾注心力，是我长期以来心有余而力不足的所在。虽说前贤大有人在，起点较高，但晓林知难而上，做出了令人瞩目的成绩，可补我之一大缺憾。另外，唐律乃至刑法史的不时髦乃至受冷落，本属正常。值得欣喜的，是晓林能孜孜于这一领域，不断取得成就。希望他能继续坚持下去。

是为序。

霍存福

2020 年 4 月 15 日

于沈师 3U 生居

序　二

学术研究要务实，要真研究，要研究真问题。

秦律是中国第一律，具有原生自发性及地域文化性，在中国法律史上是"前所未有"的，并最终成为大一统帝国的法律。汉承秦制，汉律对秦律有不少的继承和改造。秦汉法律作为中国传统律有迹可寻的源头，体现了极大的创制精神和高超的立法技术，对汉以后各代律尤其是作为中华法系代表性法典的《唐律》有重要影响。历来的学者在这方面是有共识的。如沈家本在《汉律摭遗自序》中说："《唐律》之承用《汉律》者不可枚举，有轻重略相等者，有轻重不尽同者，试取相较，而得失之数可藉以证厥是非。是则求《唐律》之根源，更不可不研究夫《汉律》矣。"[①]

薛允升撰写《汉律辑存》，吉同钧认为薛允升也是出于同样的学术考虑，"尝谓刑法虽起于李悝，至汉始完全，……读律而不通汉律，是数典而忘祖，因著《汉律辑存》。"[②]

虽然历来学者不乏这样通透的学术眼光，但往往受到客观条件的限制。由于秦汉律的散佚，程树德以前的学者将大部分的精力放在了汉律的辑佚上。随着出土文献中秦汉法律的大量发现，使学者对这一重大学术命题有了进行比较研究的可能。但条块分割、界限分明的学科划分培养出来的学者，其知识结构又明显不足以胜任此重大课题，如果他们不

---

① 〔清〕沈家本：《历代刑法考》（三）《汉律摭遗》卷一，邓经元、骈宇骞点校，中华书局1985年版，第1365—1366页。

② 〔清〕吉同钧：《乐素堂文集》，法律出版社2014年版，第66页。

能及时"充电"的话。法史学界有些学者出身于史学，也有些是完全法学背景。法学出身者长于理论，缺少史学训练，对文献史料有些生疏；而史学出身者又缺乏理论的高度，不能正确地运用"法言法语"。

《秦汉律与唐律杀人罪立法比较研究》是刘晓林教授继《唐律"七杀"研究》以后的又一力作，可以发现他的学术眼光已由唐律追溯到秦汉。将杀人罪立法作为研究的突破口，是因为针对杀人行为的禁止与制裁制度化的法律规范往往是最古老的法律。晓林是法史名家霍存福教授的高足，其研究路数显然受到乃师的陶冶影响，选取的研究切口深中肯綮，且有章可循。除了具有与前辈学者同样深邃的学术眼光以外，也有同样务实的学术精神和学术勇气。李学勤先生在回顾其治学经历时，特别强调"把理论、材料、眼界三方面的修养结合在一起"[①]，以此标准衡量，晓林教授当为青年学者的典范之一。

阮元在为江藩所著《汉学师承记》作序时称清代学者矫正了明代学者的空疏之风，学风"笃实"，学问"务为其难，务求其是"。愿与晓林教授共勉，也愿与青年学者共勉。

承晓林所请，书此以为其新作之序。

闫　晓　君
庚子年初夏于古长安，时榴花初开而冠状病毒正全球肆虐

---

①　李学勤：《缀古集》第四编《理论、材料、眼界》，上海古籍出版社1998年版，第208页。

目　　录

表 目 录

绪　　论

秦汉与隋唐是中国古代在政治、经济与文化等方面出现的两次鼎盛时期，中国古代在这两个时期社会发展呈现空前的繁荣景象。西汉的"文景之治"与唐代的"贞观之治""开元盛世"在政治、经济、文化各方面的成就都达到了当时世界的最高峰。秦汉帝国与隋唐帝国也是各自同时期世界上最重要、最强盛的国家，都拥有着极为突出的综合实力与影响力，也曾是当之无愧的"世界中心"。与政治、经济、文化高度发达的状况相适应，秦汉与隋唐在法制发展与法律文明方面，也产生了令人瞩目的成就，两者之间的内在关联又塑造着中华法系的若干特质。

"汉承秦制"，"历代之律，皆以汉《九章》为宗"，秦汉法制对后世立法产生了极大的影响，对中华法系的全面形成与发展也起到了明显的奠基作用。中华法系的代表《唐律疏议》中有明显沿袭秦汉律的痕迹，古今中外的学者在研究唐代以后的历朝法典时，也都将其渊源追溯至秦汉。如近代学者吴经熊谓：中国刑法史"汉为创作时代，唐则沿袭汉制而加以统系"。[①] 从秦汉律到唐律发展的这一千年，中国传统的法律、法

---

① 董康：《新旧刑律之比较概论》，载何勤华、李秀清主编：《民国法学论文精粹》（第四卷），法律出版社 2004 年版，第 19 页。又，董康将中国古代刑制沿革发展概括为：拾遗时代（先秦）、征信时代（汉至隋）、袭成时代（唐至清中期）、革新时代（清末）。其中"袭成时代"详述为："贞观绍开，皇作《唐律》，凡十二章。厥后有《疏议》之作，学者以其平易近情，备极推崇。宋之《刑统》，除流徒杖笞酌定决脊、决臀数目外，几于一字不易，不过每条之后略增唐后周暨当时格式敕条而已。金有《泰和律》，据《四库提要存目》'永徽法经'条下，仍用贞观之旧，其书收入《永乐大典》，未经辑出。光绪庚子（一九〇〇）拳匪之乱，大典散佚，为可惜也。元崛起漠北，自入主中夏后，用宋之《刑统》。《元典章》中略志其事。明清两代之目，依《唐律》

典经历了系统、全面的发展、演变过程，最终形成了《唐律疏议》，"无论是在世界上还是与如今的刑法、行政法典相比，它都拥有毫不逊色的完成度"。[①] 中国传统法制由秦汉至唐代的发展过程，是中国法律发展史最为重要的一个阶段。以杀人罪立法为切入点比较研究秦汉律与唐律在法律条文、法制精神、立法技术方面的异同，对于了解中华法系儒家化的发展轨迹与中国传统刑律的特质极为有效。

一、国内外研究现状

杀人是最原始的犯罪，[②] 将针对杀人行为的禁止与制裁常态化与制度化就是最古老的法律规范。那么，"杀人罪"就是刑法史上最原始、最古老的"罪名"，"古今中外的刑法主要通过禁止和严惩杀人行为来保护人之生命权"，"即使到了现代文明社会，生命权仍是最需要保护的一项基本人权"。[③] 关于传统刑律中的杀人罪立法及其形成、发展与演变历来是法学研究的重要领域，限于史料，历代学者对秦汉法制及其与唐代法制关系的研究除依据传世文献做一些辑佚与初步探讨之外，难有深入、系统的研究。与之相应，以往法律史学界对于传统刑律中杀人罪的研究多集中于唐代以后，关于秦汉魏晋时期的杀人罪立法只是依据传世文献的相关记载有所涉及。20世纪70年代以来，大量秦、汉简牍出土，其

稍加分析，冠以六曹之名。质言之，皆绍袭《唐律》而为守史之云初也，可名为'袭成时代'。"董康：《新旧刑律之比较概论》，载何勤华、李秀清主编：《民国法学论文精粹》（第四卷），法律出版社2004年版，第18—19页。

　　① 〔日〕富谷至：《从汉律到唐律——裁判规范与行为规范》，载薛夷风、周东平译，周东平、朱腾主编：《法律史译评》（2014年卷），中国政法大学出版社2015年版，第155页。

　　② 蔡枢衡先生认为："杀人起源于文化史上蒙昧时期因食物不足而杀人。"蔡枢衡：《中国刑法史》，中国法制出版社2005年版，第146页。

　　③ 陈泽宪：《刑事法制发展与公民权利保护》，载夏勇主编：《走向权利的时代》，中国政法大学出版社1999年版，第404页。

中律法、制度方面的内容非常丰富，引起了中外学者的高度重视。随着
近年来秦汉简牍不断出土，大量的整理与研究成果先后面世，这为我们
从整体上认识传统刑律提供了基础与前提。目前学术界所见相关研究
成果，既包括针对秦汉律与唐律进行比较的研究成果，也包括针对中国
古代杀人罪立法的整体以及断代与专题研究成果，但以杀人罪立法为中
心比较秦汉律与唐律的研究成果仍不多见。以下，对学界现有研究成果
的特色、贡献及其可能的不足试作分类说明。

（一）针对秦汉律与唐律进行比较的研究成果

秦汉时期是中国法制发展史上的重要时期，传统法制的若干特征在
这一时期逐渐开始形成并初步发展；唐代在沿袭秦汉法制的基础之上加
以系统化，并逐步抽象、概括出若干法学原理与法律原则，进而形成了
中华法系的代表——唐律。关于秦汉律与唐律比较研究的成果多集中于
宏观方面的比较研究，如从法典编纂体例、诉讼制度、刑罚制度、司法
制度、立法精神等方面进行的比较研究，针对具体制度进行的比较研究
也多集中于《贼律》《具律》等主要篇章的体例、结构与具体内容等方面。
代表性成果包括(但不限于)：武树臣《张家山汉简〈贼律〉研究——兼与秦律、
唐律相比较》、① 孟彦弘《秦汉法典体系的演变》与《从"具律"到"名例律"——
秦汉法典体系演变之一例》、② 闫晓君《竹简秦汉律与唐律》与《汉简〈贼律〉
沿革考》、③ 朱红林《张家山汉简〈二年律令〉集释》与《张家山汉简〈二年律

---

① 武树臣：《张家山汉简〈贼律〉研究——兼与秦律、唐律相比较》，载韩延龙主编：《法
律史论集》(第5卷)，法律出版社2004年版。

② 孟彦弘：《秦汉法典体系的演变》，《历史研究》2005年第3期；孟彦弘：《从"具律"
到"名例律"——秦汉法典体系演变之一例》，载中国社会科学院历史研究所学刊编委会编：
《中国社会科学院历史研究所学刊》(第4集)，商务印书馆2007年版。

③ 闫晓君：《竹简秦汉律与唐律》，《学术月刊》2005年第9期；闫晓君：《汉简〈贼律〉
沿革考》，《华南师范大学学报(社会科学版)》2006年第1期。

令〉研究》、① 马志冰《张家山汉简〈贼律〉研究——兼与睡虎地秦简及唐律比较》、② 陈红太《从秦、汉律到唐律的变化看齐儒学对中国刑律的影响》、③ 杨振红《从出土秦汉律看中国古代的"礼""法"观念及其法律体现——中国古代法律之儒家化说商兑》、④ 崔永东《竹简秦汉律与唐律所见司法制度的嬗变》、⑤ 连宏《汉唐刑罚比较研究》、⑥ 宋磊《家国冲突视野下的竹简秦汉律与唐律——汉唐律中家国角色的演变》。⑦

（二）针对中国古代杀人罪立法的研究成果

杀人是最古老的犯罪行为，"杀人罪"是传统刑律中最重要、最典型的立法内容，中外学者对传统刑律中的杀人罪进行过比较充分的探讨。相关研究成果按照不同标准可做不同划分，按照断代可划分为四类：秦汉时期的杀人罪研究、唐代的杀人罪研究、清代的杀人罪研究以及中国古代杀人罪的整体研究；按照研究方法与目的可分为两类：一是古今对比，即通过对某一朝代或整个中国古代杀人罪立法的探讨与当代刑事立法作比较或为当代刑事立法提供借鉴；二是不同朝代的比较，即针对传统刑律中杀人罪立法的某一具体类型，对其形成、演变做历时性的深入

---

① 朱红林：《张家山汉简〈二年律令〉集释》，社会科学文献出版社2005年版；朱红林：《张家山汉简〈二年律令〉研究》，黑龙江人民出版社2008年版。

② 马志冰：《张家山汉简〈贼律〉研究——兼与睡虎地秦简及唐律比较》，载"沈家本与中国法律文化国际学术研讨会"组委会编：《沈家本与中国法律文化国际学术研讨会论文集》（下册），中国法制出版社2005年版。

③ 陈红太：《从秦、汉律到唐律的变化看齐儒学对中国刑律的影响》，《政法论坛》2006年第6期。

④ 杨振红：《从出土秦汉律看中国古代的"礼""法"观念及其法律体现——中国古代法律之儒家化说商兑》，《中国史研究》2010年第4期。

⑤ 崔永东：《竹简秦汉律与唐律所见司法制度的嬗变》，《暨南学报（哲学社会科学版）》2011年第6期。

⑥ 连宏：《汉唐刑罚比较研究》，东北师范大学2012年博士学位论文。

⑦ 宋磊：《家国冲突视野下的竹简秦汉律与唐律——汉唐律中家国角色的演变》，载陈景良、郑祝君主编：《中西法律传统》（第9卷），北京大学出版社2014年版。

比较；三是对杀人罪立法中的某一细节问题做深入考究。目前所见关于中国古代杀人罪立法的研究较为深入，但大部分成果是针对某一朝代、某一具体类型、某一方面的杀人罪进行孤立的研究，对杀人罪具体内容的历史沿革与发展变化的涉及明显不足；部分成果虽然探讨了某一具体杀人罪类型的历史沿革，但明显偏重于唐以后的发展变化，对秦汉至唐代的演变过程关注不够，其所用材料也以传世文献和近人著述为主，对出土的竹简秦汉律没有充分利用。代表性成果包括（但不限于）：沈家本《论故杀》《论杀死奸夫》以及《论威逼人致死》等；[1] 闵冬芳《中国古代"谋杀"概念的形成与演变》《中国古代的故杀》与《清代的故意杀人罪》；[2] 冯勇《汉律之"五杀"考析》；[3] 张功《唐律谋杀罪理论体系形成考》；[4] 赵盈盈《唐律谋杀罪研究》；[5] 王侃《唐律杀人罪研究》；[6] 马立科《浅议"六杀"之立法技术及借鉴价值》；[7] 陈志杰《清律"六杀"探析》；[8] 胡晓萍《从传统社会杀人罪到当代刑法杀人罪的演变》；[9] 景风华《经与权：中国中古时期继母杀子的法律规制》《"矜弱"的逻辑：清代儿童致毙人命案的法律谱系》；[10] 韩相敦《传统中国的杀伤罪研究》；[11] 矢泽悦子《斗と贼——秦、

① 〔清〕沈家本：《历代刑法考》〔四〕，邓经元、骈宇骞点校，中华书局1985年版，第2063—2092页。

② 闵冬芳：《中国古代"谋杀"概念的形成与演变》，《法学》2009年第2期；闵冬芳：《中国古代的故杀》，《河北法学》2009年第4期；闵冬芳：《清代的故意杀人罪》，北京大学出版社2015年版。

③ 冯勇：《汉律之"五杀"考析》，《江苏警官学院学报》2006年第6期。

④ 张功：《唐律谋杀罪理论体系形成考》，《南都学坛》2011年第1期。

⑤ 赵盈盈：《唐律谋杀罪研究》，安徽大学2011年硕士学位论文。

⑥ 王侃：《唐律杀人罪研究》，南京师范大学2014年硕士学位论文。

⑦ 马立科：《浅议"六杀"之立法技术及借鉴价值》，中国社会科学院研究生院2014年硕士学位论文。

⑧ 陈志杰：《清律"六杀"探析》，河南大学2014年硕士学位论文。

⑨ 胡晓萍：《从传统社会杀人罪到当代刑法杀人罪的演变》，山东大学2014年硕士学位论文。

⑩ 景风华：《经与权：中国中古时期继母杀子的法律规制》，《中南大学学报（社会科学版）》2015年第6期；景风华：《"矜弱"的逻辑：清代儿童致毙人命案的法律谱系》，《法学家》2017年第6期。

⑪ 〔韩〕韩相敦：《传统中国的杀伤罪研究》，辽宁人民出版社1996年版。

汉代における伤害と杀人の二つの形态について――》；[①] 中村正人《清律误杀初考》；[②] 水间大辅《秦律・汉律における杀人罪の类型――张家山汉简〈二年律令〉を中心に――》与《秦汉刑法研究》；[③] 尹在硕《张家山汉简所见的家庭犯罪及刑法资料》；[④] 胡宗绮《过失杀人：划分犯罪意图的谱系》，[⑤] 陆康《清代法律文献视野中的精神病与杀父母》；[⑥] 吴杰《清代"杀一家三人"律、例辨析》；[⑦] 胡宗绮《近代中国的犯罪意图与杀人罪》；[⑧] 马若斐《从"贼"到"故杀"：中国古代法律中责任概念的变化》。[⑨] 另外，笔者曾撰文针对唐律杀人罪的具体类型进行过初步探讨，[⑩] 但相关成果基本没有涉及秦汉律的内容，仅是针对唐律条文所做的规范分析，

① 〔日〕矢泽悦子：《斗と贼――秦、汉代における伤害と杀人の二つの形态について――》，载池田雄一：《奏谳书――中国古代の裁判记录――》，刀水书房 2002 年版。

② 〔日〕中村正人：《清律误杀初考》，载〔日〕寺田浩明主编：《中国法制史考证》（丙编第四卷），中国社会科学出版社 2003 年版。

③ 〔日〕水间大辅：《秦律・汉律における杀人罪の类型――张家山汉简〈二年律令〉を中心に――》，《史观》（第 148 册），2003 年 3 月。汉语译文载于中国秦汉史研究会编：《秦汉史论丛》（第 9 辑），三秦出版社 2004 年版。〔日〕水间大辅：《秦汉刑法研究》，知泉书馆 2007 年版。

④ 〔韩〕尹在硕：《张家山汉简所见的家庭犯罪及刑罚资料》，中国政法大学法律古籍整理研究所编：《中国古代法律文献研究》（第 2 辑），中国政法大学出版社 2004 年版。

⑤ 〔美〕胡宗绮：《过失杀人：划分犯罪意图的谱系》，载〔美〕黄宗智、尤陈俊主编：《从诉讼档案出发――中国的法律、社会与文化》，法律出版社 2009 年版。

⑥ 〔法〕陆康：《清代法律文献视野中的精神病与杀父母》，载中国政法大学法律古籍整理研究所编：《中国古代法律文献研究》（第 7 辑），社会科学文献出版社 2013 年版。

⑦ 吴杰：《清代"杀一家三人"律、例辨析》，法律出版社 2016 年版。

⑧ Jennifer Michelle Neighbors：Criminal Intent and Homicide Law in Qing and Republican China，Ph. D diss Univ. of California, 2004.

⑨ Geoffrey MacCormack：From Zei to Gu Sha：A Changing Concept of Liability in Traditional Chinese Law，*The Journal of Asian Legal History*，2007，Vol. 7.

⑩ 参见刘晓林：《唐律"谋杀"考》，《西部法学评论》2010 年第 1 期；李芳、刘晓林：《唐律"故杀"考》，《西部法学评论》2011 年第 1 期；刘晓林：《唐律"劫杀"考》，《华东政法大学学报》2011 年第 4 期；刘晓林：《唐律"过失杀"研究》，《科学经济社会》2011 年第 3 期；刘晓林：《唐律"斗杀"考》，《当代法学》2012 年第 2 期；李芳、刘晓林：《唐律"戏杀"考》，《科学经济社会》2012 年第 3 期；刘晓林：《唐律误杀考》，《法学研究》2012 年第 5 期。

对传统刑律中杀人罪法律规范体系的渊源、形成与发展方面的整体把握相对欠缺。

（三）针对秦汉律与唐律中的具体内容进行比较的研究成果

秦汉律与唐律的比较研究尤其是具体制度方面的比较研究对于从实证方面揭示传统刑律的发展、演变轨迹极为有效，目前所见的研究成果中，关于秦汉律与唐律在"罪名"方面的比较研究成果并不多见。代表性成果包括（但不限于）：冯申《汉唐律杀伤人罪之比较研究——以〈二年律令〉与〈唐律疏议〉为主线》、[1]倪彬《汉唐"匿哀"等罪研究》、[2]富谷至《奸罪的观念——从汉律到唐律》。[3]这三篇论文的共同点在于以汉、唐律中的"罪名"为比较对象，虽然文章对秦简中的相关内容有所涉及，但研究重点仍在汉唐律的比较。倪彬与富谷至的研究并未涉及杀人罪的内容，而冯申的研究虽然对汉律与唐律中的杀人罪做了初步的比较探讨，但其中也有一些不足之处。[4]另外，笔者曾撰文《秦汉律与唐律"谋杀"比较研究》《秦汉律中有关的"谒杀""擅杀"初考》《从"贼杀"到"故杀"》。[5]对秦汉律与唐律中的"谋杀"与"贼杀"进行了相对集中的比较

① 冯申：《汉唐律杀伤人罪之比较研究——以〈二年律令〉与〈唐律疏议〉为主线》，中国政法大学 2005 年硕士论文。

② 倪彬：《汉唐"匿哀"等罪研究》，南开大学 2012 年博士学位论文。

③ 〔日〕富谷至：《奸罪的观念——从汉律到唐律》，载赵晶译，徐世虹主编：《中国古代法律文献研究》（第 8 辑），社会科学文献出版社 2014 年版。

④ 首先，其研究以汉、唐律比较为重点，虽然涉及了部分秦律杀人罪的内容，但总体上对秦律的内容利用不够充分。其次，对于杀人罪类型的具体内容挖掘不够，如在探讨汉律中的"贼杀"时，没有将"贼杀"与"擅杀""谒杀"联系起来考察，人为地割裂了三者密不可分的关系。秦汉律中，故意杀害与己无特殊身份的人或子女、奴婢故意杀害父母、主为贼杀；父母、主未经官府许可而故意杀害子女、奴婢为擅杀；父母、主谒官而杀子、奴婢则为谒杀，三者犯罪主观方面均为"直接故意"，杀人行为性质上是同一的，主要是行为对象的差异。最后，对唐律具体杀人罪的研究也不充分，如对唐律谋杀在行为阶段、首从判断、比附援引等方面的复杂性还没有充分认识。

⑤ 刘晓林：《秦汉律与唐律"谋杀"比较研究》，《甘肃社会科学》2013 年第 2 期；刘晓

探讨,但限于论文体例,缺乏对于杀人罪法律规范体系的全面把握,对于隋唐以后相关法律规范的进一步发展也没有做大致梳理。

(四)其他研究成果中涉及秦汉律与唐律杀人罪立法的相关内容

还有两类研究成果虽然不是专门针对秦汉律与唐律杀人罪立法进行的专门比较研究,但也立足于一些具体的视角进行了有益探讨,其中不乏值得借鉴之处。一类研究成果立足于唐律,详细追溯律文的渊源,并利用出土的竹简秦汉律诠释唐律律文的含义,代表性成果包括(但不限于)唐史、唐律研究方面的专家刘俊文所撰的唐律读书笔记——《唐律疏议笺解》,① 刘氏对唐律律文逐条解析、探其渊源,对唐律中所含有的秦汉律因子条分缕别,其中包含了部分涉及杀人罪的律文。另一类研究成果是通史或通论类研究中对传统刑律中杀人罪立法的专题分析。代表性成果包括(但不限于)日本学者石刚浩等著《史料からみる中国法史》,② 书中"第16讲 杀人はどのように类型化されたのか"以唐律为基础,间或涉及唐到清之间的演变,尤其以日本现行法作为参照对象,分析了传统刑律中杀人罪类型化的过程。另有英国学者马若斐著《传统中国法的精神》,③ 书中"第三章 法的保守性与象征性"对"杀人罪"作了专题探讨,简略对比了唐律与清律在过失杀、戏杀、误杀等方面的部分内容,认为清律在唐律的基础上变化不大。这类成果共同的特征在于视角独特,有所创见。但限于论著体例,没有对杀人罪律文专门汇集,

---

林:《秦汉律中有关的"谒杀"、"擅杀"初考》,《甘肃政法学院学报》2013 年第 5 期;刘晓林:《从"贼杀"到"故杀"》,《苏州大学学报(法学版)》2015 年第 1 期。

① 刘俊文:《唐律疏议笺解》,中华书局 1996 年版。

② 〔日〕石刚浩、川村康、七野敏光、中村正人:《史料からみる中国法史》,法律文化社 2012 年版。

③ 〔英〕马若斐:《传统中国法的精神》,陈煜译,中国政法大学出版社 2013 年版。

导致其注释与探讨遗漏了部分信息。当然,由于其并非针对杀人罪立法的专门探讨,关注的焦点也不在此。

综上所述,现有研究成果在秦汉律与唐律的法典编纂体例、诉讼制度、刑罚制度、司法制度、立法精神等宏观方面已展开了全面探讨;在中国古代杀人罪立法的具体内容、司法实践等方面也进行了深入挖掘,尤其是针对杀人罪的具体类型进行了深入的探讨。但以杀人罪立法为中心,系统、全面地比较竹简秦汉律与唐律中的相关内容,并分析其发展、演变轨迹与趋势的研究成果仍不多见。

二、内容与结构

本书主要从传统刑律中"杀人罪"立法的条文表述、具体类型、划分依据与定罪量刑的诸方面内容考察秦汉律与唐律之间的关系,并在此基础之上进一步探讨传统刑律中"杀人罪"立法的类型化与体系化及其形成、发展的过程与趋势。

纵向上,以秦汉律与唐律具体条文为基础,对于"杀人罪"立法由形成、初步发展至成熟、完备的过程及其内容做比较分析,并结合传世文献尽量揭示其变迁轨迹。虽然传统法制在唐代已臻完善并基本定型,但唐代之后,刑事立法仍然在不断变化,一些具体内容还有进一步发展。因此,以明清律为基础对于秦汉律与唐律杀人罪立法的发展趋势略作描述。

横向上,以秦汉律与唐律中所见"杀人罪"立法的具体"类型"为标准,对相关内容作比较分析,着重对比具体杀人罪类型的表述、含义、体系以及定罪量刑各方面的内容。在此基础之上,结合明清律以及注释律学对杀人罪类型的发展趋势略作描述。需要说明的是,关于传统刑律中"杀人罪"的具体类型,古今中外学者有"五杀""六杀"与"七杀"之说。

其中，"六杀"与"七杀"是关于"杀人罪"类型化的主要观点，[①]宋元以后，注释律学成果中多见"六杀"与"七杀"之说，现代学界两说皆不乏从者。[②]笔者认为，从唐律以及后世刑律杀人罪立法的具体条文来看，谋杀、故杀、劫杀、斗杀、戏杀、误杀、过失杀等"七杀"是传统注释律学长期发展过程中，逐渐形成的包容性与概括性更优的术语。基于此，本书横向上以"七杀"的划分为基础，对"杀人罪"立法的具体类型进行比较分析。

三、思路与方法

本书以睡虎地秦简、岳麓秦简、张家山汉简、居延汉简、居延新简、

---

① 提倡"五杀"之说者较少，其在内容方面也多是"六杀"与"七杀"的部分修正，因此，学界影响较小。如英国学者马若斐谓："传统中国法中的杀人罪分为五种，按罪行的严重程度由高到低依次分为：谋杀，故杀，斗杀，戏杀和过失杀。此种分类早在秦汉时期即已形成并为此后主要王朝的法典所采用。"关于杀人罪的分类，马若斐在注释中补充到："此外尚有两类辅助性的划分方式，即将杀人分为误杀和擅杀。"〔英〕马若斐：《传统中国法的精神》，陈煜译，中国政法大学出版社2013年版，第228页。马若斐所谓"五杀"实质上是"五加二"的模式，并未在"六杀"或"七杀"基础之上提出新的观点。另外，冯勇将汉律杀人罪概括为"五杀"，分别为：谋、斗、故和贼、过失、戏，这与马若斐的观点一致，未注意到汉律中的盗杀是其共同的不足；但马若斐注意到了秦汉律中的擅杀与误杀，冯勇仅在分析"过失"时说："涉及的概念有过失、失、误等"，对于过失、失、误之间是什么关系？是否还有其他"涉及到的概念"？并未进一步说明。冯勇：《汉律之"五杀"考析》，《江苏警官学院学报》2006年第6期。

② 如蔡枢衡认为："……杀人为谋杀、故杀、斗杀、殴杀、戏杀、误杀、过失杀等七种"。蔡枢衡：《中国刑法史》，中国法制出版社2005年版，第149页。日本学者水间大辅认为："秦律、汉律一般将杀人按照行为者的意思或行为的形态分类为盗杀、谋杀已杀、贼杀、斗杀、戏杀、过失杀等，其中盗杀、谋杀已杀、贼杀、斗杀均要处以死刑。"〔日〕水间大辅：《岳麓书院藏秦简〈为狱等状四种〉所见共犯处罚》，《第三届"出土文献与法律史研究"学术研讨会论文集》2013年11月中国·上海，第33页。还可参见〔日〕水间大辅：《秦律·汉律における杀人罪の处罚》，载〔日〕水间大辅：《秦汉刑法研究》，知泉书馆2007年版；在水间大辅的另一篇文章中，其将秦汉律中的杀人罪分为：贼、斗、过失、戏、谋，并进行了初步探讨。参见〔日〕水间大辅：《秦律、汉律中的杀人罪类型——以张家山汉简〈二年律令〉为中心》，载中国秦汉史研究会编：《秦汉史论丛》（第9辑），三秦出版社2004年版。韩国学者韩相敦认为："传统刑律中杀伤罪的骨干为谋、故、斗殴、戏、误、过失杀等六杀"。〔韩〕韩相敦：《传统社会杀伤罪研究》，辽宁民族出版社1996年版，"内容提要"。

悬泉汉简等出土文献与《史记》《汉书》《后汉书》《旧唐书》《新唐书》《唐律疏议》等传世文献为主要材料，并结合宋元之后大量的律学著作，从杀人罪立法的具体类型、划分依据、科处刑罚与杀人罪的自首、犯罪主体的刑事责任能力、杀伤行为的保辜、杀人罪的赎刑、杀人行为的正当化事由等定罪量刑诸方面，以及杀人罪的"具体罪名""罪名体系"等方面考察秦汉律与唐律之间的关系。同时，结合明清律中的相关内容，对于杀人罪立法在唐代之后的进一步演变及其趋势稍作描述。通过比较"纯本法家精神"的秦律、汉律（主要是汉初法律的内容）与"一准乎礼""得古今之平"的唐律在杀人罪法律条文、具体内容、指导思想方面的关系，进一步揭示中华法系的特质与中国古代法律儒家化的过程。具体来说，主要运用了以下研究方法。

（一）比较研究

将竹简秦汉律、唐律中与杀人罪相关的法律规范内容、规范体系、具体类型、划分依据等方面进行参照、比较，以梳理秦汉律杀人罪立法的发展、演变脉络与唐律杀人罪立法的制度渊源；将秦汉律与唐律中杀人罪立法的主干律文结合明清律中的相关内容，对杀人罪立法在唐代以后的发展趋势略作描述。通过系统的比较分析，可以从实证的角度深入理解法家思想指导下的秦、汉（汉初）律与儒家思想指导下的唐律之间的相互关系。

（二）跨学科研究

本书并不局限于单纯的史料梳理或是理论阐释，而是将史学研究与法学研究充分结合起来，通过基本史料的梳理、辨析与考释，尽可能全面揭示中国古代杀人罪立法由秦汉至唐代在法律条文方面的变化情况及其发展趋势；同时从法学研究尤其是刑法学研究的角度出发，运用犯罪行为、罪名、法定刑以及犯罪构成、罪过形式、罪数形态等现代刑法学的概念、原理对相关史料进行分析，进一步探讨杀人罪立法由秦汉至唐代在条文表述、具体类型、划分依据、科处刑罚与定罪量刑诸方面的发展情况。

（三）实证研究

主要是文献实证的研究方法，即针对竹简秦汉律、唐律及大量律学文献，按照杀人行为的具体类型及相应处罚，进行系统梳理，在此基础之上进行分类比较。由于传统刑律客观具体、一事一例的立法体例，竹简秦汉律中杀人罪的条文集中规定于《贼律》《盗律》，但相关条文于其他篇章亦有多见。如《具例》中大量"具其加减"的通则性规定，相关内容对于具体杀人犯罪行为的定罪量刑具有直接的决定作用。同时，法典其他各篇亦有大量比附杀人罪定罪量刑的条文，这些都是全面了解秦汉律杀人罪立法所不可缺少的内容，必须逐一罗列、分析。将竹简秦汉律中与杀人罪有关的条文与唐律相关内容尽可能进行逐一参照、比较，并结合明清律相关内容，指出相关法律规范的发展趋势，这也是本书的重点所在。

四、引注说明

本书引用唐律条文皆引自［唐］长孙无忌等：《唐律疏议》，刘俊文点校，中华书局1983年版。所引律文皆标明篇目、条标与总条文数，如《唐律疏议·捕亡》"邻里被强盗不救助"条(456)。文中引用唐律条文不再一一注明出处与具体页码。

本书引用睡虎地秦简原文皆引自睡虎地秦墓竹简整理小组：《睡虎地秦墓竹简》，文物出版社1990年版。引用内容以《法律答问》为主，亦包含《秦律十八种》《秦律杂抄》《封诊式》中的相关内容。所引简文皆标明种类、简号。如睡虎地秦简"告臣"《爰书》："丙，甲臣，桥（骄）悍，不田作，不听甲令。谒买（卖）公，斩以为_(三七)城旦，受贾钱。……_(三八)"文中引用睡虎地秦简原文不再一一注明出处与具体页码。整理小组在《睡虎地秦墓竹简·释文》中将简号标于标点符号之前，如《法律答问》："免老告人以为不孝，谒杀，当三环之不？不当环，亟执勿失_(一〇二)。"本书中引用睡虎地秦简原文时，与张家山汉简及其他文献标注方式保持一致，将简号标于标点符号之后，即："……亟执勿失。_(一〇二)"

本书引用张家山汉简原文皆引自张家山二四七号汉墓竹简整理小组：《张家山汉墓竹简〔二四七号墓〕（释文修订本）》，文物出版社2006年版。引用内容以《二年律令》为主，亦包含《奏谳书》中部分内容。所引简文皆标明种类、简号。如张家山汉简《二年律令·置后律》："其自贼杀，勿为置后。_(三七五)"文中引用张家山汉简原文不再一一注明出处与具体页码。整理小组将简号标于标点符号之后，如张家山汉简《二年律令·贼律》："挢（矫）制，害者，弃市；不害，罚金四两。_(十一)"本书引用张家山汉简原文时与之保持一致。

本书引用岳麓秦简原文主要引自朱汉民、陈松长：《岳麓书院藏秦简（叁）》，上海辞书出版社2013年版。所引简文皆标明案件编号、案件名称与简号。如岳麓秦简"〇八 㺘、妘刑杀人等案"载："九月丙辰，隶臣哀诣隶臣喜，告盗杀人。问，喜辤（辞）如告。·鞫，审。己卯，丞相、史如论磔［……］₍₁₄₁₎"文中引用岳麓秦简原文不再一一注明出处与具体页码。① 简号与原书保持一致，采用阿拉伯数字。

本书引用《龙岗秦简》《放马滩秦简》《居延汉简》《悬泉汉简》等出土文献以及其他传世文献，皆标明具体出处与页码。

_____

① 由于引用《岳麓书院藏秦简（叁）》的内容较多，故作此处理。个别引用《岳麓书院藏秦简（肆）》的内容仍标明原书编者、版权、页码等信息。

第一章　秦汉律中的牧杀、谋贼杀、谋盗杀与唐律中的谋杀

睡虎地秦简中见有大量关于谋、谋遣、牧杀、谋贼杀、谋盗杀等内容，一般举例表述为甲乙或夫妻共同行为，并将"牧杀"定义为"未杀而得"；岳麓秦简中可以见到关于牧杀与谋购、谋埱冢、谋邦亡等相关内容，犯罪主体一般为两人或数人；张家山汉简中也有谋、谋遣、谋贼杀等相关内容，但行为人已不具体限定为甲乙之间，关于谋杀的内容，既有已杀亦有未杀；唐律谋杀的典型形态为"二人对议"，亦有一人、多人等修正形态，关于谋杀行为阶段的划分，见有未行、已伤、已杀之划分，从其内容来看，划分标准为行为结果或危害结果。根据竹简秦汉律中所见之内容，有三个问题需要探讨：一是秦汉律中"谋杀"行为主体的人数，究竟是二人为谋，还是一人、多人皆可为谋；二是"谋杀"的行为阶段，究竟是"未杀而得"为谋，还是已伤、已杀皆可为谋；三是"谋杀"的独立性，谋杀是独立存在，还是仅能依附于贼杀、盗杀等罪名存在。竹简秦汉律中，还有一些关于谋杀处罚方面的内容，结合传世文献中的相关记载及唐律谋杀的处罚内容，可以将秦汉律与唐律中的相关内容作梳理、比较。

一、谋与谋杀的含义

（一）竹简秦汉律中的谋、谋遣与谋杀

《说文》载："虑难曰谋。"段玉裁注："《左传》叔孙豹说《皇皇者华》曰：访问于善为咨，咨难为谋。《鲁语》作咨事为谋。韦曰：事当为难。《吴语》大夫种曰：夫谋必素见成事焉而后履之。"①"谋"强调的是谋划的内容，针对疑难问题进行咨询或针对既定目标制订计划，以便实施。从"谋"的注解内容中可以看出其含义突出了先有计划而后实施之顺序。从睡虎地秦简《法律答问》中我们还可以见到一些关于"谋"的记载：

甲谋遣乙盗，一日，乙且往盗，未到，得，皆赎黥。（四）

人臣甲谋遣人妾乙盗主牛，买（卖），把钱偕邦亡，出徼，得，论各可（何）殹（也）？当城旦黥之，各畀主。（五）

甲乙雅不相智（知），甲往盗丙，羕（才）到，乙亦往盗丙，与甲言，即各盗，其臧（赃）直（值）各四百，已去而偕得。其前谋，当并臧（赃）以论；不谋，各坐臧（赃）。（十二）

夫盗三百钱，告妻，妻与共饮食之，可（何）以论妻？非前谋殹（也），当为收；其前谋，同罪。夫盗二百钱，妻所匿百一十，可（何）以论妻？妻智（知）夫（十五）盗，以百一十为盗；弗智（知），为守臧（赃）。（十六）

首先，这四条律文所记载的皆为"谋盗"的相关内容，其中犯罪主体的数量是一致的，皆为两人共同实施犯罪。前三条律文是甲谋遣乙实施犯罪行为或甲乙共同实施犯罪行为，最后一条律文说的是夫、妻共同

———

①　［汉］许慎撰、［清］段玉裁注：《说文解字注》，三篇上"言部"，上海古籍出版社1981年版，第91页下。

的盗窃行为。其次，四、五两支简中皆有"谋遣"的表述。从其含义来说，应当是先有"谋"，即谋遣他人者与被谋遣者双方已对犯罪实行行为的大致内容有了基本一致的认识。而后有"遣"，即被谋遣者着手实施犯罪行为。十二、十五简皆有"前谋"的表述，其关注的是犯罪行为实施之前，行为人之间是否有犯罪意图及大致犯罪内容的沟通，若是则为共同犯罪，法律认定双方实施了共同的盗窃行为，应当"并臧（赃）以论"或"同罪"；若非共同犯罪，法律根据各自的实行行为分别定罪量刑，应当"各坐臧（赃）"或夫为盗赃、妻为守赃。① 仅从以上秦简的大致内容来

---

① 需要注意的是：秦律中此处所见的"坐赃"与唐律中"六赃"之"坐赃"并非一事。睡虎地秦简《法律答问》中的"各坐臧（赃）"整理小组解释为："各依所盗赃数论罪"。睡虎地秦墓竹简整理小组：《睡虎地秦墓竹简·释文》，文物出版社 1990 年版，第 96 页。即"坐"为"坐罪"之意，"赃"为"赃物"或"赃数"，皆属通常表意，具体表达了计赃数定罪量刑之意，多数表述为"坐臧（赃）为盗"。睡虎地秦简与张家山汉简中还见有涉及"坐臧（赃）"的其他内容：

《法律答问》：

甲乙雅不相智（知），甲往盗丙，麑（才）到，乙亦往盗丙，与甲言，即各盗，其臧（赃）直（值）各四百，已去而偕得。其前谋，当并臧（赃）论；不谋，各坐臧（赃）。(一二)

把其段（假）以亡，得及自出，当为盗不当？自出，以亡论，其得，坐臧（赃）为盗；盗罪轻于亡，以亡论。(一三一)

《二年律令·捕律》：

捕罪人弗当，以得购赏而移予它人，及诈伪，皆以取购赏者坐臧（赃）为盗。(一五五)

《二年律令·钱律》：

故毁销行钱以为铜、它物者，坐臧（赃）为盗。(一九九)

《二年律令·□市律》：

诸诒（诈）给人以有取，及有贩卖贸买而诒（诈）给人，皆坐臧（赃）与盗同法，罪耐以下(二六一)有（又）罪（迁）之。……(二六二)

唐律中的"坐赃"近似于现代刑法理论中的"罪名"，具有较高的抽象、概括程度与比较稳定的含义。《唐律疏议·杂律》"坐赃致罪"条(389)载：

诸坐赃致罪者，一尺笞二十，一匹加一等；十匹徒一年，十匹加一等，罪止徒三年。(谓非监临主司，而因事受财者。)与者，减五等。

《疏》议曰：赃罪正名，其数有六，谓：受财枉法、不枉法、受所监临、强盗、窃盗并坐赃。然坐赃者，谓非监临主司，因事受财，而罪由此赃，故名"坐赃致罪"。犯者，一尺笞二十，一匹加一等；十匹徒一年，十匹加一等，罪止徒三年。假如被人侵，备偿之外，因而受财之类，两和取与，于法并违，故与者减取人五等，即是"彼此俱罪"，其赃没官。

唐律中的"坐赃"是指非监临主司因事受财，在犯罪主体、犯罪行为、具体处罚方面均具

看，我们总结出了秦律中"谋"的两方面含义：一是犯罪主体为两人；二是事前的犯意沟通。这似乎与《晋律注》及后世律学著作中"二人对议谓之谋"① 的注解一致。张家山汉简中亦有相关"谋盗"的记载：

《二年律令·盗律》

谋遣人盗，若教人可（何）盗所，人即以其言□□□□□及智（知）人盗与分，皆与盗同法。（五七）

谋偕盗而各有取也，并直（值）其臧（赃）以论之。（五八）

劫人、谋劫人求钱财，虽未得若未劫，皆磔之；罪其妻子，以为城旦舂。其妻子当坐者偏（徧）捕，若告吏，吏（六八）捕得之，皆除坐者罪。（六九）

相与谋劫人、劫人而能颇捕其与，若告吏，吏捕颇得之，除告者罪，有（又）购钱五万，所捕告得者多，以人数购之，（七一）而勿责其劫人所得臧（赃）。所告勿得者，若不尽告其与，皆不得除罪。诸予劫人者钱财及为人劫者，同居（七二）智（知）弗告吏，皆与劫人者同罪。劫人者去，未盈一日，能自颇捕，若偏告吏，皆除。（七三）

四条律文中，"谋遣人盗""谋偕盗"与"谋劫人"等表述形式皆未明确限定犯罪主体为两人。虽然"谋遣人盗"的表述与秦律中的表述非常相似，但秦律中具体规定了谋遣之人与被遣之人。汉律中的"谋遣"则既可能是谋遣一人，亦可能是谋遣多人。同理，既可能是一人谋遣，亦可能是多人谋遣。根据七一简的内容，相与谋劫的数人中若有人向官吏告发，使得其他犯人被抓获，不但可以除去告发者之罪并且奖赏告发

有比较明确的规定。至于秦律中的所见的"坐赃"与唐律中的"坐赃"是否有承袭关系？我们只能说唐律中的具体制度一定是承袭前代而来，但以目前的材料来看，唐律中的"坐赃"与秦律中所见的此处"坐赃"并无直接的渊源关系。

①　[唐]房玄龄等：《晋书》卷三十《刑法志》，中华书局 1974 年版，第 928 页。亦可参见 [元]徐元瑞等：《吏学指南（外三种）》，杨讷点校，浙江古籍出版社 1988 年版，第 60 页。

之人钱五万。值得注意的是"所捕告得者多,以人数购之",可见相与谋劫的人数没有上限的规定。"谋"犯罪的人数至少为两人,这应该是可以肯定的。同时,数人之间也应当具有犯意的沟通,否则"谋"便无具体意义。

在对竹简秦汉律中"谋"与"谋遣"的含义有了初步的认识后,我们以此为基础,进一步探讨竹简秦汉律中"谋杀"的含义。睡虎地秦简关于"谋杀"的记载并不多见,目前所见仅有以下两条:

《法律答问》

甲谋遣乙盗杀人,受分十钱,问乙高未盈六尺,甲可(何)论?当磔。(六七)

"臣妾牧(谋)杀主。"·可(何)谓牧(谋)?·欲贼杀主,未杀而得,为牧(谋)。(七六)

六七简中也出现了"谋遣"的表述,"甲谋遣乙盗杀人",说明犯罪人是甲、乙两人,甲主要负责策划,乙主要负责实施盗杀行为。那么,盗杀行为实施之前,甲乙双方自然应该有事先的犯意沟通,并且对于即将实施的盗杀行为内容有大致的认识。这与前述"谋遣"的含义是一致的。七六简"臣妾牧(谋)杀主",其中"臣妾"并无具体指向,仅表明是奴、婢谋划杀主,至于是一人单独谋划、两人共同谋划还是更多人参与谋划并不得而知,但应当是不少于两人。其中值得我们注意的是条文本身对"牧(谋)"的含义所做的限定:"欲贼杀主,未杀而得,为牧(谋)",整理小组注:"什么叫谋?企图杀害主人,没有杀就被捕,叫作谋。"[1] 按照整理小组的注释,秦律中的谋杀强调的是已形成犯罪意图,但尚未实现犯罪结果犯罪人就被抓获。但问题是从前述秦简中"谋"的相关记载来看,

---

① 睡虎地秦墓竹简整理小组:《睡虎地秦墓竹简·释文》,文物出版社1990年版,第111页。

"谋"既有表示未达犯罪目的的情况,如前述四简的内容,亦有犯罪既遂的情况,如前述五简的内容。从六七简所记载的"谋盗杀"来看,甲"受分十钱",自然是犯罪已达既遂状态。那么,"欲贼杀主,未杀而得,为牧(谋)"的解释便不具有普遍意义,应当只是针对特定情况所做的注解。另外,结合秦简中涉及"谋"的其他内容来看,秦律中的"谋"本身应该未表达究竟属于犯罪预备、犯罪中止、犯罪未遂或是犯罪既遂等具体的犯罪阶段的含义。

张家山汉简中关于"谋杀"的记载较之睡虎地秦简稍显丰富:

《二年律令·贼律》

谋贼杀、伤人,未杀,黥为城旦舂。(二二)

贼杀人,及与谋者,皆弃市。未杀,黥为城旦舂。(二三)

谋贼杀、伤人,与贼同法。(二六)

子牧杀父母,殴詈泰父母、父母、叚(假)大母、主母、后母,及父母告子不孝,皆弃市。其子有罪当城旦舂、鬼薪白粲以上,(三五)及为人奴婢者,父母告不孝,勿听。年七十以上告子不孝,必三环之。三环之各不同日而尚告,乃听之。教人不孝,(三六)黥为城旦舂。(三七)

贼杀伤父母,牧杀父母,欧(殴)詈父母,父母告子不孝,其妻子为收者,皆锢,令毋得以爵偿、免除及赎。(三八)

从探讨"牧(谋)"之含义的角度,我们特别注意到的是三五、三八两支简的内容。"子牧杀父母""牧杀父母"是否说明汉律中的"谋杀"也可能由一个人实施?从简文的表述来看,这种可能性很大,但未有确切表述,故此处只是推测。同时,"谋杀"是否也可由二人以上的数人参与实施?从二三简的内容来看,"及与谋者"显然是两人以上,但具体人数并不易确定。从张家山汉简《奏谳书》的记载中我们看到了多人实施谋杀的相关内容:

……苍曰:故为新郪信舍人,信谓苍:武不善,杀去之。苍即

与求盗大夫布、舍人籫裹余共贼杀武于校长丙部(八〇)中。……鞫
(鞫)之：苍贼杀人，信与谋，丙、赘捕苍(九〇)而纵之，审，(九一)敢言
之：新郪信、掔长苍谋贼杀狱史武，校长丙、赘捕苍而纵之，爵皆大
庶长。(九二)律：贼杀人，弃市。·以此当苍。(九三)律：谋贼杀人，与
贼同法。·以此当信。(九〇)律：纵囚，与同罪。·以此当丙、赘。(九五)
当之：信、苍、丙、赘皆当弃市，毄(系)。(九六)新郪甲、丞乙、狱史
丙治。(九七)为奉(奏)当十五牒上谒，请谒报，敢言之。(九八)

信指使苍杀害武，而实际上实施杀人行为的为苍、布、余三人。需
要注意的是，此四人包括犯罪对象武皆有特殊身份，指使他人实施犯罪
行为的信为淮阳郡新郪县的县令，舍人掔长苍、求盗大夫布、舍人籫裹
余三人共同杀害了狱史武。从常识上考虑，这种上下级的隶属关系应该
对"共谋杀害"的行为产生了一定的影响，但其似乎并不影响"谋遣"的
含义。另外，武被杀死，与前述秦简中"未杀而得，为牧(谋)"的记载也
有出入。

从以上内容的梳理与初步分析来看，关于秦汉律中"谋杀"的含义
有两个尚待探讨的问题：一是犯罪人数问题，即究竟是二人为谋还是一
人、多人均可为谋？二是犯罪阶段问题，即谋所指仅是未杀而得，还是
既遂亦可为谋？以下分别讨论。

(二)关于谋杀的人数

从睡虎地秦简《法律答问》中，我们看到的关于"谋犯罪"的列举多
为"谋盗"，其在人数方面一般明确列举甲、乙两人实施。关于谋杀的两
条记载中，有一条采用此种体例，即"甲谋遣乙"盗杀人。另一条载"臣
妾牧(谋)杀主"，犯罪人数方面无法详究。张家山汉简《二年律令》中，
关于谋盗、谋杀的记载，人数方面未有明确的特征，既有一人实施的情
况，亦有三人甚至多人实施的情况。

　　传世文献中，我们可以见到大量关于"谋杀"的记载，其中有一人独谋的内容，如《列子·汤问》："纪昌既尽卫之术，计天下之敌己者一人而已，乃谋杀飞卫。"①纪昌谋杀飞卫，应当未有他人同谋，从二人身份来看，皆为当时顶尖神射手，应当是通过单打独斗来显示其武艺超群。但就所见文献的数量来看，绝大多数记载是关于二人甚至多人谋杀的内容。②

　　《说苑·复恩》：齐懿公之为公子也，与邴歜之父争田，不胜。及即位，乃掘而刖之，而使歜为仆；夺庸织之妻，而使织为参乘；公游于申池，二人浴于池，歜以鞭抶织，织怒，歜曰："人夺女妻，而不敢怒；一抶女，庸何伤！"织曰："孰与刖其父而不病，奚若？"乃谋杀公，纳之竹中。③

　　《论衡·吉验》：高祖往谢项羽，羽与亚父谋杀高祖，使项庄拔剑起舞。项伯知之，因与项庄俱起，每剑加高祖之上，项伯辄以身覆高祖之身，剑遂不得下，杀势不得成。会有张良、樊哙之救，卒得免脱，遂王天下。……项羽谋杀，项伯为蔽，谋遂不成，遭得良、哙，盖富贵之验，气见而物应，人助辅援也。④

　　《东观汉记·李善传》：李善，字次孙，南阳人，本同县李元苍头。建武中疫疾，元家相继死没，唯孤儿续始生数旬，而有资财千万。诸奴婢私共计议，欲谋杀续，分财产。善乃潜负续逃亡，隐山阳瑕丘界中，亲自哺养，乳为生湩。续孩抱，奉之不异长君，有事辄长跪请白，然后行之。闾里感其行，皆相率修义。续年十岁，善与归

① 杨伯峻：《列子集解》卷第五《汤问篇》，中华书局1979年版，第183页。
② 我们在此引用大量文献中关于"谋杀"的表述内容，并非说这些内容与律令记载直接相关，而是探讨"谋杀"一语的含义与用法。在此基础之上，结合竹简秦汉律的内容推测"谋杀"作为犯罪行为在律令中所包含的法律信息。
③ ［汉］刘向：《说苑校证》卷六《复恩》，向宗鲁校证，中华书局1987年版，第141页。
④ 黄晖：《论衡校释》卷第二《吉验》，中华书局1990年版，第93—94页。

本县，修理旧业，告奴婢于长吏，悉收杀之。时钟离意为瑕丘令，上书荐善行状。①

《吕氏春秋·慎行》：崔杼与庆封谋杀齐庄公，庄公死，更立景公，崔杼相之。②

《汉书·萧望之传》：是时大将军霍光秉政，长史丙吉荐儒生王仲翁与望之等数人，皆召见。先是左将军上官桀与盖主谋杀光，光既诛桀等，后出入自备。③

《后汉书·郑太传》：卓既迁都长安，天下饥乱，士大夫多不得其命。而公业家有余资，日引宾客高会倡乐，所赡救者甚众。乃与何颙、荀攸共谋杀卓。事泄，颙等被执，公业脱身自武关走，东归袁术。术上以为扬州刺史。未至官，道卒，年四十一。④

《说苑·复恩》中的"乃谋杀公，纳之竹中"，向宗鲁谓："见左文十八年传、《史记·齐世家》，又《国语》云：'邴歜、阎职戕懿公于囿行。'即此事。"⑤ 显然，参与谋杀懿公的至少包括邴歜、阎职二人。《论衡·吉验》中"羽与亚父谋杀高祖"，即项羽与范增谋杀刘邦，但实际参与谋杀

① ［东汉］刘珍等：《东观汉记校注》卷十八《李善传》，吴树平校注，中华书局2008年版，第848—849页。又见《后汉书·独行列传·李善》："李善字次孙，南阳淯阳人，本同县李元苍头也。建武中疫疾，元家相继死没，唯孤儿续始生数旬，而赀财千万，诸奴婢私共计议，欲谋杀续，分其财产。善深伤李氏而力不能制，乃潜负续逃去，隐山阳瑕丘界中，亲自哺养，乳为生湩，推燥居湿，备尝艰勤。续虽在孩抱，奉之不异长君，有事辄长跪请白，然后行之。闾里感其行，皆相率修义。续年十岁，善与归本县，修理旧业。告奴婢于长吏，悉收杀之。时钟离意为瑕丘令，上书荐善行状。光武诏拜善及续并为太子舍人。"［南朝宋］范晔撰、［唐］李贤等注：《后汉书》卷八十一《独行列传·李善》，中华书局1965年版，第2679页。
② ［战国］吕不韦：《吕氏春秋新校释》卷第二十二《慎行论》，陈奇猷校释，上海古籍出版社2002年版，第1492页。
③ ［汉］班固撰、［唐］颜师古注：《汉书》卷七十八《萧望之传》，中华书局1962年版，第3271—3272页。
④ ［南朝宋］范晔撰、［唐］李贤等注：《后汉书》卷七十《郑孔荀列传》，中华书局1965年版，第2260页。
⑤ ［汉］刘向：《说苑校证》卷六《复恩》，向宗鲁校证，中华书局1987年版，第141页。

的并不只有其二人。后文"使项庄拔剑起舞"，其中的"使"表达了指使之意，与前述秦汉简牍中所见的"谋遣"含义一致。因此，参与谋杀刘邦的至少包括项羽、范增、项庄三人。从《东观汉记·李善传》中"奴婢私共计议"的表述内容可以看出参与谋计杀续的人数应当至少为两人，后文"告奴婢于长吏，悉收杀之"是说李善告发奴婢罪行之后，长吏将涉案奴婢全部处死，"悉收杀之"自然说明处死的奴婢也不是一人。《吕氏春秋·慎行》载崔杼与庆封二人谋杀齐庄公，人数非常确定。《汉书·萧望之传》记载上官桀与盖主谋杀光，《后汉书·郑太传》记载郑太与何颙、荀攸共谋杀董卓，最终两事皆未成，但引起我们注意的是其中"主谋杀"与"共谋杀"的表述。与传世文献中的记载相关的是张斐《晋律注》及后世律学著作中的注释："二人对议谓之谋"。[1]而对"谋杀"行为主体人数的进一步说明出现于唐律，《唐律疏议·贼盗》"谋杀人"条（256）：

　　诸谋杀人者，徒三年；……

　　《疏》议曰："谋杀人者"，谓二人以上；若事已彰露，欲杀不虚，虽独一人，亦同二人谋法，徒三年。

唐律中"谋杀人"的含义为二人以上共谋杀人，律《疏》中所说的"'谋杀人者'，谓二人以上"与张斐及徐元瑞的注释是一致的。而此处强调"二人"只是在行为外观上对"预谋"的判断，如戴炎辉谓："余意，谋杀宜以预谋为其本质的要素；其二人谋议者，即可说是有预谋。"[2]若预谋已非常明显，则不需借助人数来判断，即"事已彰露，欲杀不虚，虽独一人，亦同二人谋法"。"张斐晋律注'二人对议谓之谋，'《唐律疏义》'谋杀者，谓二人以上，若事已彰露欲杀不虚者，虽属一人，亦同二人谋法；'清律注：'或谋诸心，或谋诸人。'又'谋者计也，先设杀人之计，而后行

　　① ［唐］房玄龄等：《晋书》卷三十《刑法志》，中华书局1974年版，第928页。亦可参见［元］徐元瑞等：《吏学指南（外三种）》，杨讷点校，浙江古籍出版社1988年版，第60页。
　　② 戴炎辉：《中国法制史》，三民书局1995年版，第67页。

杀人之事,谓之谋杀; '是谋杀之意义,凡三变也。"① 律《疏》中又规定了除造意者外的其他犯罪人"从而加功""从而不加功""从而不行"等具体情况,即三人、四人乃至数人共谋杀人皆在"谋杀"所表达含义的范围之内,只要其杀人行为实施之前有谋计、谋划之过程皆为谋杀。故"二人对议"在外观形态上作为"典型的谋杀"存在于律文中,但不排除一人或多人谋杀的情况。唐律注疏中关于谋、谋杀的这些认识应当是在秦汉魏晋律及其律注的基础上产生的。那么,根据竹简秦汉律中的记载与唐律的相关内容并结合传世文献中的记载来推测,秦汉律中的"谋"与"谋杀"并不限于二人行为,一人与多人皆可称"谋"。

(三)关于谋杀的行为阶段

睡虎地秦简《法律答问》中说"欲贼杀主,未杀而得,为牧(谋)",从表述上来看这似乎是对"谋"与"谋杀"的含义做了限定,即"谋""谋杀"仅指犯罪未达既遂就被抓获的阶段。另外,我们自岳麓秦简中见到了"牧杀"的相关记载,可对睡虎地秦简中的内容进行一些补充:

> 子杀伤、殴詈、投(牧)杀父母,父母告子不孝,及奴婢杀伤、殴、投(牧)杀主、主子父母,及告杀,其奴婢及(一三)子亡命而自出者,不得为自出。(一四)②

---

① 陈顾远:《中国法制史》,中国书店 1988 年版,第 301 页。

② 陈松长主编:《岳麓书院藏秦简(肆)》,上海辞书出版社 2015 年版,第 43 页。其中的"投杀",整理者释为"殳杀"。何有祖改释为"牧杀":

　　牧杀,原释文作"投(殳)杀"。从"牧杀父母,父母告子不孝"来看,牧杀当系杀而未遂。近似文句见于张家山汉简《二年律令》以下律文:

　　子牧杀父母,殴詈泰父母、父母段(假)大母、主母、后母,及父母告子不孝,皆弃市。(《二年律令》35)

　　贼杀伤父母,牧杀父母,欧(殴)詈父母,父母告子不孝,其妻子为收者,皆锢,令毋得以爵偿、免除及赎。(《二年律令》38)

　　何有祖:《读岳麓秦简肆札记(一)》,"简帛"网站 http://www.bsm.org.cn/show_article.php?id=2492。访问日期 2016 年 3 月 24 日。

　　岳麓秦简中所见"牧杀"的相关内容与睡虎地秦简中的内容非常相似，其并没有为我们提供关于犯罪主体人数与处罚方面的具体信息，但增加了"子牧杀父母"的内容。就"牧杀"的具体含义来看，简文中列举的顺序为杀伤、殴詈、牧杀，而且简文前后两段话关于子犯父母、奴婢犯主都是按照这个顺序来列举具体犯罪行为的。据此我们推测，列举具体犯罪行为的标准应该是犯罪行为由重至轻：杀伤应当包含了危害结果的出现，或死或伤；殴詈则仅要求实施打或者骂的行为、未产生伤害结果，如果打伤则不再属于"殴"而属于"伤"；"牧杀"则是仅有犯意而并未实施杀伤行为、未产生实际危害结果。但从睡虎地秦简的其他内容中，我们看到了"谋杀既遂"而被处罚的情况。如甲谋遣乙盗杀人，甲受分钱则说明犯罪已达既遂；张家山汉简中不但能看到谋杀未杀、已杀的表述，从《奏谳书》中也能看到谋杀既遂而被处罚的情况。同时，张家界古人堤汉简存有汉律"谋杀人已杀"篇目。[③] 因此，秦汉律中的谋杀应当不是仅限于未杀阶段。但问题在于《法律答问》中的记载是明确的，这如何解释？"'臣妾牧（谋）杀主。'·可（何）谓牧（谋）？·欲贼杀主，未杀而得，为牧（谋）。"从内容来看，大致有两种可能性：一是简文不完整，表意受到影响；二是表意无误，但"谋杀"在特定情况下有更加具体的含义。我们更加倾向于后一种解释。《法律答问》中所举的事例是特定的犯罪主体与犯罪对象，即臣妾谋杀主，整理小组注释为："奴婢谋杀主人"，[④] 此处的"臣妾"与"人臣甲谋遣人妾乙盗主牛"中的人臣、人妾是一致的，整理小组注："私家的奴、婢"。[⑤] 那么，臣妾谋杀主从性质上

---

　　③　湖南省文物考古研究所、中国文物研究所：《湖南张家界古人堤简牍释文与简注》，《中国历史文物》2003 年第 2 期。

　　④　睡虎地秦墓竹简整理小组：《睡虎地秦墓竹简·释文》，文物出版社 1990 年版，第 111 页。

　　⑤　同上书，第 94 页。

来说就是私贱谋杀主人。可以推测，秦律中所规定的奴婢谋杀主人，只要形成犯意，不论是否实施杀伤行为，也不论是否出现犯罪结果，皆予以处罚；同理，子谋杀父母也属此种情况。换句话说，这种关于谋杀犯罪行为阶段的限定只适用于奴婢谋杀主人、子谋杀父母的情况。[①] 从唐律中的相关内容来看，这种推测的可能性是非常大。《唐律疏议·贼盗》"部曲奴婢谋杀主"条（254）：

> 诸部曲、奴婢谋杀主者，皆斩。谋杀主之期亲及外祖父母者，绞；已伤者，皆斩。
>
> 《疏》议曰：称部曲、奴婢者，客女及部曲妻并同。此谓谋而未行。但同籍良口以上，合有财分者，并皆为"主"。谋杀者，皆斩，罪无首从。"谋杀主之期亲"，为别户籍者及外祖父母者，绞，依首从科。"已伤者皆斩"，谓无首从。其媵及妾，在令不合分财，并非奴婢之主。

对于"部曲、奴婢谋杀主"，律《疏》释为："谋而未行……皆斩"，这与秦律中"未杀而得，为牧（谋）"的立法精神是一致的。区别在于：唐律关于"谋杀"行为阶段的划分更加详细，"谋而未行"较之"未杀而得"表意有以下几方面差别：首先，"谋而未行"表达的含义是仅有"谋划"并未实际实施杀人行为，"未杀而得"表达的含义是未实施杀人行为[②]就被官府抓获。前者明显更倾向于表达"谋划"的含义，突出了"只想没干"的特征，而后者更倾向于表达"行为"的含义，突出了"没干成就被抓"的特征。其次，"未行"是说行为人没有实施杀人行为。至于

---

① 此处是否还包含了卑幼犯尊长的其他更多的具体情况并不得而知，因为我们自后世刑律中相关律文的发展趋势来看，可能还包含了其他的具体情况，但并未在竹简秦汉律中见到更多的记载。另一方面，秦汉时期的血缘与亲缘关系也未发展到与隋唐时期同样发达的程度。

② 实际上，此处的"未杀"表达的究竟是未实施杀人行为还是未杀死犯罪对象？似乎并不容易做清晰界定。

为什么没有实施,并不清晰。"而得"是说被官府抓获,这里的表意非常
具体。结合现有记载进一步探讨"谋杀"具体的行为阶段,秦汉律中关
于谋杀行为阶段的表述仅有"已杀"与"未杀"。"已杀"的含义非常清
晰,即犯罪行为已致犯罪对象死亡,犯罪结果已出现;而"未杀"包含的
内容相对比较复杂。若将此处的"未杀"置于"故意犯罪未完成形态"
的理论框架之内,"未杀"表达的含义可能是"犯罪预备",也可能是"犯
罪未遂"或是"犯罪中止"。[①] 根据睡虎地秦简与张家山汉简的相关内容
来看,秦汉律中"未杀"的具体含义无法进一步详究。我们只能说"未
杀"即犯罪对象尚未死亡,而谋杀的预备、未遂、中止三种未完成形态中,
犯罪对象皆未死亡,犯罪结果均未出现。那么,从现有材料来推测,秦
汉律中关于谋杀犯罪行为阶段的判断标准可能是犯罪结果是否出现,即
犯罪对象是否死亡。若犯罪结果出现,即谋杀行为已致犯罪对象死亡,
自然属于谋杀已杀;若犯罪结果未出现,即谋杀行为未致犯罪对象死亡,
则为谋杀未杀。[②]

秦汉以后,谋杀的行为阶段在立法上的划分有进一步的发展,《通
典》引《魏律》:

> 谋杀人而发觉者流,从者五岁刑,已伤及杀而还苏者死,从者
> 流,已杀者斩,从而加功者死,不加者流。[③]

我们自《魏律》中见到了"发觉""已伤""杀而还苏""已杀"的表
述,这显然是关于谋杀行为不同阶段的描述,谋杀行为的不同阶段与具
体处罚相对应,而四阶段对应的不同处罚呈现出明显的由轻至重的趋

---

① 参见高铭暄、马克昌主编:《刑法学》(上编),中国法制出版社 1999 年版,第 268、
272、280 页。陈兴良:《口授刑法学》,中国人民大学出版社 2007 年版,第 262—266 页。
② 参见刘晓林:《秦汉律与唐律谋杀比较研究》,《甘肃社会科学》2013 年第 2 期。
③ [唐]杜佑:《通典》卷一百六十七《刑法五》,王文锦等点校,中华书局 1988 年版,
第 4316 页。

势。显然,秦汉律经由魏律至唐律,其中关于谋杀的内容呈现出比较清晰的沿袭与发展痕迹。同时,魏律与唐律中谋杀行为阶段的划分已基本一致。《唐律疏议·贼盗》"谋杀人"条(256):

> 诸谋杀人者,徒三年;已伤者,绞;已杀者,斩。从而加功者,绞;不加功者,流三千里。造意者,虽不行仍为首;(雇人杀者,亦同。)即从者不行,减行者一等。(余条不行,准此。)

唐律中关于谋杀行为阶段的划分包括:谋而未行、谋而已伤、谋而已杀;谋杀罪其他各条也以谋而未行、谋而已伤、谋而已杀不同阶段为标准科刑。具体分析唐律中谋杀的行为阶段:

谋而未行,突出表达的含义是"谋划",即"独谋于心"或"对议"。同时,行为人并未实施实际的杀伤行为。谋杀行为在此阶段的表现形态与现代刑法理论中的犯罪预备在外观上非常相似。[①]

谋而已伤,即具体的谋杀行为已进入实施阶段。从行为结果来看,犯罪对象受伤(但未死亡)。关于"伤"之判断标准,《唐律疏议·名例》"犯罪未发自首"条(37):"其于人损伤",《疏》议曰:"伤,谓见血为伤。"此乃唐律中的通则性条款,效力及于整部唐律,唐律其他篇亦有引述此条的情况。[②]将唐律中"伤"的具体内容结合"谋而已伤"的行为阶段,

---

①　但唐律中"谋而未行"与犯罪预备仍有区别:首先,谋而未行并不考虑行为人是否会着手进行具体的实行行为,仅有谋计就构成犯罪,犯罪预备则是行为人由于意志以外的原因而未能着手犯罪实行行为的犯罪停止形态;其次,在刑事责任的追究与科刑上,谋而未行是独立的犯罪,有独立的法定刑,犯罪预备则比照犯罪既遂从轻、减轻或免除处罚,情节显著轻微、危害不大的,应依法不认定为犯罪。但若将谋而未行放入整个谋杀人行为的具体阶段来考察时,将其与犯罪预备类比是恰当的。

②　别条引述的情况如《唐律疏议·斗讼》"斗殴以手足他物伤"条(302)律注谓:"见血为伤",《疏》议曰:"注云'见血为伤',谓因殴而见血者。"另外,对于唐律中还有对于"见血"为"伤"之判断标准的进一步说明,《唐律疏议·斗讼》"殴詈祖父母父母"条(329)《疏》议曰:"见血为'伤',伤无大小之限。"不论"伤之大小",只要出现"见血"的外观,即为"伤"。需要特别注意的是,唐律中的"见血为伤"不仅是"杀伤人"的判断标准,亦为"杀伤牲畜"的判断标准。《唐律疏议·厩库》"故杀官私马牛"条(203)《疏》议曰:"注云'见血踠跌即为伤',

该阶段的具体含义就非常清晰了。谋杀行为在此阶段的行为外观与现代刑法理论中的犯罪未遂与犯罪中止非常近似。[①]

谋而已杀，即整个谋杀行为已完成且犯罪结果出现，犯罪对象死亡，犯罪意图与目的实现。谋杀行为在此阶段的表现形态与现代刑法理论中的犯罪既遂非常近似。[②]

秦汉律、魏律与唐律中关于"谋杀"行为阶段的划分详见下表：

表 1.1　秦汉律、魏律、唐律谋杀行为阶段划分对照表

	秦汉律	魏律	唐律
谋杀	未杀	发觉	谋而未行
		已伤	谋而已伤
		杀而还苏	
	已杀	已杀	谋而已杀

将竹简秦汉律中的相关内容参照传世文献并与唐律进行比较，我们看到：秦汉律与唐律在"谋杀"具体行为阶段的划分、判断与处罚方面的内容是一脉相承的，虽然在具体行为阶段的判断方面越来越精细与清晰，但唐律对秦汉律的沿袭与发展是很明显的。而且我们可以比较清楚地看到，这一发展、演变过程在秦汉至唐的历史过程中从未中断。

见血，不限伤处多少，但见血即坐；跛跌，谓虽不见血，骨节差跌亦即为伤。"但对于"牲畜"致"伤"，"跛跌"与"见血"并列，即为"伤"；对于"杀伤人"，律中未见直接的"跛跌为伤"的表述。

①　犯罪未遂与犯罪中止都是犯罪行为已着手实施但未完成的形态，犯罪未遂是由于行为人意志以外的原因未完成犯罪，犯罪中止是行为人主动放弃犯罪。唐律中谋而已伤与此两者的区别在于：首先，谋而已伤并不考虑行为人未完成犯罪的原因，而此原因是判断犯罪未遂与犯罪中止的关键所在；其次，犯罪未遂与犯罪中止在刑事责任追究与科刑上，比照犯罪既遂有一定程度的减轻，谋而已伤则有独立的构成标准与科刑。

②　现代刑法理论中的犯罪既遂是指"行为人所故意实施的行为已经具备了某种犯罪构成的全部要件"。高铭暄、马克昌主编：《刑法学》（上编），中国法制出版社 1999 年版，第 272、280 页。

（四）关于谋杀罪名的独立性

秦汉律中所见关于"谋杀"的表述多为谋贼杀、谋盗杀，尚未见到独立且规范、详细的定罪量刑规定。[①] 所见比较完整的表述为子牧杀父母、奴婢牧杀主人，但其中并未有处罚的内容。谋贼杀、谋盗杀等内容包含了大量的处罚详情，如果谋贼杀处以贼杀之刑、谋盗杀处以盗杀之刑，我们是否可以推测秦汉律中的谋杀附属于贼杀、盗杀等"罪名"，是由这些"罪名"逐渐派生而来？因此，我们先对竹简秦汉律中所见"谋贼杀"与"谋盗杀"的相关内容稍作分析。

睡虎地秦简《法律答问》载："甲谋遣乙盗杀人，受分十钱，问乙高未盈六尺，甲可（何）论？当磔。（六七）"甲"谋盗杀"而被处以磔刑，秦律中所见的盗杀人即处以磔刑，岳麓秦简"譊、妚刑杀人等案"载："九月丙辰，隶臣哀诣隶臣喜，告盗杀人。……己卯，丞相、史如论磔【……】""同、显盗杀人案"载："巳（已）论磔同、显。""魏盗杀安、宜等案"载："巳（已）论磔魏。·魏，晋人，材犹（仿）。端买城旦赤衣，以盗杀人。"[②] 结合张家山汉简《二年律令·盗律》中的相关内容："群盗及

[①] 　实际上我们从《墨子·号令》中见到了关于"谋杀伤官长"的内容："诸吏卒民有谋杀伤其将长者，与谋反同罪，有能捕告，赐黄金二十斤，谨罪。"吴毓江：《墨子校注》卷十五《号令》，孙启治点校，中华书局1993年版，第918页。吏卒民谋杀伤将长与谋反同罪，虽然没有明确规定具体处罚内容，但是我们基本可以肯定：关于谋反的刑罚适用一般是处以法定刑罚体系中的最高刑。若参与共谋的数人中有人告发并最终抓捕到其他犯罪人，则奖赏告发之人并免除其处罚。其中"谋杀伤"作为法律概念的含义可能包括两种：一是谋杀或谋伤，若做此种含义，仅有谋计即予处罚，不必要求实施具体杀伤行为；二是谋杀致伤，即唐律中所规定的"谋而已伤"。但究竟是哪一种含义？并不容易判断。从文献的表述来看，第一种含义的可能性比较大。另外，除去《墨子》的成书时间及具体内容不论，这一句关于"谋杀伤官长"的表述也很难说确实反映了当时成文法中的相关内容。因此，我们说直至秦汉，尚未见到关于独立、详细的定罪量刑规定。

[②] 　朱汉民、陈松长：《岳麓书院藏秦简（叁）》，上海辞书出版社2013年版，第176、180、190页。

亡从群盗，殴折人枳（肢）、胅体及令伮（跛）䪆（蹇），若缚守将人而强盗之，及投书、县（悬）人书恐猲人以求_(六五)_钱财，盗杀伤人，盗发冢（塚），略卖人若已略未卖，桥（矫）相以为吏、自以为吏以盗，皆磔。_(六六)_"群盗或逃亡后加入群盗团伙又实施盗杀伤人犯罪的，在汉代被处以磔刑。既然前述"谋盗杀"有被处以磔刑的情况，可以推测，其很有可能是按照具体实施的盗杀行为予以处罚。又张家山汉简《二年律令·贼律》："谋贼杀、伤人，未杀，黥为城旦舂。贼杀人，及与谋者，皆弃市。未杀，黥为城旦舂。_(二二)_"其中非常明显的是"贼杀"和"谋贼杀"一体科刑。"贼杀人，及与谋者"说的应该是"已杀"的情形，皆弃市；若"未杀"，皆黥为城旦舂。从另一条律文中我们也看到了相同的规定，《二年律令·贼律》："谋贼杀、伤人，与贼同法。_(二六)_"

从张家山汉简《奏谳书》所载的具体案件中，也能看到"谋贼杀"被处以"贼杀"之刑的相关记载。"信、觻长苍谋贼杀狱史武"一案前文已引，其中有一点需要注意，信是否得知布、余也共同实施了杀人行为不得而知。校长丙与赘二人先将苍抓捕归案，后又将苍释放，这可能是由于丙与赘事后得知苍是受县令的指使，但是否确如此并不影响我们考察杀人案件的定罪量刑。至案件审理时，布、余在逃，信、苍、丙、赘被拿获到案。《奏谳书》中引述了《汉律》中的相关内容作为司法审判的依据："律：谋贼杀人，与贼同法，以此当信。律：贼杀人，弃市。以此当苍。"谋划杀人者信与杀人行为实施者苍、布、余依据《汉律》的规定皆应处以弃市之刑，但布、余在逃，故仅处罚了信、苍；丙、赘因纵囚，应当与所纵之囚同样处罚，"信、苍、丙、赘皆当弃市"。另外，我们自正史中还见到了"谋贼伤"案件的审理内容，可据以补充相关认识。《汉书·薛宣传》中记载薛宣之子薛况让门人杨明砍伤申咸，其中原因与经过不再详述，案件审断过程中，廷尉认为："律曰'斗以刃伤人，完为城旦，其贼加罪一等，与谋者同罪。'……况以故伤咸，计谋已定，后闻置司隶，

因前谋而趣明，非以恐咸为司隶故造谋也。本争私变，虽于掖门外伤咸
道中，与凡民争斗无异。……明当以贼伤人不直，况与谋者皆爵减完为
城旦。"① 其中未有贼伤人与谋贼伤具体的处罚内容，相同的事件见于《前
汉纪·孝哀皇帝纪上》："明当以贼伤人。况与谋者。皆削爵减死。为
议具于先。况减死罪一等。徙炖煌。宣免为庶人。卒于家。宣次子惠
亦至二千石。"② 这让我们比较清晰地看到了"贼伤人"与"谋贼伤人"的
处罚情况。薛况为"谋贼伤"者，处罚为"削爵减死"，那么"贼伤"应
当是处以死刑。从杨明的伤情"断鼻唇，身八创"③ 来看，这里的处死应
当比普通贼伤处罚重。④"谋贼伤"的处罚也是以"贼伤"的处罚为依据，
但"造谋"之人具有爵位，故未严格依照贼伤人予以处罚。

　　根据竹简秦汉律中关于谋杀的表述以及谋贼杀、谋盗杀在处罚方
面与贼杀、盗杀的关系来看，谋杀作为独立的"罪名"，或者说作为法律
规范中具有独立定罪量刑意义的行为，其产生可能晚于贼杀、盗杀等法
律概念。我们推测，应当是立法将原本包含在贼杀、盗杀等犯罪行为当
中的谋划阶段从实际的实施行为中剥离而赋予其独立的定罪量刑意义。
处心积虑、蓄意谋划的行为皆属故意为之，将谋杀等谋犯罪独立处罚应
当是立法观念进一步发展的产物，其立法意图可能与"诛故贳误"等传
统观念有着比较密切的关系。⑤ 从竹简秦汉律中关于谋杀的解释内容来

---

① ［汉］班固撰、［唐］颜师古注：《汉书》卷八十三《薛宣朱博传》，中华书局1962年版，
第3395—3396页。

② ［汉］荀悦：《前汉纪》卷二十八《孝哀皇帝纪上》，上海涵芬楼用梁溪孙氏小渌天藏
明嘉靖本影印。

③ ［汉］班固撰、［唐］颜师古注：《汉书》卷八十三《薛宣朱博传》，中华书局1962年版，
第3395—3396页。

④ 张家山汉简《二年律令·贼律》："贼伤人……皆黥为城旦舂。"张家山二四七号汉墓
竹简整理小组：《张家山汉墓竹简〔二四七号墓〕（释文修订本）》，文物出版社2006年版，第
12页。

⑤ 参见霍存福：《汉语言的法文化透视——以成语与熟语为中心》，《吉林大学社会科
学学报》2001年第6期。

看，秦汉时期应当是谋杀这一概念产生与发展的关键时期。[①] 这里表达了两层含义：第一，贼杀与盗杀作为法律规范中具有独立定罪量刑意义的行为或法律概念，其产生与成熟早于谋杀；第二，谋杀的产生、发展与贼杀、盗杀等概念的含义及发展具有密切的关系。蔡枢衡认为："谋杀是后来才有的概念。秦、汉正是这两个概念（谋杀、贼杀）过渡的末期，所以汉律中既有贼杀，还有谋杀和故杀，实际还有更多的类型，绝不止这些。"[②] 秦汉律中的"谋杀"可能将"谋"的内容仅限于数人谋划实施贼杀、盗杀等行为，[③] 因为我们并没有见到其他谋杀的内容。谋杀何时成为独立的罪名尚无法确定，但在唐律中，这种独立性已非常明显。

唐律中的"谋杀"结构与体系甚为庞杂，[④] 关于其含义，律内有明确规定，《唐律疏议·贼盗》"谋杀人"条（256）律《疏》载："'谋杀人者'，谓二人以上；若事已彰露，欲杀不虚，虽独一人，亦同二人谋法，……"经初步统计，《唐律疏议》中"谋杀"出现 80 次，同时未见到谋故（贼）杀、谋盗（劫）杀等表述，这一点与秦汉律中"谋杀"的相关内容区别是非常明显的。唐律中还可见到大量以谋杀论、从谋杀法、同谋杀法的表述，其他律文明确规定以谋杀为基础加、减等处罚的表述更为繁多，这些都说明唐律中的谋杀是"定型化了的典型"，[⑤] 是作为其他犯罪行为定罪量刑的基础与依据大量存在的。如《唐律疏议·贼盗》"憎恶造厌魅"条（264）载："诸有所憎恶，而造厌魅及造符书咒诅，欲以杀人者，各以谋杀论减二等；以故致死者，各依本杀法。欲以疾苦人者，又减二等。"《疏》

---

① 参见刘晓林：《秦汉律与唐律谋杀比较研究》，《甘肃社会科学》2013 年第 2 期。

② 蔡枢衡：《中国刑法史》，中国法制出版社 2005 年版，第 148 页。

③ 蔡枢衡认为："若用近代刑法意识来加以分析，谋杀自是故杀的一种"。蔡枢衡：《中国刑法史》，中国法制出版社 2005 年版，第 149 页。但另一方面，既然竹简秦律中有"谋盗杀"的记载，就不能排除"谋杀也是盗杀的一种"这种判断成立的可能性。

④ 参见刘晓林：《唐律"谋杀"考》，《西部法学评论》2010 年第 1 期。

⑤ 霍存福、丁相顺：《〈唐律疏议〉"以""准"字例析》，《吉林大学社会科学学报》1994 年第 5 期。

议曰:"……各以谋杀论减二等。'以故致死者',……又减二等。……谋杀得减二等者,谓从谋杀上总减四等。"就"谋杀"的系统性与复杂性来看,"谋杀"为唐律杀人罪之首,其在唐律体系中重要的地位、庞杂的含义以及较为严酷的科刑与唐律中其他具体杀人犯罪行为相比较是非常突出的。唐律中的"谋杀"从立法技术上分为典型形态的"共谋"与修正形态的"独谋",实际上"独谋"是在"共谋"基础之上产生的,即"虽独一人亦同二人之法";各自形态下,依据犯罪主体与谋杀对象间是否存在特殊身份关系分为一般谋杀与特殊谋杀;谋杀行为依据行为结果分为谋而未行、谋而已伤、谋而已杀三阶段。具体的谋杀行为在科刑上多参照别条律文而不见本条规定,又受《名例》中总则性律文与各篇分则中诸多"通则性条款"的影响,具体谋杀行为的科刑情况甚为庞杂。[①]

二、谋杀的处罚

秦律中规定"甲谋遣乙盗杀人,受分十钱",甲最终被处以磔刑。前文已述甲是根据盗杀的法定刑予以处罚,那么,甲是否受分钱便不影响其处罚,因为秦汉律中,盗杀人是否得到财物原则上并不影响其定罪量刑。[②]因此,我们并没有见到秦律中关于谋杀直接处罚方面的内容。又,岳麓秦简中关于子牧杀父母、奴婢牧杀主、主之父母的内容也未有直接处罚的规定,仅见到子与奴婢"不得为自出"的内容。[③]据此,我们只能说秦律中的谋杀是非常严重的行为,处罚应当是比较严厉的,但具体如何处罚,未能进一步探讨。

《二年律令·贼律》中,关于谋杀定罪量刑的记载较多,我们首先

---

① 参见刘晓林:《唐律"七杀"研究》,商务印书馆2012年版,第二章"谋杀"。

② 详情参见后文"盗杀"具体章节的相关内容。

③ 陈松长主编:《岳麓书院藏秦简(肆)》,上海辞书出版社2015年版,第43页。

可以看到谋贼杀的处罚原则：“谋贼杀、伤人，与贼同法。(二六)”即谋贼杀与贼杀处以同样的刑罚，谋贼伤与贼伤处以同样的刑罚。“贼杀人，及与谋者，皆弃市。未杀，黥为城旦舂。(二三)”即谋贼杀已杀的，处以弃市之刑；谋贼伤已伤但未杀的，处以黥为城旦舂之刑。[①] 另外，我们还可以见到子谋杀父母的记载，《二年律令》中规定子谋杀父母处以弃市之刑，并且还要对子“锢”，即限制其身份方面的殊遇，具体内容为“毋得以爵偿、免除及赎”，[②] 这与前述秦律中子牧杀父母“不得为自出”的立法主旨应当是一致的。唐律中并未出现关于子孙谋杀父母、祖父母的条文，我们仅在《唐律疏议·贼盗》“谋杀期亲尊长”条(253)中见到了关于卑幼谋杀尊长的具体处罚内容：“诸谋杀期亲尊长、外祖父母、夫、夫之祖父母、父母者，皆斩。”子孙谋杀父母、祖父母显然是包含在卑幼谋杀尊长的范围内。从刑罚适用来看，汉律中的弃市与唐律中的斩刑在刑罚体系中处于大致相同的位置，即弃市与斩刑皆为各自刑罚体系中最重的死刑。[③] 这大概也说明汉律与唐律对待谋杀父母之类犯罪行为的态度并未发生变化。[④] 但对如此重要的犯罪行为，唐律为何没有明文规定？《唐律

---

① 张家山汉简《二年律令·贼律》中的谋贼杀“未杀”指的是已经造成犯罪对象伤害的情况，不包括仅有谋划但未造成伤害的情况。详情参见后文“贼杀伤”相关章节的具体内容。

② 参见张伯元：《汉简法律术语零拾（四则）》，张伯元：《出土法律文献研究》，商务印书馆2005年版，第229页。还可参见朱红林：《张家山汉简〈二年律令〉研究》，黑龙江人民出版社2008年版，第133页。

③ 水间大辅认为汉代死刑之轻重顺序为：枭首、腰斩、磔、弃市。参见〔日〕水间大辅：《张家山汉简〈二年律令〉による秦汉刑罚制度研究の动向》，中国史学会：《中国史学》（第14卷），朋友书店2004年版。石刚浩认汉代死刑之轻重顺序为：腰斩、磔、枭首、弃市。参见〔日〕石刚浩：《张家山汉简〈二年律令〉之〈盗律〉所见磔刑的作用》，中国政法大学法律史学研究院编：《日本学者中国法论著选译》（上册），中国政法大学出版社2012年版，第72—74页。两位学者具体观点虽有差异，但就弃市为汉代最重之死刑来说是一致的。

④ 我们从南朝宋、梁时期法律的相关规定中也能看到法律对于杀伤父母一以贯之的重罚态度，《通典》卷一六七《刑法五》记载了南朝宋、梁的两起案件，其中引述了律文相关内容：“律文：子杀伤殴父母，枭首；骂詈，弃市。妇谋杀夫之父母，亦弃市。”又：“按律，伤人四岁刑，妻伤夫五岁刑，子不孝父母弃市。”〔唐〕杜佑：《通典》，王文锦等点校，中华书局1988年版，

疏议·名例》"断罪无正条"条(50)载:"诸断罪而无正条,其应出罪者,则举重以明轻;其应入罪者,则举轻以明重。"《疏》议曰:"案《贼盗律》:'谋杀期亲尊长,皆斩。'无已杀、已伤之文,如有杀、伤者,举始谋是轻,尚得死罪;杀及谋而已伤是重,明从皆斩之坐。"依律意,谋杀期亲尊长即得斩刑,祖父母、父母服重(祖父母为期亲,父为斩衰三年,母为齐衰三年),但谋皆斩。况且"十恶"条已明列"恶逆(谓殴及谋杀祖父母、父母……)"这从立法技术方面解释了唐律未明文规定谋杀祖父母、父母的原因。戴炎辉认为此乃"唐律常用技术",[①] 薛允升谓"唐律只言谋杀期亲尊长等项者皆斩,而无已伤已杀之文,亦无谋杀祖父母、父母罪名,盖罪至于皆斩,法已尽矣。且逆伦大变,律不忍言也"。[②] 究其实质,戴、薛二氏的解释并不矛盾,戴氏关注于唐律未列谋杀祖父母、父母的形式、技术层面,薛氏关注于未列的内容、伦理层面,综其二者可能对唐律未明文规定谋杀祖父母、父母之原因有比较准确的认识。

　　《二年律令·贼律》关于谋杀人处罚的记载中,我们还见到了关于"皆"的表述,"贼杀人,及与谋者,皆弃市。……(二三)""贼杀伤父母,牧杀父母,殴詈父母,父母告子不孝,其妻子为收者,皆锢,……(三八)"这些内容出现在谋杀的定罪量刑中,引起了我们的注意,因为"皆"作为"八例"之一,[③] 不但是中国古代刑律当中的典型立法语言与立法技术,而且在唐律谋杀的定罪量刑中,产生着极其重要乃至决定性的意义。故在此处将汉律谋杀处罚中的"皆"与唐律中的相关内容做一比较。

　　"皆"在秦汉律中的使用非常普遍,睡虎地秦简《秦律杂抄》载:"当

第 4314、4315 页。可见,南朝宋、梁时期,谋杀父母至少是被处以弃市之刑的,同时,具体谋杀父母的处罚内容律文中很可能没有明确规定。

　　① 参见戴炎辉:《唐律各论》,成文出版社 1988 年版,第 357、359 页"(注)"。

　　② [清]薛允升:《唐明律合编》,怀效锋、李鸣点校,法律出版社 1999 年版,第 472 页。

　　③ 元代律学著作《吏学指南》载:"八例,谓以、准、皆、各、其、及、即、若也。"[元]徐元瑞等:《吏学指南(外三种)》,杨讷点校,浙江古籍出版社 1988 年版,第 54 页。

除弟子籍不得，置任不审，皆耐为侯（候）。……（六）"吏自佐、史（一〇）以上负从马、守书私卒，令市取钱焉，皆罨（迁）。"张家山汉简《二年律令·贼律》载："诸食脯肉，脯肉毒杀、伤、病人者，亟尽孰（熟）燔其余。其县官脯肉也，亦燔之。当燔弗燔，及吏主者，皆坐脯肉臧（赃），与盗同法。（二〇）"又"斗以釰及金铁锐、锤、椎伤人，皆完为城旦春。……（二七）"以及与杀人直接相关的内容，如"贼杀人，及与谋者，皆弃市。……（二三）""贼伤人，及自贼伤以避事者，皆黥为城旦春。（二五）""皆"在其中表达的含义比较单纯，作"都、均、一概"等，并未包含其他内容。涉及谋杀时，亦作此种解释。唐律中的"皆"字面上也作"都、均、一概"理解，但作为法律术语在后世法典中具有极其固定的含义，"以、准、皆、各、其、及、即、若"标曰八字之义，在后世律学中谓之律母，[1]"罪无首造谓之皆。凡称皆者，不以造意随从人数多寡，皆一等科断也。"[2]涉及谋杀的定罪量刑时，"皆"则包含了共同犯罪首犯与从犯处罚方面的内容。由于唐律中的谋杀是以"二人对议"为典型形态，因此，关于谋杀行为中首犯与从犯的判断标准便是定罪量刑的基础与关键问题。具体来说，唐律中以"造意者"为首犯，其余参与实施犯罪行为的都为从犯，在未行、已伤、已杀三个阶段中，首犯与从犯又有不同的含义与标准，与之相关的是不同的处罚。首犯与从犯的处罚原则为：首犯"处以全罪（各本条所规定之基本刑）"；[3]从犯在首犯科刑的基础之上减一等。而从犯中根据是否实施了具体犯罪行为又作详细区分，"从而未行"又减"从而行者"一等。[4]具

---

① 参见［清］王明德：《读律佩觿》，怀效锋等点校，法律出版社 2001 年版，第 3—5 页。
② ［元］徐元瑞等：《吏学指南（外三种）》，杨讷点校，浙江古籍出版社 1988 年版，第 54 页。
③ 戴炎辉：《唐律通论》，戴东雄、黄源盛校订，元照出版公司 2010 年版，第 372 页。
④ 《唐律疏议·名例》"共犯罪造意为首"条（42）："诸共犯罪者，以造意为首，随从者减一等。"《唐律疏议·贼盗》"谋杀人"条（256）："即从者不行，减行者一等。（余条不行，准此。）"

体处罚内容为：谋而已杀阶段，从而加功与从而不加功的科刑呈现相对不规则状态。原则上，从而加功者应减首犯一等科刑，但一般谋杀中，从而加功者并未规则减等，而是律文明确规定处以绞刑。① 特殊谋杀中，从而加功者规则减等，② 首犯流二千里；从而加功减一等，徒三年；从者不加功又减一等，徒二年半；从而不行，再减一等，徒二年。唐律对于谋杀一般人与谋杀具有特殊身份的人首从科刑减等规则不同，究其原理：谋杀尊长、官长者，律文多科"皆斩"不分首从；而尊长谋杀卑幼，应较一般谋杀为轻，减等规则自然应不相同。若规定具体处罚的各条律文中出现"皆"字例则不分首从同等处刑。《唐律疏议·名例》"共犯罪本罪别"条（43）载：

> ……若本条言"皆"者，罪无首从；不言"皆"者，依首从法。
>
> 《疏》议曰：案《贼盗律》："谋杀期亲尊长、外祖父母，皆斩。"如此之类，本条言"皆"者，罪无首从。不言"皆"者，依首从法科之。又，《贼盗律》云："谋杀人者，徒三年。假有二人共谋杀人，未行事发，造意者为首，徒三年；从者徒二年半。"如此之类，不言"皆"者，依首从法。

---

① 《唐律疏议·名例》"共犯罪造意为首"条（42）："诸共犯罪者，以造意为首，随从者减一等。"又《唐律疏议·名例》"称加减"条（56）："二死、三流，各同为一减。"先造意者斩，从者应减一等处流三千里。但《唐律疏议·贼盗》"谋杀人"条（256）《疏》议曰："'谋杀人者'……已杀者，斩。'从而加功者，绞'，……从而不加功力者，流三千里。"戴炎辉亦认为"此与名例五六一二之'二死同为一减'（易言之，从斩减一等为流三千里）不同。"戴炎辉：《唐律各论》，成文出版社1988年版，第362—363页。"就凡人谋杀言，造意及从行者，对谋杀已杀之全结果，负共同责任。造意者，虽不行仍为首；从而不加功者，仍在随从者减一等之限（二死三流同减一等，参阅名五六一二）。从而加功者绞，即不从此通例，仍处以绞（但实质上仍是减造意一等）。"戴炎辉：《唐律通论》，戴东雄、黄源盛校订，元照出版公司2010年版，第378页。

② 《唐律疏议·贼盗》"谋杀期亲尊长"条（253）《疏》议曰："假有伯叔数人，谋杀犹子讫，即首合流二千里，从而加功合徒三年；从者不加功，徒二年半；从者不行，减行者一等，徒二年之类。"

　　"皆"所表达的是唐律中"共犯罪"①首从减等处罚原则的一种例外情况，而汉律中所见的"贼杀人，及与谋者，皆弃市。""贼杀伤父母，牧杀父母，……皆锢"，则未表达此种例外的含义。因为秦汉律中关于谋杀等"共犯罪"的处罚并未有首犯与从犯的区别，不论参加人在共同犯罪中的地位与作用，都予以同样的处罚。②由此可以看出，"皆"字含义的进一步发展是伴随着"共犯罪"理论的发展而逐步深化的，至于其何时开始具有"不分首从一体科刑"的含义，目前尚不清楚。

　　传世文献中也能见到一些关于秦汉时期谋杀案件处罚情况的记载。《史记》《汉书》中有一些杀人案件的记载，这些记述中有的直接称"谋杀"，有的称"使……杀人"，根据这些表述与内容，大致可将其判断为谋杀人案件。但需要注意的是，这些正史中记载的谋杀人案件皆为具有王、侯等爵位的官员或丞相、御史等其他高级官员所为，从最终的处罚

---

　　①　"谋杀"以及其他"谋"犯罪是中国古代刑律中典型的"共犯罪"，也是现代刑法理论中"共同犯罪"的典型形式。笔者见有将现代刑法理论中的"共同犯罪"与唐律中的"共犯罪"等同论述的成果，如程维荣：《我国古代法律中的共同犯罪》，《河北法学》1984 年第 4 期；许利飞：《论〈唐律〉中的共同犯罪》，《法学评论》1999 年第 4 期；明廷强、张玉珍：《唐律共同犯罪探析》，《齐鲁学刊》2005 年第 1 期；范莉：《唐律疏议之共同犯罪研究》，中国政法大学 2007 年硕士学位论文。但特别需要注意的是：现代刑法理论中的"共同犯罪"与唐律中的"共犯罪"并非一事，唐律中未有"共同犯罪"的表述，涉及"共犯罪"的律文主要规定了"共犯罪"首犯与从犯的处罚规则，《唐律疏议·名例》"共犯罪造意为首"条(42)："诸共犯罪者，以造意为首，随从者减一等。"《疏》议曰："'共犯罪者'，谓二人以上共犯，以先造意者为首，余并为从。"《唐律疏议·名例》"人兼有议请减"条(14)《疏》议曰："从坐减者，谓共犯罪，造意者为首，随从者减一等。"《唐律疏议·名例》"共犯罪本罪别"条(43)："诸共犯罪而本罪别者，虽相因为首犯，其罪各依本律首从论。"另有 3 条律文引述了《唐律疏议·名例》"共犯罪造意为首"条(42)中规定的"法例"，《唐律疏议·名例》"本条别有制"条(49)《疏》议曰："例云'共犯罪以造意为首，随从者减一等'。"《唐律疏议·贼盗》"略人略卖人"条(292)"问答"载："《名例律》：'共犯罪，以造意为首，随从者减一等。'"《唐律疏议·诈伪》"伪宝印符节假人及出卖"条(365)"问答"："依《名例律》：'共犯罪，以造意为首，随从者减一等。'"

　　②　参见〔日〕水间大辅：《岳麓书院藏秦简〈为狱等状四种〉所见共犯处罚》，载《第三届"出土文献与法律史研究"学术研讨会论文集》2013 年 11 月中国·上海，第 31—48 页。还可参见〔日〕水间大辅：《秦律·汉律における共犯の处罚》，载〔日〕水间大辅：《秦汉刑法研究》，知泉书馆 2007 年版。

来看，官员身份对刑罚科处产生了比较大的影响。

　　《史记·惠景闲侯者年表》：元狩五年，（梧）侯戎奴坐谋杀季父，弃市，国除。①

　　《史记·惠景闲侯者年表》：侯常坐谋杀人未杀罪，国除。②

　　《史记·留侯世家》：后八年卒，谥为文成侯。子不疑代侯。徐广集解曰：文成侯立十六年卒，子不疑代立。十年，坐与门大夫吉谋杀故楚内史，当死，赎为城旦，国除。③

　　《汉书·景十三王传》：子海阳嗣，十五年，坐画屋为男女裸交接，置酒请诸父姊妹饮，令仰视画；又海阳女弟为人妻，而使与幸臣奸；又与从弟调等谋杀一家三人，已杀。甘露四年坐废，徙房陵，国除。④

　　以上案例中，有几个需要注意的问题：一是犯罪对象有所差异，一例是谋杀尊亲属、一例从记载内容上看似为谋杀常人、⑤一例是谋杀官员、一例是谋杀一家三人。⑥二是谋杀行为的具体阶段有所差异，至少

---

　　①　［汉］司马迁：《史记》卷十九《惠景闲侯者年表》，中华书局1963年版，第981—982页。

　　②　同上书，第1006—1007页。

　　③　［汉］司马迁：《史记》卷五十五《留侯世家》，中华书局1963年版，第2048页。《汉书·高惠高后文功臣表》也记载了这一事件："高后三年，侯不疑嗣，孝文五年，坐与门大夫杀故楚内史，赎为城旦。"［汉］班固撰、［唐］颜师古注：《汉书》卷十六《高惠高后文功臣表》，中华书局1962年版，第540页。但两则材料对同一杀人行为进行描述时所用的概念不同，前者为"谋杀"、后者为"故杀"。这并无实质上的差异，与他人共谋故杀之行为实际上就是汉律中多次出现的"谋贼杀"。关于"谋杀"罪名的独立性，前文已详细讨论。

　　④　［汉］班固撰、［唐］颜师古注：《汉书》卷五十三《景十三王传》，中华书局1962年版，第2432—2433页。

　　⑤　但此处仅是形式上与谋杀常人相似，因为文献中没有对谋杀对象进行说明。但进一步考虑，常人犯谋杀未杀罪不至死，具有侯爵的人谋杀未杀而"国除"，似乎处罚又嫌过重。但限于史料无法进一步探讨。

　　⑥　就《汉书·景十三王传》的记载来看，这起案件最终的处罚结果应当是数罪并罚，谋杀一家三人已杀仅是数罪中的一罪。该案最终被处"徙房陵，国除"。

是由于文献记载不明所导致的差异,《史记·惠景闲侯者年表》中明确
记载了侯常谋杀人未杀,《汉书·景十三王传》中明确记载了海阳与从
弟谋杀一家三人已杀,另两件案例中仅述"谋杀",未有其他可供判断行
为阶段的信息,但结合睡虎地秦简与张家山汉简中的记载,"谋杀"表
示"谋杀未杀"的可能性较大。三是科刑上有所差异,其中,谋杀尊亲
属(季父)科刑最重,处以弃市。但结合犯罪行为的阶段来看,谋杀季父
未杀,处以弃市;谋杀人未杀"国除";谋杀一家三人已杀,处以徒刑,
其中似乎并无明确的逻辑关系。四件案例有一个共同点,即王、侯犯谋
杀人,皆被剥夺了封地、爵位,即"国除"。但严格地说,"国除"的制裁
方式并非在法定刑罚体系之内,至少是不具有普遍法律适用意义的。

《汉书·王子侯表》:(荣圉侯骞)十月癸酉封,坐谋杀人,会赦,
免。[1]

《汉书·高惠高后文功臣表》:孝文侯三年,侯始嗣,九年坐谋
杀人,会赦免。[2]

《汉书·景武昭宣元成功臣表》:(邗侯李寿)九月封,三年,坐
为卫尉居守,擅出长安界,送海西侯至高桥,又使吏谋杀方士,不道,
诛。[3]

《汉书·外戚恩泽侯表》:元光三年,侯常生嗣,十年,元狩元年,
坐谋杀人,未杀,免。[4]

《汉书·萧何曹参传》:宣帝时,诏丞相、御史求问萧相国后在

---

[1]　[汉]班固撰、[唐]颜师古注:《汉书》卷十五上《王子侯表上》,中华书局1962年版,
第450页。

[2]　[汉]班固撰、[唐]颜师古注:《汉书》卷十六《高惠高后文功臣表》,中华书局1962
年版,第537页。

[3]　[汉]班固撰、[唐]颜师古注:《汉书》卷十七《景武昭宣成功臣表》,中华书局
1962年版,第664页。

[4]　[汉]班固撰、[唐]颜师古注:《汉书》卷十八《外戚恩泽侯表》中华书局1962年版,
第684页。

者，得玄孙建世等十二人，复下诏以酂户二千封建世为酂侯。传子
至孙获，坐使奴杀人减死论。①

以上案例，记载的均为有爵位的官员杀人而免死。其中，前两件案
例免死的理由为"会赦"。针对第四件案例，沈家本在《汉律摭遗》中有
一段按语："此谋杀人而未死者，常生仅止免侯。或是行而未伤者，又以
恩泽而得从宽也。"②常生免死的同时，免去侯爵，理由应当是"谋杀人而
未杀"。第五件案例中"使奴杀人"自然属谋杀，但"减死"的理由不详。
那么，这四件案例中，具有爵位的官员谋杀人均被免于死刑，但免死的
理由并不一致，谋杀行为与刑罚科处上也无严格的逻辑关系。值得注意
的是第三件案例，邘侯李寿使吏谋杀方士，不道。其所表达的含义应当
是李寿实施了谋杀方士与不道两个犯罪行为，此处"不道"与唐律中的
"不道"可能存在相似之处。③因此，仅见到的李寿被"诛"可能不是仅
仅出于"使吏谋杀方士"。

就以上两组案件的记载来看，汉代关于具有爵位的官员谋杀人案件
的刑罚适用方面，没有严格的规范，随意性比较明显。而现有材料不足
以进一步探讨其中的原因。沈家本在《汉律摭遗》中收集了《汉书·高
惠高后文功臣表》与《汉书·王子侯表》中关于"使人杀人"的五个案件：
"《王子侯表》：乐侯义，坐使人杀人，髡为城旦。武安侯受，坐使奴杀人，
免。富侯龙，坐使奴杀人，下狱，瘐死。阳兴侯昌，坐朝私留他县使庶

---

① ［汉］班固撰、［唐］颜师古注：《汉书》卷三十九《萧何曹参传》，中华书局 1962 年版，
第 2013 页。
② ［清］沈家本：《历代刑法考》（下册），商务印书馆 2011 年版，第 464 页。
③ 《唐律疏议·名例》"十恶"条(6)："五曰不道。(谓杀一家非死罪三人，支解人，造
畜蛊毒、厌魅。)"《疏》议曰："安忍残贼，背违正道，故曰'不道'。……谓造畜成蛊；虽非造合，
乃传畜，堪以害人者：皆是。即未成者，不入十恶。厌魅者，其事多端，不可具述，皆谓邪俗
阴行不轨，欲令前人疾苦及死者。"结合李寿谋杀方士的行为，其所犯"不道"可能是唐律中"造
畜蛊毒、厌魅"一类的行为。

子杀人,弃市。《功臣表》:鄳嗣侯获,坐使奴杀人,减死,完为城旦。"① "使
人杀人""使奴杀人"等自然属于谋杀,其行为内容与竹简秦汉律中所
记载的"谋遣"相似。对这五个案件的处理结果,沈家本有一段按语:"此
谋杀而身不行者,当以为首论。各侯,一弃市,一瘐死,一减死完为城旦,
一髡为城旦,一免,凡分五级。其分别之故,不可详矣。"② 正史中所记载
的谋杀案件的处断结果不尽一致,而竹简秦汉律又未能提供更多的可查
资料,因此,这一问题目前只能是"不可详矣"。

我们可以将竹简秦汉律及传世文献中所见的关于秦汉时期谋杀人
的处罚情况梳理如下:

表 1.2　秦汉律谋杀人处罚详表

行为	处罚	出处
谋遣盗杀人	磔	睡虎地秦简《法律答问》
谋贼杀、未杀	黥为城旦春	张家山汉简《二年律令・贼律》
贼杀人,及与谋者	弃市	
子牧杀父母	弃市,皆锢	
(梧)侯戎奴坐谋杀季父	弃市,国除	《史记・惠景闲侯者年表》
侯常坐谋杀人未杀罪	国除	
文成侯(子不疑代立),坐与门大夫吉谋杀故楚内史	当死,赎为城旦,国除	《史记・留侯世家》
子海阳嗣(戴王),与从弟调等谋杀一家三人,已杀	徒房陵,国除	《汉书・景十三王传》
荣囶侯骞坐谋杀人	会赦免	《汉书・王子侯表》
侯始嗣,坐谋杀人	会赦免	《汉书・高惠高后文功臣表》
(邟侯李寿)坐使吏谋杀方士,不道	诛	《汉书・景武昭宣元成功臣表》

---

① [清]沈家本:《历代刑法考》(下册),商务印书馆 2011 年版,第 466 页。
② 同上。

续表

<table>
<tr><th>行为</th><th>处罚</th><th>出处</th></tr>
<tr><td>侯常生嗣，坐谋杀人，未杀</td><td>免</td><td>《汉书·外戚恩泽侯表》</td></tr>
<tr><td>鄚侯，坐使奴杀人</td><td>减死</td><td>《汉书·萧何曹参传》</td></tr>
<tr><td>乐侯义，坐使人杀人</td><td>髡为城旦</td><td rowspan="4">《汉律摭遗》引《汉书·王子侯表》</td></tr>
<tr><td>武安侯受，坐使奴杀人</td><td>免</td></tr>
<tr><td>富侯龙，坐使奴杀人</td><td>下狱，瘐死</td></tr>
<tr><td>阳兴侯昌，坐朝私留他县使庶子杀人</td><td>弃市</td></tr>
<tr><td>鄚嗣侯获，坐使奴杀人</td><td>减死，完为城旦</td><td>《汉律摭遗》引《汉书·功臣表》</td></tr>
</table>

与秦汉律中谋杀的处罚情况相比，唐律中的谋杀在定罪量刑的具体标准方面有非常清晰的规定，并且在行为对象、行为阶段、首从等方面的判断有非常详尽的具体标准。唐律中的谋杀依据行为人与犯罪对象之间是否存在尊卑、长幼、良贱等特殊身份关系，分为一般谋杀与特殊谋杀。作此区分的直接目的当然在于详细区别具体犯罪行为，以达到罪刑均衡。一般谋杀，即行为人与犯罪对象之间无特殊身份关系。《唐律疏议·贼盗》"谋杀人"条(256)载："诸谋杀人者，徒三年；已伤者，绞；已杀者，斩。从而加功者，绞；不加功者，流三千里。造意者，虽不行仍为首；(雇人杀者，亦同。)即从者不行，减行者一等。(余条不行，准此。)"据此，谋杀一般人：谋而未行，首犯徒三年；从者减一等，徒二年半。谋而已伤，首犯处绞；从而行者减一等，流三千里；从而不行，减从而行者一等，徒三年。[①] 谋而已杀，首犯斩；从而加功者绞；从而不加功者流三千里；从

① 《唐律疏议·名例》"称加减"条(56)："二死、三流，各同为一减。"《疏》议曰："假有犯罪合斩，从者减一等，即至流三千里。或有犯流三千里，合例减一等，即处徒三年。故云'二死、三流，各同为一减'。其加役流应减者，亦同三流之法。"从绞上减一等，当处流三千里；从流三千里上减一等，当处徒三年。

而未行者徒三年。特殊谋杀即行为人与行为对象之间具有特殊的身份关系，具体包括：谋杀官长，谋杀亲属，奴婢谋杀主，谋杀故旧亲属、奴婢谋杀旧主，唐律也根据行为人与犯罪对象之间的身份关系规定了具体的处罚。

三、传统刑律中谋杀的发展趋势

从竹简秦汉律中所见的"牧""谋""谋遣""谋贼杀""谋盗杀"等内容来看，秦汉律中的"牧杀""谋杀"及其相关概念尚处在逐渐形成与初步发展时期，而"谋杀"及相关"谋"犯罪之所以独立规定于刑律中，是因为某些犯罪行为的单纯"谋划"阶段已具有定罪量刑方面的非常明显且重要的意义与价值。秦汉之后，"谋杀"的概念不断丰富且内在体系不断完善，唐律中已将"谋杀"区分为典型形态与修正形态，且分为不同行为阶段分别处罚。唐代之后，刑律中的"谋杀"进一步发展。由于唐律中的相关概念已经比较成熟，唐代之后，这些表述及其含义只是在细节方面增加了更加丰富的内容。以下，结合明清律中的相关内容略作分析。

首先，明清时期，刑律中"谋杀"的含义进一步细化。明人雷梦麟将明律中的"谋杀"注解为："故凡有仇怨而欲杀人者，或谋诸心，或谋诸人，先定其计而杀之，皆谓之谋杀。"后又谓："出于一人之心、一人之事"杀人，当引谋杀人斩罪处断。[1]雷梦麟谓"谋杀"为"凡有仇怨而欲杀人"，并将"仇怨"进一步具体化，"或谋诸心，或谋诸人"。这显然是在晋律"二人对议"以及唐律"二人以上"基础上的进一步发展，但"仇怨"似乎将"谋杀"的"动机"限定得过于具体化。因为我们自竹简秦汉

---

[1]　［明］雷梦麟：《读律琐言》卷第十九，怀效锋、李俊点校，法律出版社 2000 年版，第 345 页。

律中见到的"谋遣杀人",被"谋遣"者与行为对象不一定有"仇怨",而且很有可能是"素无来往"之人。《大清律例·刑律·人命之一》"谋杀人"条(282.00):

　　1 凡谋[或谋诸心或谋诸人]杀人,造意者斩[监候];从而加功者,绞[监候];不加功者,杖一百,流三千里;杀讫乃坐。[若未曾杀讫,而邂逅身死,止依同谋共殴人科断。]

　　2 若伤而不死,造意者绞[监候];从而加功者,杖一百,流三千里;不加功者,杖一百,徒三年。

　　3 若谋而已行,未曾伤人者,[造意为首者,]杖一百,徒三年;为从者[同谋同行],各杖一百;但同谋者[虽不同行]。皆坐。

　　4 其造意者,[通承已杀、已伤、已行三项。]身虽不行,仍为首论;从者不行减行,[而不加功]者一等。

　　5 若因而得财者,同强盗不分首从论,皆斩。[行而不分赃,及不行又不分赃,皆仍依谋杀论。]①

薛允升谓:"此乃《明律》,顺治三年添入小注,雍正三年删定。"清律小注中仅沿袭了"或谋诸心,或谋诸人"的内容,这显然是明清律在唐律基础之上的进一步发展。明清律中的"伤而不死"显然与唐律中的"已伤"所表达的含义相同,"不死"除了表述形式方面更加严谨外,似乎没有内容方面的发展。

　　其次,唐律中未有对于"谋杀祖父母、父母"的直接规定,但明清律中设有专条规定。《大清律例·刑律·人命之一》"谋杀祖父母父母"条(284.00):

　　1 凡谋杀祖父母、父母,及期亲尊长、外祖父母、夫、夫之祖父母、父母,已行[不问已伤、未伤]者,[预谋之子孙,不分首从,]皆斩;

---

① [清]薛允升:《读例存疑重刊本(四)》,黄静嘉编校,成文出版社1970年版,第775页。

已杀者，皆凌迟处死。［监故在狱者，仍戮其尸。其为从，有服属不同，自依缌麻以上律论；有凡人，自依凡论。凡谋杀服属皆仿此。］①

薛允升谓："此乃《明律》，依故杀法句有注，余注系顺治三年添入。雍正三年、乾隆五年增修。"除了清律刑罚体系与唐律稍有不同，谋杀父母、祖父母的定罪量刑与唐律基本相同，其具体情节的规定也无进一步发展。也就是说，唐律虽未直接规定谋杀父母、祖父母，但司法实践面对此类杀人行为时也不会出现定罪量刑方面的空白。对于清律直接规定的内容，在形式上显然是更加严谨与周备，但似乎在立法技术与法律原理方面并未有进一步发展。

四、小结

竹简秦汉律中的谋杀从含义与处罚两方面来看，较之唐律多有疏漏，但唐律对秦汉律的沿袭痕迹是非常明显的。具体来说：秦律中关于谋杀等"谋"犯罪的列举多为二人，但也有一人、多人为谋的情况。汉律中将"谋"限定为二人犯罪的内容已不多见。可见，"二人对议"的含义在秦汉律中仍为"谋"之典型，但并未排除一人独谋与多人共谋的情况，也未见到律文对于共谋与独谋之间关系的阐述。竹简秦汉律与唐律关于谋、谋杀及相关"谋"犯罪的含义基本一致，但唐律显然在承袭秦汉律相关内容的基础之上，对谋、谋杀等含义进一步抽象、概括。唐律非常清晰地描述出了谋杀的外延，并对共谋与独谋的关系做了说明。竹简秦汉律中关于谋杀行为阶段的内容仅有"已杀"与"未杀"的记载，这种划分仍然比较简单。唐律中的谋杀在行为阶段方面有比较清晰的划分：

---

① ［清］薛允升：《读例存疑重刊本（四）》，黄静嘉编校，成文出版社 1970 年版，第780—781 页。

未行、已伤与已杀，在此基础之上，又根据行为人与行为对象之间的身份关系，分别予以适当的处罚。传统刑律中的谋杀是自贼杀、盗杀等罪名中逐渐派生的产物，从竹简秦汉律及传世文献的记载来看，秦汉时期是谋杀这一罪名发展的关键时期。竹简秦汉律中所见的"谋贼杀""谋盗杀"等表述是谋杀逐渐发展、演变为独立罪名的过程中所留下的明显标志。秦汉至唐代，杀人罪的具体罪名呈现逐渐分化、逐渐形成独立罪名的趋势。从竹简秦汉律及传世文献中所见关于谋杀处罚方面的内容来看，谋杀犯罪在秦汉时期基本处于重刑化的趋势，所见处罚多为死刑，王侯以及高级官员犯谋杀罪也多处死刑或免侯。从唐律谋杀的处罚来看，律文所载的基本刑中，最轻为徒三年，最重为斩刑，① 从其刑等设计上来看，对谋杀的犯罪主体、犯罪情节、犯罪对象皆予以充分考虑，针对不同谋杀行为予以适当的处罚。但在谋杀父母及其他尊亲属等犯罪行为的处罚方面，唐律与秦汉律一致，皆处以法定刑罚体系中的最重刑。

---

①　唐律中的谋杀根据犯罪主体与犯罪对象的具体情况，处罚可能低于三年。如尊长谋杀卑幼仅有谋划而未实施的情况，唐律并未详细规定具体处罚，按《唐律疏议·贼盗》"谋杀期亲尊长"条(253)：

即尊长谋杀卑幼者，各依故杀罪减二等；已伤者，减一等；已杀者，依故杀法。

《疏》议曰：谓上文"尊长"，谋杀卑幼，当条无罪名者，各依故杀罪减二等，已伤者减一等。假如有所规求，谋杀期亲卑幼，合徒三年；已伤者，流三千里；已杀者，依故杀法合绞之类。言"故杀法"者，谓罪依故杀法，其首各依本罪谋论：造意者虽不行仍为首，从者不行减行者一等。假有伯叔数人，谋杀犹子讫，即首合流二千里，从而加功合徒三年；从者不加功，徒二年半；从者不行，减行者一等，徒二年之类。略举杀期亲卑幼，余者不复备文。其应减者，各依本罪上减。

即尊长谋杀卑幼律文中未具体规定处罚的，若谋而未行，在故杀卑幼的基础之上减二等处罚；若谋而已伤，在故杀卑幼的基础之上减一等处罚；谋杀既遂的，按照故杀处罚。以祖父母、父母谋杀子孙为例，律文未规定具体处罚，按《唐律疏议·斗讼》"殴詈祖父母父母"条(329)："若子孙违犯教令，而祖父母、父母殴者，徒一年半；以刃杀者，徒二年；故杀者，各加一等。"《疏》议曰："'故杀者，各加一等'，谓非违犯教令而故杀者，手足、他物杀，徒二年；用刃杀，徒二年半。'即嫡、继、慈、养杀者'，为情疏易违，故'又加一等'。律文既云'又加'，即以刃故杀者，徒二年半上加一等，徒三年。"即祖父母、父母故杀子孙，处以徒三年。那么，若祖父母、父母谋杀子孙未行，则在徒三年的基础之上减二等处罚，处以徒二年。

唐代之后，刑律中对于谋杀的规定更加注重细节，对于唐律中从略或未直接规定的行为与情节有了比较具体的说明，刑律中关于谋杀的条文，在发展趋势方面表现比较明显的是形式上更加严谨与周备，但在立法技术与法律原理方面似乎并未有进一步发展。

第二章　秦汉律中的贼杀与唐律中的故杀

　　"贼"在传世文献中表达的主要含义是破坏、毁坏、伤害,还表达了犯罪行为与犯罪主观心态、杀人行为与杀人者等含义;传世文献中关于"贼杀"的记载比较常见,其中"贼杀"与"不辜"连用的固定表述形式与《晋律注》中"无变斩击谓之贼"的注释极为契合,也与唐律及后世律学著作中所见"无事而杀谓之故杀"的注解内容一脉相承。唐代以前,刑律中的"贼"与"故"皆表达犯罪主观心态之意且同时存在。唐律中,"贼"所表达的含义已发展成为"故"的多种含义之一,"故杀"即前代刑律中"贼杀"之变名,实际上"贼杀"发展为"故杀"的过程中又包含了更多的内容。睡虎地秦简、张家山汉简中有一些关于贼杀伤定罪量刑方面的记载,据此能对秦汉律中贼杀伤的大致内容与处罚情况有基本的认识。将竹简秦汉律中贼杀伤的内容与唐律相关内容比较,可以对贼杀伤的规范体系及其形成、发展、演变有比较全面的了解。同时,我们也能比较清晰地看到由秦汉律中的"贼杀"到唐律中的"故杀",具体犯罪行为的内涵逐渐清晰的发展趋势。

一、传世文献中贼的含义与表述

(一)破坏、毁坏、伤害

　　"贼"在传世文献中表达的主要含义是破坏、毁坏、伤害,许慎谓:

"贼，败也。"段玉裁注："败者，毁也。毁者，缺也。《左传》周公作誓命曰：毁则为贼。又叔向曰：杀人不忌为贼。"[①] 王筠谓："《左传》，毁则为贼，依左氏则兼意，……寇贼奸宄，《尚书》已连言之矣。左文十年传杜注，陈楚名司寇为司败，贼即训败，即与盗同，但当分孰为正义，孰为借义耳。"[②] 贼与毁、败表达了相同的含义，即破坏之意。相同的含义可见《左传·僖公九年》载："不僭不贼，鲜不为则。"杜注："贼，伤害也。"[③] 段玉裁与王筠在释贼之含义时，均引述了《左传·文公十八年》的记载，究其详细内容："先君周公……作誓命曰：'毁则为贼'"，杜预注曰："毁则，坏法也。"[④] 杜注"坏法"之意，实际上也是破坏、毁坏、伤害之意，只是贼之行为有了比较具体的对象。当然，我们见到的关于贼的含义并不止于坏法，尚有贼民、贼仁、害良等表述。《左传·宣公二年》载："贼民之主，不忠。"[⑤] 贼民即伤民、害民之意。《荀子·修身》载："伤良曰谗，害良曰贼。"注释小组未直接释"贼"，而将"谗"释为："用言语攻击陷害别人"。[⑥] 根据原文的表述，伤良与害良的后果是基本一致的，手段略有差异，伤良是用言语伤害别人，其意为谗；害良是用实际行为伤害别人，其意为贼。《列女传·辨通·齐伤槐女》载："（晏子）谓景公曰：'……刑杀不正，谓之贼。……刑杀不正，贼民之深者也。'"译者注："贼，残害。"[⑦] 亦为伤民之意。蔡枢衡认为"刑杀不正谓之贼"中"贼"表

---

① ［汉］许慎撰、［清］段玉裁注：《说文解字注》，十二篇下"戈部"，上海古籍出版社1981年版，第630页下。

② ［清］王筠撰集：《说文句读》卷二十四，十二篇下"戈部"，中国书店1983年影印版。

③ ［周］左丘明撰、［晋］杜预注、［唐］孔颖达正义：《春秋左传正义》卷第十三，北京大学出版社1999年版，第360页。

④ ［周］左丘明撰、［晋］杜预注、［唐］孔颖达正义：《春秋左传正义》卷第二十，北京大学出版社1999年版，第576页。

⑤ 同上书，第596页。

⑥ 北京大学《荀子》注释组：《荀子新注》，中华书局1979年版，第17—18页。

⑦ 张涛：《列女传译注》，山东大学出版社1990年版，第212—213页。

达的是杀人之意,"后又变成杀人就是贼。……《列女传·辨通》:'刑杀不正谓之贼',就是这个意思。"① 这是值得商榷的,结合《列女传》中晏子与齐景公对话的内容:"(晏子)谓景公曰:'婴闻之,穷民财力谓之暴;崇玩好,威严令谓之逆;刑杀不正,谓之贼。夫三者,守国之大殃也。今君穷民财力,以美饮食之具,繁钟鼓之乐,极宫室之观,行暴之大者也。崇玩好,威严令,是逆民之明者也。犯槐者刑,伤槐者死。刑杀不正,贼民之深者也。'公曰:'寡人敬受命。'"② 可见"刑杀不正"是对景公所颁布的"犯槐者刑,伤槐者死"之法令的描述,含义为对犯槐、伤槐之人所实施的处刑、处死之法令没有正当性。"谓之贼"是说此种无正当性的法令对民众造成了伤害。《孟子·梁惠王章句下》载:"贼仁者谓之贼,贼义者谓之残;残贼之人,谓之一夫。"③ 贼也是作残害、伤害的含义。实际上,贼作此种含义时是可与"害"互训的,《周礼·夏官·大司马》载:"贼贤害民则伐之",释曰:"云'贼贤'者,乱王所任同已者,如此,则贼虐谏辅,故云贼贤也。云'害民'者,以君臣俱恶,重赋多徭,其民被害,故曰害民。"④ 其中"贼贤"与"害民"显然表达了相似的含义,而"贼"与"害"的用法是一致的。

(二)主观心态

《左传·昭公十四年》载:"叔向曰:'……已恶而掠美为昏,贪以败官为墨,杀人不忌为贼。'"杜注:"昏,乱也。墨,不洁之称。忌,畏

① 蔡枢衡:《中国刑法史》,中国法制出版社 2005 年版,第 148 页。
② 张涛:《列女传译注》,山东大学出版社 1990 年版,第 212 页,译文参见第 214—215 页。
③ 〔汉〕赵歧注、〔宋〕孙奭疏:《孟子注疏》卷第二下,北京大学出版社 1999 年版,第 53 页。
④ 〔汉〕郑玄注、〔唐〕贾公彦疏:《周礼注疏》卷第二十九,北京大学出版社 1999 年版,第 761 页。

也。"① 杀人不忌主要表达的是杀人而并不畏忌的主观心态,结合杜预的注释,昏与墨表达的也是犯罪的主观心态。与之相似的表达是《大戴礼记·曾子立事篇》中所载:"杀人而不戚也,贼也"。② 以现代刑法理论中犯罪主观方面的认识因素与意志因素来分析,其表达的是直接故意的主观心态,即明知自己的行为会造成某种伤害结果,并以自己的行为积极追求此种结果出现的心态。如《墨子·号令》载:"诈为自贼伤以辟事者,族之。""自贼伤",注者案:"此谓吏卒民用器物自贼伤,诈言为敌所伤,俾得退休疗养,免罹战死之危。"③ 可见其类似于"自残"行为,其主观心态自然是"直接故意",动机是逃避兵役等,"自贼伤"应当受到"族之"的处罚,可见其行为性质非常严重。若是由于过失或意外事件导致伤残而无法服兵役,自然不应当科以如此严重的处罚。根据上述记载,"贼"特指的是直接故意杀人的主观心态。另外,正史文献中所见大量"贼伤"的表述,其中的"贼"皆作主观心态使用,特指直接故意的主观心态。

　　《史记·衡山王传》:元朔四年中,人有贼伤王后假母者,王疑太子使人伤之,笞太子。④

---

　　① 程树德在《九朝律考·汉律考》中将"已恶而掠美为昏,贪以败官为墨,杀人不忌为贼"的出处误注为"昭四年《传》"。程树德:《九朝律考》,中华书局1963年版,第14页。又见程树德:《九朝律考》,商务印书馆2010年版,第20页。出处当为《左传·昭公二十四年》,参见〔周〕左丘明撰、〔晋〕杜预注、〔唐〕孔颖达正义:《春秋左传正义》卷第四十七,北京大学出版社1999年版,第1338页。

　　② 〔清〕王聘珍:《大戴礼记解诂》卷四,王文锦点校,中华书局1983年版,第76页。

　　③ 吴毓江:《墨子校注》卷十五《号令》,孙启治点校,中华书局1993年版,第920、952页。实际上,《墨子·号令》的这段记载与张家山汉律中的内容还是比较一致的。《二年律令·贼律》:"贼伤人,及自贼伤以避事者,皆黥为城旦春。(二五)"张家山二四七号汉墓竹简整理小组:《张家山汉墓竹简〔二四七号墓〕(释文修订本)》,文物出版社2006年版,第12页。虽然"族之"与"黥为城旦春"有比较大的差异,但从犯罪行为的描述以及"贼"作为法律术语的含义与用法来看,是非常一致的。考虑到《墨子》的内容与体例,其所述的"刑罚"与秦汉律不同也是可以理解的。

　　④ 〔汉〕司马迁:《史记》卷一百一十八《淮南衡山列传》,中华书局1959年版,第3096页。《汉书·淮南衡山济北王传》记载相同,见〔汉〕班固撰、〔唐〕颜师古注:《汉书》卷四十四《淮

《汉书·外戚恩泽侯表》：（高阳侯薛宣）绥和二年，坐不忠孝，父子贼伤近臣，免。①

《汉书·张汤传》：知男子李游君欲献女，使乐府音监景武强求不得，使奴康等之其家，贼伤三人。②

《汉书·胡建传》：知吏贼伤奴，辟报故不穷审。③

《汉书·薛宣朱博传》：律曰："斗以刃伤人，完为城旦，其贼加罪一等，与谋者同罪。"……况以故伤咸，计谋已定，后闻置司隶，因前谋而趣明，非以恐咸为司隶故造谋也。……明当以贼伤人不直，况与谋者皆爵减完为城旦。④

《前汉纪·孝哀皇帝纪上》：明当以贼伤人。况与谋者皆削爵减死。为议具于先。况减死罪一等。徙炖煌。宣免为庶人。卒于家。宣次子惠亦至二千石。⑤

《后汉书·来歙传》：（来）歙自书表曰："臣夜人定后，为何人所贼伤，中臣要害。……"⑥

《衡山王传》中的"人有贼伤王后假母"，"贼伤"的含义是故意、刻意甚至是蓄意的伤害，因为"王疑太子使人伤之"。王怀疑这种伤害行

南衡山济北王传》，中华书局 1962 年版，第 2154 页。

① ［汉］班固撰、［唐］颜师古注：《汉书》卷十八《外戚恩泽侯表》，中华书局 1962 年版，第 707 页。

② ［汉］班固撰、［唐］颜师古注：《汉书》卷五十九《张汤传》，中华书局 1962 年版，第 2655 页。

③ ［汉］班固撰、［唐］颜师古注：《汉书》卷六十七《杨胡朱梅云传》，中华书局 1962 年版，第 2912 页。

④ ［汉］班固撰、［唐］颜师古注：《汉书》卷八十三《薛宣朱博传》，中华书局 1962 年版，第 3395—3396 页。

⑤ ［汉］荀悦：《前汉纪》卷二十八《孝哀皇帝纪上》，上海涵芬楼用梁溪孙氏小渌天藏明嘉靖本影印。

⑥ ［南朝宋］范晔、［唐］李贤等注：《后汉书》卷十五《李王邓来列传》，中华书局 1965 年版，第 589 页。

为出自太子的策划，所以答责了太子。正史文献中大量关于"贼伤"的内容表达的皆是此种含义。《薛宣传》与《孝哀皇帝纪上》中记载的为同一事件，其中引述了律文，"贼伤"的含义非常清晰。薛况有伤害申咸的故意，并指使门客杨明实施了杀伤行为。

（三）杀人行为

《尚书·舜典》载："帝曰：皋陶，蛮夷猾夏，寇贼奸宄……"，"寇贼奸宄"指的是四类不同的犯罪行为。根据郑玄与孔安国的注释，"寇"所表达的含义是"群行攻劫"，突出的是"众聚为之"；"贼"所表达的含义是"杀人"，突出的是"杀害之称"，因此，"群行攻劫曰寇，杀人曰贼。"[①]可见，"贼"作为犯罪行为时，多指杀人行为。与之相同的含义还有《周礼·秋官·朝士》："凡盗贼军乡邑及家人，杀之无罪。"郑司农云："谓盗贼群辈若军共攻盗乡邑及家人者，杀之无罪。若今时无故入人室宅庐舍，上人车船，牵引人欲犯法者，其时格杀之，无罪。"释曰："盗贼并言者，盗谓盗取人物，贼谓杀人曰贼。"[②]又《国语·晋语五》"灵公使鉏麑杀赵宣子"载："灵公虐，赵宣子骤谏，公患之，使鉏麑贼之"，注："鉏麑，力士。贼，杀也。"[③]贼作"杀人的行为"以及"杀人行为的主观心态"等含义时，明显是引申自其本意即前述"破坏""毁坏"与"伤害"等含义，亦即程树德所谓："杀人而不戚也，贼也……杀人曰贼，与贼害之义相引伸也。"[④]在表达犯罪行为等含义时，"杀"和"贼"成了同义语。从秦汉

---

① ［汉］孔安国传、［唐］孔颖达疏：《尚书正义》卷第三，北京大学出版社1999年版，第75—76页。

② ［汉］郑玄注、［唐］贾公彦疏：《周礼注疏》卷第三十五，北京大学出版社1999年版，第942页。

③ 上海师范大学古籍整理组校点：《国语》卷第十一《晋语五》，上海古籍出版社1978年版，第399页。

④ 程树德：《九朝律考》，中华书局1963年版，第14页。

时期法典的篇名中,也可以看到"贼"的此种含义,如程树德认为汉律"贼律"包含的是"叛逆杀伤之类",①即是此意。

（四）杀人者

"贼"除了表示杀人行为外,还有借以指代杀人行为实施者的用法,这种含义可以完全看作是贼作杀人含义的进一步引申,这种将表达行为的动词名词化用以指代行为者的用法在传世文献中非常广泛。因此,贼作此种含义时代表性并不明显。如《周礼·地官司徒·调人》载:"凡和难,父之雠辟诸海外,兄弟之雠辟诸千里之外,从父兄弟之雠不同国,君之雠眡父,师长之雠眡兄弟,主友之雠眡从父兄弟。"释曰:"云'父之雠辟诸海外'已下,皆是杀人之贼,王法所当讨,即合杀之。"②

（五）贼杀的表述

我们在传世文献中见到"贼"表达的主要是毁坏、主观心态、杀人行为、杀人者四方面的含义,这四种含义之间具有明显的相互引申关系。但是"贼"所表达的四种含义何者最古、何者是后发展而来的,并不容易分辨,因为我们从同一部文献中常可以见到"贼"所表达的不同含义。但是有一点线索是比较明显的,"贼"在表达与法制、律令等相关的内容时,在法制文献中或是在传世文献中引述律令时,多表达主观心态、杀人行为等含义。从中大概可以看出后世刑律中"贼杀"作为典型"罪名"形成的端倪。如《左传》引述佚书《夏书》的记载:"昏、墨、贼,杀。"并谓之为"皋陶之刑也"。③根据郑玄的注释,昏、墨、贼为三种犯罪主观

---

① 程树德:《九朝律考》,中华书局1963年版,第14页。

② ［汉］郑玄注、［唐］贾公彦疏:《周礼注疏》卷第十四,北京大学出版社1999年版,第358页。

③ ［周］左丘明撰、［晋］杜预注、［唐］孔颖达正义:《春秋左传正义》卷第四十七,北京大学出版社1999年版,第1338页。

心态，实质上也指称三类犯罪，"杀"是说这三类犯罪皆处以死刑。其中，将犯罪行为与刑罚之间的一一对应关系表述得非常明晰。明确了传世文献中"贼"所表达的主要含义及四类主要含义之间的相互关系后，引起我们注意的是传世文献中关于"贼杀"的大量表述：

《周礼·夏官·大司马》：以九伐之法正邦国。冯弱犯寡则眚之，贼贤害民则伐之，暴内陵外则坛之，野荒民散则削之，负固不服则侵之，贼杀其亲则正之，放弒其君则残之，犯令陵政则杜之，外内乱，鸟兽行，则灭之。释曰：……贼杀其亲，其罪尤重。[①]

《墨子·鲁问》：……子墨子曰："并国覆军，贼杀百姓，孰将受其不祥？"大王俯仰而思之曰："我受其不祥。"[②]

《史记·秦本纪》：三父废太子而立出子为君。出子六年，三父等复共令人贼杀出子。[③]

《史记·张丞相列传》：其时京兆尹赵君，丞相奏以免罪，使人执魏丞相，欲求脱罪而不听。复使人胁恐魏丞相，以夫人贼杀侍婢事而私独奏请验之，发吏卒至丞相舍，捕奴婢笞击问之，实不以兵刃杀也。而丞相司直繁君奏京兆尹赵君迫胁丞相，诬以夫人贼杀婢，发吏卒围捕丞相舍，不道，又得擅屏骑士事，赵京兆坐要斩。[④]

《史记·吴王濞列传》：（吴王濞）今乃与楚王戊、赵王遂、胶西王卬、济南王辟光、菑川王贤、胶东王雄渠约从反，为逆无道，起兵

---

① ［汉］郑玄注、［唐］贾公彦疏：《周礼注疏》卷第二十九，北京大学出版社1999年版，第760—762页。相似内容又见《司马法·仁本》："会之以发禁者九：冯弱犯寡则眚之；贼贤害民则伐之；暴内陵外则坛之；野荒民散则削之；负固不服则侵之；贼杀其亲则正之；放弒其君则残之；犯令陵政则绝之；外内乱，禽兽行，则灭之。"刘仲平注译：《〈司马法〉今注今译》，台湾商务印书馆1975年版，第2页。

② 吴毓江：《墨子校注》卷十三《鲁问》，孙启治点校，中华书局1993年版，第733—734页。

③ ［汉］司马迁：《史记》卷五《秦本纪》，中华书局1959年版，第181页。

④ ［汉］司马迁：《史记》卷九十六《张丞相列传》，中华书局1959年版，第2687页。

以危宗庙，贼杀大臣及汉使者，迫劫万民，夭杀无罪，烧残民家，掘其丘冢，甚为暴虐。①

《史记·淮南衡山列传》：……及（刘）长身自贼杀无罪者一人；令吏论杀无罪者六人；为亡命弃市罪诈捕命者以除罪；擅罪人，罪人无告劾，系治城旦春以上十四人；赦免罪人，死罪十八人，城旦春以下五十八人；赐人爵关内侯以下九十四人。……长当弃市，臣请论如法。②

《汉书·景武昭宣元成功臣表》：炀侯始昌嗣，元光四年为人所贼杀。③……（题侯张富昌）九月封，四年，后二年四月甲戌，为人所贼杀。④

《汉书·文三王传》：哀帝建平中，立复杀人。天子遣廷尉赏、大鸿胪由持节即讯。至，移书傅、相、中尉曰：王背策戒，悖暴妄行，连犯大辟，毒流吏民。比比蒙恩，不伏重诛，不思改过，复贼杀人。……今立自知贼杀中郎曹将，冬月迫促，贪生畏死，即诈僵仆阳病，徼幸得逾于须臾。谨以实对，伏须重诛。⑤

----

① ［汉］司马迁：《史记》卷一百六《吴王濞列传》，中华书局1959年版，第2833—2834页。亦见［汉］班固撰、［唐］颜师古注：《汉书》卷三十五《荆燕吴传》，中华书局1962年版，第1915页。

② ［汉］司马迁：《史记》卷一百一十八《淮南衡山列传》，中华书局1959年版，第3077页。又见《汉书·淮南衡山济北王传》载："……及长身自贼杀无罪者一人；令吏论杀无罪者六人；为亡命弃市诈捕命者以除罪；擅罪人，无告劾系治城旦以上十四人；败免罪人死罪十八人，城旦春以下五十八人；赐人爵关内侯以下九十四人。……长所犯不轨，当弃市，臣请论如法。"［汉］班固撰、［唐］颜师古注：《汉书》卷四十四《淮南衡山济北王传》，中华书局1962年版，第2141页。

③ ［汉］班固撰、［唐］颜师古注：《汉书》卷十七《景武昭宣元成功臣表》，中华书局1962年版，第638页。

④ 同上书，第664页。

⑤ ［汉］班固撰、［唐］颜师古注：《汉书》卷四十七《文三王传》，中华书局1962年版，第2218—2219页。

《汉书·赵敬肃王刘彭祖传》：大鸿胪禹奏："（敬肃王子缪王）元前以刃贼杀奴婢，子男杀谒者，为刺史所举奏，罪名明白。病先令，令能为乐奴婢从死，迫胁自杀者凡十六人，暴虐不道。故《春秋》之义，诛君之子不宜立。元虽未伏诛，不宜立嗣。"奏可，国除。①

《汉书·司马相如传》：相如为郎数岁，会唐蒙使略通夜郎、僰中，发巴、蜀吏卒，千人，郡又多为发转漕万余人，用军兴法诛其渠率。巴、蜀民大惊恐。上闻之，乃遣相如责唐蒙等，因谕告巴、蜀民以非上意。檄曰："告巴、蜀太守：……当行者或亡逃自贼杀，亦非人臣之节也。"……今奉币役至南夷，即自贼杀，或亡逃抵诛，身死无名，谥为至愚，耻及父母，为天下笑。师古曰："贼犹害也。"②

《汉书·王商传》：……前商女弟内行不修，奴贼杀人，疑商教使，为商重臣，故抑而不穷。③

《汉书·王嘉传》：张敞为京兆尹，有罪当免，絮舜知而犯敞，敞收杀之，其家自冤，使者覆狱，劾敞贼杀人，上逮捕……不下，会免，亡命数十日，宣帝征敞拜为冀州刺史，卒获其用。前世非私此三人，贪其材器有益于公家也。④

《汉书·王莽传》：十一月，立国将军建奏："西域将钦上言，九月辛巳，戊己校尉史陈良、终带共贼杀校尉刁护，劫略吏士，自

---

①　［汉］班固撰、［唐］颜师古注：《汉书》卷五十三《景十三王传》，中华书局 1962 年版，第 2421 页。

②　［汉］班固撰、［唐］颜师古注：《汉书》卷五十七下《司马相如传下》，第 2577—2578 页。亦见［汉］司马迁：《史记》卷一百一十七《司马相如列传》，中华书局 1959 年版，第 3044—3045 页。

③　［汉］班固撰、［唐］颜师古注：《汉书》卷八十二《王商史丹傅喜传》，中华书局 1962 年版，第 3374 页。

④　［汉］班固撰、［唐］颜师古注：《汉书》卷八十六《何武王嘉师丹传》，中华书局 1962 年版，第 3489 页。

称废汉大将军，亡入匈奴。"①

《后汉书·独行列传·王忳》：女子乃前诉曰："妾夫为涪令，之官过宿此亭，亭长无状，贼杀妾家十余口，埋在楼下，悉取财货。"②

《后汉书·乌桓传》：……其约法：违大人言者，罪至死；若相贼杀者，令部落自相报，不止，诣大人告之，听出马牛羊以赎死；其自杀父兄则无罪；若亡畔为大人所捕者，邑落不得受之，皆徙逐于雍狂之地，沙漠之中。③

传世文献中实际上还有更多关于"贼杀"的记载，④在此仅举其要者。以上"贼杀"的含义皆为有意杀害、故意杀害，但有些表述形式所表达的含义"类型化"程度更高，明显带有"罪名"的痕迹，如"贼杀侍婢""贼杀无罪者""贼杀人"。有些记载中的"贼杀"作为"罪名"的特征更加明显，如《汉书·王嘉传》载："……劾敢贼杀人"，又《后汉书·乌

---

① ［汉］班固撰、［唐］颜师古注：《汉书》卷九十九中《王莽传中》，中华书局1962年版，第4119页。

② ［南朝宋］范晔撰、［唐］李贤等注：《后汉书》卷八十一《独行列传》，中华书局1965年版，第2681页。

③ ［南朝宋］范晔撰、［唐］李贤等注：《后汉书》卷八九十《乌桓鲜卑列传》，中华书局1965年版，第2980页。

④ 传世文献中还可以见到一类关于"贼杀"的记载，"贼"与"杀"虽然连用但表达的是不同的含义，其中"贼"做名词，即"某贼"，与"杀"连用表达的含义是"某贼杀人"，如《后汉书·孝顺孝冲孝质帝纪》："八月庚子，荧惑犯南斗。江夏盗贼杀邾长。"《后汉书·孝灵帝纪》："二月，荥阳贼杀中牟令。"《后汉书·孝献帝纪》："乙巳，黄巾贼杀济南王赟。"《后汉书·杨厚传》："荆、交二州蛮夷贼杀长吏，寇城郭。"［南朝宋］范晔撰、［唐］李贤等注：《后汉书》卷六、卷八、卷九、卷三十上，中华书局1965年版，第266—267、354、385、1049页。与之相应的是"使贼杀"的表述形式，"贼"亦作名词，即派遣贼人实施杀害行为之意。如《左传·文公九年》："使贼杀先克。"《左传·文公十四年》："……二子作乱，城郢，而使贼杀子孔。"《左传·襄公十七年》："宋华阅卒，华臣弱皋比之室，使贼杀其宰华吴，贼六人以铍杀诸卢门，……"［周］左丘明撰、［晋］杜预注、［唐］孔颖达正义：《春秋左传正义》卷第十九下、卷第三十三，北京大学出版社1999年版，第537、552、944页。《汉书·五行志》："先是臣兄阅为宋卿，阅卒，臣使贼杀阅家宰，遂就其妻。"［汉］班固撰、［唐］颜师古注：《汉书》卷二十七中之上《五行志中之上》，中华书局1962年版，第1379页。

桓传》：“……其约法：……若相贼杀者”。“劾敞贼杀人”即以贼杀人的罪名或以贼杀人的理由弹劾张敞；“若相贼杀者”作为罪名或具体犯罪行为的形式更加明显，因为其表述中已经说明这是“约法”的内容。当然，传世文献中关于“贼杀”的记载有些仅为一般意义上对行为的描述，并未突出罪名的属性，如贼杀大臣、自贼杀、贼杀校尉等表述。

（六）贼杀含义的固定化及其发展

“贼”与“贼杀”作为专门的法律术语表达“罪名”或具体杀人行为时，其含义便具有了比较固定的属性，这种属性是其作为“罪名”、作为法律术语所必备的。关于“贼杀”作为“罪名”的直接注释可见张斐所作《晋律注》：“无变斩击谓之贼”，[①]无变即无故，其含义可联系前述“杀人不忌”“杀人不戚”来理解。同时，“无变斩击谓之贼”也表示伤人与杀人并无严格的界限，无故而杀即是“贼杀”、无故而伤即是“贼伤”。“死亡是创伤的发展。在这个意义上，伤害和死亡实是一个过程的两个阶段。”[②]从睡虎地秦律、张家山汉律中，我们能看到“贼杀伤”的表述非常普遍，睡虎地秦简《法律答问》载：“有贼杀伤人冲术，偕旁人不援，百步中比野，当赀二甲。（一〇一）”张家山汉简《二年律令·贼律》载：“子贼杀伤父母，奴婢贼杀伤主、主父母妻子，皆枭其首市。（三四）”也可以见到杀与伤分开但连述的情况，如张家山汉简《二年律令·贼律》载：“谋贼杀、伤人，与贼同法。（二六）”

需要注意的是传世文献中关于“贼杀”与“不幸”连用的记载，这与张斐《晋律注》中“无变斩击谓之贼”的注释极为契合，也为唐代及后世律学著作中“无事而杀”的注解埋下了伏笔。

---

① ［唐］房玄龄等：《晋书》卷三十《刑法志》，中华书局1974年版，第928页。

② 蔡枢衡：《中国刑法史》，中国法制出版社2005年版，第148—149页。

《史记·建元以来侯者年表》：高平。魏相，家在济阴。少学易，为府卒史，以贤良举为茂陵令，迁河南太守。坐贼杀不辜，系狱，当死，会赦，免为庶人。[①]

《史记·李斯列传》：……于是乃入上林斋戒。日游弋猎，有行人入上林中，二世自射杀之。赵高教其女婿咸阳令阎乐劾不知何人贼杀人移上林。高乃谏二世曰："天子无故贼杀不辜人，此上帝之禁也，鬼神不享，天且降殃，当远避宫以禳之。"二世乃出居望夷之宫。[②]

《汉书·魏相传》：后人有告相贼杀不辜，事下有司。[③]

《汉书·赵广汉传》：司直萧望之劾奏："（赵）广汉摧辱大臣，欲以劫持奉公，逆节伤化，不道。"宣帝恶之。下广汉廷尉狱，又坐贼杀不辜，鞫狱故不以实，擅斥除骑士乏军兴数罪。天子可其奏。吏民守阙号泣者数万人，或言："臣生无益县官，愿代赵京兆死，使得牧养小民。"广汉竟坐要斩。[④]

《汉书·张敞传》：使者奏（张）敞贼杀不辜。天子薄其罪，欲令敞得自便利，即先下敞前坐杨恽不宜处位奏，免为庶人。敞免奏既下，诣阙上印绶，便从阙下亡命。……臣（张）敞贼杀无辜，鞫狱故不直，虽伏明法，死无所恨。[⑤]

《汉书·翟方进传》：义既还，大怒，阳以他事召立至，以主守

---

① ［汉］司马迁：《史记》卷二十《建元以来侯者年表》，中华书局1959年版，第1065页。
② ［汉］司马迁：《史记》卷八十七《李斯列传》，中华书局1959年版，第2562页。
③ ［汉］班固撰、［唐］颜师古注：《汉书》卷七十四《魏相丙吉传》，中华书局1962年版，第3134页。
④ ［汉］班固撰、［唐］颜师古注：《汉书》卷七十六《赵尹韩张两王传》，中华书局1962年版，第3205页。
⑤ 同上书，第3223—3225页。

盗十金，贼杀不辜，部掾夏恢等收缚立，传送邓狱。[①]

"不辜"指代的是杀伤行为的对象，"贼杀不辜"即"贼杀不辜者"或"贼杀不辜之人"。其表达的含义是犯罪对象没有过错而被杀害，即通常所说的"无辜"，上引《汉书·张敞传》中"不辜"与"无辜"互训。"贼杀不辜"与"无变斩击""无事而杀"表达的含义是相同的，"不辜"与"无变""无事"着重强调的也是行为人的主观恶性，即强调行为人杀人之"杀心"与"害心"。差别在于"不辜"通过行为对象强调行为人的主观恶性，"无变""无事"直接强调行为人的主观恶性。沈家本谓："贼者，害也，凡有害于人民，有害于国家，皆可谓之贼。"又："《汉律》凡言贼者，并有害心之事，视无心为重。"[②] 沈氏进一步推测贼杀"疑即后来律文之故杀也"，[③] 这应当是没有异议的，因为我们自传世文献中也见到了大量"故"表示杀、弑的用法，这应当是"贼"发展为"故"，"故杀"取代"贼杀"的铺垫。如《谷梁传·恒公元年》载："继故不言即位，正也。"注曰："故谓弑也。"[④]《谷梁传·文公十八年》载："子卒不日，故也。"注曰："故，杀也。不称杀，讳也。"[⑤] 又《谷梁传·宣公十八年》载："秋，七月，邾人戕缯子于缯。"注曰："戕犹残也，抌杀也。抌谓捶打残贼而杀。"疏曰：

---

① ［汉］班固撰、［唐］颜师古注：《汉书》卷八十四《翟方进传》，中华书局1962年版，第3425页。

② ［清］沈家本：《历代刑法考》（三）《汉律摭遗》卷一、卷三，邓经元、骈宇骞点校，中华书局1985年版，第1371、1413页。

③ 沈家本在《汉律摭遗》"贼杀人"中谓："《王子侯表》：'张侯嵩，坐贼杀人，上书要上，下狱，痹死。'颜注：'要上者，怙亲而不服罪也。''南利侯昌，坐贼杀人，免。'"按："凡言贼者，有心之谓，此疑即后来律文之故杀也。"［清］沈家本：《历代刑法考》（三）《汉律摭遗卷五》，邓经元、骈宇骞点校，中华书局1985年版，第1463页。

④ ［晋］范宁集解、［唐］杨士勋疏：《春秋谷梁传注疏》卷第三，北京大学出版社1999年版，第32页。

⑤ ［晋］范宁集解、［唐］杨士勋疏：《春秋谷梁传注疏》卷第十一，北京大学出版社1999年版，第184页。

"戕,在良反,残也,贼也,犹杀也。"① 表达杀、弑等含义时,贼与故可互训,说明其含义在做此种用法时是一致的。②

陈顾远谓:"晋律注:'其知而犯之谓之故;'疏义:'斗而用刃,即有害心,及非因斗争无事而杀,谓之故杀;'清律注:'临时有意欲杀,非人所知曰故;'是故杀之意义亦三变也。"③ 依陈氏之意,故杀有三种含义:明知故犯杀人;斗殴中用兵刃杀人与无事杀人;斗殴中临时起杀心而杀人。这三种含义实质上是将"故杀"主观心态的三种不同表现形式统一于"杀人之害心"当中。

唐代以前的刑律中,"贼""故"同时存在,而唐律中的"贼"则主要表述法典篇名而不再表达杀伤行为的主观心态之含义,唐律中的"故杀"即秦、汉、魏、晋律中"贼杀"之变名。④ 从含义来看,"故杀"不但包含了"贼杀",还同时包含了更多的内容。作为犯罪主观心态的"故"由"贼"演化而来,唐律中虽有《贼盗》之篇名但不再有"贼杀"之罪名。表示犯罪主观意图的"贼"演变成"故"的两种含义之一。唐律中关于"故杀"的注释实际延续了《晋律注》"无变斩击谓之贼"的注解模式,"无变"即是"无故",无故而斩即是贼杀;无故而击即是贼伤。"非因斗争"乃是"无故"之具体表述,非因斗争而杀即是故杀,非因斗争而伤从行为结果来说即是故伤(从伤害行为方面来说即是故殴)。作为犯罪主观

① [晋]范宁集解、[唐]杨士勋疏:《春秋谷梁传注疏》卷第十二,北京大学出版社1999年版,第207—208页。
② 蔡枢衡认为:"《尔雅·释诂》:'治,故也。''故,今也。'《谷梁传·文公十八年》注:'故,杀也;'《桓公元年》注:'故,弑也。'可见故以杀为义。今弑同音相假,弑(音樴)弑又同音相假。今借为戕,因借为弑(音樴)。《说文解字》:'弑,杀也。'可见今的含义也是杀。"蔡枢衡:《刑法名称的由来》,《北京政法学院学报》1981年第3期。
③ 陈顾远:《中国法制史》,中国书店1988年版,第301页。
④ 蔡枢衡:《中国刑法史》,中国法制出版社2005年版,第149页。

心态的"贼"发展为"故"并非仅限于杀伤罪，如《二年律令·贼律》载："贼燔城、官府及县官积冣（聚），弃市。贼燔寺舍、民⬚⬚⬚⬚、积冣（聚），⬚为城旦春。……〔四〕""贼燔"即纵火，为有意而为之犯罪，其在《晋书·刑法志》中亦可得见："贼燔人庐舍积聚盗，赃满五匹以上，弃市；即燔官府积聚盗，亦当与同。"①唐律中，对此种犯罪仍然予以处罚，但表述形式已发生变化，唐律中的"故烧"即《二年律令》中的"贼燔"，《唐律疏议·贼盗》："故烧舍屋而盗"条（284）："诸故烧人舍屋及积聚之物而盗者，计所烧减价，并赃以强盗论。"同时，"故烧"之说并非仅限于唐律此条，"故"已经形成了非常固定的含义，律中凡称"故烧"者，皆作此意。《唐律疏议·杂律》"烧官府私家舍宅"条（432）："诸故烧官府廨舍及私家舍宅，若财物者，徒三年。"律《疏》中还对"故烧"行为的外延作了进一步限定："若对主故烧非积聚延烧之物，只同'弃毁人财物'论。"与"故烧"相对的行为即"失火"，"故"与"失"相对，将其内含表达得非常清晰。《唐律疏议·杂律》"水火损败征偿"条（434）："诸水火有所损败，故犯者，征偿；误失者，不偿。"《疏》议曰："'水火有所损败'，谓上诸条称水火损败得罪之处。'故犯者，征偿'，若'故决堤防''通水入人家'，若'故烧官府、廨舍及私家舍宅、财物'，有所损败之类，各征偿。其称'失火'之处及'不修堤防而致损害'之类，各不偿。"

二、秦汉律中贼杀伤的处罚及其在唐律中的发展

秦汉时期关于贼杀伤的具体处罚情况，可查文献比较缺乏，我们自正史文献中可以见到相关内容：

---

① ［唐］房玄龄等：《晋书》卷三十《刑法志》，中华书局 1974 年版，第 930 页。

《汉书·王子侯表》:(南利侯昌)地节二年,坐贼杀人免。又:
(张侯嵩)神爵二年,坐贼杀人,上书要上,下狱瘐死。①

《汉书·景武昭宣元成功臣表》:(承父侯续相如)延和四年四
月癸亥,坐贼杀军吏,谋入蛮夷,咒诅上,要斩。②

《汉书·天文志》:明年十二月己卯,尉氏男子樊并等谋反,贼
杀陈留太守严普及吏民,出囚徒,取库兵,劫略令丞,自称将军,皆
诛死。③

《汉书·景十三王传》:大鸿胪禹奏:"元前以刃贼杀奴婢,子
男杀谒者,为刺史所举奏,罪名明白。病先令,令能为乐奴婢从死,
迫胁自杀者凡十六人,暴虐不道。故春秋之义,诛君之子不宜立。
元虽未伏诛,不宜立嗣。"奏可,国除。④

正史文献记载的贼杀人案件,既有被免死的情况,亦有伏诛的情
况。但需要注意的是犯罪主体的身份,免死之人都拥有特定的爵位。同
时,即使贼杀人被处死,根据相关记载,犯罪主体所实施的也并非单纯
的贼杀人行为,如"坐贼杀军吏,谋入蛮夷,咒诅上,要斩。""贼杀陈留
太守严普及吏民,出囚徒,取库兵,劫略令丞,自称将军,皆诛死。"根
据记载的内容,我们出于常识性认识即可做出判断:对于要斩与诛死来
说,起决定性的因素应该是"咒诅上""自称将军"等具有反、叛性质的
行为。⑤传世文献中的这些记载对于我们探讨秦汉律中关于贼杀的处罚

① 〔汉〕班固撰、〔唐〕颜师古注:《汉书》卷十五下《王子侯表下》,中华书局1962年版,第487、489—490页。
② 〔汉〕班固撰、〔唐〕颜师古注:《汉书》卷十七《景武昭宣元成功臣表》,中华书局1962年版,第662页。
③ 〔汉〕班固撰、〔唐〕颜师古注:《汉书》卷二十六《天文志》,中华书局1962年版,第1311页。
④ 〔汉〕班固撰、〔唐〕颜师古注:《汉书》卷五十三《景十三王传》,中华书局1962年版,第2421—2422页。
⑤ 显然,针对特定主体及其犯罪行为的定罪量刑过程中,"反"与"叛"等行为对于所

情况，尤其是探讨刑律中犯罪行为与具体刑罚之间的一一对应关系没有直接的意义，但以此为基础，我们可以进一步对竹简秦汉律中所见贼杀伤的处罚情况结合唐律相关内容试做探讨。

（一）秦简中的贼杀伤

竹简秦汉律中关于贼杀伤的记载比较有限，睡虎地秦简《法律答问》中见有以下内容：

> 求盗追捕人，罪人格杀求盗，问杀人者为贼杀，且斗杀？斗杀人，廷行事为贼。（六六）

> 斗以箴（针）、铩、锥，若箴（针）、铩、锥伤人，各可（何）论？斗，当赀二甲；贼，当黥为城旦。（八六）

> 贼入甲室，贼伤甲，甲号寇，其四邻、典、老皆出不存，不闻号寇，问当论不当？审不存，不当论；典、老虽不存，当论。（九八）

> 有贼杀伤人冲术，偕旁人不援，百步中比野，当赀二甲。（一〇一）

> "公室告。"何殹（也）？"非公室告"可（何）殹（也）？贼杀伤、盗它人为"公室"；子盗父母，父母擅杀、刑、髡子及奴妾，不为"公室告"。（一〇三）

> 甲告乙贼伤人，问乙贼杀人，非伤殹（也），甲当购，购几可（何）？当购二两。（一三四）

从这些记载中，我们并不能对秦律中的贼杀伤有比较全面的认识，只能从几个侧面作初步了解。根据六六简的内容，求盗追捕犯人，犯人拒捕格杀求盗，这种格杀行为在外观上表现为相互殴击与伤害，大概正

判处的死刑显然具有更加直接的决定作用，这是通过常识即可做出的判断。甚至可以说，若仅有"反"与"叛"等犯罪行为没有杀伤等行为，也会处以死刑。但在可查文献比较缺乏的情况之下，充分关注这些记载还是具有一定意义的。

是基于此，在法律适用方面产生了疑问。最终法律适用的答复：肯定其斗殴杀人行为的同时，依照贼杀人处罚。从中我们看到秦律中“斗殴杀”与“贼杀”之间的关系仍比较密切，或者说两者之间的界分仍不清晰。但可以从法律适用方面看出：“贼杀人”是比“斗杀人”严重的犯罪，因为罪人格杀求盗虽然行为外观上表现为“斗殴杀”，但法律适用上是以更为严重的“贼杀”为标准的，其具体处罚应该也更重。[①]唐律亦有相关内容，但唐律对于拒捕格杀捕人的行为在定罪方面仍然认定为“斗杀”，只是在量刑方面予以加重。《唐律疏议·捕亡》“罪人持仗拒捕”条(452)：

> 即拒殴捕者，加本罪一等；伤者，加斗伤二等；杀者，斩。
>
> 《疏》议曰：“即拒殴捕者，加本罪一等”，假有罪人，本犯徒三年，而拒殴捕人，流二千里。“伤者，加斗伤二等”，假有拒殴捕者折一齿，加凡斗二等，合徒二年之类。杀捕人者斩，捕人不限贵贱，杀者合斩。

犯人拒捕殴击捕人的，若未对捕人造成伤害，在行为人本来犯罪处罚的基础之上加一等科刑；若对捕人造成伤害的，在斗殴伤害的基础上，加二等科刑；杀捕人的，处以斩刑。唐律中具体的刑罚适用与秦律中的相关内容显然具有明显的沿袭痕迹。

从八六简的内容我们可以看到，同样是以针、鉥、锥等工具伤人的行为，若是因斗而伤则处以赀二甲的刑罚，若是贼伤人，即非因斗殴而出于故意伤害他人，则黥为城旦。两种处罚之间的差距是非常明显的，不同处

---

① 对此，杜正胜教授对于加重刑罚的理由有所述及：“求盗是地方上逐捕盗、贼的小吏，逐捕时难免发生格斗，若罪犯因而杀求盗，按理说是双方互斗，该判‘斗杀人’，但成例却以‘贼杀人’论处。用今天的话说就是妨害公务，刑罚加重多了。”杜正胜：《传统法典始原——兼论李悝法经的问题》，载许倬云等：《中国历史论文集》，商务印书馆1986年版，第441页。从唐律相关内容来看，这种解释应当是比较准确的。

罚的根据是行为人不同的主观心态。另，我们从天水放马滩秦简《墓主记》的相关记载中可以看到秦律中关于贼伤人的处罚内容，何双全先生将简文释为：秦王政八年（公元前239年）“丹矢伤人垣离里，中面，自刺矣。弃之于市，葬之垣离南门外。”[①] 李学勤先生在此基础上重新校释：秦昭王三十八年（公元前269年）“丹刺伤人垣雍里中，因自刺殹。弃之于市，三日，葬之垣雍南门外。”[②] 不论是何双全先生所释之“矢伤人”还是李学勤先生所释之“刺伤人”，以兵刃伤人是肯定的，《唐律疏议·斗讼》“斗殴杀人”条（306）律《疏》载：“斗而用刃，即有害心”，可初步推测丹之行为属于“贼杀伤人”，而丹最终被处以“弃之于市”，李学勤先生谓“被弃市”，即处以弃市之刑。这与睡虎地秦简中的以针、鉥、锥贼伤人处以黥为城旦之刑是不同的。处罚不同之原因大概是因为矢伤、刺伤与针、鉥、锥伤不同，矢伤、刺伤属于兵刃伤，危害性大于针、鉥、锥伤之故。当然这只是一种推测，秦时贼伤人被处以弃市的记载我们只见此一处。[③] 秦汉律中的“贼”至唐律中发展为“故”，但唐律中不再有“故伤”的普遍表述，[④] 唐律

① 何双全：《天水放马滩秦简综述》，《文物》1989年第2期。

② 李学勤：《放马滩秦简中的志怪故事》，《文物》1990年第4期。

③ 放马滩秦简所记载的这则事例，重点在于叙述墓主人“丹”死而复生之后所描述祭祀鬼神的习俗与禁忌等内容，至于丹的死因只是为后文丹死而复生所作的铺垫。李学勤先生谓：丹死而复生“显然有志怪的性质，与后世众多志怪小说一样，这个故事可能出于虚构。也可能丹实有其人，逃亡至秦，捏造出这个故事，借以从事与巫鬼迷信有关的营生。”但从法律史的角度出发，我们关注的则不是死而复生是否属实，而是丹的死因，即关于刺伤人后弃之于市的内容，其中刺伤的行为与弃之于市的处罚之间的对应关系是我们所关注的重点。曹旅宁根据放马滩秦简《墓主记》的内容深入探讨了作为刑罚、刑种的“弃市”的含义，参见曹旅宁：《从天水放马滩秦简看秦代的弃市》，《广东社会科学》2000年第5期。

④ “故伤”在唐律中仅出现两次，一次是在《唐律疏议·厩库》“杀缌麻亲马牛”条（205）：“问曰：误杀及故伤缌麻以上亲畜产，律无罪名，未知合偿减价以否？”即故意伤害缌麻以上亲属畜产的行为，依据后文来看，此种行为不予处罚。另一次是在《唐律疏议·贼盗》“残害死尸”条（266）：“诸残害死尸，（谓焚烧、支解之类）及弃尸水中者，各减斗杀罪一等；（缌麻以上尊长不减）弃而不失及髡发若伤者，各又减一等。即子孙于祖父母、父母，部曲、奴婢于主者，各不减。（皆谓意在于恶者）”《疏》议曰：“伤，谓故伤其尸，伤无大小，但非支解之类。”即故

中的伤害行为仅有"斗伤"与"殴伤",其中"殴伤"与秦汉律之"贼伤"内容大致相同,律文中根据具体情节予以处罚。①

九八、一〇一两支简的内容说的都是对"贼杀伤"的救助义务,贼人入室伤人,邻人若不在家、未能知晓贼伤情况的,不予处罚;里典、伍老等虽不在家仍予处罚。那么,据此可以推测,若在家但出于主观原因未予救助的,自然应当予以处罚。同时,秦代的"贼杀伤"应该是非常严重的犯罪,街道中若有贼杀伤人,一定范围内的路人皆有救助义务,否则予以赀二甲处罚。唐律对于邻里之间遭遇强盗、杀人等犯罪而不救助的行为亦予处罚,《唐律疏议·捕亡》"邻里被强盗不救助"条(456):

> 诸邻里被强盗及杀人,告而不救助者,杖一百;闻而不救助者,减一等;力势不能赴救者,速告随近官司,若不告者,亦以不救助论。其官司不即救助者,徒一年。窃盗者,各减二等。

> 《疏》议曰:依《礼》:"五家为邻,五邻为里。"既同邑落,邻居接续,而被强盗及杀人者,皆须递告,即救助之,若告而不救助者,杖一百。虽不承告,声响相闻,而不救助者,减一等,杖九十。"力势不能赴救者",谓贼强人少,或老小羸弱,不能赴救者,速告随近官司,若不告者,亦以不救助罪科之。"其官司不即救助者",依《捕亡令》:"有盗贼及伤杀者,即告随近官司、村坊、屯驿。闻告之处,率随近军人及夫,从发处追捕。"若其所在官司知而不即救助者,徒一年。"窃盗,各减二等",谓邻里被窃盗,承告而不救助者,从杖一百上减;闻而不救助者,从杖九十上减;官司承告不即救助者,

---

意伤害尸体(不包括子孙伤害父母及缌麻以上尊长之尸体、部曲奴婢伤害主之尸体),在斗杀基础上减等处罚。注文中强调:"皆谓意在于恶者",《疏》议曰:"并谓意在于恶。如无恶心,谓若愿自焚尸,或遗言水葬及远道尸柩,将骨还乡之类,并不坐。"即强调了出于故意的心态伤害尸体,而非出于其他原因。

① 详情参见"斗杀"章节的相关内容。

从徒一年上减。

唐律中规定邻里之间遭遇强盗、杀人必须予以救助,律《疏》引《周礼·地官》将救助范围限定为五家、五邻之内。处罚方面,唐律考虑到了更多的情节:邻里遭遇强盗、杀人,相互告知请求援助而未援助,处以杖一百;邻里之间听到强盗、杀人之声而未予救助,杖九十;若能力不足以救助者,应当速告随近官司,不速告者与不救助同样处以杖一百。从中不难看出唐律对秦律的沿袭与发展。

通过一○三、一三四两支简的内容,我们对秦律中贼杀的相关规定有所了解,秦律中贼杀伤为公室告;[①] 检举告发贼杀人犯罪的人会获得赏金二两。秦律中的贼杀伤是必须告之于官府且对告发行为予以奖励,据此也可以看出贼杀伤在秦代是严重的犯罪。

(二)汉简中的贼杀伤

张家山汉简《二年律令》中关于贼杀伤的记载较之睡虎地秦简稍显丰富,其内容主要是汉律关于贼杀伤处罚方面的一些规定,这些内容恰好是睡虎地秦简缺乏的。根据简文的内容,可将之分为三组分别探讨。

1.一般贼杀伤人的处罚情况

一般贼杀伤人,即行为人与犯罪对象之间无身份关系,我们从张家山汉简《二年律令》中见到了以下内容:

---

① 所谓秦律中的"公室告",可见睡虎地秦简《法律答问》中的相关内容:

　　"公室告。"【何】殹(也)?"非公室告"可(何)殹(也)?贼杀伤、盗它人为"公室";子盗父母,父母擅杀、刑、髡子及奴妾,不为"公室告"。(一○三)

　　"子告父母,臣妾告主,非公室告,勿听。"·可(何)谓"非公室告"?·主擅杀、刑、髡其子、臣妾,是谓"非公室告",勿听。而行告,告者罪。告【者】罪已行,它人有(又)袭其告之,亦不当听。(一○五)

"公室告"即官府必须受理的犯罪行为,反之,"非公室告"即官府不予受理的犯罪行为,同时,还将对告诉之人予以处罚。

《贼律》

贼杀人、斗而杀人，弃市。（二一）

谋贼杀、伤人，未杀，黥为城旦舂。（二二）

贼杀人，及与谋者，皆弃市。未杀，黥为城旦舂。（二三）

贼伤人，及自贼伤以避事者，皆黥为城旦舂。（二五）

谋贼杀、伤人，与贼同法。（二六）

二一、二五两支简的内容可合并理解，主要是"贼杀伤"的处罚情况：贼杀人处以弃市之刑，贼伤人（伤他人或自伤以避事）处以黥为城旦舂之刑，此处的"杀"指的是行为对象死亡结果已出现，"伤"指的是行为对象伤害结果已出现。

二二简的内容相对具体，"未杀"指的是最终未出现犯罪对象死亡的犯罪结果，至于其究竟是行为人已实施杀伤行为由于意志以外的原因未达犯罪既遂，还是在犯罪结果能出现的情况下出于主观意愿放弃继续实施犯罪，抑或是仅有谋划根本未实际实施杀伤行为？这是值得进一步探讨的。结合二六简的内容，我们可以作进一步的推断，二六简规定的是谋贼杀伤的处罚原则："与贼同法"，即谋贼杀，与贼杀同法，处以弃市之刑；谋贼伤，与贼伤同法，处以黥为城旦舂之刑。二二、二六简前半部分完全相同，即"谋贼杀、伤人，……"规定的都是对"谋贼杀、伤人"行为的处罚情况。不同之处：二二简为"……未杀，黥为城旦舂"，二六简为"……与贼同法"。显然，二六简的内容相对宏观，是定罪量刑原则；二二简的内容相对具体，是法律适用的具体规则。根据简文内容可以判断，二二简与二六简的立法主旨应当是一致的，"未杀，黥为城旦舂"是"与贼同法"的一种具体情况。根据前述二五简的内容，贼伤人，黥为城旦舂，因此，"未杀"与贼伤应当表达了基本相同的含义。"谋贼杀、伤人，未杀，黥为城旦舂"，指的应该是谋贼杀未致犯罪对象死亡，但已造成伤害的情况，不包括单纯的谋划行为。至于"未杀"的原因，究竟是

客观不能还是主观放弃，尚不清楚。①另外，将二二、二六两支简的内容
结合起来考察还可根据其内容推测，"谋贼杀、伤人，未杀，……"中"伤
人"与"未杀"可能是并列关系，即"谋贼杀"的过程中造成了犯罪对象
伤害，但未致犯罪对象死亡，犯罪结果未出现的情况。或将简文直接断
为："谋贼杀，伤人未杀，……"表意更加准确。②

二三简前半部分规定："贼杀人，及与谋者，皆弃市"，指的是贼杀
人并达到犯罪既遂状态的处罚情况，处以弃市之刑与前述二一简的内容
一致，"皆弃市"与二六简所规定的内容"与贼同法"一致。后半部分规
定："未杀，黥为城旦舂"，指的应该也是未达犯罪既遂但造成犯罪对象
伤害的情况，处罚情况与二二简规定的内容一致。

唐律中关于无身份关系的人之间的"故意杀伤"主要规定于《唐律
疏议·斗讼》"斗殴杀人"条（306）：

> ……以刃及故杀人者，斩。虽因斗，而用兵刃杀者，与故杀同。
> （为人以兵刃逼己，因用兵刃拒而伤杀者，依斗法。余条用兵刃，
> 准此。）
>
> 《疏》议曰：……以刃及故杀者，谓斗而用刃，即有害心；及非
> 因斗争，无事而杀，是名"故杀"：各合斩罪。"虽因斗而用兵刃杀
> 者"，本虽是斗，乃用兵刃杀人者，与故杀同，亦得斩罪，并同故杀

---

① 韩国学者尹在硕认为二二、二三两支简中"未杀"的含义均为"企图杀人而未施行"，〔韩〕尹在硕：《张家山汉简所见的家庭犯罪及刑罚资料》，载中国政法大学法律古籍整理研究所编：《中国古代法律文献研究》（第2辑），中国政法大学出版社2004年版，第46页。从犯罪形态的角度来看，"未施行"既可能包括犯罪预备，也可能包括犯罪中止与犯罪未遂，含义并不确定。若结合二五简的内容来看，仅有"企图"并未"施行"犯罪行为当然未造成任何损害结果，这与"贼伤人"处以同样的刑罚可能是不适当的。

② 德国学者陶安将张家山汉简《二年律令·贼律》二二简的内容识读为："谋贼杀，伤人未杀，黥为城旦舂"，〔德〕陶安：《中国传统法"共犯"概念的几则思考》，载《秩序·规范·治理——唐律与传统法文化国际学术研讨会论文集》，中国·台北2011年2月。陶安的观点与笔者的推测是一致的。

之法。注云"为人以兵刃逼己，因用兵刃拒而伤杀"，逼己之人，虽用兵刃，亦依斗杀之法。"余条用兵刃，准此"，谓余亲戚、良贱以兵刃逼人，人以兵刃拒杀者，并准此斗法。又律云："以兵刃杀者，与故杀同。"既无伤文，即是伤依斗法。注云"因用兵刃拒而伤杀者"，为以兵刃伤人，因而致死，故连言之。

不因斗，故殴伤人者，加斗殴伤罪一等。虽因斗，但绝时而杀伤者，从故杀伤法。

《疏》议曰：不因斗竞，故殴伤人者，加斗殴伤一等，若拳殴不伤，笞四十上加一等，合笞五十之类。"虽因斗，但绝时而杀伤者"，谓忿竞之后，各已分散，声不相接，去而又来杀伤者，是名"绝时"，从故杀伤法。

唐律中"故杀伤"的主观心态强调的仍是杀伤之"杀心"与"害心"，这与秦汉律中"贼"的含义是一致的。律《疏》所谓"无事而杀"只是为突出杀人之害心而列举的一种具体形式，不可以之概括唐律"故"之含义。[①]同样，律文列举了"以刃杀"及"斗殴而绝时杀"，也是通过杀伤工具、杀伤时间而突显杀人之害心。处罚方面，唐律中的"故杀"处以斩刑，这与秦汉时期的"弃市"大致相同；"故伤"在本条表述为"故殴伤"，实际唐律中多表述为"殴伤"，而未有"故伤"的表述（前文已述），"殴伤"在"斗伤"的基础之上加一等处罚，这实际上是根据具体伤害情节分别处罚而未有固定的刑罚，这较之秦汉律中固定的处罚"贼伤人，及自贼伤以避事者，皆黥为城旦舂"是比较明显的发展。

2. 特殊贼杀伤人的处罚情况

特殊贼杀伤人，即行为人与行为对象之间具有身份关系，且此种身份关系对于定罪量刑产生了极大的影响，甚至直接决定着定罪量刑。具

---

① 参见刘晓林：《唐律"七杀"研究》，商务印书馆 2012 年版，第 56—59 页。

体来说，特殊贼杀伤人或是奴婢与主人之间的杀伤，或是父母与子女之间的杀伤。我们在张家界古人堤汉简中可见到汉律目录中有"□子贼杀、□子（？）贼杀、贼杀人、奴婢贼杀、贼杀伤人"的记载，[①] 其中多数为特殊贼杀伤的内容。张家山汉简《二年律令》中关于此类"贼杀伤人"犯罪行为的处罚情况记载有以下内容：

《贼律》

子贼杀伤父母、奴婢贼杀伤主、主父母妻子，皆枭其首市。(三四)

妇贼伤、殴詈夫之泰父母、父母、主母、后母，皆弃市。(四〇)

三四、四〇两支简的内容都是关于定罪量刑的规定，根据犯罪主体的不同，我们可以把两支简所列举的内容归为三类犯罪行为：子贼杀伤父母；奴婢贼杀伤主、主父母妻子；妇贼伤、殴詈夫之泰父母、父母、主母、后母。前两类犯罪行为，律文规定的处罚为"枭其首市"，后一类犯罪行为律文规定"弃市"。前两类犯罪行为就犯罪结果来看重于后一类犯罪行为；就行为人与犯罪对象之间的身份关系来看，皆属于卑幼犯尊长；就所处刑罚来看，"枭其首市"显然重于"弃市"，[②] 整理小组引《汉书·陈汤传》的记载："枭，谓斩其首而悬之也"，据此认为"枭其首市"为"斩首悬于市"。[③] 关于"枭其首市"与"弃市"的关系，日本学者富谷至认为

————————

①　湖南省文物考古研究所、中国文物研究所：《湖南张家界古人堤简牍释文与简注》，《中国历史文物》2003 年第 2 期。

②　韩国学者尹在硕在《张家山汉简所见的家庭犯罪及刑罚资料》中根据《汉书·刑法志》的记载："汉兴之初，虽有约法三章，网漏吞舟之鱼，然其大辟，尚有夷三族之令。令曰：当三族者，皆先黥、劓，斩左右止，笞杀之，枭其首，菹其骨肉于市，又先断舌。"认为枭首是五刑的主要组成部分，最大的极刑之一，在全部的《二年律令》中唯一适用，是因其犯罪性质属于破坏人伦道德和家庭等级秩序的最重大之案。参见〔韩〕尹在硕：《张家山汉简所见的家庭犯罪及刑罚资料》，中国政法大学法律古籍整理研究所编：《中国古代法律文献研究》（第 2 辑），中国政法大学出版社 2004 年版，第 45 页。

③　张家山二四七号汉墓竹简整理小组：《张家山汉墓竹简〔二四七号墓〕（释文修订本）》，文物出版社 2006 年版，第 13 页。

两者并不在同一层面，"弃市"是表示处死方式的名称，"枭首"是表示
处死后遗体处理方式的名称。汉代与弃市性质相同的死刑名称还有腰
斩、斩首等，与枭首性质相同的死刑名称还有车裂、磔等。[①] 其根据在于
中国古代刑罚重威吓而轻报应的目的。基于富谷至先生的看法，"枭其
首市"的含义可能是先将受刑者"弃市"处死，而后以"枭首"的方式处
理遗体的合称。[②] 在后世刑律中我们仍能看到子贼杀伤父母被处以枭首
的情况，《宋书·孔季恭传》："律文，子贼杀伤殴父母，枭首；骂詈，弃市；
谋杀夫之父母，亦弃市。"[③]

　　《二年律令》中还可见到奴婢叏詈詈主及主之近亲属而"以贼论之"
的记载：

　　　　☐母妻子者，弃市。其悍主而谒杀之，亦弃市；谒斩若刑，为斩、
　　刑之。其叏詈詈主、主父母妻(四四)☐☐☐者，以贼论之。(四五)

---

　　① 富谷至认为：汉代死刑名称与执行样态具有两个不同的走向。一是表示处死方式的
名称；二是表示处死后的遗体处理。表示杀害方法名称有：腰斩、斩首、弃市；表示杀害后的
尸体处理方法的名称有：车裂、磔、枭首。后者意味着将遗体在公众中公开的方法与样态。汉
代的死刑分为"剥夺囚徒的生命"和"对囚徒的遗体处刑"两种，后者附加于前者，形成双重
结构。其原因在于，中国刑罚所具有的目的，不在于报应而在于威吓。即使"终极肉刑"为生
命刑所取代，"剥夺囚徒的生命"和"对遗体处刑"的双重结构也没有改变。〔日〕富谷至：《剥
夺生命与处理尸体的刑罚》，中国政法大学法律古籍整理研究所编：《中国古代法律文献研究》
（第3辑），中国政法大学出版社2007年版，第125—152页。
　　② 这种将刑罚名称作变通的表述在《二年律令》中并非仅此一处，我们在《告律》中可
以看到："子告父母，妇告威公，奴婢告主、主父母妻子，勿听而弃告者市。"张家山二四七号
汉墓竹简整理小组：《张家山汉墓竹简〔二四七号墓〕（释文修订本）》，文物出版社2006年版，
第27页。其中"弃告者市"也是弃市变通的表述，"枭其首市"将两种处罚方式合并表述，"弃
告者市"将处罚对象与处罚方式合并表述。
　　③ 〔梁〕沈约：《宋书》卷五四《孔季恭传》，中华书局1974年版，第1534页。又见《南
史·孔靖传》："案律，子贼杀伤殴父母枭首，骂詈弃市，谋杀夫之父母亦弃市。"〔唐〕李延
寿：《南史》卷二十七《孔靖传》，中华书局1975年版，第727页。《通典》卷一六七《刑法五》
的相关记载中引述了南朝宋的律文内容："律文：子贼杀伤殴父母，枭首。"〔唐〕杜佑：《通典》，
王文锦等点校，中华书局1988年版，第4314页。前者为"子贼杀伤殴父母枭首"，后者为"子
杀伤殴父母枭首"，区别在于《通典》所引内容中未见"贼"字，但结合律文内容两者相差不大。

　　此条律文的内容是奴隶主因为奴隶"悍主"而请求官方将奴隶处死或处刑。[①] 两支简共有三句话，由于简文前后残缺，对于第一句话即四四简的前半部分处以弃市的犯罪行为未能有清晰的认识。第二句话说"其悍主……"，"其"作为代词指代的应当是前一句话中出现的犯罪主体，根据第二句话的内容，"其"指的是奴婢。第三句话中间有残缺，但根据其内容可以推测残缺部分可能是关于作为犯罪对象的主之亲属（具体为何亲属不详，但应为近亲属）的列举。《二年律令》中作为犯罪对象"主、主父母妻……"的表述还有三处：

《贼律》

子贼杀伤父母，奴婢贼杀伤主、主父母妻子，皆枭其首市。(三四)

《告律》

杀伤大父母、父母及奴婢杀伤主、主父母妻子，自告者皆不得减。(一三二)

子告父母，妇告威公，奴婢告主、主父母妻子，勿听而弃告者市。(一三三)

立法语言的表述应当统一、简洁，这是最基本的要求，从《二年律令》现有的内容来看，这一基本要求是能达到的。据此，我们可以推测四五简缺损的三个字中，第一个字可能是"子"。但后两个缺字尚不能确定。因此，简文的含义为：奴婢某詢罯主、主父母妻、子等近亲属，以贼论之。

---

① "悍主"一词在睡虎地秦简中亦有记载，其含义为"骄横强悍"。睡虎地秦墓竹简整理小组：《睡虎地秦墓竹简·释文》，文物出版社1990年版，第154页注释[一]。亦可解释为"不仁其主"。朱红林：《张家山汉简二年律令集释》，社会科学文献出版社2005年版，第46页。又，睡虎地秦简《金布律》载："亡、不仁其主及官者，衣如隶臣妾。"整理小组注："不仁，不忠实对待，此处即所谓犯上。不仁其主疑指私人奴婢而言"。睡虎地秦墓竹简整理小组：《睡虎地秦墓竹简·释文》，文物出版社1990年版，第42页。张家界古人堤汉简《贼律》目录中也有"奴婢悍"的记载。湖南省文物考古研究所、中国文物研究所：《湖南张家界古人堤简牍释文与简注》，《中国历史文物》2003年第2期。

"奭詢"即"骂人时失态无礼,丑恶张狂的样子",[1]"奭詢詈"比一般的辱骂要严重,这一点从处罚方面就能看出。但是,这里的"以贼论之"表达的含义是什么?结合前文所引《二年律令·贼律》:"奴婢贼杀伤主、主父母妻子,皆枭其首市",奴婢对于主人及其父母、妻子所犯的贼杀伤,只要实施犯罪行为即皆枭其首市,犯罪结果在此处并不影响定罪量刑。因此,"奭詢詈"以贼论之大概也不必指出究竟是以贼伤论之还是以贼杀论之,一并处罚。

根据竹简秦汉律的相关内容,将贼杀伤的处罚情况试做梳理:

表 2.1   秦汉律贼杀伤处罚详表

行为	处罚	出处
(南利侯昌),坐贼杀人	免侯	《汉书·王子侯表》
(张侯嵩),坐贼杀人	下狱瘐死	
(高阳侯薛宣)绥和二年,坐不忠孝,父子贼伤近臣	免侯	《汉书·外戚恩泽侯表》
(承父侯续相如)坐贼杀军吏,谋入蛮夷,咒诅上	要斩	《汉书·景武昭宣元成功臣表》
尉氏男子樊并等谋反,贼杀陈留太守严普及吏民,出囚徒,取库兵,劫略令丞,自称将军	诛死	《汉书·天文志》
元前以刃贼杀奴婢,子男杀谒者,为刺史所举奏,罪名明白。病先令,令能为乐奴婢从死,迫胁自杀者凡十六人	国除	《汉书·景十三王传》
(杨)明当以贼伤人。况与谋者	削爵减死	《前汉纪·孝哀皇帝纪上》
以针、鈇、锥贼伤人	黥为城旦	睡虎地秦简《法律答问》
矢伤(刺伤)人	弃之于市	放马滩秦简《墓主记》

---

① 胡平生、张德芳:《敦煌悬泉汉简释粹》,上海古籍出版社 2001 年版,第 9 页。

续表

行为	处罚	出处
贼杀人	弃市	张家山汉简《二年律令·贼律》
贼伤人（伤他人或自伤以避事）	黥为城旦舂	
谋贼杀伤人，未杀	黥为城旦舂	
子贼杀伤父母	枭其首市	
奴婢贼杀伤主、主父母妻子		
妇贼伤夫之泰父母、父母、主母、后母	弃市	
城旦刑徒受尽黥、劓、斩趾等肉刑后又贼杀伤人（即使先自首）	弃市	张家山汉简《二年律令·具律》
人奴婢受尽黥、劓、斩趾等肉刑后又贼杀伤人，（即使先自首）	弃市	
擅杀子	黥为城旦舂	睡虎地秦简《法律答问》
擅杀后子	弃市	
父母殴笞子及奴婢，子及奴婢以殴笞辜死	赎死	张家山汉简《二年律令·贼律》

　　唐律中的特殊贼杀伤大致分为亲属间的贼杀伤与良贱间的贼杀伤，这与竹简秦汉律所见的内容是一致的，相关内容涉及的条文比较繁多，[①]从中亦能明显地看到唐律沿袭秦汉律的痕迹。根据唐律相关内容，将亲属间的故杀与良贱间的故杀具体处罚情况列表如下：[②]

---

　　①　唐律中亲属间的故杀涉及的律文包括：《贼盗》"盗缌麻小功亲财物"条(287)、《斗讼》"殴伤妻妾"条(325)、《斗讼》"殴缌麻兄姊等"条(327)、《斗讼》"殴兄姊等"条(328)、《斗讼》"殴詈祖父母父母"条(329)、《斗讼》"妻妾殴詈夫父母"条(330)、《斗讼》"妻妾殴詈故夫父母"条(331)、《斗讼》"殴詈夫期亲尊长"条(334)；良贱间的故杀涉及的律文包括：《斗讼》"部曲奴婢良人相殴"条(320)、《斗讼》"主杀有罪奴婢"条(321)、《斗讼》"主殴部曲死"条(322)。
　　②　关于唐律故杀的详细内容可参见刘晓林：《唐律"七杀"研究》，商务印书馆 2012 年版，第三章的相关内容。

表 2.2　唐律亲属与良贱之间的故杀处罚详表

行为		科刑	本条
有所规求而故杀期以下卑幼		绞	"盗缌麻小功亲财物"条（287）
良人故杀他人部曲		绞	"部曲奴婢良人相殴"条（320）
良人故杀他人奴婢		流三千里	
部曲故杀奴婢		绞	
主故杀全无罪失之奴婢		徒一年	"主杀有罪奴婢"条（321）
主之期亲及外祖父母故杀全无罪失之奴婢		徒一年	
主故杀部曲		徒一年半	"主殴部曲死"条（322）
夫以刃及故杀妻		斩	"殴伤妻妾"条（325）
夫以刃及故杀妾		徒三年	
妻以刃及故杀妾		斩	
尊长以刃杀（缌麻、小功、大功）卑幼		绞	"殴缌麻兄姊等"条（327）
尊长不因斗而故杀（缌麻、小功、大功）卑幼		绞	
故杀弟妹、兄弟之子孙		流二千里	"殴兄姊等"条（328）
故杀曾孙		绞	
故杀玄孙		斩	
祖父母、父母	以刃杀违反教令之子孙	徒二年	"殴詈祖父母父母"条（329）
	（手足、他物）故杀不违反教令之子孙	徒二年	
	以刃杀不违反教令之子孙	徒二年半	
嫡、继、慈、养父母	以刃杀违反教令之子孙	徒二年半	
	（手足、他物）故杀不违反教令之子孙	徒二年半	
	以刃杀不违反教令之子孙	徒三年	
祖父母、父母故杀子孙之妇		流二千里	"妻妾殴詈夫父母"条（330）
祖父母、父母故杀子孙之妾		徒二年半	

续表

行为	科刑	本条
妻妾故杀故夫之祖父母、父母	斩	"妻妾殴詈故夫父母"条（331）
旧舅姑，故杀子孙旧妻妾	绞	
妻、妾故杀夫之期亲以下、缌麻以上尊长	斩	"殴詈夫期亲尊长"条（334）
妻故杀夫家卑属	绞	
妾故杀夫家卑属（各从凡斗法）	斩	
夫之期以下缌麻以上尊长，故杀卑幼之妇、妾	绞	

唐律中尚有大量比附"故杀"论罪的行为，律文中主要是以"从故杀法""以故杀论""依故杀法""当故杀法"等形式或者在故杀处罚基础之上加减量刑，这些犯罪行为性质上与故杀是相同的，甚至可以说这些犯罪行为也是唐律故杀的具体内容。如《唐律疏议·杂律》"烧官府私家舍宅"条（432）载："诸故烧官府廨舍及私家舍宅，若财物……杀伤人者，以故杀伤论。"《疏》议曰："凡官府廨宇及私家舍宅，无问舍宇大小，并及财物多少，但故烧者，……'杀伤人者，以故杀伤论'，谓因放火而杀人者，斩；伤人折一支者，流二千里之类。"又《唐律疏议·贼盗》"以毒药药人"条（263）："脯肉有毒，曾经病人，有余者速焚之，违者杖九十；若故与人食并出卖，令人病者，徒一年，以故致死者绞。"《疏》议曰："'脯肉有毒'，谓曾经人食，为脯肉所病者。有余，速即焚之，恐人更食，须绝根本。违者，杖九十。其知前人食已得病，故将更与人食，或将出卖，以故令人病者，合徒一年；因而致死者，绞。……其有害心，故与尊长食，欲令死者，亦准谋杀条论；施于卑贱致死，依故杀法。"此类比附故杀论罪的行为在唐律中大量存在，此处不再详列。[1]

---

① 参见刘晓林：《唐律"七杀"研究》，商务印书馆2012年版，第73—76页。

3.贼杀伤人相关的记载

张家山汉简中,除了贼杀伤定罪量刑的内容以外,还能看到其他的一些关于附加处罚方面的内容,这些内容可以归为以下两类:

(1)关于贼杀伤犯罪的身份刑

《二年律令·贼律》

贼杀伤父母,牧杀父母,欧〈殴〉詈父母,父母告子不孝,其妻子为收者,皆锢,令毋得以爵偿、免除及赎。(三八)

《二年律令·具律》

□杀伤其夫,不得以夫爵论。(八四)

《二年律令·置后律》

其自贼杀,勿为置后。(三七五)

这三支简所载内容的共同点在于:皆与爵位、继承有关。三八简规定,子贼杀伤父母等犯罪行为,子被父母控告不孝,子之妇、子被连坐治罪的,皆严惩不得宽贷。不准以爵位来抵罪、减罪、免罪,不准以金钱赎罪。"锢"在汉代曾有作为刑罚处罚方式的用法,含义为禁绝出仕之道、不得为官吏。但简文中"皆锢"则未表达此种含义,而是一种"限制身份的处罚"或称作"身份刑",其处罚的具体内容为"令毋得以爵偿、免除及赎",即不得以爵位或其他特殊身份减免刑罚。① 八四简中只能看到犯罪行为

---

①　汉代"锢"常做禁止为官为吏之意,如程树德:"按《左传》,成公时屈巫奔晋,子反请以重币锢之;又襄三年,会于商任,锢栾氏也,禁锢盖本周制。文帝时,贾人赘婿及吏坐臧者,皆禁锢不得为吏。及东汉,则臧吏禁锢,并及子孙。殇帝延平元年,诏自建武以来,诸犯禁锢,诏书虽解,有司持重,多不奉行,其皆复为平民。是当时一经禁锢,虽遇解放,仍不得为平民也,驯至党锢祸起,汉遂以亡。"程树德:《九朝律考》,中华书局1963年版,第51页。又如廖伯源:"'禁锢'是汉代刑罚之一种:凡见禁锢者,'不得宦为吏'。禁锢配合察举、征辟制度同时施行,禁止某类人或有罪者见举为吏。"廖伯源:《汉禁锢考》,载廖伯源:《秦汉史论丛(增订本)》,中华书局2008年版,第205页。韩国学者尹在硕在解释本条简文含义时即将"锢"作此种含义:"故意杀伤或者谋杀父母的子息,除了判处枭首或者弃市以外,其妻儿也要连坐,没收为官奴婢而禁锢不得取官,而且不得以爵抵罪及赎。"〔韩〕尹在硕:《张家山汉简所见的家庭犯罪及刑罚资料》,载中国政法大学法律古籍整理研究所编:《中国古代法律文献

"杀伤其夫"，前文残缺未有关于犯罪主体的记载，但根据犯罪对象"夫"来推测，犯罪主体应当是"妻"。妻杀伤其夫则不得再根据夫爵享有各项特权。结合前文的内容："上造、上造妻以上，及内公孙、外公孙、内公耳玄孙有罪，其当刑及当为城旦舂者，耐以为鬼薪白粲。(八二)公士、公士妻及□□行年七十以上，若年不盈十七岁，有罪当刑者，皆完之。(八三)"即上造、上造妻以及内公孙、外公孙等皇室亲有罪享有减、免刑罚的特权，据此可以进一步推测八四简中所规定"杀伤其夫"的犯罪主体为上造妻。三七五简中与贼杀相关的内容较为清晰，若是自杀身亡，则即剥夺其被继承权，"勿为置后"。

子贼杀、谋杀父母，附加处以"锢"之身份刑，杀伤夫不得以夫爵享有减免刑罚的特权，这些实际上都是对原有特权身份与殊遇的限制。但唐律中，我们并未见到"锢"，是否说明作为身份刑的处罚至唐代已不再适用？答案当然是否定的。以卑幼谋杀、故杀尊长为例，我们看到了唐律中附加限制身份的处罚以更加系统化的形式表现出来，即将谋杀、故杀尊长的犯罪列入"十恶"，并在《唐律疏议·名例》"十恶"条(6)中集中予以规定：

> 四曰恶逆。（谓殴及谋杀祖父母、父母，杀伯叔父母、姑、兄姊、外祖父母、夫、夫之祖父母、父母。）

> 《疏》议曰：殴谓殴击，谋谓谋计。自伯叔以下，即据杀讫，若谋而未杀，自当"不睦"之条。"恶逆"者，常赦不免，决不待时；"不

研究》(第2辑)，中国政法大学出版社2004年版，第46页。曹旅宁评析了程树德、廖伯源的观点，在其基础之上认为此处之"锢"为"决不宽贷"之意。曹旅宁：《释张家山汉简〈贼律〉中的"锢"》，载曹旅宁：《张家山汉律研究》，中华书局2005年版，第83—87页。张伯元认为：汉律中锢是一种"受禁"的惩罚，但并非劳役意义上的终身监禁，"受禁"的具体内容即律文中所列"令毋得以爵偿、免除及赎"，"毋得以爵当、赏免""毋令以爵、赏免"等。参见张伯元：《汉简法律术语零拾（四则）》，载张伯元：《出土法律文献研究》，商务印书馆2005年版，第229页。朱红林教授亦持此种观点，参见朱红林：《张家山汉简〈二年律令〉研究》，黑龙江人民出版社2008年版，第133页。

睦"者，会赦合原，惟止除名而已。以此为别，故立制不同。其夫
之祖父母者，夫之曾、高祖亦同。案丧服制，为夫曾、高服缌麻；若
夫承重，其妻于曾、高祖，亦如夫之父母服期。故知称"夫之祖父
母"，曾、高亦同也。

……

八曰不睦。（谓谋杀及卖缌麻以上亲，殴告夫及大功以上尊长、
小功尊属。）

《疏》议曰：但有谋杀及卖缌麻以上亲，无问尊卑长幼，总入此
条。若谋杀期亲尊长等，杀讫即入"恶逆"。今直言谋杀，不言故、
斗，若故、斗杀讫，亦入"不睦"。举谋杀未伤是轻，明故、斗已杀
是重，轻重相明，理同十恶。卖缌麻以上亲者，无问强、和，俱入"不
睦"。卖未售者，非。

谋杀祖父母、父母、曾祖父母、高祖父母，谋而未行、谋而已伤、谋
而已杀，皆入"恶逆"。谋杀伯叔父母、姑、兄姊、外祖父母、夫、夫之祖
父母、父母、夫之曾祖父母、夫之高祖父母，若谋而已杀，则入"恶逆"；
谋杀缌麻以上、大功以下亲，谋而未行、谋而已伤、谋而已杀，皆入"不
睦"；"谋杀祖父母、父母"并不需实际的杀伤行为，仅有谋计之心即为
恶逆；"杀伯叔父母、姑、兄姊、外祖父母、夫、夫之祖父母、父母"没有
具体杀伤行为的限制，当包括故杀、斗杀。因此，故杀伯叔父母、姑、兄
姊、外祖父母、夫、夫之祖父母、父母，入恶逆；故杀缌麻以上亲，入不睦。
关于"恶逆"的处罚特例：犯者不准议、请、减；不准上请侍亲；虽会赦
尤除名；决死不待时，决前一复奏；虽会赦仍不原其罪。关于"不睦"的
处罚特例：不准议、请、减；不准上请侍亲；虽会赦尤除名。可见唐律中
"恶逆""不睦"等所包含的具体处罚内容包含了汉律中"锢"的基本内
容，同时附加剥夺了若干非属特别身份而享有之殊遇，如会赦不原、决
死不待时等。

（2）关于贼杀伤犯罪的自首

自首减免刑罚是刑事立法的基本原则，其内容在中国古代刑事立法观念中确立得非常早。[①]但对于一些严重的犯罪，自首减免刑罚是受到一定的限制的。[②]"贼杀伤"由于主观恶性较大，因此其自首的使用情况与其他犯罪行为有区别。

《二年律令·具律》

有罪当耐，其法不名耐者，庶人以上耐为司寇，司寇耐为隶臣妾。隶臣妾及收人有耐罪，毄（系）城旦舂六岁。毄（系）日未备而复有耐罪，完[（九〇）]为城旦舂。城旦舂有罪耐以上，黥之。其有赎罪以下，及老小不当刑、刑尽者，皆笞百。城旦刑尽而盗臧百一十钱以上，若贼伤人及杀人，而先[（九一）]自告也，皆弃市。[（九二）][③]

人奴婢有刑城旦舂以下至迁（迁）、耐罪，黥顔（颜）頯畀主，其有赎罪以下及老小不当刑、刑尽者，皆笞百。刑尽而贼伤人及杀人，先自告也，弃市。[（一二二）][④]

────────────

① 学界一般都将"自首"的渊源追溯至《尚书》中的相关记载，《尚书·康诰》："王曰：'……适尔，既道极厥辜，时乃不可杀。'"宋人蔡沈曰："……既自称道尽输其情，不敢隐匿，罪虽大时乃不可杀，即《舜典》所谓'宥过无大'也。诸葛孔明治蜀，服罪输情者虽重必释，其'既道极厥辜，时乃不可杀'之意欤。"明人丘浚在之后有一段按语："《康诰》所谓'既道极厥辜，时乃不可杀'一言，此后世律文自首者免罪之条所自出也。"［明］丘浚：《大学衍义补》（中），林冠群、周济夫校点，京华出版社1999年版，第860页。

② 中国古代刑律中对于自首的限制类型比较多，且划分标准也不明确，如主观恶性大的犯罪不适用自首减免、卑幼犯尊长不适用自首减免等。对于中国古代刑律中自首的具体内容可参见萧典：《中国古代自首制度考——兼论自首制度演变发展的特征及其价值》，《武汉文史资料》2003年第5期；安斌、韩俊雯：《中国古代自首制度简论》，《中国人民公安大学学报》2004年第4期。

③ 《汉书·刑法志》有类似记载："丞相张苍、御史大夫冯敬奏言。……臣谨议，请定律，曰：……当斩右止，及杀人先自告，及吏坐受赇枉法，守县官财物而即盗之，已论命复有笞罪者，皆弃市。……制曰：可。"［汉］班固撰、［唐］颜师古注：《汉书》卷二十三《刑法志》，中华书局1962年版，第1099页。

④ 关于简文的断句，整理小组原在"人"与"奴婢"之间用分号隔开，可参见张家山二四七号汉墓竹简整理小组：《张家山汉墓竹简〔二四七号墓〕（释文修订本）》，文物出版社

《二年律令·告律》

杀伤大父母、父母,及奴婢杀伤主、主父母妻子,自告皆不得减。

(三三二)

九〇、九一、九二这三只简的内容大致可分为两部分:前半部分是关于律文中仅规定"耐""耐之"等,没有规定耐为隶臣妾等具体的刑名时,依据犯罪行为人之身份处以相应的徒刑,[①] 如《二年律令·贼律》:"船人渡人而流杀人,耐之;……[(六)]"后半部分是不同身份的犯罪人又犯新罪时,根据所犯罪行轻重予以相应处罚的规定,总的处罚原则为"累犯从重"。[②] 九一、九二简的内容规定:城旦舂若又犯了当处耐以上刑罚的罪行,则黥为城旦舂;城旦舂如果又犯了当处赎罪以下的罪行,以及因老、小身份不当受肉刑,或城旦舂已受尽了黥、劓、斩趾等肉刑,都要杖笞一百。"刑尽"之刑指的是肉刑,"刑尽"不是指刑期尽的意思,而是指设定的黥、劓、斩趾等各级肉刑皆执行尽。[③] 城旦刑徒受尽黥、劓、

2006 年版,第 25 页。张建国教授调整了简文排序,将人与奴婢连在一起,笔者赞同此种顺序。参见张建国:《张家山汉简〈具律〉121 简排序辨正——兼析相关各律条文》,《法学研究》2004 年第 6 期。

　　① 参见"三国时代出土文字资料の研究"班:《江陵张家山汉墓出土〈二年律令〉译注稿その(一)》,《东方学报》第 76 册,2004 年 3 月。张建国教授对相关内容作了汉译并予引述,参见张建国:《张家山汉简〈具律〉121 简排序辨正——兼析相关各律条文》,《法学研究》2004 年第 6 期。

　　② 参见曹旅宁:《张家山汉简〈具律〉考》,曹旅宁:《张家山汉律研究》,中华书局 2005 年版,第 99 页。

　　③ 参见"三国时代出土文字资料の研究"班:《江陵张家山汉墓出土〈二年律令〉译注稿その(一)》,《东方学报》第 76 册,2004 年 3 月。邢义田在《从张家山汉简〈二年律令〉论秦汉的刑期问题》一文中,认为"城旦刑尽"之含义为"城旦服刑期满","刑尽"所指为刑期。参见邢义田:《从张家山汉简〈二年律令〉论秦汉的刑期问题》,《台大历史学报》第 31 期,2003 年 6 月,第 311—323 页。而在后来的《从张家山汉简〈二年律令〉重论秦汉的刑期问题》一文中对上述观点做了修正,"刑尽"之刑为肉刑,"刑尽"则为受尽了黥、劓、斩趾等肉刑。参见邢义田:《从张家山汉简〈二年律令〉重论秦汉的刑期问题》,载中国政法大学法律古籍整理研究所编:《中国古代法律文献研究》(第 3 辑),中国政法大学出版社 2007 年版,第 191—214 页。关于简文中"刑尽"含义的探讨,还可参看支强:《〈二年律令·具律〉中所见

斩趾之肉刑后，又犯计赃一百一十钱以上的盗罪，或贼伤人、杀人，即使其先自首，仍一律处以弃市之刑。[1]言下之意：贼杀伤人未自首亦处以弃市之刑。一二二简的内容与九一、九二简的内容相似，差异只是犯罪主体不同。根据一二二简的内容，"人奴婢"即私奴婢，男为奴、女为婢。[2]私奴婢刑尽而贼伤人或杀人，即使其先自首，仍处以弃市之刑。同样，贼杀伤人而未自首，亦处以弃市之刑。

　　根据三三二简的内容，杀伤大父母、父母，奴婢杀伤主、主父母妻子，自首不得减、免刑罚。按《二年律令·贼律》三四简的规定，杀伤大父母、父母，奴婢杀伤主、主父母妻子，即使自首仍处以枭其首市的处罚。

　　唐律中亦有自首的规定，主要规定于《唐律疏议·名例》"犯罪未发自首"条(37)：

　　　　诸犯罪未发而自首者，原其罪。……其于人损伤，(因犯杀伤而自首者，得免所因之罪，仍从故杀伤法。本应过失者，听从本。)……并不在自首之例。

　　　　《疏》议曰：过而不改，斯成过矣。今能改过，来首其罪，皆合得原。……损，谓损人身体。伤，谓见血为伤。虽部曲、奴婢伤损，亦同良人例。假有因盗故杀伤人，或过失杀伤财主而自首者，盗罪

"刑尽"试解》，载中国文物研究所编：《出土文献研究》(第6辑)，上海古籍出版社2006年版，第162—166页。

　　① 张建国教授认为九一、九二简严格依据文字表述来看，所规定的犯罪主体是城旦而不是城旦舂，"适用的只是男性刑徒的城旦，而没提适用于女性的舂。因为有这种区别，可以推论，舂既便犯了第3款的罪，似乎仍然处以笞一百。此款主语文字表述应存疑。"结合后文一二二简的内容，推测前文可能是抄写时漏掉了"舂"。参见张建国：《张家山汉简〈具律〉121简排序辨正——兼析相关各律条文》，《法学研究》2004年第6期。目前来看，这个疑问似乎未能有进一步的答案。

　　② 张建国教授根据《二年律令·贼律》三五至三七简的相关内容："……父母告子不孝，皆弃市。其子有罪当城旦舂、鬼薪白粲以上，及为人奴婢者，父母告不孝，勿听，……"推论："人奴婢就是私奴婢，从处刑后归还给主人这一点也可以确认。奴为男性，婢为女性。秦简中有'人奴''人臣''人奴妾''人妾'的称呼，可证'人奴婢'作为连读的一个词完全成立。"参见张建国：《张家山汉简〈具律〉121简排序辨正——兼析相关各律条文》，《法学研究》2004年第6期。对此观点，笔者十分赞同。

得免，故杀伤罪仍科。若过失杀伤，仍从过失本法。故云"本应过失听从本"。……从"于人损伤"以下，……俱不在自首之例。

犯罪未发而自首则原其罪，这是唐律自首的处理原则，但杀伤罪不在允许自首减免的犯罪之例，这与秦汉律中关于自首例外的规定是一致的。同时，我们从唐律的规定中还能大致看到杀伤罪不在自首之例的根据，"其于人损伤，于物不可备偿"皆不在自首之例。究其原因，大概在于死伤结果不可复原，与唐律自首之立法宗旨"今能改过，来首其罪，皆合得原"相违背，故不许其自首。

三、传统刑律中贼杀、故杀的发展趋势

竹简秦汉律中的"贼杀"突出的是犯罪行为的主观心态，即行为人的"杀心"与"害心"。随着刑事立法的发展，作为犯罪主观心态的"贼"逐渐被"故"所取代，刑律中开始出现并持续存在作为犯罪主观心态的"贼"与"故"并存的状态。唐律中，"贼"不再作为犯罪主观心态，秦汉律中的"贼杀伤"也完全被"故杀伤"取代。传统刑律中"故杀"作为犯罪行为出现之时起，即与"谋杀""斗杀"在含义方面有颇多交叉，而刑事立法对于"故杀"的定义也是以区别于"谋杀"与"斗杀"为出发点的。传统立法体例是客观具体的一事一例，唐律中对于"谋杀""故杀"与"斗杀"的规定比较妥当地把握了具体与抽象之间的"度"。唐代之后，立法对于"故杀"的规定向着更加具体、更注重细节的方向不断发展。如明人雷梦麟释"故杀"："言故杀者，故意杀人，意动于心，非人之所能知，亦非人之所能从。"[①] 在此基础之上，逐渐将"故杀"与"谋杀"的界限外化为行为人的"人数"，二人以上必然为"谋杀"，那么"独谋于心"似乎与"故杀"等同；另一方面，清人沈之奇的释"故杀"为："临时有意欲杀、

---

① [明]雷梦麟：《读律琐言》，怀效锋、李俊点校，法律出版社 2000 年版，第 353 页。

非人所知。"①且又逐渐倾向于将"临时"理解为"斗殴时"。那么，"故杀"
与"斗杀"的界限似乎也变得不可琢磨。因此，明清律中对于"故杀"的
规定较之唐律更加细致，但在客观具体的立法体例之下，对于具体行为
的列举越详细，与相关行为的交叉可能也越多。

四、小结

竹简秦汉律中"贼杀伤"的含义是有害心、故意的造成犯罪对象伤
亡的行为，②"贼杀"在唐律中演变为"故杀"，"贼伤"在唐律中演变为"殴
伤"或"故殴伤"，作为犯罪主观心态的"故"所包含的内容实际上超出
了"贼"的范围。秦汉律中"贼杀伤"的处罚也受到了身份关系的影响，
所见内容中亲属、良贱之间的贼杀伤处罚明显重于无身份关系的常人之
间的贼杀伤，这一特征完全被唐律所沿袭，"准五服以制罪"已成为唐
律定罪量刑的主要原则；秦汉律中关于贼杀伤的记载还有一些涉及身份
刑及自首方面的内容，这些内容在唐律中皆能看到相应规定，但从法典
结构来看，这些规定主要集中于《唐律疏议·名例》。作为总则性内容
置于篇首，进一步突出其指导性地位。传统刑律中"贼杀伤"演变为"故
杀伤"的过程，集中表现出客观具体、一事一例立法体例的固有不足，
对于犯罪行为列举得越具体，相近犯罪行为之间的界限反而越不清晰。

---

① ［清］沈之奇：《大清律辑注》，怀效锋、李俊点校，法律出版社2000年版，第683页。

② 贼杀伤的这种含义与谋杀有所交叉，这种交叉有形式与内容两方面的原因：形式方
面，谋杀由贼杀等罪名派生而来，谋贼杀等表述即这一过程的具体表现方式；内容方面，谋杀
与贼杀就主观心态的内容而言同是故意追求犯罪对象的伤亡，差别在于各自侧重的阶段不同，
"谋"更加强调杀伤行为实施之前的"谋计"，"贼"更强调杀伤行为实施过程中的杀心与害心。
这种含义上的交叉也影响了后世律学对"贼"之含义的注释，徐元瑞谓："无变斩击谓之贼。
假如谋杀人者，谓二人以上同心计谋，潜行屠戮者。《书》云杀人曰贼，是无变斩击，乃贼害
也。"［元］徐元瑞等：《吏学指南（外三种）》，浙江古籍出版社1988年版，第56页。既然是"贼"
为何举谋杀之例予以诠释？这大概说明杀犯罪人对犯罪对象死亡这一犯罪结果的追求心态是
一致的，只是"谋"与"贼"各自强调的阶段不同。

第三章　秦汉律中的擅杀与唐律中的尊长故杀卑幼

“擅杀”是竹简秦汉律与传世文献中比较常见的一种针对杀人行为的专门表述，其含义多为超越法定权限或程序而擅自实施的杀害行为。从犯罪主体与犯罪对象来看，秦汉律中仅见有父母擅杀子女、主人擅杀奴婢；从犯罪主观心态具体内容的角度来分析，“擅杀”的含义与“贼杀”非常相似。唐律中未见“擅杀”，父母、主人擅自杀死子女与奴婢的行为皆作“故杀”定罪量刑。因此，秦汉时期的“擅杀”应当是律文中“贼杀”的特殊形式，由于立法技术尚处在发展完善过程阶段，对于具体杀人犯罪行为的概括尚不周备，因此竹简秦汉律中关于“贼杀”与“擅杀”的处罚内容并行。随着秦汉律中的“贼杀”发展为唐律中的“故杀”，秦汉律中的“擅杀”也发展为唐律中特殊的“故杀”，其“特殊”性主要表现为行为主体与行为对象之间的身份关系。唐代之后，刑律中的“擅杀”再次出现，这一现象表明了传统刑律的若干特质及其发展趋势。

一、擅杀的含义

（一）传世文献中擅杀的含义

许慎释“擅”：“专也”，段玉裁注：“专当作嫥。嫥者，壹也。”[①]《盐

---

① ［汉］许慎撰、［清］段玉裁注：《说文解字注》，十二篇上“手部”，上海古籍出版社1981年版，第604页下。

铁论·除狭》载："垂青绳, 摜银龟, 擅杀生之柄, 专万民之命。……今守、相或无古诸侯之贤, 而荏千里之政, 主一郡之众, 施圣主之德, 擅生杀之法, 至重也。"注者谓"擅生杀之法"为:"《意林》引作:'擅生杀之柄', 下文:'擅生杀之法。'杀生即生杀也。《韩非子·诡使》篇:'所以擅生杀之柄。《汉书·严助传》:'操杀生之柄。'又《王欣传》:'使君颛杀生之柄。'皆谓生与杀也。"①"擅杀生之柄"即"操杀生之柄"也就是"颛杀生之柄", 此处之"颛"通"专";②其中"擅杀生之柄, 专万民之命", 可见"擅"与"专"互训;"擅"即"专", 作"专有""专任"。此处之"擅杀"并非固定的表述, 而是"擅……"的表述形式, 其含义是专有某种权力。《汉书·公孙弘传》:"臣闻之, ……擅杀生之柄, 通塞之涂, 权轻重之数, 论得失之道, 使远近情伪必见于上, 谓之术:凡此四者, 治之本, 道之用也, 皆当设施, 不可废也。"颜师古注:"擅, 专也。"③与之相同的内容还可见《前汉纪·孝武皇帝纪二》:"擅杀生之柄, 通壅塞之路, 谓之权。"④"擅"的此种含义更加直接的表述可见《史记·范雎列传》:"夫擅国之谓王"。⑤传世文献见有大量"擅杀"的固定表述, 其含义是具体的杀人行为, 如《后汉书·光武帝纪上》:"太中大夫徐恽擅杀临淮太守刘度, 恽坐诛。"⑥又《后汉书·五行志》:"是时, 大将军梁冀秉政, 谋害

①　王利器校注:《盐铁论校注》卷六, 中华书局 1992 年版, 第 410—411、413 页。

②　与"颛杀生之柄"相同的表述如"颛政", "至元始中, 王莽颛政……"颜师古注曰:"颛读与专同。"[汉]班固撰、[唐]颜师古注:《汉书》卷六十七《杨胡朱梅云传》, 中华书局 1962 年版, 第 2927 页。又"灾异之发, 为大臣颛政者也。"[汉]班固撰、[唐]颜师古注:《汉书》卷九十八《元后传》, 中华书局 1962 年版, 第 4020 页。与之相同的其他表述形式如"颛国""颛权""颛事"等。

③　[汉]班固撰、[唐]颜师古注:《汉书》卷五十八《公孙弘卜式儿宽传》, 中华书局 1962 年版, 第 2616—2617 页。

④　[汉]荀悦:《前汉纪》卷十一《孝武皇帝纪二》, 上海涵芬楼用梁溪孙氏小渌天藏明嘉靖本影印。

⑤　[汉]司马迁:《史记》卷七十九《范雎蔡泽列传》, 中华书局 1963 年版, 第 2411 页。

⑥　[南朝宋]范晔撰、[唐]李贤等注:《后汉书》卷一上《光武帝纪上》, 中华书局 1965 年版, 第 37 页。

上所幸邓贵人母宣，冀又擅杀议郎邴尊。"①其中"擅杀"皆指杀人行为，而分析其具体含义，虽与"擅"之本意不同，但两者存在密切的关系。"擅杀"之"擅"的含义是："超越职权、独断专行"，②那么，"擅杀"就应当是超越职权范围，擅自杀人。这里的"职权"作何解？结合《后汉书》中的记载，太中大夫徐悍与大将军梁冀都是高级官员，特殊身份决定了他们专有某种权力，或者说在一定范围内、在具备一定程序的前提之下是专有"杀生之柄"的。说他们"擅杀"，表达的含义应当是超越了法定权限或法定程序，私自、擅自杀害他人。将"擅杀"的此种含义表达得比较清晰的内容可见《孔丛子》："方知古义，是子宜以非司寇而擅杀当之，不得为杀母而论以逆也。"③其中"子宜以非司寇而擅杀当之"，是一种近似于罪名或者说近似于犯罪行为的描述，换一个角度来说，司寇在一定范围之内、一定程序之下，是专有杀生职权的，不是司寇自然僭越了其专有权，当然属于犯罪行为。相同的表述还有《国语·晋语九》："夫以回鬻国之中，与绝亲以买直。与非司寇而擅杀，其罪一也。"④魏晋南北朝正史文献中，我们可以见到以下记载：

　　《三国志·蜀书七·法正传》：以正为蜀郡太守、扬武将军，外统都畿，内为谋主。一飡之德，睚眦之怨，无不报复，擅杀毁伤己者数人。⑤

　　《三国志·吴书三·孙皓传》：《江表传》曰：皎父，会稽山阴县卒也，知皎不良，上表云："若用皎为司直，有罪乞不从坐。"皓

　　① ［晋］司马彪撰、［梁］刘昭注补：《后汉书》志第十三《五行一》，中华书局 1965 年版，第 3270 页。

　　② 《新华字典》，商务印书馆 2012 年版，第 440 页。

　　③ 《孔丛子》卷七《连丛子下》，王钧林、周海生译注，中华书局 2009 年版，第 323 页。

　　④ 上海师范大学古籍整理组校点：《国语》卷第十五《晋语九》，上海古籍出版社 1978 年版，第 483 页。

　　⑤ ［晋］陈寿撰、［宋］裴松之注：《三国志》卷三十七《蜀书七》，中华书局 1964 年版，第 960 页。

许之。俄表正弹曲二十人，专纠司不法，于是爱恶相攻，互相谤告。弹曲承言，收系囹圄，听讼失理，狱以贿成。人民穷困，无所措手足。俄奢淫无厌，取小妻三十余人，擅杀无辜，众奸并发，父子俱见车裂。[①]

《三国志·吴书四·刘繇传》：笮融者，丹杨人，初聚众数百，往依徐州牧陶谦。谦使督广陵、彭城运漕，遂放纵擅杀，坐断三郡委输以自入。[②]

《三国志·吴书十九·孙綝传》：《江表传》曰：亮召全尚息黄门侍郎纪密谋，曰："孙琳专势，轻小于孤。孤见欲之，使速上岸，为唐咨等作援，而留湖中，不上岸一步。又委罪朱异，擅杀功臣，不先表闻。"[③]

《晋书·孙惠传》：时（孙）惠又擅杀颍牙门将梁俊，惧罪，因改姓名以遁。[④]

《晋书·张轨传》：永嘉初，会东羌校尉韩稚杀秦州刺史张辅，轨少府司马杨胤言于轨曰："今稚逆命，擅杀张辅，明公杖钺一方，宜惩不恪，此亦《春秋》之义。诸侯相灭亡，桓公不能救，则桓公耻之。"[⑤]

《周书·柳庆传》：先是，庆兄桧为魏兴郡守，为贼黄宝所害。桧子三人，皆幼弱，庆抚养甚笃。后宝率众归朝，朝廷待以优礼。居数年，桧次子雄亮白日手刃宝于长安城中。晋公护闻而大怒，执

---

① ［晋］陈寿撰、［宋］裴松之注：《三国志》卷四十八《吴书三》，中华书局1964年版，第1172页。

② ［晋］陈寿撰、［宋］裴松之注：《三国志》卷四十九《吴书四》，中华书局1964年版，第1185页。

③ ［晋］陈寿撰、［宋］裴松之注：《三国志》卷六十四《吴书十九》，中华书局1964年版，第1448页。

④ ［唐］房玄龄等：《晋书》卷七十一《孙惠传》，中华书局1974年版，第1881页。

⑤ ［唐］房玄龄等：《晋书》卷八十六《张轨传》，中华书局1974年版，第2222页。

庆及诸子侄皆囚之。让庆曰："国家宪纲,皆君等所为。虽有私怨,
宁得擅杀人也!"①

《北史·柳虬传》:晋公护闻而大怒,执庆诸子侄皆囚之,让庆
擅杀人。②

正史文献中的"擅杀"皆是擅自杀害之意,而"擅自"强调了超越职
权、超越程序杀害之意。从以上记载中我们看到,实施"擅杀"行为的
主体皆是官员,原本具有一定范围内、一定程序下的生杀职权。尤其是
《三国志·蜀书》中的记载将"擅杀"的具体含义表达得比较清晰。法正
是"蜀郡太守、扬武将军",作为集地方军政司法职权为一身的高级官员,
其职掌包括"外统都畿,内为谋主",具体职权内容当然包含了生杀大权,
"擅杀"是说其超越了职权杀害数人。据记载内容推测,所谓的"超越职
权"既可能包括无权杀而执意杀之,即超越了"实体法"的规定;又包括
本有权杀但私自杀之,即超越了"程序法"的规定。当然,此处所见正
史文献中"擅杀"的固定用法尚不能作为立法语言或比较固定的犯罪行
为来理解。"擅杀"的此种含义与用法在后世的文献中亦不鲜见。以下,
结合正史文献中的相关内容对竹简秦汉律中所见的"擅杀"及其表意稍
作探讨。

(二)竹简秦汉律中擅杀的含义

睡虎地秦简《法律答问》中,我们也见到了关于"擅杀"的内容:

擅杀子,黥为城旦舂。……(六九)

士五(伍)甲毋(无)子,其弟子以为后,与同居,而擅杀之,当
弃市(七一)。

擅杀、刑、髡其后子,谳之。(七二)

① [唐]令狐德芬等:《周书》卷二十二《柳庆传》,中华书局1971年版,第372页。
② [唐]李延寿:《北史》卷六十四《柳虬传》,中华书局1974年版,第2285页。

人奴擅杀子，城旦黥之，畀主。（七三）

子盗父母，父母擅杀、刑、髡子及奴妾，不为"公室告"。（一〇三）

主擅杀、刑、髡其子、臣妾，是谓"非公室告"，勿听。而行告，告者罪。……（一〇四）

我们自竹简秦汉律中见到的皆为父母、主人擅杀子女与奴婢的内容，秦汉律中是否还有其他主体关于擅杀的处罚规定，目前并不得而知。但从睡虎地秦简中所见的擅杀相关内容来看，其含义与传世文献中擅杀的相关内容是基本一致的。父母、主人具有对于子女、奴婢的惩戒权，若超越了此种惩戒权而杀害子女、奴婢即为目前所见秦律中擅杀之含义。① 从中我们可以看出，秦律中所见的擅杀较之传世文献中的擅杀含义更为具体，对行为人、行为对象有非常明确的限制，这也是秦律中出现的"擅杀"作为描述具体犯罪行为的立法语言应具备的要素。

（三）排除擅杀的情况：谒杀及其法定理由

上文已述传世文献中的"擅杀"是超越法定职权或程序实施的杀害行为，秦律中所见的"擅杀"是父母、主人超越法定惩戒权或法定程序擅

---

① 杜正胜教授引述了睡虎地秦简《法律答问》中关于"擅杀"的简文，并谓："以上的律令与解释充分说明在集权的中央政府之下，家长或族长对其子弟已无刑杀之权，和封建城邦宗人有罪，'首其请于寡君，而以戮于宗'（左成三）者截然不同。人身最后和最高控制权操于中央政府，家长对其子弟亦不例外。从另一观点来看，国民的生命权则有基本的保障。"杜正胜：《传统法典始原——兼论李悝法经的问题》，载许倬云等：《中国历史论文集》，商务印书馆1986年版，第440页。首先，就"擅杀"的内容来看，"家长或族长对其子弟已无刑杀之权"是不准确的，"擅杀"是尊长超越法定权限、程序杀卑幼。那么，尊长在法定权限范围之内，严格按照法定程序杀卑幼自然是官府所许可的。关于尊长"谒官而杀"卑幼的内容，下文详述。其次，就"擅杀"的立法意图来看，通过对"擅杀"的规制最终确实也达到了"国民生命权则有基本保障"的效果。但其并非立法的直接意图，且此种理解可能会模糊"擅杀"与其他杀人罪类型的界限。"擅杀"与其他杀人罪类型最大的区别，在于官方对于尊长惩戒权一定程度的限制与规范。若是为了保障杀伤对象的生命、健康权，则"擅杀"之设的意义并不明显，因为其他杀人罪类型已将此类行为包含于内。

自杀害子女的行为。那么，秦汉时期的法律应该赋予了父母或主人一定的惩戒权，而这一法定权力的具体内容就包括了处死子女与奴婢。对此稍作探讨对于我们进一步理解秦汉律中的"擅杀"颇有助益。《史记·田詹列传》载：

> 陈涉之初起王楚也，使周市略定魏地，北至狄，狄城守。田詹佯为缚其奴，从少年之廷，欲谒杀奴，见狄令，因击杀令，……遂自立为齐王。《集解》服虔曰："古杀奴婢当告官。詹欲杀狄令，故诈缚奴婢而以谒也。"①

服虔所谓"古杀奴婢当告官"，说明至少在汉代以前，主人是具有处死奴婢之权力的，而且这种权力应当是"法定权力"或可称之"古法"；从"欲谒杀奴"的表述来看，这种以处死奴婢为内容的法定惩戒权的名称可能是"谒杀"。虽然"古法"之具体内容不得而知，但我们可以推测主人杀奴婢或者具体说"谒杀"应当不是随意为之。告官面陈特定的理由应当是处死奴婢的必经法律程序，若经官府许可，奴婢可能会被官府处死。我们自张家山汉简中见到了"谒杀"的具体内容：

> 《二年律令·贼律》
>
> 其悍主而谒杀之，亦弃市；谒斩若刑，为斩、刑之。……(四四)

据此，汉代奴婢"悍主"是主人告官谒杀奴婢的理由。②《睡虎地秦墓竹简·封诊式》中也能见到主人因奴婢"悍"而谒官请求处罚奴婢的相关记载：

> "告臣"《爰书》：
>
> 丙，甲臣，桥（骄）悍，不田作，不听甲令。谒卖（卖）公，斩以

---

① 〔汉〕司马迁：《史记》卷九十四《田詹列传》，中华书局1963年版，第2643页。

② 我们在张家界古人堤汉简《贼律》的目录中也见到了"奴婢悍"条的记载，但具体内容尚不清楚。相关内容参见湖南省文物考古研究所、中国文物研究所：《湖南张家界古人堤简牍释文与简注》，《中国历史文物》2003年第2期。

为$_{(三七)}$城旦,受贾钱。……$_{(三八)}$

"黥妾"《爰书》:

某里五大夫乙家吏。丙,乙妾殹(也)。乙使甲曰:丙$_{(四二)}$悍,谒黥劓丙。……$_{(四三)}$

至于"悍主"的具体含义,有学者释为"骄横强悍"[1]或"不仁其主",[2]其基本内容应当是比较严重地违反了良贱之间的基本礼数。据《晋书·刑法志》:"奴婢悍主,主得谒杀之。"[3]可知,"谒杀"在后世刑律中仍然存在,并且晋律中的"谒杀"基本内容与秦汉律一致,主人谒杀奴婢的理由仍是"悍主"。

主人谒官而杀奴婢,若得到官府许可,会将奴婢处死。那么,具体来说究竟如何将奴婢处死? 或者说在死刑执行方式多样化的秦汉时期,谒杀奴婢将会处以何种死刑? [4]关于谒杀的具体执行方式,可查资料比较有限,我们仅在张家山汉简《二年律令·贼律》中见到了主人因奴婢悍而谒官杀之,最终将奴婢处以弃市的记载:"其悍主而谒杀之,亦弃市;谒斩若刑,为斩、刑之。"[5]秦汉时期的谒杀是否有其他处死方式尚不清楚。

主人告谒官府要求处死奴婢,最终处死奴婢行为必须由官府执行,这应当也是要求惩戒权行使的法定程序。那么,未告官或者虽告官但未经官府许可,自然不能擅自处死奴婢;擅自处死奴婢后,即使告官仍属

---

① 睡虎地秦墓竹简整理小组:《睡虎地秦墓竹简·释文》,文物出版社1990年版,第154页注释[一]。

② 朱红林:《张家山汉简二年律令集释》,社会科学文献出版社2005年版,第46页。

③ [唐]房玄龄等:《晋书》卷三十《刑法志》,中华书局1974年版,第930页。

④ 我们在睡虎地秦简的记载中所见死刑包括:戮、磔、弃市、定杀、生埋;在《史记》记载中所见死刑包括:腰斩、枭首、车裂、戮尸;见于其他典籍的死刑还包括:族、囊、凿颠、镬烹、绞等。参见傅荣珂:《睡虎地秦简刑律研究》,商鼎文化出版社1992年版,第73页。

⑤ 张家山二四七号汉墓竹简整理小组:《张家山汉墓竹简[二四七号墓](释文修订本)》,文物出版社2006年版,第14—15页。

非法行为而要受到处罚。据此可以推测，请求官府对奴婢处以肉刑或其他比较严重的处罚也应当由官府予以执行而不能擅自行刑。张家山汉简《奏谳书》载：

> 汉中守谳：公大夫昌苔（笞）奴相如，以辜死，先自告。相如故民，当免作少府，昌与相(四九)如约，弗免，已狱治，不当为昌错告不孝，疑罪。廷报：错告，当治。(五〇)

公大夫昌笞其奴相如，造成后者伤害，且相如在辜限内死亡。据此，昌应当承担杀奴的刑事责任。①但昌在相如死后才向官府告发相如"不孝"，其意图显然在于借此免于处罚。廷报认为"错告，当治"。即昌所主张的相如不孝一事不能成为其免于处罚的事由，昌仍应受到处罚。据此可以推测，"错告，当治"的原因可能有两方面：一是相如"不孝"一事无法证实；二是不论相如"不孝"是否属实，昌在笞杀相如前均应谒官。

竹简秦汉律中关于父母谒杀子女的记载并不多见，我们在睡虎地秦简《封诊式》中可以见到父母由于子女"不孝"而谒官请求将子女处死的相关内容：

> "告子"《爰书》：某里士五（伍）甲告曰："甲亲子同里士五（伍）丙不孝，谒杀，敢告。"……(五〇)

士伍甲向官府禀告，要求将居住在同里的亲子处死，谒杀的理由是亲子士伍丙"不孝"。同时，父母以"不孝"为由谒官要求处死子女时，不受免老告人"三环"的限制。《法律答问》载：

> 免老告人以为不孝，谒杀，当三环（原）之不？不当环（原），亟执勿失。(一〇二)

父母若具备"免老告人"的条件，其以"不孝"为理由谒官请求处死子女的，不必履行法律对告发一般犯罪时所规定的"三环"手续，而要

---

① 关于"殴杀伤"保辜的详细内容可参见"斗殴杀"章节相关详细论述。

马上逮捕被请求处死的子女以免其逃跑。

　　根据睡虎地秦简、张家山汉简的相关记载，父母、主人谒官不但可以请求处死子女、奴婢，还可以谒官请求其他的处罚方式。目前可见的记载包括：谒斩、谒刑、谒卖、谒黥以及谒迁。睡虎地秦简《封诊式》：

　　　　"告臣"《爰书》：某里士五（伍）甲缚诣男子丙，告曰："丙，甲臣，桥（骄）悍，不田作，不听甲令。谒买（卖）公，斩以为（三七）城旦，受贾钱。"……（三八）

　　　　"黥妾"《爰书》：某里公士甲缚诣大女子丙，告曰："某里五大夫乙家吏。丙，乙妾殹（也）。乙使甲曰：丙（四二）悍，谒黥劓丙。"……（四三）

　　　　"迁（迁）子"《爰书》：某里士五（伍）甲告曰："谒鋈亲子同里士五（伍）丙足，迁（迁）蜀边县，令终身毋得去迁（迁）所（四六），敢告。"……（四七）

　　根据三七、三八简的记载，士伍甲谒官要求将男奴丙卖给官府，处以斩左趾或斩右趾的刑罚，并处以城旦的劳役刑。[1]原因是："骄悍，不田作，不听甲令"。根据四二、四三简的记载，公士甲派遣家吏乙将婢女丙绑缚送官，要求将丙黥劓，理由是丙悍。根据四六、四七简的记载，士伍甲谒官要求将儿子士伍丙断足并流放至蜀郡边远县，令其终生不得离开流放地。又张家山汉简《二年律令·贼律》：

　　　　其悍主而谒杀之，亦弃市；谒斩若刑，为斩、刑之。……（四四）

　　据此可知，主谒斩奴，则奴被处以斩左趾或斩右趾；主谒刑奴，则奴被处以劓或黥。[2]

---

　　①　朱红林认为："斩为城旦的斩和赎斩的斩都是斩左趾或斩右趾的省称。"朱红林：《张家山汉简二年律令研究》，黑龙江人民出版社2008年版，第135页。笔者赞同此观点。
　　②　对于此处"谒斩若刑"中斩、刑的含义，朱红林教授认为："斩指斩左趾、斩右趾，刑显然是指与斩左趾、斩右趾相区别的另外一种或几种肉刑。据竹简秦汉律的材料来看，秦汉

　　竹简秦汉律中见有大量子女、奴婢由于不孝、悍主而被处死或处刑的内容，从目前所见材料来看，这些内容所包含的法律规范已经呈现出比较完整的体系。这也从另一个角度印证了秦汉时期父母、主人若犯"擅杀"是要被法律处罚的，原因在于：既然法律对于子女、奴婢的惩戒规定了比较详细的内容，那么言下之意自然是排斥父母、主人私自或擅自处罚子女、奴婢的行为。

二、秦汉律中擅杀的处罚

　　秦汉时期的"谒杀"可以看作是特定主体在一定范围之内的合法行为或法定权力，[①]同时，"谒杀"的实施必须具备特定的法律程序，即父母或主人告官请求处死子女或奴婢，而非个人肆意杀害。超出法定权限或程序而实施的杀人行为即"擅杀"，要受到法律处罚。我们在竹简秦汉律中仅见到了主人擅杀奴婢、父母擅杀子女两类犯罪行为，法律皆规定了明确的处罚。

（一）擅杀子

　　竹简秦汉律中所见的"擅杀子"表达的含义应当是父母擅杀子女，睡虎地秦简《法律答问》载：

　　　　"擅杀子，黥为城旦春。其子新生而有怪物其身及不全而杀之，

时期的肉刑一般包括斩左右趾、宫刑、劓、黥四种。除斩左右趾外，尚有宫刑、劓、黥三种。据笔者目前掌握的材料，奴婢、臣仆对主人不恭或者有所反抗，尚未发现被处以宫刑者，因此这种与斩左右趾相区别的'刑'应指劓、黥两种刑罚。"朱红林：《张家山汉简二年律令研究》，黑龙江人民出版社2008年版，第139页。笔者从此说。

　　①　由于我们仅在竹简秦汉律中见到了父母谒杀子女、主人谒杀奴婢的相关内容，因此，这里说谒杀仅限于特定主体；另一方面，从常识角度来考虑，这种剥夺他人生命权的权利似乎也不应当是一种法律普遍许可的行为。

勿罪。"今生子，子身全殹（也），毋（无）怪物，直以多子故，不欲其

生，即弗_{（六九）}举而杀之，可（何）论？ 为杀子。_{（七〇）}

秦律规定擅杀子要处以黥为城旦舂的刑罚，这在我们所见到的秦代刑罚体系之中并不算重刑。简文中没有对"擅杀"的含义作出说明，但简文列举了不予处罚的情况："其子新生而有怪物其身及不全而杀之，勿罪"，^① 即父母在特定情况下是有权处死子女的，这种行为近似于前述"谒杀"。但两者间的差别是非常明显的：首先，行为对象的不同，此处法律许可父母处死的是有生理疾患的新生儿，这应当是完全无行为能力人；其次，"谒杀"要求谒官而杀，我们自传世文献中见到了绑缚行为对象至官府的记载，而对于新生儿显然不会做此要求；最后，也是最重要的区别，父母处死具有生理疾患的新生儿的行为是自己实施的，而"谒杀"要求告谒至官府并且由官府实施处死。如果新生儿没有生理方面的疾患，父母只是出于子女过多、养育负担过重而将新生子杀死则为"擅杀"。根据简文表述我们可以推测，只要不是由于新生儿"怪物其身及不全"的原因而将其杀死，出于其他原因而杀死新生儿的都可能属于"擅杀子"，都要处以黥为城旦舂之刑，简文只列举了因"多子"之故而杀子要受到处罚的情况，根据立法原意，其他杀子的理由应当也是不被官方认可的。

（二）擅杀后子

"后子"即嫡嗣或长子，《墨子·节葬下》载："妻与后子死者，五皆丧之三年。"孙诒让注："孔广森云：'后子者，为父后之子，即长子也。

---

① 实际上，这里的"勿罪"可能还包含这更加复杂的问题："勿罪"所指究竟是"不处罚"还是"不为罪"？ 我们推测应当是前者，因为在"刑事责任"理论产生之前，"定罪"与"量刑"是一体的，并未作进一步区分。但必须要明确的是"刑事责任"理论是西方传入中国的，中国古代刑律中是否有其他理论解释类似的问题？ 这是需要进一步探讨的。此处仅指出"勿罪"包含了不处罚的含义，并不排除其可能还包含了其他更加复杂的内容。

《战国策》谓齐太子申为后子，《荀子》谓丹朱为尧后子，其义并同。'毕云：'后子，嗣子适也。'"①擅杀后子与擅杀非嫡嗣之子的处罚不同，睡虎地秦简《法律答问》载：

> 士五（伍）甲毋（无）子，其弟子以为后，与同居，而擅杀之，当弃市。（七一）

> "擅杀、刑、髡其后子，谳之。"·可（何）谓"后子"？·官其男为爵后，及臣邦君长所置为后大（太）子，皆为"后子"。（七二）

根据七一简的内容，士伍甲"无子"也就是"无后子"，或理解为通常所说的无后、绝后；甲与其侄"同居"所表达的含义应当是甲的侄子过继给甲；"以为后"即"以之为后子"。当然，甲将其侄作为法定继承人的行为必须得到官府认可才能具有法律效力。甲擅杀其作为继承人的侄子被处以弃市之刑，上文所述："擅杀子，黥为城旦舂。……（六九）"与之相比，擅杀后子的处罚显然比一般的擅杀子处罚重。结合七二简的内容，"官其男为爵后，及臣邦君长所置为后太子"，整理小组注释为："经官方认可其子为爵位的继承人，以及臣邦君长立为后嗣的太子，都是'后子'"。②可见，后子是法律规定的身份、爵位、财产等的继承人，对于擅杀后子处以重刑的根本原因是后子的特殊法律身份。秦汉时期"后子"制的立法目的是避免绝户产生，实现政府对编户民的税役征收。③为了实现这一目的，对法定的继承人给予有效的法律保护则是法律设置"后子制"的应有之义。④

① ［清］孙诒让：《墨子闲诂》卷六《节葬下》，孙启治点校，中华书局2001年版，第176页。
② 睡虎地秦墓竹简整理小组：《睡虎地秦墓竹简·释文》，文物出版社1990年版，第110页。
③ 参见〔韩〕尹在硕：《睡虎地秦简和张家山汉简反映的秦汉时期后子制和家系继承》，《中国历史文物》2003年第1期。
④ 参见刘晓林：《秦汉律中有关的"谒杀""擅杀"初考》，《甘肃政法学院学报》2013年第5期。

（三）擅杀相关的行为及其受理

秦汉时期法律规定，父母与主人未经谒官而私自处死子女与奴婢的行为是擅杀，是要受到法律处罚的行为；同理可知，未经谒官私自处罚子女、奴婢也是犯罪行为，要受到处罚。"擅杀"作为杀人行为的一种具体类型且为法律规范中具有定罪量刑意义的行为类型，与其他杀人行为的具体类型相比，核心在于"擅"。那么，秦汉律中与"擅杀"相关的其他擅自实施的行为及其案件受理方面的内容就是我们深入认识"擅杀"的另一途径，这在可查资料比较有限的情况下探讨竹简秦汉律中的具体犯罪行为意义尤其明显。从睡虎地秦简《法律答问》的相关内容当中，我们见到了父母与主人擅杀、擅刑、擅髡子女与奴婢的相关内容：

> "公室告。"【何】殹（也）？"非公室告"可（何）殹（也）？贼杀伤、盗它人为"公室"；子盗父母，父母擅杀、刑、髡子及奴妾，不为"公室告"。（一〇三）
>
> "子告父母，臣妾告主，非公室告，勿听。"·可（何）谓"非公室告"？·主擅杀、刑、髡其子、臣妾，是谓"非公室告"，勿听。而行告，告者罪。告【者】罪已行，它人有（又）襲其告之，亦不当听。（一〇五）

简文中所记载的这些内容并不是对具体犯罪行为的处罚，而是关于犯罪行为受理的相关规定，但我们从中看到了"父母擅杀、刑、髡子及奴妾"的记载。根据简文，父母与主人擅杀、刑、髡子女与奴婢，属于"非公室告"。"公室告"与"非公室告"是一组相对的概念。"公室告"是必须向"公室"告诉的犯罪，[①] 即必须向国家告诉的犯罪，属于"公室告"的行为应当是对家庭外部成员的侵害行为，也就是针对与

---

① 〔日〕太田幸男：《中国古代国家形成史论》，汲古书院 2007 年版，第 281 页。

行为人本身无血缘关系或主从关系的他人的侵害行为；与之相对，"非公室告"则属于针对家庭内部成员的侵害行为，当然，不仅包括针对"他人"的侵害行为，还包括对国家或社会的侵害行为。①"主擅杀、刑、髡其子、臣妾，是谓'非公室告'"，即法律规定告发父母、主人未经谒官而擅自处死、处罚子女、奴婢的行为官方不予受理。同时，会将坚持告发之人治罪。仅依据此条理解，"主擅杀、刑、髡其子、臣妾"应当是合法行为。但是，根据上文所述，擅杀、擅刑子女、奴婢是要受到处罚的，这如何解释？目前，学术界对此有以下不同的观点：

第一种观点认为一〇三简中的"子盗父母，父母擅杀、刑、髡子及奴妾，不为'公室告'"的含义是由于子盗父母，因而父母对子实施了擅杀、刑、髡等行为的情况，不属于"公室告"。②

第二种观点认为"公室告"和"非公室告"的差别体现在诉讼程序方面，法律对于"公室告"与"非公室告"所包含的具体犯罪行为在诉讼程序方面的不同规定，实质上是剥夺了子女与奴婢的"自诉权"，其立法主旨在于保证家长的绝对权威。具体来说就是"家长拥有告子、奴婢的诉讼权，子、奴婢没有告家长的诉讼权"，但这并不意味着父母与主人擅杀、刑、髡子女与奴婢是不受处罚的行为。③

第三种观点认为简文中所表现出来的字面上的矛盾，实质在于不同历史时期的法律条文表达的含义所出现的矛盾。我们所称的"秦律"并

---

① 参见〔日〕水间大辅：《睡虎地秦简〈法律答问〉新考》，载华东政法大学法律古籍整理研究所：《第六届"出土文献与法律史研究"暨庆祝华东政法大学法律古籍整理研究所成立三十周年学术研讨会论文集》2016 年 11 月中国·上海，第 156 页。

② 参见刘海年：《战国秦代法制管窥》，法律出版社 2006 年版，第 176 页。张松：《睡虎地秦简与张家山汉简反映的秦汉亲亲相隐制度》，《南都学坛》2005 年第 6 期。〔日〕铃木直美：《中国古代家族史研究——秦律·汉律にみる家族形态と家族观——》，刀水书房 2012 年版，第 157—161 页。

③ 王彦辉：《从张家山汉简看西汉私奴婢的社会地位》，载中国秦汉史研究会编：《秦汉史论丛》（第 9 辑），三秦出版社 2004 年版，第 234—239 页。

非一次性完整立法的产物，而是自商鞅变法起直到秦始皇三十年，历经多次修改、补充逐渐形成。产生较早的"公室告"条文在中后期一定经历了修改，"执法者为了理解新律的精神必须熟悉旧律，有时为了解决疑案也必须参考旧律"。因此，我们看到的秦简简文内容是新律条文和旧律条文并存的。关于父母与主人擅杀、刑、髡子女与奴婢不予受理的条文可能是制定于家长拥有绝对权力的早期。而到了后期，随着国家权力逐渐强化，开始逐步限制家族权力，家长也就不再被允许随意处罚、处死子女，法律规定对父母、主人擅杀等行为处以黥为城旦舂或弃市的刑罚。①

笔者认为以上观点的根本分歧是立足点的不同，且三种观点都有可取之处，从简文内容来说，笔者比较赞同最后一种观点。也就是说，秦早期制定规范中的"公室告"与"非公室告"区分非常明确，父母、主人擅杀、擅刑、擅髡子女与奴婢的行为属于家庭内部的侵害行为，也就是属于"非公室告"的犯罪行为，不属于告诉与处罚的对象。后期，法律规范中不再有两者的区别。②

三、秦汉律中的谒杀、擅杀在唐律中的发展

竹简秦汉律与传世文献中所见的"擅杀"含义一致，汉代之后，传世文献中"擅杀"的相关记载仍沿袭了比较固定的含义。《太平御览·人事部·仇雠下》："王君操父，大业中为乡人李君则殴死。贞观初，君则

---

① 参见〔韩〕尹在硕：《张家山汉简所见的家庭犯罪及刑罚资料》，载中国政法大学法律古籍整理研究所编：《中国古代法律文献研究》（第 2 辑），中国政法大学出版社 2004 年版，第 49—50 页；〔韩〕尹在硕：《秦律所反映的秦国家族政策》，载中国社会科学院简帛研究中心编：《简帛研究译丛》（第 1 辑），湖南出版社 1996 年，第 70—73 页。

② 亦可参见〔日〕水间大辅：《睡虎地秦简〈法律答问〉新考》，载华东政法大学法律古籍整理研究所：《第六届"出土文献与法律史研究"暨庆祝华东政法大学法律古籍整理研究所成立三十周年学术研讨会论文集》，中国·上海 2016 年 11 月，第 160 页。

以运代迁革，不惧宪网。又以君操孤微，谓无复雠之志，遂仕州府。操密袖白刃刺杀之，刳其心肝，咀食立尽，诣州自陈。刺史以其擅杀问之，曰：'杀人当死，律有明文，何方自理，以求生路？'"①王君操为父报仇手刃仇人、开膛破肚并吃了仇人的心肝内脏，应当是手段极其残忍、情节极其恶劣的杀人案件，但这并不是我们关注的内容。引起我们注意的是刺史以"擅杀"认定其犯罪行为，即"以其擅杀问之"。刺史说：仇人杀害了王父，法律会制裁仇人，王君操不该"自理"即自行复仇代替法律的制裁。又如《太平广记·报应·冤报》："康季孙性好杀，滋味渔猎故恒事。奴婢愆罪，亦或死之。常病笃，梦人谓曰：若能断杀，此病当差。不尔必死。即于梦中，誓不复杀。惊悟战悸，汗流浃体，病亦渐瘳。后数年，三门生窃其两妾以叛，追获之，即并殴杀。其夕，复梦见前人来曰：何故负信，此人罪不至死，私家不合擅杀，今改亦无济理。追明呕血，数日而卒。"②此志怪事件的内容亦非我们考察的重点，我们关注的仍是其中"擅杀"的表述及其内容，康季孙梦到有人对他说："此人罪不至死，私家不合擅杀"，意思也是不能超越权限、程序擅自杀人，"私家不合擅杀"表达的含义应当是说门生有罪，但应交由官府审断，私人不当擅自处死。两唐书中类似的记载还有很多，如：

《旧唐书·萧铣传》：铣陈兵入城，景珍进言于铣曰："徐德基丹诚奉主，柳生凶悖擅杀之，若不加诛，何以为政？且其为贼，凶

<hr>

① ［宋］李昉等：《太平御览》卷四八二《人事部一二三·仇雠下》，中华书局1960年版，第2208页下。王君操案《旧唐书》亦有记载："王君操，莱州即墨人也。其父隋大业中与乡人李君则斗竞，因被殴杀。君操时年六岁，其母刘氏告县收捕，君则弃家亡命，追访数年弗获。贞观初，君则自以世代迁革，不虑国刑，又见王君操孤微，谓其无复仇之志，遂诣州府自首。而君操密袖白刃刺杀之，刳腹取其心肝，啖食立尽，诣刺史具自陈告。州司以其擅杀戮，问曰：'杀人偿死，律有明文，何方自理，以求生路？'"［后晋］刘昫等：《旧唐书》卷一百八十八《孝友·王君操传》，中华书局1975年版，第4920页。

② ［宋］李昉等：《太平广记》卷一百二十《报应十九·怨报·康季孙》，中华书局1961年版，第844页。

顽已久，今虽从义，不革此心，同处一城，必将为变。若不预图，后悔无及。"铣又从之。①

《旧唐书·李载义传》：载义晚年骄恣，惨暴一方。以杨志诚复为部下所逐，过太原，载义躬身毁击，遂欲杀之，赖从事救解以免。然而擅杀志诚之妻孥及将卒。朝廷录其功，屈法不问。②

《新唐书·十一宗诸子·永王琳传》：肃宗以少所自鞠，不宣其罪。谓左右曰："皇甫侁执吾弟，不送之蜀而擅杀之，何邪？"由是不复用。③

《新唐书·贾曾传》：帝诏群臣议，太子太师韦见素、文部郎中崔器等皆以为："法者，天地大典，王者不敢专也。帝王不擅杀，而小人得擅杀者，是权过人主。开元以前，无敢专杀，尊朝廷也；今有之，是弱国家也。太宗定天下，陛下复鸿业，则去荣非至德罪人，乃贞观罪人也。其罪祖宗所不赦，陛下可易之耶？"诏可。④

《新唐书·李罕之传》：而罕之故与郭璆有隙，擅杀璆，军中不悦。⑤

《新唐书·时溥传》：溥厚具赆装，遣璠护还京师，夜驻七里亭，璠擅杀详，屠其家。⑥

《新唐书·藩镇魏博传》：秦宗权乱，复诏弘信以粟二万斛助军，

① ［后晋］刘昫等：《旧唐书》卷五十六《萧铣传》，中华书局1975年版，第2264页。此事《新唐书》中亦有记载："铣责有之，陈兵而进。景珍曰：'德其倡义竭诚，柳生擅杀之，不诛，无以为政。且凶贼与共处，必为乱。'铣因斩柳生。"［宋］欧阳修、宋祁：《新唐书》卷八十七《萧铣传》，中华书局1975年版，第3722页。
② ［后晋］刘昫等：《旧唐书》卷一百八十《李载义传》，中华书局1975年版，第4675页。
③ ［宋］欧阳修、宋祁：《新唐书》卷八十二《十一宗诸子·永王琳传》，中华书局1975年版，第3612页。
④ ［宋］欧阳修、宋祁：《新唐书》卷一百一十九《贾曾传》，中华书局1975年版，第4299页。
⑤ ［宋］欧阳修、宋祁：《新唐书》卷一百八十七《李罕之传》，中华书局1975年版，第5443页。
⑥ ［宋］欧阳修、宋祁：《新唐书》卷一百八十八《时溥传》，中华书局1975年版，第5461页。

未输,检校工部尚书雷鄩来责粟,弘信素胁于牙军,擅杀鄩。①

两唐书中所见关于"擅杀"的记载所涉及的内容对于此行为都是持否定的态度,《旧唐书·萧铣传》中说:"……柳生凶悖擅杀之,若不加诛……",《旧唐书·李载义传》中说:"……然而擅杀志诚之妻孥及将卒。朝廷录其功,屈法不问。"都是强调对于"擅杀"行为应当诛杀,而不能"屈法不问",这种含义明显沿袭了竹简秦汉律中的相关内容。但需要注意的是,这些内容与竹简秦汉律中的用法有异,传世文献中的"擅杀"可以作为描述一类杀人行为的词汇,但这种描述并没有定罪量刑方面的法律意义。也就是说,传世文献中所见的"擅杀"并非皆为法律词汇;②值得我们注意的另一方面则是《唐律疏议》在条文表述方面并没有出现"谒杀"与"擅杀"的相关内容。③我们推测,唐律立法应当是将此类杀人行为并入了其他杀人行为的类型化表述当中。仅就"擅"所表达的含义来看,与"知而犯之"具有明显的暗合之处,或者说"擅杀"应当是"贼杀"或"故杀"的一种具体表现形式。在法典中具体杀人犯罪行为类型化程度不高的阶段,"擅杀"可能会和"贼杀"或"故杀"并列,但随着立法技术的发展,"擅杀"被包容性、概括性更强的具体杀人犯罪行为类型所吸收应当是立法的必然选择。从法律规定的内容来看,唐律中关于父母故杀、殴杀子女与奴婢的定罪量刑方面的规定明显沿袭了秦汉律中"擅杀"定罪量刑方面的相关内容。以下详细分析:

---

① 〔宋〕欧阳修、宋祁:《新唐书》卷二百一十《藩镇魏博传》,中华书局1975年版,第5939—5940页。

② 当然,并不是说正史文献中出现的所有内容皆非法律词汇与专有术语,因为正史文献中还有一些引述、转述法律规范内容的表述,这些内容涉及了一些专有术语,如《宋史·仁宗本纪》载:"戊午,诏获劫盗者奏裁,毋擅杀。"〔元〕脱脱等:《宋史》卷十《仁宗本纪二》,中华书局1977年版,第194页。

③ 《唐律疏议》中仅有一处关于"擅杀"的表述,但其含义并非秦汉律中的"擅杀",《贼盗》"谋叛"条(251)《疏》议曰:"既肆凶悖,堪擅杀人"。这里的"擅杀"仅表示随意地杀人,并无犯罪对象等方面的限制,也不是一个固定的罪名。

(一)唐律中关于主、主之亲属杀部曲、奴婢的规定

竹简秦汉律中关于主人擅杀奴婢的处罚演变为唐律中所规定的主与主之期亲杀部曲、奴婢的相关内容,具体包括以下两条规定:

《唐律疏议·斗讼》"主杀有罪奴婢"条(321)

诸奴婢有罪,其主不请官司而杀者,杖一百。无罪而杀者,徒一年。(期亲及外祖父母杀者,与主同。下条部曲准此。)

《疏》议曰:奴婢贱隶,虽各有主,至于杀戮,宜有禀承。奴婢有罪,不请官司而辄杀者,杖一百。"无罪杀者",谓全无罪失而故杀者,徒一年。注云"期亲及外祖父母杀者,与主同",谓有罪杀者,杖一百;无罪杀者,徒一年。故云"与主同"。"下条部曲"者,下条无期亲及外祖父母伤杀部曲罪名,若有伤杀,亦同于主,故云"准此"。

《唐律疏议·斗讼》"主殴部曲死"条(322)

诸主殴部曲至死者,徒一年。故杀者,加一等。其有愆犯,决罚致死及过失杀者,各勿论。

《疏》议曰:"主殴部曲至死者,徒一年",不限罪之轻重。"故杀者,加一等",谓非因殴打,本心故杀者,加一等,合徒一年半。其有愆犯,而因决罚致死及过失杀之者,并无罪。

杀期以下亲之部曲、奴婢主要规定于《唐律疏议·斗讼》"殴缌麻小功亲部曲奴婢"条(324):

诸殴缌麻、小功亲部曲奴婢,折伤以上,各减杀伤凡人部曲奴婢二等;大功,又减一等。过失杀者,各勿论。

《疏》议曰:"殴缌麻、小功亲部曲",谓殴身之缌麻、小功亲部曲。减凡人部曲二等,谓总减三等。假如殴折肋者,凡人合徒二年,减三等,合杖一百。若殴奴婢折齿,凡人合徒一年,奴婢减二等,缌麻、小功亲奴婢又减二等,总减四等,合杖七十。故云"折伤以上,

各减凡人部曲、奴婢二等"。"大功,又减一等",谓殴大功部曲折齿,总减四等,合杖七十;若殴大功奴婢,合杖六十。自外殴折伤以上,各准此例为减法。其有过失杀缌麻以上部曲、奴婢者,各无罪。

唐律中未有"擅杀"的表述,但其含义在唐律中有直接表现,即"不请官司而杀"与"无罪而杀"。根据前述针对"擅"与"擅杀"含义的分析,唐律中的具体表述形式显然表达了"擅杀"的含义。若在唐律中寻找一个与"擅杀"表意相同的术语,应该是律《疏》中出现的"辄杀",即《疏》议曰:"奴婢贱隶,虽各有主,至于杀戮,宜有禀承。奴婢有罪,不请官司而辄杀者,杖一百。""辄杀"虽然与"擅杀"表达了基本相同的含义,但两者性质完全不同。秦汉律中的"擅杀"是针对一类杀人行为的类型化表述,唐律中的"辄杀"显然只是针对具体行为的解释与描述。具体来说,只是针对主杀奴婢的解释,但我们从中看到的是其对秦汉律中的"擅杀"沿袭的痕迹。唐律中的主、主之亲属杀部曲、奴婢的科刑呈现以下趋势:主、主之亲属过失杀部曲、奴婢无罪,殴杀为相对之轻罪,故杀则为相对之重罪;杀害亲属的部曲、奴婢,与主之服制越近,科刑越轻,反之越重;杀部曲科刑重于杀奴婢。对于具体犯罪行为的处罚,唐律较之秦汉律显然具有更加详细的规定。但从"奴婢有罪,不请官司而辄杀","其有愆犯,决罚致死"等表述中,不难看出与秦汉律中的"擅杀"与"谒杀"及相关内容的渊源。

(二)唐律中关于杀他人的部曲、奴婢的规定

从竹简秦汉律中所见的"擅杀奴婢"及相关内容来看,并未明确区分犯罪对象为自己的奴婢还是他人的奴婢。唐律中对于杀他人部曲、奴婢的行为及处罚作了直接的规定。

《唐律疏议·斗讼》"部曲奴婢良人相殴"条(320)

其良人殴伤杀他人部曲者,减凡人一等;奴婢,又减一等。若

故杀部曲者,绞;奴婢,流三千里。

《疏》议曰:良人殴伤或杀他人部曲者,"减凡人一等",谓殴杀者,流三千里;折一支者,徒二年半之类。"奴婢,又减一等",殴杀者,徒三年;折一支,徒二年之类。若不因斗,故杀部曲者,合绞。若谋而杀讫,亦同。其故杀奴婢者,流三千里。

唐律中针对良人杀他人部曲、奴婢的行为本身未有解释与说明,其原因其实很清楚。此类行为属于"故杀"的具体表现,既然立法已针对"故杀"有详尽的解释,自然不必对所有的具体表现形式再作说明。部曲良人杀害他人之部曲、奴婢的科刑呈现出以下趋势:良人殴杀他人部曲,科刑减轻良人之间殴杀一等;良人殴杀他人奴婢,科刑减轻良人之间殴杀二等;良人故杀他人部曲,科刑较之故杀良人为轻,故杀奴婢更轻。显然,唐律中关于良人杀伤他人部曲、奴婢的规定是"故杀伤"相关规范体系的有机组成部分,因为其定罪量刑多是比照常人之间的故杀伤。

(三)唐律中关于父母、祖父母杀子孙的规定

竹简秦汉律中的"擅杀子"与"擅杀后子"等相关内容,行为人与犯罪对象之间的身份关系比较简单,我们自唐律中见有更加细致的规定。

《唐律疏议·斗讼》"殴詈祖父母父母"条(329)

若子孙违犯教令,而祖父母、父母殴杀者,徒一年半;以刃杀者,徒二年;故杀者,各加一等。即嫡、继、慈、养杀者,又加一等。过失杀者,各勿论。

《疏》议曰:"若子孙违犯教令",谓有所教令,不限事之大小,可从而故违者,而祖父母、父母即殴杀之者,徒一年半;以刃杀者,徒二年。"故杀者,各加一等",谓非违犯教令而故杀者,手足、他物杀,徒二年;用刃杀,徒二年半。"即嫡、继、慈、养杀者",为情疏易违,故"又加一等"。律文既云"又加",即以刃故杀者,徒二年

半上加一等,徒三年;违犯教令以刃杀者,二年上加一等,徒二年半;殴杀者,一年半上加一等,徒二年。"过失杀者,各勿论",即有违犯教令,依法决罚,邂逅致死者,亦无罪。

子孙"违犯教令"本身就是要受到处罚的行为,《唐律疏议·斗讼》"子孙违犯教令"条(348):"诸子孙违犯教令及供养有阙者,徒二年。"子孙"违犯教令"的情况父母、祖父母亦可直接惩戒与决罚,即本条律《疏》所谓:"即有违犯教令,依法决罚,邂逅致死者,亦无罪。"另外,即使子孙未有过错,父母、祖父母亦可惩戒与决罚。但"殴杀""以刃杀""故杀"则需处罚父母、祖父母,因为其超越了法定权限或违反了法定程序。这显然表达了与秦汉律中的"擅杀"相同的含义。父母、祖父母杀子孙科刑呈现以下趋势:过失杀子孙、勿论;故杀子孙,科刑加重殴杀子孙一等;嫡、继、慈、养父母杀子孙,科刑加重亲父母一等。

唐律中父母、祖父母杀子孙、奴婢的具体科刑情况详见下表:

表 3.1　唐律父母杀子孙、奴婢罪刑详表

犯罪行为		处罚	本条
良人斗杀	他人部曲	流三千里	《唐律疏议·斗讼》"部曲奴婢良人相殴"条(320)
	他人奴婢	徒三年	
良人故杀	他人部曲	绞	
	他人奴婢	流三千里	
良人谋而已杀	他人部曲	绞	
主、主之期亲及外祖父母	不请官司而杀有罪奴婢	杖一百	《唐律疏议·斗讼》"主杀有罪奴婢"条(321)
	杀无罪奴婢	徒一年	
主、主之期亲及外祖父母	殴部曲至死	徒一年	《唐律疏议·斗讼》"主殴部曲死"条(322)
	故杀部曲	徒一年半	
	部曲有所愆犯,决罚致死	勿论	
	过失杀部曲		

犯罪行为			处罚	本条
殴杀	缌麻、小功亲部曲		徒二年半	《唐律疏议·斗讼》"殴缌麻小功亲部曲奴婢"条（324）
	缌麻、小功亲奴婢		徒二年	
过失杀缌麻以上部曲、奴婢			勿论	
子孙违犯教令	祖父母、父母	殴杀	徒一年半	《唐律疏议·斗讼》"殴詈祖父母父母"条（329）
		以刃杀	徒二年	
	嫡、继、慈、养父母	殴杀	徒二年	
		以刃杀	徒二年半	
子孙不违犯教令	祖父母、父母	殴杀	徒二年	
		以刃杀	徒二年半	
	嫡、继、慈、养父母	殴杀	徒二年半	
		以刃杀	徒三年	

（四）唐律中父母杀子女、奴婢的规定对秦汉律中谒杀与擅杀的沿袭与发展

秦汉律中的"谒杀"即父母、主人在子女不孝或奴婢"悍"的情况之下可以谒官请求处死、处罚子女或奴婢。唐律中虽然没有赋予父母与主人这样的程序性权利或"请求权"，但是从唐律中对于父母、主人杀子女、奴婢的处罚规定来看，唐律立法对待父母、主人杀有罪或有过错的子女、奴婢明显是轻罪或勿论的态度。这与秦汉律中"谒杀"的相关规定明显是一致的，即虽然没有谒官而杀或谒官处罚的权利，但实际上故杀有罪奴婢仅处以杖一百；子女、奴婢有违教令而父母、主人将其决罚致死勿论。唐律对于父母、主人擅杀子女、奴婢的处罚规定比秦汉律中的相关内容规定得更为详细：首先，区分了犯罪对象有无过错，即子女、奴婢有过错而杀之科刑相对为轻；无过错而杀之科刑相对为重。其次，进一

步区分了行为人的主观方面，即过失杀子女、奴婢勿论；殴杀科刑相对为轻；故杀科刑相对为重。最后，进一步区分了行为人与犯罪对象之间的身份关系，身份关系的亲疏直接影响科刑，具体如下：杀自己的部曲、奴婢科刑较之杀他人的部曲、奴婢为轻；杀亲属的部曲、奴婢，与亲属的服制越近，科刑越轻；祖父母、父母杀子孙科刑较之嫡、继、慈、养父母为轻。①

四、传统刑律中擅杀的发展趋势及其特质

竹简秦汉律与传世文献中所见的"擅杀"含义比较固定，皆是超越法定权限与程序擅自实施的杀害行为。至唐代，立法对于此类杀人行为的态度并未改变，仍以重刑为主，但立法表达重刑态度的方式与技术性手段有所变化。具体来说，唐律立法对于超越法定权限与程序擅自实施杀害行为的处罚仍然很重，但律文中并未见到关于"擅杀"的表述，这类杀人行为皆比照故杀量刑；另一方面，正史文献中仍有大量"擅杀"的表述，其含义与竹简秦汉律中所见一致。唐代以后，正式文献中关于"擅杀"的记载仍然很多，同时，法律条文中关于"擅杀"的表述又开始出现，明清律中"擅杀"作为描述具体杀人行为的术语使用已非常频繁。

（一）唐代之后正史文献中的擅杀

两唐书中所见的"擅杀"与法律规范中专有词汇、术语的用法有所不同，即其中的"擅杀"并未直接包含定罪量刑方面的法律意义。②虽然

---

① 参见刘晓林：《秦汉律中有关的"谒杀""擅杀"初考》，《甘肃政法学院学报》2013年第 5 期。

② 这一点是比较容易理解的，立法语言与术语来源于日常生活，但其出现在法律规范当中就具备一定的专门含义与属性。因此，法律语言与日常语言的区别应当是常态，两者表达的含义一致才是特殊情况。立法语言与日常语言之间的关系在一定程度上也能反映社会整体法制发展情况。

竹简秦汉律中"擅杀"是作为法律术语出现的，但唐律中未见此语。两唐书与其他正史文献中所见的"擅杀"及其含义、用法与法律意义上的定罪量刑也关系不大。唐代之后，正史文献中所见的"擅杀"相关内容与定罪量刑的关系逐渐密切，这是值得我们注意的。

《旧五代史·周书·世宗本纪》：(显德五年十二月)己卯，楚州兵马都监武怀恩弃市，坐擅杀降军四人也。①

《宋史·仁宗本纪》：戊午，诏获劫盗者奏裁，毋擅杀。②

《宋史·哲宗本纪》：乙巳，广东兵马监童政坐擅杀无辜，伏诛。③

《宋史·赵鼎传》：刘光世部将王德擅杀韩世忠之将，而世忠亦率部曲夺建康守府廨。④

《宋史·王德传》：(韩)世忠讼其擅杀，下台狱，侍御史赵鼎按德当死，帝命特原之，编管郴州。⑤

《宋史·蛮夷传》：广西张整、融州温嵩坐擅杀蛮人，皆置之罪。⑥

《辽史·刑法志》：(统和)二十四年，诏主非犯谋反大逆及流死罪者，其奴婢无得告首；若奴婢犯罪至死，听送有司，其主无得擅杀。⑦

以上记载的都是犯罪行为、处罚以及狱讼相关的内容，个别典型的表述将正史文献中的"擅杀"所包含的法律意义表达得非常清晰。《旧

①　[宋]薛居正等：《旧五代史》卷一百一十八《周书九·世宗纪五》，中华书局1976年版，第1576页。

②　[元]脱脱等：《宋史》卷十《仁宗本纪二》，中华书局1977年版，第194页。

③　[元]脱脱等：《宋史》卷十七《哲宗本纪一》，中华书局1977年版，第326页。

④　[元]脱脱等：《宋史》卷三百六十《赵鼎传》，中华书局1977年版，第11286页。

⑤　[元]脱脱等：《宋史》卷三百六十八《王德传》，中华书局1977年版，第11448页。

⑥　[元]脱脱等：《宋史》卷四百九十三《蛮夷传一》，中华书局1977年版，第14181页。

⑦　[元]脱脱等：《辽史》卷六十一《刑法志上》，中华书局1974年版，第939页。

五代史·周书·世宗本纪》中记载武怀恩弃市，理由是"坐擅杀降军四人"，其中的"坐"颇为引人注目。此处之"坐"不妨理解为"坐罪"，这在秦汉律与唐律中皆有比较固定的用法，如睡虎地秦简《法律答问》："律曰：'与盗同法。'有（又）曰：'与国罪。'此二物其同居、典、伍当坐之。云'与同罪'，云'反其罪'者，弗当坐。……(二〇)"张家山汉简《二年律令·贼律》："其坐谋反者，能偏（偏）捕，若先告吏，皆除坐者罪。(二一)"唐律中类似的用法所表达的含义与之相同，《唐律疏议·名例》"八议者（议章）"条(8)："诸八议者，犯死罪，皆条所坐及应议之状，先奏请议，议定奏裁；"《疏》议曰："此名'议章'。八议人犯死罪者，皆条录所犯应死之坐及录亲、故、贤、能、功、勤、宾、贵等应议之状，先奏请议。"又《唐律疏议·斗讼》"告期亲以下缌麻以上尊长"条(346)："所犯虽不合论，告之者犹坐。""坐"所表达的含义是以某种犯罪行为论处或处以某种刑罚之意。《宋史·哲宗本纪》中的"童政坐擅杀无辜"，《宋史·蛮夷传》张整、温嵩二人"坐擅杀蛮人"，从具体表述来看，"擅杀"显然是用以描述犯罪行为的比较专门的术语；从处罚结果来看，武怀恩弃市，童政伏诛，张整、温嵩二人"皆置之罪"，"伏诛"与"置罪"虽未说明具体处刑，但根据其他内容来推测应当是死刑。正史文献中未出现"坐"的几条记载当中，"擅杀"作为具体犯罪行为所包含的法律意义也很清晰，《宋史·仁宗本纪》与《辽史·刑法志》中关于"毋擅杀"的规定都是"诏令"的内容，当然具有法律效力；《宋史·王德传》中"（韩）世忠讼其擅杀"，是说以"擅杀"的罪名讼于有司，从后文记载来看，"下台狱，侍御史赵鼎按德当死"，侍御史按照法律规定将其断为死罪，虽然最终皇帝下旨原免，但从中仍能看出当时"擅杀"要处以死刑。

（二）明清时期正史文献中的擅杀及其法律意义的突显

唐代之后正史文献中所见"擅杀"的相关内容与定罪量刑的关系逐

渐密切，这背后所反映的是"擅杀"作为法律术语再次出现于法律规范中的可能性。结合明清时期正史文献中的相关记载，我们发现这种可能性越来越大。明清时期，正史文献中关于"擅杀"的记载仍包含了非常明显的法律意义，相关内容多与定罪量刑直接相关，如《明史·袁萃传》："中官李敬辖珠池，其参随擅杀人，袁萃捕论如法。"① 袁萃将犯擅杀者抓捕后"论如法"，这将"擅杀"一语所包含的法律意义表述得非常清晰：袁萃按照法律规定"擅杀"应当处以的刑罚处罚了犯擅杀者。《明史·庞尚鹏传》："抵昌平，劾内侍张恩擅杀人，两淮巡盐孙以仁赃罪，皆获谴。"② 张恩"擅杀人"获谴，尤其值得注意的是"张恩擅杀人"明显是与"孙以仁赃罪"并列的行为，若"擅杀人"与"赃罪"是性质相同的行为，两者的性质与含义就很清晰了。又《清史稿·奎林传》："逮至京师，命诸皇子、军机大臣会刑部按治，狱成，奎林坐擅杀罪人，拟杖。"③ 奎林"坐擅杀罪人"论当拟杖，此处奎林"拟杖"而未处死，这大概是与其"镶黄旗"的身份以及功勋卓著有关，④ 此处不再详论，但就"擅杀"被处罚来说，这些内容与前代正史文献中的记载是一致的。相似记载还有很多。

《清史稿·穆宗本纪》：己未，命景廉赴叶尔羌查办英蕴敛钱擅杀事。⑤

《清史稿·宣统皇帝本纪》：新疆陆军营官田熙年以擅杀酿变伏诛。⑥

《清史稿·康果礼传》：崇德元年，从武英郡王阿济格伐明，自

① ［清］张廷玉等：《明史》卷二百二十三《袁萃传》，中华书局1974年版，第5885—5886页。

② ［清］张廷玉等：《明史》卷二百二十七《庞尚鹏传》，中华书局1974年版，第5952页。

③ 赵尔巽等：《清史稿》卷三百三十一《奎林传》，中华书局1977年版，第10946页。

④ 参见赵尔巽等：《清史稿》卷三百三十一《奎林传》，中华书局1977年版，第10944页。

⑤ 赵尔巽等：《清史稿》卷二十一《穆宗本纪一》，中华书局1977年版，第770页。

⑥ 赵尔巽等：《清史稿》卷二十五《宣统皇帝本纪》，中华书局1977年版，第984页。

延庆入边，克十二城。师还，坐所部失伍及攘获、擅杀诸罪，罢官，削世职，仍领牛录。[1]

《清史稿·明安达礼传》：十年，坐徇总兵任珍擅杀，罢尚书，降一等阿达哈哈番兼拖沙喇哈番。[2]

《清史稿·张之万传》：会河南州县以苛派擅杀为御史刘毓楠奏劾，命之万往按，得实，巡抚郑元善以下降黜有差，即（张）以之万署巡抚事。[3]

《清史稿·孝义传》：悖，断其首祭祖、父，而身诣狱。伯麟义景汾，具狱辞言悖谋反，景汾率众击杀之。大吏覆谳悖谋反事无有，乃坐景汾擅杀，伯麟意出入人罪，皆论死。[4]

以上关于"擅杀"的记载皆见有"坐擅杀""伏诛""查办擅杀""擅杀诸罪"等内容，这些内容除了沿袭唐以后正史文献中的用法并包含了明确的法律信息之外，还有进一步的发展，即相关记载明确表述了司法过程或法律规定的内容。具体来说，除了能看到前代正史文献中关于"坐擅杀罪"等表述以外，我们自相关记载中还能清晰地看到关于"擅杀"在司法裁断方面"以杀人律论""用杀人律坐罪"等内容。同时，个别内容还对律文有所引述。如《清史稿·孝义传》载："……府驳议，谓（贾）成伦已遇赦减死，（李）复新擅杀，当用杀人律坐罪。"[5]"用杀人律坐罪"强调了清律中直接针对"擅杀"的量刑条文。又《清史稿·窦光鼎传》："（窦）光鼐疏言：'事主杀窃盗，律止杖徒。近来各省多以窃盗拒捕而被杀，比罪人不拒捕而擅杀，皆以斗论，宽窃盗而严事主，非禁暴之意。

① 赵尔巽等：《清史稿》卷二百二十七《康果礼传》，中华书局 1977 年版，第 9230 页。
② 赵尔巽等：《清史稿》卷二百二十八《明安达礼传》，中华书局 1977 年版，第 9269 页。
③ 赵尔巽等：《清史稿》卷四百三十八《张之万传》，中华书局 1977 年版，第 12386 页。
④ 赵尔巽等：《清史稿》卷四百九十九《孝义传三》，中华书局 1977 年版，第 13799 页。
⑤ 赵尔巽等：《清史稿》卷四百九十八《孝义传二》，中华书局 1977 年版，第 13780—13781 页。

应请遵本律。'议行。"① 窦光鼎所说的"比罪人不拒捕而擅杀,皆以斗论"
是对律文的转述。我们自明清正史文献中还见到了很多关于律文内容
的记载:

> 《明史·刑法志》载:"祖父母、父母为人所杀,而子孙擅杀行
> 凶人者,杖六十。其即时杀死者勿论。其余亲属人等被人杀而擅杀
> 之者,杖一百。按律罪人应死,已就拘执,其捕者擅杀之,罪亦止
> 此。"②

> 《清史稿·刑法志》三十二年,法律馆奏准将戏杀、误杀、擅杀
> 虚拟死罪各案,分别减为徒、流。③

> 《清史稿·刑法志》:秋审本上,入缓决者,得旨后,刑部将戏杀、
> 误杀、擅杀之犯,奏减杖一百,流三千里。④

《明史·刑法志》的记载应当是对明律的直接引述,《清史·刑法
志》的内容则是对修律的记载,其中关于擅杀的内容自然也是法律规范
中已经存在的。从这些内容中,我们进一步看到明清时期"擅杀"作为
立法语言又出现于法律规范当中,这是唐代之后刑律内容当中出现的非
常明显的变化。

(三)明清律中的"擅杀"及其含义

明清时期正史文献中的"擅杀"所包含的法律意义进一步突显,与
之相应,律文中"擅杀"作为立法语言再次出现,其中的含义与用法,尤
其是与唐律中的相关内容相比有哪些变化值得进一步探讨。以下,以明
清律中涉及"擅杀"的部分条文为例稍作比较。

---

① 赵尔巽等:《清史稿》卷三百二十二《窦光鼎传》,中华书局 1977 年版,第 10792 页。
② [清]张廷玉等:《明史》卷九十四《刑法志二》,中华书局 1974 年版,第 2316 页。
③ 赵尔巽等:《清史稿》卷一百四十三《刑法志二》,中华书局 1977 年版,第 4201 页。
④ 赵尔巽等:《清史稿》卷一百四十四《刑法志三》,中华书局 1977 年版,第 4209 页。

《大清律例·刑律·贼盗下之二》"夜无故入人家"条
(277.00)：凡夜无故入人家内者，杖八十；主家登时杀死者，勿论。
其已就拘执而擅杀伤者，减斗杀伤罪二等；至死者，杖一百，徒三
年。①

《大清律例·刑律·人命之三》"夫殴死有罪妻妾"条
(293.00)：凡妻妾因殴骂夫之祖父母、父母，而夫[不告官]擅杀死
者，杖一百。[祖父母、父母亲告乃坐。]若夫殴骂妻妾，因而自尽
身死者，勿论。[若祖父母、父母已亡，或妻有他罪不致死，而夫擅
杀，仍绞。]②

《大清律例·刑律·斗殴下之二》"父祖被殴"条(323.00)：

1. 凡祖父母、父母为人所殴，子孙即时[少迟即以斗殴论。]救
护，而还殴[行凶之人]，非折伤勿论；至折伤以上，减凡斗三等；[虽
笃疾，亦得减流三千里，为徒二年]。至死者，依常律。

2. 若祖父母、父母为人所杀，而子孙[不告官]擅杀行凶人者，
杖六十；其即时杀死者，勿论。[少迟，即以擅杀论。若与祖父母、
父母同谋共殴人，自依凡人首从法。又祖父母、父母被有服亲属殴
打，止宜救解，不得还殴。若有还殴者，仍依服制科罪。父祖外其
余亲属人等被人杀，而擅杀行凶人，审无别项情故，依罪人本犯应
死而擅杀律，杖一百。]③

《大清律例·刑律·捕亡之一》"罪人拒捕"条(388.00)：

1. 凡犯罪[事发而]逃走，[及犯罪虽不逃走，官司差人追捕，
有抗]拒[不服追]捕者，各于本罪上加二等，罪止杖一百，流三千里；

① [清]薛允升：《读例存疑重刊本(四)》，黄静嘉编校，成文出版社1970年版，第749页。
② 同上书，第864页。
③ 同上书，第961—962页。

［本应死者, 无所加。］殴［所捕］人至折伤以上者, 绞［监候］; 杀［所捕］人者, 斩［监候］; 为从者, 各减一等。

2. 若罪人持仗拒捕, 其捕者格杀之, 及［在禁, 或押解已问结之］囚逃走, 捕者逐而杀之, 若囚［因追逐］窘迫而自杀者, ［不分囚罪应死不应死, ］皆勿论。

3. 若［囚虽逃走, ］已就拘执; 及［罪人虽逃走］不拒捕, 而［追捕之人恶其逃走, 擅］杀之, 或折伤者; ［此皆囚之不应死者。］各以斗杀伤论。［若］罪人本犯应死［之罪］, 而擅杀者, 杖一百。［以捕亡一时忿激言。若有私谋, 另议。］①

此四条律文皆为明律, "夜无故入人家"条于清律中未有任何变化, 后三条律文小注皆为顺治三年添入, 唯"夫殴死有罪妻妾"条小注于雍正三年、乾隆五年有所修改。清律中直接出现了"擅杀", 对其具体含义, 清人沈之奇于"夜无故入人家"条后谓: "擅自杀伤", ② 于"夫殴死有罪妻妾"条后谓: "杀死曰擅, 谓此是应杀之人, 但不得专擅杀之耳, 故罪止于杖。"③ 于"罪人拒捕"条后谓: "擅者, 专擅也。其人本犯应死之罪, 告官正法, 罪亦应杀, 特谓其专擅而杀之耳, 故曰: '擅杀'。捕亡内有本律。"④ 清律中的"擅杀"仍是强调不应杀而杀、超越法定权限或程序而杀, 具体来说, 此种含义似乎未超越秦汉隋唐时期正史文献与法典中的表述。将清律"夜无故入人家"条与唐律相关条文对照, 我们可以比较清晰地看出律文内容的发展变化。《唐律疏议·贼盗》"夜无故入人家"条（269）:

---

① ［清］薛允升:《读例存疑重刊本（四）》, 黄静嘉编校, 成文出版社 1970 年版, 第 1124—1125 页。

② ［清］沈之奇:《大清律辑注》, 怀效锋、李俊点校, 法律出版社 2000 年版, 第 634 页。

③ 同上书, 第 694 页。

④ 同上书, 第 785 页。

　　诸夜无故入人家者，笞四十。主人登时杀者，勿论；若知非侵犯而杀伤者，减斗杀伤二等。

　　《疏》议曰："夜无故入人家"，依刻漏法：昼漏尽为夜，夜漏尽为昼。谓夜无事故，辄入人家，笞四十。家者，谓当家宅院之内。登于入时，被主人格杀之者，勿论。"若知非侵犯"，谓知其迷误，或因醉乱，及老、小、疾患，并及妇人，不能侵犯，而杀伤者，减斗杀伤二等。若杀他人奴婢，合徒三年，得减二等，徒二年之类。

　　其已就拘执而杀伤者，各以斗杀伤论，至死者加役流。

　　《疏》议曰："已就拘执"，谓夜入人家，已被擒获，拘留执缚，无能相拒，本罪虽重，不合杀伤。主人若有杀伤，各依斗法科罪，至死者加役流。

　　对于"夜无故入人家"，清律起刑点为杖八十，较之唐律重四等。值得注意的是清律中谓"已就拘执而擅杀伤"，唐律中只说"已就拘执而杀伤"，唐律此条不但律文中无"擅杀"之语，注、疏中也未出现此语；就处罚来看，清律"减斗杀伤罪二等。至死者，杖一百，徒三年。"唐律"以斗杀伤论，至死者加役流。"都是比照"斗杀"量刑，即唐律《疏》中所言"各依斗法科罪"，只是清律在唐律原有的量刑情节中又细化出了一些内容。但是将清律的这一细节变化置于整个法律体系的发展中来看，除了徒增烦琐之外，似乎暂未看出对于定罪量刑的直接意义。

五、小结

　　从犯罪主体与犯罪对象来看，秦汉律中仅见有父母擅杀子女、主人擅杀奴婢；从犯罪主观心态具体内容的角度来分析，"擅杀"的含义与"贼杀"非常相似；唐律中相关杀人行为皆作为"故杀"来处罚。因此，秦汉时期的"擅杀"应当是律文中"贼杀"的特殊形式，由于立法技术尚处在发展完善过程中，对于具体杀人犯罪行为的概括尚不周备，导致了竹简秦汉律中关于"贼杀"与"擅杀"的处罚内容并行。唐律中未出现"擅杀"之语，唐代之后正史文献中关于"擅杀"的内容法律含义逐渐突显，相关内容与法律规范的关系也逐渐密切。明清律中，"擅杀"作为立法语言再次出现于律典当中。将清律涉及"擅杀"的条文与唐律相关内容相比较，我们发现清律中的"擅杀"实际上是唐律中"故杀""斗杀"量刑过程中的部分情节。也就是说，杀人罪立法体系于唐律中已比较成熟、完善，明清律只是在细节方面进一步发展，而基本内容和体系方面并没有超出唐律。

第四章 秦汉律中的盗杀与唐律中的劫杀

秦汉时期，"盗"在法典中的含义逐渐丰富，形成了具有相对独立的法律意义的专门术语，刑律中涉及"盗"犯罪的法律规范也逐渐体系化。法律判断"盗罪"成立的核心要素是"取非其物"。"盗杀"的含义应当做广义解释，威势取财过程中致人死亡的犯罪行为皆应作为"盗杀"来考察。根据竹简秦汉律中"盗杀"与相关犯罪行为的规定，结合传世文献中的记载进行归纳、梳理，可以大致勾勒出秦汉时期"盗杀"的定罪量刑概况。唐律中未有"盗杀"的表述，但传世文献中可见大量"劫杀"的表述，"劫"的核心在于"威力胁迫"，从内容来分析，唐律中的"劫杀"是秦汉律中"盗杀"的进一步发展。将秦汉律中"盗杀"的基本内容与唐律相关内容进行比较，既可以看出秦汉律在后世的发展演变情况，又可以参照唐律的规定对竹简秦汉律中的一些不明之处予以补充。秦汉律中的"盗杀"与唐律中的"劫杀"主要区别在于行为人主观方面的限制；唐律在身份关系、行为具体情节与刑罚轻重程度三方面较之秦汉律有进一步发展。

一、秦汉时期的盗与盗罪

原始社会没有财产所有的概念，"大道之行也，天下为公"，既然没有"所有"的概念，自然不可能产生"取非其物"的说法，所谓的"盗"

也无从说起，社会尚处在"盗窃乱贼而不作"①的大同阶段。② 随着所有观念与私有制的产生，逐渐有了盗的概念，违反财产所有与私有的限制，便是最初的盗。随着社会的发展，"盗"的概念不断丰富，比较成熟的"盗"的概念至秦汉魏晋时期才逐步产生，③从现有材料中我们所能看到"盗"的概念的发展过程是其作为犯罪行为的手段与对象不断丰富。手段方面，首先表现为"窃"与"盗"有了比较明确的区别，两者均是取获非属其有的财物。但窃之为窃在于不用威势，即并非以暴力或以暴力胁迫为手段，而"加威势下手取财谓之强盗"。随后，加威势而取财的行为根据犯罪情节、犯罪对象、行为人的主观方面等内容，也有了进一步的区分。我们在竹简秦汉律及传世文献中，能够看到与强盗在外观上比较相近的缚守、恐猲、呵人、受赇、持质等行为，这些行为"事状相似而罪名相涉"，共同特征在于"以威势得财"，而差异仅仅是"名殊"，即"皆为以威势得财而罪相似者也"。④ 对象方面，原始社会中氏族成员能够所有、私有的物品无非食物与食器之类，随着所有与私有范围的扩大，"盗"的对象也不断丰富。随着社会的发展，有些物品具有了比较特殊的意义，盗取这些物品，自然应当与盗取通常的物品区别对待，如"……汉诸陵皆属太常，又有盗柏者弃市"⑤ "有人盗高庙坐前玉环……释之案

---

① ［清］孙希旦：《礼记集解》卷二十一《礼运》，沈啸寰、王星贤点校，中华书局1989年版，第581页。

② "盗"和"贼"分别表述应当是"盗"的概念的第一次发展，因为"盗"与"贼"最初的含义是极为相近的，并未做详细区分。如《说文》载："贼，败也。"王筠句读："《左传》，毁则为贼，依左氏则兼意，昨则切。戴侗力辨盗贼之不同，亦殊不必。寇贼奸宄，《尚书》已连言之矣。左文十年传杜注，陈楚名宄为司败，贼即训败，即与盗同，但当分孰为正义，孰为借义耳。"［清］王筠撰集：《说文句读》卷二十四，十二篇下"戈部"，中国书店1983年影印版。

③ 关于"盗罪"的产生、发展可参见蔡枢衡：《中国刑法史》，中国法制出版社2005年版，第133—134页。

④ ［唐］房玄龄等：《晋书》卷三十《刑法志》，中华书局1974年版，第929页。

⑤ ［宋］李昉等：《太平御览》卷九五四《木部三·柏》，中华书局1960年版，第4235页下。

律盗宗庙服御物为奏，奏当弃市。"^① 同样的犯罪对象，在不同地点行盗，处罚也可能不一致，如"今边郡盗谷五十斛，罪至于死……"。^②

秦汉时期，"盗"的含义已比较丰富，其在法典中也逐渐发展成为"类罪名"或一类犯罪行为，包含了很多具体内容，但成立盗罪的核心要素仍是取得非属自己所有的财物。如张斐《晋律注》载："取非其物谓之盗"，^③《春秋谷梁传·哀四年》载："非所取而取之谓之盗"，^④《孟子·万章下》载："夫谓非其有而取之者，盗也。"^⑤ 不论手段是强取还是窃取，也不论取得的对象，都不影响盗罪的成立，只要"非其所有而取之"即为盗罪。但根据不同手段、不同对象、不同主体，法律会规定不同的处罚。换句话说，盗的手段、对象、主体等内容直接决定着具体的处罚，具有明显的量刑意义；但盗的手段、对象、主体等内容并非评价是否构成盗罪的决定性因素，不具有直接的定罪意义，是否构成盗罪的核心仍是"取非其物"。

"盗罪"作为一类犯罪行为的概括性称谓，包含了若干具体的犯罪行为，"盗则盗窃劫略之类"。^⑥"盗窃"连用与现代汉语中的表述形式比较相似，所表达的含义自然是私下获取，"劫略"则是公开夺取并且夺取过程中可能包含了暴力伤害的因素，盗窃劫略"之类"是说除了明确列举的盗窃劫略之外，秦汉律中的盗罪还包含有其他具体类型。^⑦ 这些

---

① ［汉］司马迁：《史记》卷一百二《张释之冯唐列传》，中华书局 1982 年版，第 2755 页。

② ［南朝宋］范晔撰、［唐］李贤等注：《后汉书》卷一下《光武帝纪下》，中华书局 1965 年版，第 69 页。

③ ［唐］房玄龄等：《晋书》卷三十《刑法志》，中华书局 1974 年版，第 928 页。

④ "《春秋》有三盗：微杀大夫，谓之盗；非所取而取之，谓之盗；辟中国之正道以袭利，谓之盗。"［晋］范宁集解、［唐］杨士勋疏：《春秋谷梁传注疏》卷第二十，北京大学出版社 1999 年版，第 340—341 页。

⑤ ［清］焦循：《孟子正义》，沈文倬点校，中华书局 1991 年版，第 701 页。

⑥ 程树德：《九朝律考》，中华书局 1963 年版，第 14 页。

⑦ 秦汉乃至后世刑律条文中，劫、略、强均表达了相近含义，包含了不和、强力、威逼、胁迫之义，这些固定的表述在法典中也有通用、互训的情况。张斐释："不和谓之强""攻恶谓之略"，略与掠通，唐律中有将略释为不和之处，《唐律疏议·名例》"除名"条(18)载：

具体的盗罪在法典中的独立性逐渐强化，甚至有脱离作为类罪名的盗而独立存在的趋势。[①]

　　量刑方面，针对一般物品的窃盗是盗罪的基础，[②] 关于这类行为的记载较多，《左传·僖公二十四年》载："窃人之财犹谓之盗"。[③] 此处将盗的手段明确限定为暗中窃取，并不包括公开、暴力或以暴力相胁迫等手段。[④] 盗的此种含义还可见《说文》所释"私利物也"，[⑤]《左传·文公十八年》："窃贿为盗"，[⑥]《荀子·修身》："窃货曰盗"。[⑦] 此类记载中，

"略人者，不和为略；年十岁以下，虽和亦同略法。"强与略在基本含义一致的前提之下又有区别，所谓"攻恶"，即用攻击他人过失的方式，迫使其作为或不作为的行为，为之经略，施展阴谋诡计。参见高恒：《张斐的〈律注要略〉及其法律思想》，何勤华编：《律学考》，商务印书馆 2004 年版，第 134 页。"略"主要强调的是心理上的胁迫，而"强"则无此限制，武力胁迫、强力威胁均为其意。与强相同的便是劫，元代律学著作《吏学指南》释劫为"威力强取"，正是此意。参见［元］徐元瑞等：《吏学指南（外三种）》，杨讷点校，浙江古籍出版社 1988 年版，第 60 页。

　　① 汉律《盗律》中的劫略、恐猲等犯罪行为一度被认为"皆非盗事"，曾在后世魏、梁、陈律中归于《劫略律》《盗劫律》，这便是其独立性逐渐强化的表现。参见［唐］房玄龄等：《晋书》卷三十《刑法志》，中华书局 1974 年版，第 924 页。

　　② 类似观点已有学者提出，蔡枢衡谓："汉代所谓盗，实际都是窃盗的简称。"蔡枢衡：《中国刑法史》，中国法制出版社 2005 年版，第 133—134 页。闫晓君谓："古代的'盗罪'立法一般以'窃盗'即所谓'凡盗'为基础，往往根据犯罪的情节、与伦理的顺逆等情形，实际上考虑犯罪的主、客体和主、客方面情况的不同将盗罪分为若干不同的类型或情形，另立罪名，在量刑上综合考虑赃值及犯罪的情形、性质等而有所增减损益。"闫晓君：《秦汉盗罪及其立法沿革》，《法学研究》2004 年第 6 期。蔡枢衡只强调了手段在盗罪体系中的基础意义，而忽视了对象的基础意义；闫晓君虽然进一步指出"犯罪的主、客体和主、客方面情况"对盗罪定罪量刑具有影响，但犯罪对象所产生的影响远远大于犯罪客观方面的其他情节与内容，针对不同犯罪对象的盗罪极有可能产生质的差异，同是窃盗，窃盗御用物品、盗墓等行为显然已大大超出了盗罪定罪量刑的范畴。

　　③ ［清］洪亮吉：《春秋左传诂》卷八，李解民点校，中华书局 1987 年版，第 316 页。

　　④ 有学者将"盗"概括为窃盗，而将"贼"概括为强盗，大致也是基于盗的此种含义。参见甄岳刚：《中国古代盗贼称谓考》，《北京师范学院学报（社会科学版）》1992 年第 6 期。

　　⑤ 清人王筠谓："私有所利于他人之物也。"［清］王筠：《说文句读》卷十六，中国书店 1983 年影印版。

　　⑥ ［清］洪亮吉：《春秋左传诂》卷八，李解民点校，中华书局 1987 年版，第 389 页。

　　⑦ 北京大学《荀子》注释组：《荀子新注》，中华书局 1979 年版，第 17 页。

盗的对象一般为财、贿、货等具体财物或财产性利益，法律对其处罚一般根据盗窃对象的数量计赃而论。若行盗的过程中在对象、手段、结果、行为主体等方面具有特殊情节，则根据所具有的特殊情节另行处罚，盗赃的数量不再对量刑起决定性作用。如行盗过程中造成他人伤亡的，则是否盗得财物或所盗财物的多少不再成为定罪量刑主要考虑的因素。

二、秦汉律中的盗杀

睡虎地秦简《法律答问》与张家山汉简《二年律令·盗律》中"盗杀"的记载有限，各自仅见一处：

> 甲谋遣乙盗杀人，受分十钱，问乙高未盈六尺，甲可（何）论？
> 当磔_{（六七）}。

> 群盗及亡从群盗，殴折人枳（肢）、胅体、及令伿（跛）蹇（蹇），
> 若缚守、将人而强盗之，及投书、悬人书恐猲人以求_{（六五）}钱财，盗杀
> 伤人，盗发冢（塚），略卖人若已略未卖，桥（矫）相以为吏，自以吏
> 以盗，皆磔。_{（六六）}①

岳麓秦简中对于"盗杀"的记载相对丰富，《岳麓书院藏秦简（叁）》中收集、整理的十五个较为完整的案件中，有五个案件记述的部分内容涉及了"盗杀"。虽然司法文书的内容更加侧重于对讯问、奏谳等过程的记载，但从中亦能对秦汉律中"盗杀"的基本内容有所了解。

〇一 癸、琐相移谋购案

---

① 整理小组将"及投书、悬人书恐猲人以求钱财"一句中的"悬人书"与"恐猲人以求钱财"以逗号点开，似乎投书、悬人书与恐猲人以求钱财是并列的两类犯罪行为，这是值得商榷的。投书、悬人书只是恐猲求财的具体手段，而非独立的罪名。对此已有学者予以详细论证，参见曹旅宁：《秦律新探》，中国社会科学出版社2002年版，第252—253页；闫晓君：《秦汉盗罪及其立法沿革》，《法学研究》2004年第6期。

·廿[五][年]六月丙辰朔癸未，州陵守绾、丞越敢谳(谳)之：

乃四月辛酉，校长癸、求(001)盗上造柳、士五(伍)轿、沃诣男子治等八人、女子二人，告群盗盗杀人。治等曰："群盗盗(002)杀人。"辟，未断，未致购。到其甲子，沙羡守辄曰："士五(伍)琐等捕治等，移鼠(予)癸等。"·癸曰(003)："【□□】[治]等群盗盗杀人校长果部。州陵守绾令癸与令佐士五(伍)行将柳等追。【□】(004)迹行到沙羡界中，琐等巳(已)捕。琐等言治等四人邦亡，不智(知)它人何皋(罪)。癸等智(知)，利(005)得群盗盗杀人购。……(006)……·诊、问："死皋(罪)购四万三百廿；群盗盗杀人购八(016)【万六百卌钱……】□。"它如告、(辞)。治等别【论……】(017)·鞠之："癸、行、柳、轿、沃，群盗治等盗杀人，癸等追，琐、渠、乐、得、潘、沛巳(已)共捕。沛等令(018)琐等诣，约分购，未诣。癸等智(知)治等群盗盗杀人，利得其购，绐琐等约死(罪)购。……(019)……群盗盗杀人购八万六百卌钱。……(022)

[廿][五]年七月丙朔乙未，南郡段(假)守贾报州陵守绾、丞越：

子谳(谳)："校长癸等诣男子治等，告群盗[盗](025)【杀人。沙羡曰：士五(伍)所捕治等，】移鼠(予)癸等。癸(？)曰：'治等杀人，癸与佐行将[徒]追。'琐等巳(已)捕，[治][等][四](026)人曰邦亡，不(知)它人(罪)。……(027)

○二 尸等捕盗疑购案

廿五年五月丁亥朔壬寅，州陵守绾、丞越敢谳(谳)之：

二月甲戌，走马达告曰："盗盗杀伤走马(031)好□□□部(？)中(？)。"即(？)令(？)狱(？)史(？)辄(？)、求盗尸等十六人追。尸等产捕诣秦[男][子][治][等](032)四人、荆男子阆等十人，告群盗盗伤好等。·治等曰："秦人，邦亡荆"；阆等曰："荆邦人，皆居(033)京州。相与亡，来入秦地，欲归箫(义)。行到州陵界中，未诣吏，悔。谋

言曰：'治等巳（已）有皋（罪）秦，秦不 (034) □归蒹（义）'来居山谷
以攻盗。即攻盗盗杀伤好等。"它如尸等。·诊、问如告、辞（辞）。
京州后降为 (035) 秦。为秦之后，治、阆等乃群盗〖盗〗杀伤好等。律
曰："产捕群盗一人，购金十四两。"有（又）曰："它邦人 (036) □□□
盗，非吏所兴，毋（无）什伍将长者捕之，购金二两。"·鞫之："尸等
产捕治、阆等，告群盗盗伤 (037) 好等。治等秦人，邦亡荆；阆等荆人。
亡，来入秦地，欲归蒹（义），悔，不诣吏。以京州降为秦后，群 (038)【盗
盗杀伤好】等。"皆审。疑尸等购。它县论。敢灂（谳）之。·吏议：
"以捕群盗律购尸等。"或曰："以捕它邦人 (039)【……】（缺04）"

　　廿五年六月丙辰朔己卯，南郡段（假）守贾报州陵守绾、丞越：
子灂（谳）："求盗尸等捕秦男子治等四人， (040) 荆男子阆等十人，告
群盗盗杀伤好等。…… (041)"

○八　譊、妘刑杀人等案

　　九月丙辰，隶臣哀诣隶臣喜，告盗杀人。问，喜辩（辞）如
告。·鞫，审。己卯，丞相、史如论磔【……】(141)

○九　同、显盗杀人案

　　……同、显□□大害殹（也）。巳（已）论磔同、显。·敢言之。
□□令曰："狱史能得微难狱，【上】。"【今狱史洋】得微难狱，
【……】(147)

一○　鬸盗杀安、宜等案

　　……即买大刀，欲复以盗杀人，得钱材（财）以为用，亡之鬸
（魏）。未（蚀）而得。皋（罪）。" (164)【诘鬸：】"【……】□可（何）
解？"鬸曰："皋（罪）。毋（无）解。"【……】(165) ·问如辞（辞）。臧
（赃）四百一十六钱。巳（已）论磔鬸。·鬸，晋人，材犹（优）。端买
城旦赤衣，以盗杀人。巳（已）杀，置死（尸）所，以□令吏【弗】(166)
得。一人杀三人田壄（野），去居邑中市客舍，甚悍，非恒人殹（也）。

有（又）买大刀，欲复（？）盗杀人，以亡之鄹（魏）。……（167）

以下根据睡虎地秦简、张家山汉简中所见秦汉律令的记载，结合岳麓秦简中所见司法文书的相关内容，对秦汉律中"盗杀"的含义、处罚及相关犯罪作进一步探讨。

（一）秦汉律中盗杀的含义

关于秦汉时期的"盗杀"的具体含义，有学者认为是窃盗过程中的过失杀人，[①] 有学者认为是强盗杀人，[②] 还有学者认为既包括强盗杀人又包括窃盗杀人。[③]

根据睡虎地秦简《法律答问》"甲谋遣乙盗杀人"的记载来看，既然存在"谋遣"的情节，那么，从行为人对于犯罪行为与犯罪结果的认识因素与意志因素来分析，[④] 自然不宜将秦简中所记载的"盗杀"定义为过失杀人。结合岳麓秦简"盗杀安、宜等案"的记载，我们清楚地看到出于故意心态而实施的"盗杀"："……即买大刀，欲复以盗杀人，得钱材（财）以为用，亡之鄹（魏）。未（蚀）而得。皋（罪）。（164）""·鄹，晋人，材犹（优）。端买城旦赤衣，以盗杀人。……（166）"其中"欲复以盗杀人"

---

① 闫晓君认为秦汉律中的盗杀伤即因盗过失杀伤人，"汉律有'盗杀伤人'，大概就是唐律所谓的'共行窃盗，不谋强盗，临时乃有杀伤人者'。"闫晓君：《秦汉盗罪及其立法沿革》，《法学研究》2004 年第 6 期。

② 日本学者水间大辅认为："盗杀即所谓强盗杀人"。〔日〕水间大辅：《秦律、汉律中的杀人罪类型——以张家山汉简〈二年律令〉为中心》，载中国秦汉史研究会编：《秦汉史论丛》（第 9 辑），三秦出版社 2004 年版，第 333 页。另，沈家本在《历代治盗刑制考》中辑录了《周书·康诰》的内容："凡民自得罪，寇攘奸宄，杀越人于货，暋不畏死，罔弗憝。"并在其后有一段按语谓："此即强盗杀人者"。徐世虹：《沈家本全集》（第二卷），中国政法大学出版社 2010 年版，第 932 页。"杀越人于货"是典型的以威势取财的行为，其以杀人为手段在强取财物的过程中造成了他人伤亡的结果，这是典型的盗杀或者说至少是盗杀的一种具体情况，沈家本亦将其概为强盗杀人。

③ 曹旅宁认为："盗杀人类似今天抢劫杀人或盗窃杀人。"曹旅宁：《秦汉磔刑考》，《湖南大学学报（社会科学版）》2007 年第 1 期。

④ 参见陈兴良：《口授刑法学》，中国人民大学出版社 2007 年版，第 180—193 页。

与"端买城旦赤衣,以盗杀人"显然对于"盗杀人"行为持有故意的心态,且可判断是直接故意的心态。尤其是作为主观心态的"端",非常清晰地表达了此种含义。① 当然,"谋遣盗杀"也好、"欲盗杀人"或"端盗杀人"也好,只是我们在秦简中见到的针对某一具体犯罪行为的描述,不能据此对秦律中的"盗杀"做全面概括。也就是说:"谋""欲""端"等心态是"盗杀"行为的主观心态;但"盗杀"的主观心态并不一定仅仅包括"谋""欲""端"。因此,我们所见的"盗杀"是故意犯罪,只能说明故意的心态是秦律中所见"盗杀"的一种具体情况。自然,过失的心态也可能是秦律中"盗杀"的一种具体情况。

　　从张家山汉简《二年律令·盗律》的记载来看,群盗或者逃亡后加入群盗集团的人,若犯有殴人致重伤、残疾或者强盗、恐猲求财、盗杀伤人、盗发塚、略人略卖人等行为,皆科以磔刑。其中,"强盗"与"盗杀伤人"是群盗集团所犯的若干犯罪行为当中的两种具体类型,两者明显是并列关系。因此,将"盗杀"定义为"强盗杀人"也有值得商榷之处。首先,"强盗杀人"的表述本身就存在歧义,即"强盗"表达的是行为主体还是行为本身? 这是有区别的。若是前者,则"强盗杀人"的含义是"若干(一个或数个)强盗实施了杀人行为",那么"盗杀"成立的前提就是"强盗"的身份,即只要行为主体是"强盗"其杀人行为就"盗杀",至于是否是在实施劫财、劫物过程中的"杀人"并不重要。若是后者,则"强盗杀人"的含义是在"强盗过程中又实施了杀人行为或者出现了他人死亡的结果",那么"盗杀"成立的前提就是劫财、劫物的行为,即实施劫财、劫物的过程中杀人就是"盗杀",至于是偶然窃盗还是"群盗"惯犯并不重要。我们在岳麓秦简中见到了"盗杀人",还见到了"群盗盗杀""盗

---

　　①　实际上《岳麓秦简》的整理与公开在很大的程度上直接促进了秦汉律令的研究,如此处关于"欲盗杀人""端盗杀人"等内容在之前的简牍文献中并未见过,甚至"盗杀"的记载也非常少。

盗杀""攻盗盗杀"。由此，我们可以推测"盗杀"并不限定行为主体，否则不会出现对其行为主体的表述。也就是说，如果"盗杀"的含义是"强盗实施了杀人行为"，则必然不会再有"群盗盗杀""盗盗杀"等表述形式。

由于材料有限，我们并不能对秦汉时期关于盗杀立法的整体状况有一个清晰的认识。但是，通过前文对"盗"的含义及其在秦汉时期作为"类罪名"所包含的内容的大致分析，我们可以初步得出结论：如果说"盗"是秦汉律中所规制的一类犯罪行为，"盗杀"则是包含其中的比较具体的犯罪行为。另一方面，我们必须注意到，就盗杀实施过程中杀人的行为或致人死亡的结果来看，"盗杀"也作为"杀人罪"的基本类型存在于秦汉律中。[①]"盗杀"作为"盗罪"具体类型的直接原因是我们所见的汉简中关于"盗杀"的记载出自《盗律》。另外，根据前述对盗罪概念发展过程的梳理，盗杀与强盗、恐猲、劫质、略人等具体犯罪行为一样，是"盗"在具体手段方面的进一步发展而在法律条文当中的体现。当我们立足于"杀人"行为考察盗杀时，就会特别注意到中国古代刑律中关于"七杀"的概括。"谋杀、故杀、斗杀、戏杀、误杀、过失杀、劫杀等七杀，是包容在最古老的法律篇章中的"。[②]虽然这一概括多见于宋元之后的大量律学著作，但根据传统刑律沿革的连续性来推测，很可能自战国时期的《盗法》《贼法》中即已萌芽，经过秦、汉、魏、晋的《盗律》《贼律》

---

① 日本学者水间大辅曾指出谋杀、贼杀、斗杀、戏杀、过失杀、盗杀是汉律中杀人罪的基本类型，"'贼杀人'とは、加害者が被害者を一方的に、故意に杀害することを指す(11)。以前述べた通り、汉律では同じ杀人の罪でもその态样によって、'谋杀'·'贼杀'·'斗杀'·'戏杀'·'过失杀'·'盗杀'などの基本类型に分类し、各类型に应じてそれぞれ异なる刑罚を科していたが(12)、贼杀はそれらのうちの一つである。"〔日〕水间大辅：《湖南张家界古人堤遗址出土汉简に见える汉律の贼律·盗律について》，《长江流域文化研究所年报》（第二号），早稻田大学长江流域研究所2003年10月。

② 霍存福、丁相顺：《〈唐律疏议〉"以""准"字例析》，《吉林大学社会科学学报》1994年第5期。

以及南北朝时期的《盗劫》《贼叛》《盗贼》或《贼盗》中不断发展完善，最终以比较成熟的体系呈现出来。因此，"盗罪"与"杀人罪"这两个"类罪名"及其法律规范体系在"盗杀"这一概念的形成、发展过程中都产生了极大的影响。原因在于：两者皆是极为典型又特别被立法者关注的犯罪行为，"王者之政，莫急于盗贼"，[①] 程树德谓："盗法贼法，李悝本为二事，汉律因之。盗则盗窃劫略之类，贼则叛逆杀伤之类。"[②] 但盗贼二事极易交叉，强贼劫掠极易演变为叛逆之事（乱世尤甚），这一过程中造成杀伤之结果又是题中之义。这种交叉可能给当时的立法者处理"类罪名"与"具体罪名"之间的关系包括法典篇章结构的关系时带来了比较大的困惑。《魏律序略》："（汉律）《盗律》有劫略、恐猲、和卖买人，科有持质，皆非盗事，故分以为《劫略律》"即是表现。劫略、恐吓等以威势手段求财的行为一度被认为"非盗事"，但就后世法典的发展来看，这些具体的犯罪行为仅在魏、梁、陈律中归于《劫略律》《盗劫律》。这种变化在整个法律发展史中并非主流，我们所见的晋、北魏律中，劫略、强盗等犯罪行为及其处罚仍规定在《盗律》之中，至唐律中合为《贼盗律》一篇。[③]

　　基于"盗杀"的特殊性，对于其含义的理解应当立足于"盗罪"相关法律规范，同时必须充分注意"杀人罪"立法的影响，尽量做广义的解释，将"盗罪"与"杀人罪"的因素都吸收进来。因此，认为"盗杀"既包括"强盗杀人"又包括"窃盗杀人"的观点相对来说是比较适当的，当然，其中的"强盗"表达的是行为而非身份。进一步说，只要是行盗的过程中有

---

　　① ［唐］房玄龄等：《晋书》卷三十《刑法志》，中华书局1974年版，第922页。

　　② 程树德：《九朝律考》，中华书局1963年版，第14页。

　　③ 程树德谓："魏于盗律内分立劫略律。晋无劫略，则仍入盗律。梁为盗劫律，贼律则曰贼叛律。北齐始合二律为一，曰贼盗。周隋时合时分，唐复合而为一，故叛逆杀伤诸事，皆在其中。"程树德：《九朝律考》，中华书局1963年版，第14页。

杀伤行为并产生了致人死亡的结果，[①] 都应当认为是"盗杀"。[②] 至于犯罪主体的多寡（是否群盗）、主观方面的内容（故意还是过失）以及犯罪手段（使用何种工具）等具体情节皆非"盗杀"构成的必要条件。可以将盗杀定义为：具有特殊行为或特殊结果的"盗罪"，以杀人为手段的取财或行盗过程中致人死亡（既包括故意也包括过失）的，皆为"盗杀"。

（二）秦汉律中盗杀的处罚

根据睡虎地秦简《法律答问》的记载，甲谋划并指使无刑事责任能力的乙盗杀人，[③] 甲被处以磔刑。甲的行为近似于现代刑法理论中的"间接正犯"，即利用他人实现犯罪的情况。[④] 现代刑法理论中，"间接正犯"应当以犯罪实行行为定罪量刑，那么，秦律中的"盗杀"很有可能是被

---

①　从这个角度来说，秦汉律中的盗杀比较近似于现代刑法理论中的结果犯，即以犯罪结果的出现作为犯罪既遂的法定条件。

②　如何理解"盗杀"中"盗"与"杀"的关系？即"盗杀"之成立是否必须同时具备盗行为与杀行为，或是否同时具备盗之结果与杀之结果，就目前的文献来看，不宜做过细的划分。有学者将盗杀伤人解释为"杀伤人并盗"，〔日〕石刚浩：《张家山汉简〈二年律令〉之〈盗律〉所见磔刑的作用》，李力译，载中国政法大学法律史学研究院编：《日本学者中国法论著选译》（上册），中国政法大学出版社 2012 年版，第 77 页。此处"并"作何理解？若是说既要有盗的行为与结果，又要有杀的行为与结果自然会将强盗、窃盗杀人但未得财物之类的行为排除在外，这显然是不适当的。因此，就目前所见记载来看，"盗杀"含义只能做相对广义的理解。

③　秦律中判断行为人刑事责任能力的标准是身高，身高未满六尺即是秦律中的无刑事责任能力人。另可参考《睡虎地秦墓竹简·法律答问》的其他相关内容：

　　甲盗牛，盗牛时高六尺，鞍（系）一岁，复丈，高六尺七寸，问甲可（何）论？当完城旦。
（六）

　　甲小未盈六尺，有马一匹自牧之，今马为人败，食人稼一石，问当论不当？不当论及赏（偿）稼。（一五八）

　　女子甲为人妻，去亡，得及自出，小未盈六尺，当论不当？已官，当论；未官，不当论。
（一六六）

关于秦律中的刑事责任能力问题，亦可参见张全民：《秦律的责任年龄辨析》，《吉林大学社会科学学报》1998 年第 1 期。

④　参见张明楷：《刑法学》（第四版），法律出版社 2011 年版，第 366 页。

处以磔刑。当然，这只是依据现有材料的推测。① 我们自岳麓秦简中见到了针对"盗杀"处罚的直接记载。"譊、妘刑杀人等案"："隶臣哀诣隶臣喜，告盗杀人……丞相、史如论磔【……】(141)""同、显盗杀人案"："……同、显▢□大害殹(也)。巳(已)论磔同、显。……(147)""𪘏盗杀安、宜等案"："……巳(已)论磔𪘏。·𪘏，晋人，材犺(伉)。端买城旦赤衣，以盗杀人。巳(已)杀，置死(尸)所，以□令吏【弗】(166)得。"可见秦律中的"盗杀"有被明确处以磔刑的记载。

汉律中对参与谋划、教唆他人实施盗罪者，以相应的盗罪即其所教唆之罪处罚的记载。张家山汉简《二年律令·盗律》："谋遣人盗，若教人何盗所，人即以其言□□□□□，及知人盗，与分，皆与盗同法。(五七)"谋遣人盗，与盗同法；谋遣人盗杀，也应当与盗杀同法。根据张家山汉简《二年律令·盗律》的记载，汉代确有群盗犯有盗杀伤的行为而被处以磔刑的情况，但并不能由此说明秦汉时期的"盗杀"一律科以磔刑。原因在于：睡虎地秦简记载的是甲与无刑事责任能力的乙共同犯有盗杀行为而甲应当被处以磔刑的情况，岳麓秦简记载的是一、二人实施盗杀人的情况，这些明显不属于"群盗"的范畴；② 张家山汉简明确记载的是"群盗"犯有盗杀伤行为而应当被处以磔刑的情况，但群盗作案即使未有杀伤他人的行为，仍处以极重的刑罚。因此，普通人犯盗杀与群盗团伙犯盗杀的差别是很明显的，单纯比较这两条文献的记载并不能说明秦汉时期"盗杀"一概处以磔刑。③

---

① 闫晓君谓："秦律对教唆未成年人盗杀人处以磔刑，对盗杀人也应处以磔刑。"这同样是一种推测的结论。闫晓君：《汉初的刑罚体系》，载闫晓君：《秦汉法律研究》，法律出版社 2012 年版，第 166 页"注释〔1〕"。

② 秦汉时期"群盗"的构成需要具备两方面的条件：一是五人以上（包括五人）的规模；二是以暴力为手段。关于秦汉时期群盗作为法律明确规定的"罪名"及其处罚内容下文详述。

③ 日本学者水间大辅根据睡虎地秦简与张家山汉简的记载，认为"根据这两条可以推断：盗杀曾被处以'磔'刑。"〔日〕水间大辅：《秦律、汉律中的杀人罪类型——以张家山汉简〈二年律令〉为中心》，载中国秦汉史研究会编：《秦汉史论丛》（第 9 辑），三秦出版社 2004 年

秦律中"盗杀"曾被处以磔刑；汉律中"群盗"犯有盗杀伤行为，也被处以磔刑。[①]结合张家山汉简的相关记载我们还可以发现，汉初以威势取财的行为一般都被以磔刑。[②]睡虎地秦墓竹简整理小组引《荀子·宥坐》注"磔"："谓车裂也。"[③]《说文》曰："磔，辜也。"段玉裁注："辜之言枯也，……按凡言磔者，开也，张也。剞其胸腹而张之，令其干枯不收。"[④]磔刑大致为张、裂肢体致死的刑罚。沈家本亦指出磔有张、开二义。[⑤]程树德《九朝律考·汉律考》引《汉书·景帝纪》："中二年改磔曰弃市。"应劭注曰："先此诸死刑皆磔于市，今改曰弃市，自非妖逆不复磔也。"颜师古注曰："磔，谓张其尸也，弃市，杀之于市也。"[⑥]磔刑自景

版，第 333 页。石刚浩根据以上两条记载也曾断言："自战国秦时代就已经对带有杀人的盗犯罪科处'磔'刑了。""对于完成盗而附带进行的必要的其他犯罪的所有的盗犯罪群，未必适用磔；只有对从具有这种性质的盗犯罪中特别选择出来的犯罪，才实施了得到严罚化改革的'磔'。即，'盗杀'是在战国秦的时候已经被适用磔的，'盗伤''群盗'则是在从战国秦末期到西汉初年之间被严罚化于磔的。"〔日〕石刚浩：《张家山汉简〈二年律令〉之〈盗律〉所见磔刑的作用》，李力译，载中国政法大学法律史学研究院编：《日本学者中国法论著选译》（上册），中国政法大学出版社 2012 年版，第 79—81 页。

①　汉律中"盗杀伤"被处以磔刑，即"杀"与"伤"作为犯罪的不同情节在量刑方面并未体现出区别。进一步说，"盗杀"在司法实践中会进一步失去独立存在的意义。"盗"已是统治者重点关注的犯罪，多数被处以死刑，而盗罪实施过程中致人伤害或死亡的行为仍然只能处以死刑。在死刑执行方式较为多样的秦与汉初，"盗杀"与"盗伤"在量刑方面尚有相互独立存在的价值，而在死刑执行方式较为单一（至少是法定的执行方式较为单一）的后世，"盗杀"与"盗伤"在理论上便失去了作为法定量刑情节独立存在于法典中的价值。

②　据曹旅宁统计，张家山汉简《二年律令》中涉及到磔刑的律文有 5 条，其中《贼律》《具律》各 1 条，《盗律》3 条。参见曹旅宁：《秦汉磔刑考》，《湖南大学学报（社会科学版）》2007 年第 1 期。《盗律》中，适用磔刑的犯罪行为包括群盗（亡从群盗）的殴伤、盗杀伤、恐猲求财等犯罪行为，知他人为群盗而通饮食的犯罪行为，劫人、谋劫人求钱财的犯罪行为。因此，汉初对以暴力为手段求钱财而致人死亡的犯罪行为一般处以磔刑是大致可信的。

③　睡虎地秦墓竹简整理小组：《睡虎地秦墓竹简·释文》，文物出版社 1990 年版，第 109 页。

④　［汉］许慎撰、［清］段玉裁注：《说文解字注》，五篇下"桀部"，上海古籍出版社 1981 年版，第 237 页下。

⑤　参见［清］沈家本：《历代刑法考》（一）《刑法分考二》，中华书局 1985 年版，第 113 页。

⑥　程树德：《九朝律考》，中华书局 1963 年版，第 38 页。

帝中元二年起，不再广泛地适用，但对于犯有"妖逆"行为的人，仍然采用张、裂肢体致死的处罚手段并公开行刑。①

　　竹简秦汉律与传世文献中，尚未见到对于盗杀犯罪主体在性别方面的限制规定。从常识上考虑，"盗杀"的定罪量刑也不应当有男女之别。但是，从刑罚执行的角度看，男女存在差异。磔为张裂身体之刑，因此，行刑时需要除去衣物裸身受刑，《周礼·秋官·掌戮》注："脯谓去衣磔之。"② 类似的刑罚还有腰斩，《汉书·张苍传》载："苍当斩，解衣伏质，身长大，肥白如瓠。"因此，妇女犯罪当磔或腰斩时，一般变更为弃市。张家山汉简《二年律令·具律》载："女子当磔若腰斩者，弃市。"注释小组认为此条是"对女子犯罪减轻处罚的规定"。③ 有学者指出，对妇女做此种刑罚的变更是出于风化的考虑，④ 即对于当处磔刑的女子变更为弃市是出于传统伦理方面的原因而减轻其刑罚。可以看出，关于秦汉时期的"盗杀"曾处以磔刑的内容，有两方面信息是基本肯定的：一、碎裂肢体的手段与公开的行刑场所；二、秦至汉初，磔刑是非常严酷的刑罚。⑤

---

　　① 《汉书·王尊传》载："美阳女子告假子不孝，曰：'儿常以我为妻，妒笞我。'尊闻之，遣吏收捕验问，辞服。尊于是坐廷上，取不孝子悬磔著树，使骑吏五人张弓射杀之。吏民惊骇。""造狱"师古曰："非常刑名，造杀戮之法。"［汉］班固撰、［唐］颜师古注：《汉书》卷七十六《赵尹韩张两王传》，中华书局 1962 年版，第 3227 页。

　　② ［汉］郑玄注、［唐］贾公彦疏：《周礼注疏》卷第三十六，北京大学出版社 1999 年版，第 960 页。

　　③ 张家山二四七号汉墓竹简整理小组：《张家山汉墓竹简〔二四七号墓〕（释文修订本）》，文物出版社 2006 年版，第 21 页。

　　④ 闫晓君：《汉初的刑罚体系》，载闫晓君：《秦汉法律研究》，法律出版社 2012 年版，第 166 页。

　　⑤ 关于秦汉时期的磔刑在刑罚体系中的位置，学界有不同观点，若以弃市为参照标准，这些观点大致可以分为三类：一是认为磔刑重于弃市；二是认为磔刑轻于弃市；三是认为磔与弃市名称不同而内容一致。

　　认为磔刑重于弃市的学者如傅荣珂、刘海年等，傅荣珂认为："汉与秦之律法中，'磔刑'重于'弃市'。"傅荣珂：《睡虎地秦简刑律研究》，商鼎文化出版社 1992 年版，第 78 页。刘海年认为："磔是一种碎裂肢体的刑罚。《说文》所说的'令其干枯而不收'，从统治阶级实施刑

（三）秦汉律中与盗杀相关的犯罪

张家山汉简中规定了群盗以及逃亡后加入群盗犯罪集团而实施殴人致伤或致残、强盗、恐猲人以求钱财、盗杀伤人、盗发塚、略人略卖人等犯罪行为而被处以磔刑。从律文表述上来看，这些犯罪行为之间是并列的关系；[①] 从行为性质上来看，除殴人致伤或致残以外，其他犯罪行为

罚是为了达到杀一儆百的目的来看，则是可信的。……在景帝中元二年以后，统治者认为情节恶劣的重大犯罪，还是要采取非常刑罚手段的。这件事还说明，在汉和秦的死刑中，磔刑重于弃市。"刘海年：《秦律刑罚考析》，杨一凡、刘笃才主编：《中国法制史考证》（乙编第二卷），中国社会科学出版社 2003 年版，第 118 页。

认为磔刑轻于弃市的学者如日本学者水间大辅、石刚浩等，水间大辅认为秦汉时代的死刑轻重顺序为：枭首、腰斩、磔、弃市。参见〔日〕水间大辅：《张家山汉简〈二年律令〉による秦汉刑罚制度研究の动向》，载中国史学会：《中国史学》（第 14 卷），朋友书店 2004 年版。石刚浩认为：《二年律令》中所采用的是由腰斩、磔、枭首、弃市所组成的死刑顺序，磔是附加将妻子作为城旦舂之缘坐的死刑，对群盗罪则适用比弃市、枭首重而比腰斩轻的磔刑。〔日〕石刚浩：《张家山汉简〈二年律令〉之〈盗律〉所见磔刑的作用》，李力译，载中国政法大学法律史学研究院编：《日本学者中国法论著选译》（上册），中国政法大学出版社 2012 年版，第 75 页。

认为磔与弃市名称不同而内容一致的学者如日本学者富谷至："磔是秦律中的法定刑名。……在秦律中，'磔'和'弃市'是两种不同的刑罚，但到了汉景帝二年（前 155）二月，磔刑也并入弃市，即'改磔曰弃市，勿复磔'。……磔是基于对尸体的处理方式命名的，采取何种方法行刑从刑罚名本身不得而知。如果没有什么特殊原因，磔刑的行刑方法应该是斩首。也就是说，弃市和磔虽然在秦律中分属不同刑罚，但在行刑方法和尸体的处理等方面并没有区别。由此可见，'改磔曰弃市，勿复磔'诏令的真正目的是为了统一刑名。"〔日〕富谷至：《秦汉刑罚制度研究》，柴生芳、朱恒晔译，广西师范大学出版社 2006 年版，第 45—46 页。

① 已有学者指出"殴折人肢"以下所有的行为皆是群盗及逃亡后加入群盗集团所为的行为，但未详细述及理由。如曹旅宁：《张家山汉律群盗考》，曹旅宁：《张家山汉律研究》，中华书局 2005 年版，第 57—58 页；蒋非非：《〈二年律令·盗律〉"桥（矫）相以为吏、自以为吏以盗"考释》，载卜宪群、杨振红主编：《简帛研究（2007）》，广西师范大学出版社 2010 年版，第 77 页。从律文表述来看，可以直接理解为群盗及亡从群盗实施了若干具体犯罪，值得注意的是其中的一些具体表述，如"……殴折人肢、胅体、及令跛蹇，若缚守将人而强盗之，及投书、悬人书……""……略卖人若已略未卖"，"及"与"若"的使用已经呈现出比较自觉的特点，其与后世法典中所谓的"律分八字之义"非常契合。元代律学著作《吏学指南》释及为："事情连后谓之及。夫事陈于前，义终于后，进言数事而总之以一，若此类者故称以及明之。"释若为："若者，文虽殊而会上意，盖因其所陈之事而广之，以尽立法之意也。变此言彼而未离

与盗杀一样，都属于加威势下手取财的行为。如张斐所言："律有事状相似而罪名相涉者，若加威势下手取财为强盗，不自知亡为缚守，将中有恶言为恐猲，不以罪名呵为呵人，以罪名呵为受赇，劫召其财为持质。此六者，以威势得财而名殊者也。……诸如此类，皆为以威势得财而罪相似者也。"① 虽然张斐已经将这些犯罪行为的称谓概括为"罪名"，但需要说明的是，包括盗杀在内的这六类以威势得财的行为，在秦汉法律中还不能说已经发展成了现代刑法意义上的"罪名"。原因有两方面：一方面，从史料记载上说，有些具体的犯罪行为见诸传世文献，在竹简秦汉律中也能找到相关的记载，但并非意味着秦汉法律中有系统规定；② 另一方面，从理论上说，罪名"是指高度概括某类犯罪、某类罪中某节犯罪或者某种犯罪本质特征，是某类犯罪、某节犯罪或者某种犯罪的称谓。"③ 秦汉时期乃至传统刑律中对于犯罪行为的抽象与概括显然未达到如此之高的标准，条文中所规定的内容一般都是列举具体的犯罪行为，并予以明确的处罚。④ 所谓的"罪名"其实是律学家或立法者对具体犯罪行为的概括，由于具体行为外观的相似，律文中对不同的犯罪行为的描述也多少存在交叉，即"律有事状相似而罪名相涉者"，具体来说"盗伤缚守似强盗，呵人取财似受赇，因辞所连似告劾，诸勿听理似故纵，持质似恐猲"。其中的"似"强调了两方面的内容：第一，"似"之前后的两

乎于此，舍内言外而未离乎于内。"〔元〕徐元瑞等：《吏学指南（外三种）》，浙江古籍出版社1988年版，第55页。就目前所见，"及"与"若"在唐及后世法典中的用法与其在汉律中的用法基本是一致的。由此，也可以说明盗杀伤、强盗、略人略卖人等犯罪行为之间是并列关系。

① 〔唐〕房玄龄等：《晋书》卷三十《刑法志》，中华书局1974年版，第922页。

② 如日本学者堀毅指出："我们可以从《后汉书》中找见'强盗'（或疆盗）一词。……但是，这并非意味着'强盗'一词已见诸秦汉法律正式条文。'强盗'与'攻盗'一样，只是用来表示盗窃手段的一种形式而已。"〔日〕堀毅：《秦汉盗律考》，载〔日〕堀毅：《秦汉法制史论考》，法律出版社1988年版，第235页。

③ 李希慧：《罪状、罪名的定义与分类新论》，《法学评论》2000年第6期。

④ 参见刘晓林：《唐律中的"罪名"：立法的语言、核心与宗旨》，《法学家》2017年第5期。

个具体犯罪行为是本身不同的两个犯罪行为，"似"更加强调的是实质的差别；① 第二，这两个不同的犯罪行为在行为外观上非常相似。因此，张斐才说："夫律者，当慎其变，审其理"。②

除了上述《二年律令·盗律》中列举的几个与"盗杀"相似的"罪名"或曰犯罪行为，竹简秦汉律与传世文献中还可见到较多与盗杀相近、相似的犯罪行为，这些具体的犯罪行为在实施的过程中都以暴力为手段或以暴力相威胁，因此极有可能造成杀伤结果。那么，在材料有限的情况之下，分析这些与盗杀相近甚至交叉的犯罪行为，对我们探讨秦汉律中的"盗杀"极有帮助。

1. 群盗

《后汉书·陈忠传》载："臣窃见元年以来，盗贼连发，攻亭劫掠，多所杀伤。夫穿窬不禁，则致疆盗，疆盗不断，则为攻盗。攻盗成群，必生大奸。"③ 可见群盗是盗罪中最为严重的犯罪。群盗作为集团犯罪危害极大，"攻亭劫掠，多所杀伤"是其具体的犯罪手段，因此，群盗与盗杀具有极为密切的关系。前述岳麓秦简中多次出现的"群盗盗杀"对这种密切关系亦有所表现。

睡虎地秦简中见有关于群盗具体处罚的记载，《睡虎地秦墓竹简·法律答问》载："'将司人而亡，能自捕及亲所智（知）为捕，除毋（无）罪；已刑者处隐官。'·可（何）罪得'处隐官'？·群盗赦为庶人，将盗戒（械）囚刑(一二五)罪以上，亡，以故罪论，斩左止为城旦，后自捕所亡，

---

① 沈家本在《汉律摭遗·盗律》中引述了张斐《注律表》中的内容："盗伤缚守似强盗"，之后有一段按语："张斐之言，专指窃盗拒捕者，用一'似'字，是特为区别而不以强盗论。"［清］沈家本：《历代刑法考》（三）《汉律摭遗卷二》，邓经元、骈宇骞点校，中华书局 1985 年版，第 1409 页。

② ［唐］房玄龄等：《晋书》卷三十《刑法志》，中华书局 1974 年版，第 928 页。

③ ［南朝宋］范晔撰、［唐］李贤等注：《后汉书》卷四十六《郭陈列传》，中华书局 1965 年版，第 1558—1559 页。

是谓'处隐官'。·它罪比群盗者皆如此。(一二六)"犯群盗遇赦后为庶人，带领囚徒而囚徒逃亡的，以"故罪"论处以斩左止为城旦，"故罪"即赦前之罪，可知秦律中群盗曾被处以斩左止为城旦之刑。少数民族首领犯群盗可被优遇，《睡虎地秦墓竹简·法律答问》载："可（何）'赎鬼薪鋈足'？可（何）谓'赎宫'？·臣邦真戎君长，爵当上造以上，有罪当赎者，其为群盗，令赎鬼薪鋈足；其有府（腐）罪，【赎】宫。其它罪比群盗者亦如此。(一一四)"整理小组将"臣邦真戎君长"中的"真"注释为"纯属少数民族血统"，[①]"臣邦真戎君长"即有纯粹少数民族血统的少数民族首领，其有上造以上之爵，若犯群盗则赎鬼薪鋈足。

关于"群盗"的概念，目前看不到秦律中详细的规定，整理小组将睡虎地秦简《封诊式》"群盗"爰书中的"群盗"注释为："合伙行盗"，谓此为秦代常用之"对农民起义的侮辱性名称"，并引述《晋书·刑法志》："三人谓之群，取非其物谓之盗。"对之进行说明。[②]即三人以上盗为群盗。[③]但是我们在睡虎地秦墓竹简中未见到以"三人"为定罪量刑标准的其他记载，反而多见以"五人"为定罪量刑标准的情况。睡虎地秦简《法律答问》载："'害盗别徼而盗，驾（加）罪之。'·可（何）谓'驾（加）罪'？·五人盗，臧（赃）一钱以上，斩左止，有（又）黥以为城旦；不盈

　　①　睡虎地秦墓竹简整理小组：《睡虎地秦墓竹简·释文》，文物出版社1990年版，第120页。

　　②　同上书，第152页。

　　③　对此，不少学者提出质疑，日本学者堀毅认为："秦代'群'则指五人（以上）。因为当时实行由五名壮丁组成的'伍'邻保制，以便互相戒备。大概以防御方面的'伍'为基准，有关'五人盗'的规定便应运而生。"〔日〕堀毅：《秦汉盗律考》，载〔日〕堀毅：《秦汉法制史论考》，法律出版社1988年版，第236页。曹旅宁对堀毅的观点予以支持，参见曹旅宁：《秦律新探》，中国社会科学出版社2002年版，第251页。张伯元认为："以前按照《晋书·刑法志》上的说法，解释群盗为三人以上，这不符合秦汉法律的规定。在'盗律'中，五人以上为群盗，汉简《二年》'盗五人以上相与攻盗，为群盗。'群盗，《汉书·袁盎传》师古注：'群盗者，群众相随而为盗也。'"张伯元：《〈盗跖〉篇与盗、贼律》，载张伯元：《出土法律文献研究》，商务印书馆2005年版，第319页。

五人,盗过六百六十钱(一),黥剃(劓)以为城旦;不盈六百六十到二百廿钱,黥为城旦;不盈二百廿以下到一钱,罨(迁)之。求盗比此(二)。"其中的"五人盗"很明显是应否"加罪"的标准,若具备五人的条件,盗赃虽少亦科以重刑。[①] 据此,我们还可以进一步明确秦律中关于"群盗"的处罚情况。前文据秦律"群盗赦为庶人,将盗械囚刑罪以上,亡,以故罪论,斩左止为城旦"的内容推测秦律中群盗处以斩左止为城旦,结合此处关于"加罪"的记载可知,"群盗"赃一钱以上(不盈二百廿钱)而无其他严重情节的情况之下,才处以斩左止为城旦,否则当处以更重的刑罚。

秦律中"群盗"的认定标准与具体含义还有一些不明之处,结合张家山汉律的记载,我们对秦汉时期的"群盗"便有了比较清晰的认识。《二年律令·盗律》载:"盗五人以上相与攻盗,为群盗。(六二)"可见"群盗"的构成包含了两方面的条件:一是五人以上;[②]二是相与攻,即以暴力为手段。这两个条件必须同时具备。

至于汉律中"群盗"的处罚,张家山汉简《二年律令·盗律》载:"智(知)人为群盗而通歠(饮)食馈遗之,与同罪;弗智(知),黥为城旦舂。其能

---

① 　所见睡虎地秦律中另有一处提到五人盗,睡虎地秦简《法律答问》载:"夫、妻、子五人共盗,皆当刑城旦,今甲尽捕告之,问甲当购几何? 人购二两。"睡虎地秦墓竹简整理小组:《睡虎地秦墓竹简·释文》,文物出版社1990年版,第125页。在传世文献中我们也可以看到"五人群党为盗"的记载,《汉书·天文志》载:"(成帝河平三年九月甲戌)东郡庄平男子侯母辟兄弟五人群党为盗,攻燔官寺,缚县长吏,盗取印绶,自称将军。"[汉]班固撰、[唐]颜师古注:《汉书》卷二十六《天文志》,中华书局1962年版,第1310页。"五人为伍"为军队编制单位,如《尉缭子·伍制令》载:"军中之制,五人为伍,伍相保也;……伍有干令犯禁者,揭之,免于罪;知而弗揭,全伍有诛。"刘春生:《尉缭子全译》,贵州人民出版社1993年版,第73页。通过"五人为伍"的编制,同伍者成为彼此紧密相关的集体。这大概也是秦汉时期有所谓"五人盗"的原因,而我们在张家山汉简《二年律令·捕律》也能见到捕盗"必伍之"的记载:"吏将徒,追走盗贼,必伍之,盗贼以短兵伤其将及伍人而勿能得捕,皆戍边二岁。"张家山二四七号汉墓竹简整理小组:《张家山汉墓竹简〔二四七号墓〕(释文修订本)》,文物出版社2006年版,第28页。

② 　参见蒋非非:《〈二年律令·盗律〉"桥(矫)相以为吏、自以为吏以盗"考释》,载卜宪群、杨振红主编:《简帛研究(2007)》,广西师范大学出版社2010年版,第77页。

自捕若斩之，除其罪，有（又）赏如捕斩。(六三) 群盗法（发），弗能捕斩而告吏，除其罪，勿赏。(六四)"① 未规定群盗及知人为群盗而通饮食馈遗之的具体处罚，后文不知为群盗而通饮食馈遗之黥为城旦舂，则群盗、知人为群盗而通饮食馈遗之应当处以更重的刑罚。前文已述群盗及逃亡后加入群盗团伙的，犯殴伤人、杀伤人、盗墓等行为，处以磔刑，若仅加入群盗团伙未实施任何具体犯罪行为的情况当如何处罚？据前文所引秦简的内容，群盗赃一钱以上（不盈二百廿钱）而无其他严重情节的情况之下，处以斩左止为城旦，大概可以作为参照。

2. 劫人

秦汉之际，"劫"是一种较为常见的犯罪行为，②《汉书·赵广汉传》载："长安少年数人会穷里空舍谋共劫人，坐语未讫。广汉使吏捕治具服。"③《汉书·桥玄传》载："玄少子十岁，独游门次，卒有三人持杖劫执之，入舍登楼，就玄求货。"④ "劫"与"盗"的本质是一致的，目的为取财，《说文》："人欲去以力胁止曰劫，或曰以力止去曰劫。"段玉裁注："以力胁止人而取

---

① 王伟认为："这条律文的前半段是规定了对于'群盗通饮食馈遗之'的行为，根据知、弗知两种情况加以处罚；后半段则是规定有这种行为的人，如果'能自捕若斩之'或'弗能捕斩而告吏'，可以因此免罪以至获得奖赏。'赏如捕斩群盗法'的意思是说按照关于'捕斩群盗'的法律规定加以奖赏。'弗能捕斩而告吏'的行为的主体也应是'知人为群盗而通饮食馈遗之'的人，否则就谈不上'除其罪'。从《二年律令》书写者的书写习惯来看，认为这条律文中的'法'字与'发'字通假也不合适，《二年律令》中'法''发'二字都多次出现，但除此之外却没有一例将'发'字写作'法'的。王伟：《张家山汉简〈二年律令〉杂考》，"简帛研究"网站 http://www.bamboosilk.org/Wssf/2003/wangwei01.htm。整理小组的识读虽然大致上并不影响这条律文的表意，但王伟的断句明显更加符合《二年律令》的表述习惯，表意也更为清晰。
② 沈家本在《汉律摭遗·盗律》中说："西汉此风已盛，京师且然，外郡可知。延及东汉之末，而犹未息，史虽云盗质者遂绝，亦但戢于一时耳。"［清］沈家本：《历代刑法考》（三）《汉律摭遗卷二》，邓经元、骈宇骞点校，中华书局 1985 年版，第 1404 页。
③ ［汉］班固撰、［唐］颜师古注：《汉书》卷七十六《赵尹韩张两王传》，中华书局 1962 年版，第 3202 页。
④ ［南朝宋］范晔撰、［唐］李贤等注：《后汉书》卷五十一《李陈庞陈桥列传》，中华书局 1965 年版，第 1696 页。

其物也。"① 取财的手段为威势胁迫,其中包含两层含义:一是通过威势胁迫直接强取财物;二是通过威势胁迫控制他人,向其家人索要财物,即"持质者持质人为质,以求财也。"②

以威势为手段取获财物的过程中出现杀伤他人的结果在所难免,或者说杀伤他人的结果是行为人所放任的甚至是刻意追求的。因此,劫人、谋劫人与盗杀所包含的内容存在交集。③ 如《后汉书·顺帝纪》载:"(阳嘉三年三月庚戌)益州盗贼劫质令长,杀列侯。"④ 又《汉书·尹赏传》载:"城中薄暮尘起,剽劫行者,死伤横道。"⑤

关于汉代劫人所处的刑罚,张家山汉简《二年律令·盗律》载:"劫人、谋劫人求钱财,虽未得若未劫,皆磔之;罪其妻子以为城旦舂。……(六八)"劫人或者谋划劫人而求钱财,只要有预谋,不论是否实施犯罪或虽实施犯罪但不论是否成功,皆处以磔刑,同时连坐其妻。

3. 略人

张斐释:"攻恶谓之略",⑥ 徐元瑞谓:"假如略人者,谓设方略而取之,是攻行凶恶之事,而谓之略也。"⑦ 即用攻击他人过失的方式,迫使

---

① [汉]许慎撰、[清]段玉裁注:《说文解字注》,十三篇下"力部",上海古籍出版社1981年版,第701页上。

② [清]沈家本:《历代刑法考》(三)《汉律摭遗卷二》,邓经元、骈宇骞点校,中华书局1985年版,第1404页。

③ 曹旅宁对于"群盗"与"劫人"的相似性也有相同的看法:"劫人、谋劫人罪名类似当今的抢劫罪,显然是张家山汉简《盗律》重点防范的犯罪。张家山汉简《盗律》共有律文18条,劫人、谋劫人罪不仅在法条数目上与群盗罪相同,且所处刑罚都是磔刑这种极刑,其实施的犯罪行为也有混同之处。"曹旅宁:《张家山汉律群盗考》,载曹旅宁:《张家山汉律研究》,中华书局2005年版,第61页。

④ [南朝宋]范晔撰、[唐]李贤等注:《后汉书》卷六《孝顺孝冲孝质帝纪》,中华书局1965年版,第263页。

⑤ [汉]班固撰、[唐]颜师古注:《汉书》卷九十《酷吏传》,中华书局1962年版,第3673页。

⑥ [唐]房玄龄等:《晋书》卷三十《刑法志》,中华书局1974年版,第928页。

⑦ [元]徐元瑞等:《吏学指南(外三种)》,浙江古籍出版社1988年版,第57页。

其作为或不作为的行为，为之经略，施展阴谋诡计。① 此处"略"主要强调的是心理上的胁迫。唐律中"略"的含义在此基础之上有所扩大，不再强调手段为"攻击他人过失的方式"，仅强调违背他人意志。《唐律疏议·贼盗》"略人略卖人"条(292)律注："不和为略。十岁以下，虽和，亦同略法。"汉律中可见到"劫略"一词，作为与恐猲、和卖买人并列的犯罪行为，《魏律序略》："(汉律)《盗律》有劫略、恐猲、和卖买人……"② 因此，"略"与"劫"应当有相似的含义，或者说，"略"除了包含"不和"的意思外，还当有"威力强取"③ 的含义。那么，违背他人意志而威力强取的行为自然可能致人伤亡，这也是"略"与"盗杀"的相似之处。

略人又包括两种具体的情况：一是违背他人意志以威势手段强迫他人为妻妾、奴婢等；二是违背他人意志以威势手段控制他人后予以贩卖。略的对象是人，并不包括奴婢贱类，略良为贱是犯罪，略贱人则同盗财不殊，目前未见到秦汉时期关于略贱人的规定。从唐律中略、略卖奴婢计赃"以强盗论"的规定大致可以推测秦汉律中类似的规定。

略人在汉代是较为常见的犯罪，《史记·陈丞相世家》载："孝文帝二年，丞相陈平卒，谥为献侯。……子何代侯。二十三年，何坐略人妻，弃市，国除。"④ 陈何因犯略人妻被处以弃市并剥夺侯爵。另，武帝时陈掌上书意图袭封爵位，未获准。《汉书·景武昭宣元成功臣表》载："鸿嘉三年，(蒲侯苏夷吾)坐婢自赎为民后略以为婢，免。"⑤ 苏夷吾略人(曾为婢自赎为良)为婢，免侯。《后汉书·光武纪》记载了关于引用略人法

---

① 参见高恒：《张斐的〈律注要略〉及其法律思想》，载何勤华编：《律学考》，商务印书馆 2004 年版，第 134 页。

② 〔唐〕房玄龄等：《晋书》卷三十《刑法志》，中华书局 1974 年版，第 924 页。

③ 元人徐元瑞释"七杀"之"劫杀"为"威力强取"。〔元〕徐元瑞等：《吏学指南(外三种)》，杨讷点校，浙江古籍出版社 1988 年版，第 60 页。

④ 〔汉〕司马迁：《史记》卷五十六《陈丞相世家》，中华书局 1959 年版，第 2062 页。

⑤ 〔汉〕班固撰、〔唐〕颜师古注：《汉书》卷十七《景武昭宣元成功臣表》，中华书局 1962 年版，第 665 页。

处罚犯罪行为的两则诏书:"(五月)甲寅,吏人遭饥乱,及为青、徐贼所
略,为奴婢、下妻,欲去留者,恣听之。敢拘制不还,以卖人法从事。……
冬十二月甲寅,诏益州民自八年以来被略为奴婢者,皆一切免为庶民。
或依托为人下妻,欲去者,恣听之。敢拘留者,比青、徐二州,以略人法从
事。"[1]沈家本在《汉律摭遗·盗律》"略人"条中引述了《光武纪》中的记载,
其后有一段按语:"建武二诏,系是一事,而一引卖人律,一引略人律,可
见卖人、略人《汉律》本在一条。光武承大乱之后,于良人之略为奴婢者尤
为注意,屡颁诏告,盖深有念于贵人之义,故反复申命,不惮烦也。"[2]

　　由于资料有限,我们无法看到秦汉律中关于略人的定罪量刑详情,
仅能看到知人略卖而买者,与略卖处以同样的刑罚。张家山汉简《二年
律令·盗律》载:"知人略卖人而与贾,与同罪。……(六七)"从传世文献
中,我们可以看到汉代略良人为妻,曾被处以弃市之刑并剥夺爵位,可
见处刑之重。秦汉之后南北各朝诸律中,略人也多处以死刑。《册府元
龟》载:"(南梁)高祖天监三年八月,建康女人任提女坐诱口,当死。"[3]
《魏书·刑罚志》引《魏律》:"案《盗律》'掠人、掠卖人、和卖人为奴婢
者,死'。"又:"案律'卖子有一岁刑;卖五服内亲属,在尊长者死,期亲
及妾与子妇流'。"[4]

4. 恐猲

　　张斐曰:"律有事状相似而罪名相涉者,……将中有恶言为恐
猲……"[5]恐猲亦是加威势下手取财的行为。对于恐猲与劫、略等行为的

　　① [南朝宋]范晔撰、[唐]李贤等注:《后汉书》卷一下《光武帝纪下》,中华书局1965
年版,第52、63页。
　　② [清]沈家本:《历代刑法考》(三)《汉律摭遗卷二》,邓经元、骈宇骞点校,中华书
局1985年版,第1402页。
　　③ [宋]王钦若等:《宋本册府元龟》卷六一五《刑法部议谳二》,中华书局1989年版,
第1925页下。
　　④ [北齐]魏收:《魏书》卷一一一《刑罚志》,中华书局1974年版,第2880、2881页。
　　⑤ [唐]房玄龄等:《晋书》卷三十《刑法志》,中华书局1974年版,第922页。

区别，沈家本谓："恐猲近于强，故魏入《劫略律》。然究与强者不同，人被胁而与之财，非入其室而强夺之也。"① 即恐猲主要的手段是胁迫、威胁，使人产生恐惧而主动交出财物，而非以暴力手段强夺。但威胁、胁迫是以暴力手段为基础而实现的，也有可能造成他人伤亡结果的出现，这也是"恐猲"与"盗杀"可能产生交叉的原因。

张家山汉简《二年律令·盗律》："群盗及亡从群盗……投书、悬人书恐猲人以求(六五)钱财，……磔。(六六)"即群盗或逃亡后加入群盗集团，通过投书、悬人书的手段恐猲人求钱财的，处以磔刑。《汉书·王子侯表》载："元鼎三年，（葛魁侯刘戚）坐缚家吏恐猲受赇，弃市。"又载："元狩三年，（平成侯礼）坐恐猲取鸡以令买偿免，复谩，完为城旦。"颜师古注曰："恐猲取人鸡，依令买鸡以偿，坐此免侯，又犯欺谩，故为城旦也。"② 葛魁侯缚家吏恐猲受赇处以弃市，而平成侯完为城旦的主要原因是欺谩。颜师古所说的"恐猲取人鸡，依令买鸡以偿"，其中"依令"之语值得注意。大概汉时曾有相关的规定：恐猲取得财物价值不大又没有其他严重情节的予以补偿即可。汉律与传世文献中关于恐猲取财的记载情节差异较大，不但主体不同，情节亦有明显区别。至于普通人犯恐猲求财如何处罚尚不清楚。

5. 篡囚

秦汉时期的"篡囚"即取得、取获囚犯，至于取得的手段是强取还是窃取，似乎未有清晰的界分。《汉书·文三王传》："谋篡死罪囚，有司请诛，上不忍，削立五县。"颜师古注曰："逆取曰篡。"③ "逆取"所强

---

①　[清]沈家本：《历代刑法考》（三）《汉律摭遗卷二》，邓经元、骈宇骞点校，中华书局 1985 年版，第 1401 页。

②　[汉]班固撰、[唐]颜师古注：《汉书》卷十五上《王子侯表上》，中华书局 1962 年版，第 440、449 页。

③　[汉]班固撰、[唐]颜师古注：《汉书》卷四十七《文三王传》，中华书局 1962 年版，第 2218 页。

调的含义应当是行为的"违法"性，即通过非常手段取得、取获囚犯。若仅以此来看，究竟是以武力强取还是私下窃取，汉律中可能尚未有所区分，但"篡囚"行为包含了暴力强取囚犯之意则是肯定的。因此，"篡囚"与"盗杀"在一定程度上存在交叉。因为"篡囚"具体行为实施的过程中极可能出现杀伤他人的结果。而他人死伤的结果既有可能是行为人所放任的，亦有可能是未预见或者已经预见但轻信可以避免。关于汉代"篡囚"的处罚，《汉书·文三王传》中说"谋篡死罪囚，有司请诛"，此处需要注意两个问题：一是"谋"，汉律中的"谋"可能尚未达到唐律中所界定的清晰含义，但也值得特别注意，"谋篡"有可能仅是谋计、谋划而并未实施具体犯罪行为；二是"死罪囚"，即"谋篡"的对象是"死罪囚"，而非一般的囚犯。在明确了这两点之后，我们可以推测"有司请诛"所表达的含义可能是汉律中规定了这样的内容：谋划篡取死罪囚将被处死，至于处以何种死刑，此处无从推断。那么，实际实施了篡囚行为，亦当处死。《汉书·王子侯表》载："攸舆侯则，长沙定王子。……太初元年，坐篡死罪囚，弃市。"[1]据此，我们可以看到"篡死罪囚"是被处以弃市之刑的。结合后世正史文献所记载的相关内容，似乎被处以弃市之刑的并非仅是"篡死罪囚"，一般的"篡囚"也是被处以弃市的。《晋书·刑法志》载："改旧律不行于魏者皆除之，……正篡囚弃市之罪，断凶强为义之踪也。"[2]《汉书》中还可见到两条关于"篡囚"的记载，《汉书·成帝纪》："广汉男子郑躬等六十余人攻官寺，篡囚徒，盗库兵，自称山君。"[3]《汉书·张敞传》："伏闻胶东、勃海左右郡岁数不登，盗贼并起，至攻宫

---

① ［汉］班固撰、［唐］颜师古注：《汉书》卷十五上《王子侯表上》，中华书局 1962 年版，第 458 页。

② ［唐］房玄龄等：《晋书》卷三十《刑法志》，中华书局 1974 年版，第 925—926 页。

③ ［汉］班固撰、［唐］颜师古注：《汉书》卷十《成帝纪》，中华书局 1962 年版，第 318 页。

寺,篡囚徒,搜市朝,劫列侯。"①可见汉代"篡囚"是群盗团伙经常实施的行为,这大概也是张家山汉律将"篡囚"与"盗杀""恐猲""略人""劫人"等犯罪行为列于"群盗"之后的原因。

目前,我们无法看到秦汉律中关于"盗杀"定罪量刑的详细情况,但根据竹简秦汉律与传世文献的记载,我们将相关资料辑录如下,以供参照:

表 4.1　秦汉时期的盗杀及相关犯罪的处罚详表

犯罪行为	刑罚	出处
谋遣（无刑事责任能力人）盗杀	磔	睡虎地秦简《法律答问》
盗杀	磔	《岳麓书院藏秦简（叁）》
群盗及亡从群盗又犯盗杀伤人	皆磔	张家山汉简《二年律令·盗律》
劫人、谋劫人求钱财,虽未得若未劫	皆磔；罪其妻子以为城旦舂	
群盗及亡从群盗投书、悬人书恐猲人以求钱财	皆磔	
略人妻	弃市,国除	《史记·陈丞相世家》
婢自赎为民后略以为婢	免侯	《汉书·景武昭宣元成功臣表》
缚家吏恐猲受赇	弃市	《汉书·王子侯表》
坐恐猲取鸡以令买偿免,复谩	完为城旦	
篡死罪囚	弃市	《汉书·王子侯表》
谋篡死罪囚	有司请诛,上不忍,削立五县	《汉书·文三王传》
篡囚	弃市	《晋书·刑法志》

可见,秦汉时期以威势为手段取物、取财的行为若有致人伤亡情节

---

① ［汉］班固撰、［唐］颜师古注:《汉书》卷七十六《赵尹韩张两王传》,中华书局 1962 年版,第 3219 页。

的，一般处以死刑，而且通常处以的是磔、弃市等秦汉时期最为严酷的死刑。

三、秦汉律中的盗杀在唐律中的发展

我们对秦汉律中的"盗杀"及相关犯罪行为的含义与处罚有了初步的认识，但限于材料，这些规定在魏晋南北朝时期详细的发展演变情况无法得见，将其与唐律中的相关内容作比较探讨将会使我们对"盗杀"在秦汉至唐代的发展演变轨迹有一个大致的了解。唐律中并无"盗杀"的表述，[①] 但并不是说秦汉时期的"盗杀"及相关犯罪行为在唐律中没有相应的规制。从犯罪行为的描述及其处罚内容的精确性来看，唐律在秦汉律的基础之上有非常大的进步。

从"盗"作为类罪名发展的角度来看，关于"盗杀"的含义应当采取广义的解释，即取得非属自身所有财物的过程中杀伤人的行为都应包含在内，这一点前文已述。以此考察唐律中的"盗杀"，我们应当注意到谋叛、强盗、略人略卖人、恐猲取人财物及劫囚中的相关规定，而这些规定又恰好与前述秦汉律中的"盗杀"及相关犯罪对应。

（一）秦汉律中的群盗与唐律中的强盗、谋叛

秦汉律中的"群盗"是五人以上以暴力为手段强取财物的犯罪行为，这一概念实质上包含了后世刑律中多个犯罪行为。我们所见到的竹简秦汉律中并未有作为"罪名"的"强盗"的记载，所谓的强盗、疆盗、攻

---

①　严格按照字面表达来说，唐律中有"盗杀"的表述形式，但均非加威势下手取财物而致人死亡的含义，《唐律疏议》中共出现"盗杀"五次，涉及了《贼盗》中的四条律文，分别为："盗官私马牛而杀"条(279)中的"盗杀牦牛"，"盗不计赃立罪名"条(280)中的"盗杀马牛"，"强盗"条(281)中的"因盗杀伤"（出现两次），"卑幼将人盗己家财"条(288)中的"强盗杀伤"。

盗与强攻群盗等只是对"盗"的手段与程度所做的描述,尚不是一个"罪名"或是对一类犯罪行为在法律条文上比较规范的概括。[①]秦汉律中构成"群盗"的两方面因素即人数方面的因素(五人以上)与手段方面的因素(暴力手段)在唐律中分别予以规定,构成了不同的"罪名"。我们从唐律中可以看到强盗作为"罪名"的解释,《唐律疏议·贼盗》"强盗"条(281):

> 诸强盗,(谓以威若力而取其财,先强后盗、先盗后强等。若与人药酒及食,使狂乱取财,亦是。)
>
> 《疏》议曰:强盗取人财,注云"谓以威若力",假有以威胁人,不加凶力,或有直用凶力,不作威胁,而劫掠取财者;"先强后盗",谓先加迫胁,然后取财;"先盗后强",谓先窃其财,事觉之后,始加威力:如此之例,俱为"强盗"。若饮人药酒,或食中加药,令其迷谬而取其财者,亦从"强盗"之法。

唐律中的"强盗"包括暴力取财、以暴力手段相威胁取财、以其他手段令人不能反抗而取财三种情节。这明显是在秦汉律中关于"群盗"手段的描述——"相与攻盗"的基础之上进一步的发展。"与人药酒及食,使狂乱取财"与暴力相威胁而取财的本质上是一致的,都是通过让行为对象不能反抗而使犯罪目的实现。"强盗"属于典型的暴力犯罪,其犯罪行为实施的过程中极有可能造成杀伤结果。关于唐律中"强盗"的具体量刑:

> 不得财徒二年;一尺徒三年,二匹加一等;十匹及伤人者,绞;杀人者,斩。(杀伤奴婢亦同。虽非财主,但因盗杀伤,皆是。)其持仗者,虽不得财,流三千里;五匹,绞;伤人者,斩。

[①] 可参照日本学者堀毅的观点:"……这并非意味着'强盗'一词已见诸秦汉法律正式条文。'强盗'与'攻盗'一样,只是用来表示盗窃手段的一种形式而已。"〔日〕堀毅:《秦汉盗律考》,载〔日〕堀毅:《秦汉法制史论考》,法律出版社1988年版,第235页。

《疏》议曰：盗虽不得财，徒二年。若得一尺，即徒三年。每二匹加一等。赃满十匹；虽不满十匹及不得财，但伤人者：并绞。杀人者，并斩。谓因盗而杀、伤人者。注云"杀伤奴婢亦同"，诸条奴婢多悉不同良人，于此，杀伤奴婢亦同良人之坐。"虽非财主，但因盗杀伤皆是"，无问良贱，皆如财主之法。盗人若持仗，虽不得财，犹流三千里；赃满五匹，合绞。持仗者虽不得财，伤人者斩，罪无首从。

可以看出，在刑罚适用方面，唐律显然更加关注犯罪行为在具体情节方面的差异，对于强盗犯罪分为持杖与不持杖两类，持杖强盗危害性更大，科刑亦重。在未造成他人伤亡的情况下，两类强盗行为分别计赃予以处罚，若造成伤亡结果的出现，不论是否得财、不论所杀伤之人是否为财物之主、亦不论良贱，强盗杀人皆处斩刑；强盗伤人的情况下，持杖处以斩刑、不持杖处以绞刑。

唐律中的"强盗罪"可以是数人共同构成，但律文中并没有人数方面明确的规定，数人共同实施强盗，按照在共同犯罪中的地位与作用区分首犯与从犯，在律文明确规定刑罚的基础上予以处罚。即首犯按照"强盗"条的规定处罚，从犯比照首犯减一等处罚。虽然犯罪行为的性质一样，但人数过多、危害过大时，如达到"攻亭劫掠，多所杀伤"的程度，甚至危及政权时，则不再属于强盗的范畴而是转化为更加严重的犯罪。《唐律疏议·贼盗》"谋叛"条（251）载：

即亡命山泽，不从追唤者，以谋叛论，其抗拒将吏者，以已上道论。

《疏》议曰：谓背诞之人，亡命山泽，不从追唤者，以谋叛论，首得绞刑，从者流三千里。"抗拒将吏者"，谓有将吏追讨，仍相抗拒者，以已上道论，并身处斩，妻、子配流。抗拒有害者，父母、妻、子流三千里，并准上文：率部众百人以上，不须有害；若不满百人，要须有害，得罪乃与百人以上同。

亡命山泽、不从追唤，以故为害并且抗拒将吏的行为明显与秦汉律中的群盗集团犯罪具有相同的行为内容。"即亡命山泽，不从追唤者，以谋叛论，其抗拒将吏者，以已上道论"一句是值得详细琢磨的，其中"即""以"作为传统律学中"八例"的内容，其含义与用法在唐代以后较为固定。"即者，条虽同而首别陈，盖谓文尽而后生，意尽而后明也。"[①]强调的是以"即"相连的两个行为的差异性，"即"之前是谋叛及率部众百人以上、以故为害等具体行为；"即"之后是亡命山泽不从追唤。这两类行为的差异是显而易见的，率众以故为害所具有的社会危害性是主动的，而亡命山泽不从追唤与之相比显然具有被动的因素。"罪同真犯谓之以，凡称以者，悉同其法而科之"，[②]唐律所谓"亡命山泽，不从追唤者，以谋叛论"是在两类犯罪行为一并科刑、性质相近的前提之下又强调了其差异，唐律中的亡命山泽不从追唤具有明显沿袭秦汉律中"群盗"相关内容的痕迹，这与"叛"尤其是"谋叛"是不同的。处罚方面，唐律按照行为不同的危害程度予以不同的处罚，若仅是亡命山泽不从追唤而其逃亡过程中并未实施其他危害行为，以谋叛论罪，首犯处以绞刑，从犯流三千里；若逃亡过程中抗拒将吏追讨（率部众不满百人），不分首从皆斩，妻、子流二千里；率部众百人以上抗拒将吏或者率部众不满百人抗拒将吏但造成实际的危害结果，不分首从皆斩，父母、妻、子流三千里。

（二）秦汉律中的劫人与唐律中的强盗、有所规避执人质

秦汉律中的劫人包括两种具体情况：一是以威势胁迫直接强取财物；二是以威势胁迫控制他人，向其家人索要财物。这两种情况在唐律

---

① ［元］徐元瑞等：《吏学指南（外三种）》，杨讷点校，浙江古籍出版社1988年版，第55页。

② 同上书，第54页。

中也是作为完全不同的犯罪行为分别予以处罚的，以威势胁迫强取财物属于强盗，即《唐律疏议·贼盗》"强盗"条（281）律《疏》所说的："……以威胁人，不加凶力，或有直用凶力，不作威胁，而劫掠取财者"，其处罚详情前文已述。以威势胁迫控制他人，向其家人索要财物属于《唐律疏议·贼盗》"有所规避执人质"条（258）所规定的内容：

> 诸有所规避，而执持人为质者，皆斩。部司及邻伍知见，避质不格者，徒二年。（质期以上亲及外祖父母者，听身避不格。）

> 《疏》议曰：有人或欲规财，或欲避罪，执持人为质。规财者求赎，避罪者防格。不限规避轻重，持质者皆合斩坐。"部司"，谓持质人处村正以上，并四邻伍保，或知见，皆须捕格。若避质不格者，各徒二年。注云"质期以上亲及外祖父母，听身避不格"者，谓贼执此等亲为质，唯听一身不格，不得率众总避。其质者无期以上亲及非外祖父母，而避不格者，各徒二年。

"有所规避"即具有特定意图：避罪或者求财，沈家本在《汉律撫遗·盗律》中说："《疏议》谓规财者求赎，避罪者防格，分规、避为二事。然避罪者少，规财者多，《唐律》兼言之，于事方备。但不知汉法何如？"[1]我们根据张家山汉律中的相关规定与传世文献中的记载可知，汉律中的劫人不论是直接抢夺财物还是劫持人以求财都是以求财为目的，以避罪为目的的劫人并不多见。沈家本说唐律"于事方备"是对其在秦汉律基础之上进步的肯定。唐律又规定了部司、邻伍对持质行为予以捕格的法定义务，否则给予徒二年的处罚；被持人质的期以上亲属可以免除此种义务，但是此种义务免除的根据是血缘、身份关系，因此仅限于期以上亲属本人。沈家本说此种规定"颇与古法相合"，[2]对此，我们能从汉律中找到根据，张家山汉简

---

① ［清］沈家本：《历代刑法考》（三）《汉律撫遗卷二》，邓经元、骈宇骞点校，中华书局 1985 年版，第 1404 页。

② 同上。

《二年律令·盗律》载："诸予劫人者钱财，及为人劫者，同居(七二)智（知）弗告吏，皆与劫人者同罪。劫人者去，未盈一日，能自颇捕，若偏（徧）告吏，皆除。(七三)"汉律对被劫人质的同居者规定了告官的义务，若不履行此义务要与劫人者同罪处以磔刑，这是非常重的处罚，可见立法者对于劫人犯罪的重视。同时，汉律还规定劫人者的妻子要连坐为城旦春，"劫人、谋劫人求钱财，虽未得若未劫，皆磔之；罪其妻子，以为城旦春。其妻子当坐者偏（徧）捕，若告吏，吏(六八)捕得之，皆除坐者罪。(六九)"若劫人者的妻子能捕得罪犯或告官而抓获了罪犯，则免除其刑罚。

处罚方面，汉律中劫人与谋劫人求钱财皆处以磔刑，其妻子罚为城旦春。在犯罪行为的认定方面，不论是否实施劫人的行为，只要有谋划行为即予以处罚；若已实施劫人行为，不论是否得财皆予以处罚。与之相比，唐律的处罚更加注重犯罪行为的实际危害，刑罚科处与秦汉律大致相似。①

（三）秦汉律略人与唐律中的略人略卖人

沈家本说"卖人、略人《汉律》本在一条"，又说唐律中的"略卖人为奴婢"源自汉法，这可以从唐律中找到确切的根据。《唐律疏议·贼盗》"略人略卖人"条(292)载："诸略人、略卖人为奴婢者，绞；为部曲者，流三千里；为妻妾子孙者，徒三年。（因而杀伤人者，同强盗法。）"略人、略卖人同条规定，这一方面是因为两者之间密切的联系，另一方面也是沿袭汉律的结果，因为我们看到了汉律："群盗及亡从群盗，……略卖人若已略未卖……皆磔"。关于略人、略卖人的含义，《唐律疏议·贼盗》"略人略卖人"条(292)《疏》议曰："略人者，谓设方略而取

---

① 此处所说的秦汉时期与唐代某类犯罪行为所处刑罚相似或相同，所表达的含义是说同样处以法定刑罚体系中的最重刑或最轻刑。由于秦汉与唐代刑罚体系已发生了比较根本的变化，对于某类犯罪行为具体刑罚的比较实际上没有直接意义。因此，文中所称的刑罚方面的比较也多是就具体刑罚种类在不同时代各自法定刑罚体系中的位置而言。

之。略卖人者，或为经略而卖之。注云'不和为略。十岁以下，虽和，亦同略法'，为奴婢者，不共和同，即是被略；十岁以下，未有所知，易为诳诱，虽共安和，亦同略法。"同时，唐律根据犯罪对象的不同，分别规定了处罚。

《唐律疏议·贼盗》"略人略卖人"条（292）

诸略人、略卖人为奴婢者，绞；为部曲者，流三千里；为妻妾子孙者，徒三年。（因而杀伤人者，同强盗法。）和诱者，各减一等。若和同相卖为奴婢者，皆流二千里；卖未售者，减一等。（下条准此。）即略、和诱及和同相卖他人部曲者，各减良人一等。

《唐律疏议·贼盗》"略和诱奴婢"条（293）

诸略奴婢者，以强盗论；和诱者，以窃盗论。各罪止流三千里。（虽监临主守，亦同。）即奴婢别赍财物者，自从强、窃法，不得累而科之。若得逃亡奴婢，不送官而卖者，以和诱论；藏隐者，减一等坐之。即私从奴婢买子孙及乞取者，准盗论；乞卖者，与同罪。（虽以为良，亦同。）

《唐律疏议·贼盗》"略卖期亲以下卑幼"条（294）

诸略卖期亲以下卑幼为奴婢者，并同斗殴杀法；（无服之卑幼亦同。）即和卖者，各减一等。其卖余亲者，各从凡人和略法。

关于略人、略卖人的具体量刑，行为主体与行为对象之间的身份关系直接决定着刑罚科处，略良为贱处罚重于略良为良；同是略良为贱，略为奴婢处罚重于略为部曲。略贱人计赃以强盗论，但不科死刑，罪止流三千里，可见"奴婢贱人，律比畜产"。略卖期亲以下卑幼为奴婢，同斗殴杀人法。

关于知他人略、略卖之情而买受的行为，《二年律令·盗律》载："知人略卖人而与贾，与同罪。……（一九二）汉律将知而买受的行为与略、略卖的行为同样处罚。唐律对知略、略卖而买受行为的处罚显然更加注重行为的具体情节，若明知他人略、略卖贱人，仍买受者减略、略卖罪一等处罚；若明知他人略、略卖亲属，仍买受者加略、略卖罪一等处罚。这里不同量刑的根据显然是身份关系，明知他人略、略卖亲属而买受显然具有更加严重的主观恶性，因此，律注中规定初买时不知情但事后知情而不言，仍予以处罚。

关于略人、略卖人过程中出现杀伤他人行为的处罚，《唐律疏议·贼盗》"略人略卖人"条(292)《疏》议曰："注云'因而杀伤人者，同强盗法'，谓因略人拒斗，或杀若伤，同强盗法。既同强盗之法，因略杀伤傍人，亦同。"此处杀伤的对象并不局限为所略之对象，杀伤旁人与杀伤所略之人同样科以斩刑。

（四）秦汉律中的恐猲与唐律中的恐猲取人财物

传世文献中能看到关于秦汉时期恐猲取财案件的记载，我们在汉律中也能见到群盗集团投书、悬人书恐猲求财的处罚。因此，秦汉时期的恐猲大致可分为口头恐猲与书面恐猲两种。唐律中对这两种恐猲求财的犯罪有明确的规定，《唐律疏议·贼盗》"恐喝取人财物"条(285)载：

> 诸恐猲取人财物者，（口恐猲亦是。）准盗论加一等；虽不足畏忌，财主惧而自与，亦同。

> 《疏》议曰：恐猲者，谓知人有犯，欲相告诉，恐猲以取财物者。注云"口恐猲亦是"，虽口恐猲，亦与文牒同。

> ……

> 又问：监临恐猲所部取财，合得何罪？

> 答曰：凡人恐猲取财，准盗论加一等。监临之官，不同凡人之法，《名例》："当条虽有罪名，所为重者，自从重。"理从"强乞"之律，合准枉法而科。若知有罪不虚，恐猲取财物者，合从真枉法而断。若财未入者，杖六十。即缌麻以上自相恐猲者，犯尊长，以凡人论；犯卑幼，各依本法。

……

《疏》议曰：恐猲取财，无限多少，财未入者，杖六十。即缌麻以上自相恐猲者，犯尊长，以凡人准盗论加一等。"犯卑幼，各依本法"，谓恐猲缌麻、小功卑幼取财者，减凡人一等，五匹徒一年；大功卑幼减二等，五匹杖一百；期亲卑幼减三等，五匹杖九十之类。

唐律中的恐猲即以他人的过错相威胁而索取财物的行为，其手段包括口头恐猲与文牒恐猲两种。由此，我们可以清晰地看到唐律对于汉律的承袭。同时，唐律较之汉律的发展与进步更加明显：首先，区分了凡人之间的恐猲、监临官恐猲所部吏民、亲属之间的恐猲三种具体类型，其划分依据是犯罪主体与犯罪对象之间的身份关系。其次，监临官恐猲所部吏民的情况，根据监临官是否确知吏民的犯罪事实区别对待，若确知不虚而恐猲取财则视为枉法行为，计赃十五匹处以绞刑，若对吏民犯罪事实并不确知，则准枉法论，罪止流三千里。最后，缌麻以上亲属之间的恐猲取财根据尊卑不同区别对待，尊长犯卑幼比照凡盗减等科刑，卑幼犯尊长以凡人之间的恐猲论，准盗论加一等科刑。唐律中规定恐猲的若干种具体情节中，只有监临官确知所部吏民的犯罪事实而恐猲求财的行为处以死刑，其他几种具体情况均作了技术处理而未有死刑的适用。[①] 通过唐律中恐猲的具体规定，可以在很大程度上对秦汉律中普通人犯恐猲求财的处罚情况予以参照、补充。

（五）秦汉律中的篡囚与唐律中的劫囚

《九朝律考·汉律考·律令杂考》中引述了汉律中关于"篡囚"的内容："攸舆侯则，太初元年，坐篡死罪囚弃市。（王子侯表）"程树德在

---

①　这种技术处理主要是通过"准"字例的比附而排除了死刑的适用，如凡人之间的恐猲准盗论加一等、监临官不确知吏民犯罪事实而恐猲取财准枉法论，《唐律疏议·名例》"称反坐罪之等"条(53)载："称'准枉法论''准盗论'之类，罪止流三千里，但准其罪。"又"称加减"条(56)载："加者，数满乃坐，又不得加至于死。"可见唐律较之汉律整体上用刑宽平的特征。

引述这则史料之后有一段按语："魏改汉律，正篡囚弃市之罪，事见晋志。唐律劫囚在贼盗一。"① 可以推测，秦汉魏晋刑律中的"篡囚"应当具有比较清晰的沿袭痕迹。隋唐时期，刑律中已无篡囚的记载，② 而代之以"劫囚"。劫囚是以暴力手段夺取囚犯的行为，其与强盗、劫人等犯罪行为在暴力手段方面是一致的，只是行为指向的目标有所不同。徐元瑞在释"七杀"时，将"劫"解释为："威力强取"，③ "劫杀"即威力强取的过程中致他人死亡的行为，其中并未对强取的对象有进一步说明。从渊源与含义两方面来看，我们在探讨"盗杀"时，必须将劫囚纳入讨论的范围。目前所见的竹简秦汉律中，并未有关于篡囚的详细记载，但唐律对于劫囚、窃囚过程中的杀人行为有详细的处罚规定。在此与传世文献中的相关记载进行比较探讨可以补充秦汉律的相关内容，使我们对其有进一步的认识。《唐律疏议·贼盗》"劫囚"条(257)载：

> 诸劫囚者，流三千里；伤人及劫死囚者，绞；杀人者，皆斩。(但劫即坐，不须得囚。)
>
> 《疏》议曰：犯罪之人，身被囚禁，凶徒恶党，共来相劫夺者，流三千里。若因劫轻囚伤人，及劫死囚而不伤人，各得绞罪，仍依首从科断。因劫囚而有杀人者，皆合处斩，罪无首从。注云"但劫

---

① 程树德：《九朝律考》，中华书局1963年版，第111—112页。

② 秦汉之后，传世文献中关于"篡囚"的记载亦不多见，以笔者所见，仅有以下几则。《太平御览·职官部·司隶校尉》："臧荣绪《晋书》曰：傅咸以议郎长兼司隶校尉。……时朝廷宽弛，豪右放恣，郡县容纵，寇盗充仞，攻篡囚徒，掠夺市道。公私情托，朝野涫涫。咸于是奏免河南尹，京都肃然，贵戚惮之。"[宋]李昉等：《太平御览》卷二五〇《职官部四十八·司隶校尉》，中华书局1960年版，第1181页上、下。《宋史·李兑传》："李兑，字子西，许州临颍人。登进士第，由屯田员外郎为殿中侍御史。按齐州叛卒，狱成，有欲夜篡囚者，兑以便宜斩之，人服其略。"[元]脱脱等：《宋史》卷三三三《李兑传》，中华书局1977年版，第10696页。"篡囚"在汉代之后多被"劫囚"所替代，如《旧唐书·代宗本纪》："其首领赤心持兵入县，劫囚而出，斫伤狱吏。"[后晋]刘昫等：《旧唐书》卷十一《代宗本纪》，中华书局1975年版，第308页。传世文献中相关表述的变化与刑律中关于犯罪行为表述的变化是一致的。

③ [元]徐元瑞等：《史学指南(外三种)》，杨讷点校，浙江古籍出版社1988年版，第60页。

即坐,不须得囚",谓以威若力强劫囚者,即合此坐,不须要在得囚。

若窃囚而亡者,与囚同罪;(他人、亲属等。)窃而未得,减二等;以故杀伤人者,从劫囚法。

《疏》议曰:谓私窃取囚,因即逃逸。与囚同罪者,谓窃死囚,还得死罪;窃流徒囚,还得流徒罪之类。假使得相容隐,亦不许窃囚,故注云"他人、亲属等"。"窃而未得,减二等",谓窃计已行,未离禁处者,减所窃囚罪二等。谓未得死囚者,徒三年;未得流囚者,徒二年半之类。若因窃囚之故而杀伤人者,即从"劫囚"之法科罪。

唐律中的劫囚为"犯罪之人,身被囚禁,凶徒恶党,共来相劫夺者"。处罚方面,劫死罪囚处以绞刑,窃死罪囚与囚同罪处以死刑,这与汉代篡死罪囚弃市的规定是一致的。劫囚过程中杀人的,不分首从科以斩刑;窃囚过程中杀人的,从劫囚法,亦科斩刑。

表 4.2　秦汉时期的盗杀及相关犯罪与唐律中的劫杀及相关犯罪处罚对照详表

秦汉时期的盗杀及相关犯罪		唐律中的劫杀及相关犯罪		
行为	处罚	行为		处罚
盗杀	磔			
群盗及亡从群盗盗杀伤人	皆磔	强盗	伤人	绞
			杀人	斩
		亡命山泽不从追唤（以谋叛论）		首犯科处绞刑,从者流三千里
		逃亡过程中抗拒将吏追讨（率部众不满百人）		不分首从皆斩,妻、子流二千里
群盗及亡从群盗投书、悬人书恐猲人以求钱财		率部众百人以上抗拒将吏或者率部众不满百人抗拒将吏但造成实际的危害结果		不分首从皆斩,父母、妻、子流三千里

续表

秦汉时期的盗杀及相关犯罪		唐律中的劫杀及相关犯罪		
行为	处罚	行为	处罚	
劫人、谋劫人求钱财，虽未得若未劫	皆磔；罪其妻子以为城旦舂	有所规避，而执持人为质	皆斩	
群盗及亡从群盗，……略卖人若已略未卖	皆磔	略人、略卖人	为奴婢	绞
			为部曲	流三千里
			为妻妾子孙	徒三年
略人妻	弃市，国除	略人拒斗，或杀若伤（同强盗法）		绞
		其略人不得，又不伤人	拟以为奴婢	徒二年
			拟以为部曲	徒一年半
			拟以为妻妾子孙	徒一年
婢自赎为民后略以为婢	免侯		拟以为奴婢（与强盗十匹相似）	徒二年
			拟以为部曲	徒一年半
			拟以为妻妾子孙	徒一年
缚家吏恐猲受赇	弃市	恐猲取人财物（口恐猲亦是）		准盗论加一等
		监临恐猲所部取财		准枉法而科
		知有罪不虚，恐猲取财物（财未入）		杖六十
坐恐猲取鸡以令买偿免，复谩	完为城旦	缌麻以上自相恐猲	犯尊长	以凡人论
			犯卑幼	各依本法
纂死罪囚	弃市	劫囚（但劫即坐，不须得囚）	不伤人	流三千里
			伤人	绞
纂囚	弃市		劫死囚	
			杀人	皆斩

四、传统刑律中盗杀的发展趋势

竹简秦汉律中关于"盗杀"的记载非常少，结合传世文献中的相关内容，使我们得以有大致认识。就表述形式来看，唐律中出现的"盗杀"已不再表示杀人犯罪的具体类型，而是有具体的指向。《唐律疏议·贼盗》"盗官私马牛而杀"条（279）："诸盗官私马牛而杀者，徒二年半。"《疏》议曰："马牛军国所用，故与余畜不同。若盗而杀者，徒二年半。若准赃重于徒二年半者，以凡盗论加一等。其有盗杀牦牛之类，乡俗不用耕驾者，计赃以凡盗论。"其中的"盗而杀"以及"盗杀"具有专门的犯罪对象，仅指马牛牲畜。唐律中"盗杀"共出现五次，皆做此种用法。而秦汉律中的"盗杀"即"威力强取"致人死亡的处罚散见于唐律中对于叛、强盗、劫囚等律文，这些内容在唐代之后的注释律学著作中被概括为"劫杀"。唐代之后，"盗杀"与"劫杀"开始在刑律中同时存在，并在表述、含义以及具体处罚等方面有所交叉。以《大清律例》为例，我们对相关内容及其发展稍作探讨。

（一）盗杀

《大清律例》中出现的"盗杀"有两种具体用法：盗杀马牛与强盗杀人。[1]

1. 盗杀马牛

"盗杀马牛"是唐律中所出现的"盗杀"这一表述形式的唯一用

---

[1]　就表述形式来看，清律中还有"亲属相盗杀伤""凡盗杀伤""因盗杀伤"等内容，但这些行为主观方面多为过失，与秦汉律中的"盗杀"以及唐律中的"劫杀"的差异比较明显，因此，不再进一步探讨。相关内容可参见《大清律例·刑律·贼盗下之一》"亲属相盗"条（272.06）条例内容。［清］薛允升：《读例存疑重刊本（四）》，黄静嘉编校，成文出版社1970年版，第705—706页。

法，此种用法为后世刑律所沿袭。《大清律例·刑律·贼盗中》"盗马牛畜产"条（270.06）："凡盗牛一只，枷号一个月，杖八十。二只，枷号三十五日，杖九十。三只，枷号四十日，杖一百……二十只以上，不计赃数多寡，拟绞监候，其虽在二十只以下，除计赃轻者分别枷杖徒流外，如计赃至一百二十两以上者，仍照律拟绞监候。盗杀者，枷号一个月发附近充军，俱照窃盗例刺字。"① "盗杀"的行为对象亦为马牛牲畜。除此之外，我们自清律中见到了"以盗杀论"的表述形式，这说明"盗杀马牛"是清律量刑中"定型化了的典型"。②

2. 强盗杀人

"强盗杀人"的表述形式在唐律中并未出现，此种犯罪行为及其处罚出现在《唐律疏议·贼盗》"强盗"条（281）与"谋叛"条（251）中，从杀人犯罪行为的类型化来看，唐律中的"强盗杀人"归入"劫杀"中。清律中，"强盗杀人"作为立法语言出现了四次，其表述、含义及其处罚内容皆与秦汉律中的"盗杀"以及唐律中的"劫杀"比较一致，其中的沿袭关系非常清晰。

　　《大清律例·刑律·贼盗上》"强盗"条（266.01）：

　　　　强盗杀人，放火烧人房屋，奸污人妻女，打劫牢狱仓库，及干系城池、衙门，并积至百人以上，不分曾否得财，俱照得财律斩，随即奏请审决枭示。③

清人薛允升在条例之后有一段按语："此条依前明《问刑条例》，顺治三年采《笺释》语添入小注，并于句首'杀'下添'伤'字，雍正三年删定。"④ 此即清代"强盗杀人律例"，《大清律例》中还有三处比照此律

---

　① ［清］薛允升：《读例存疑重刊本（三）》，黄静嘉编校，成文出版社1970年版，第677页。

　② 霍存福、丁相顺：《〈唐律疏议〉"以""准"字例析》，《吉林大学社会科学学报》1994年第5期。

　③ ［清］薛允升：《读例存疑重刊本（三）》，黄静嘉编校，成文出版社1970年版，第589页。

　④ 同上书，第590页。

例量刑的内容：

　　《大清律例·刑律·贼盗中之一》"白昼抢夺"条（268.07）：如有凶恶之徒，明知事犯重罪，在外洋无人处所，故将商人全杀灭口，图绝告发者，但系同谋，均照强盗杀人律，斩决枭示。[1]

　　《大清律例·刑律·人命之一》"谋杀人"条（282.06）：苗人有图财害命之案，均照强盗杀人斩决枭示例办理。[2]

　　《大清律例·刑律·犯奸》"犯奸"条（366.08）：川省啯匪有犯轮奸之案，审实，照强盗律，不分首从皆斩；其同行未成奸者，仍依轮奸本例，拟绞监候。如因轮奸而杀死人命者，无论成奸与否，俱照强盗杀人例，奏请斩决枭示。[3]

《大清律例》中所见的"强盗杀人"显然是自唐律中"劫杀"的某一具体类型演化而来，而定罪量刑的具体内容与秦汉律中的"盗杀"非常一致。如具体量刑方面，竹简秦汉律中"盗杀"多处弃市之刑，清律中"强盗杀人律例"处以"斩决枭示"。清律中与"强盗杀人"相似的还有"窃盗杀人"与"强盗杀死"的内容，《大清律例·刑律·贼盗中之一》"白昼抢夺"条（268.12）律"抢夺窃盗杀人之案，如数人共杀一人，无论金刃、他物、手足，以致命重伤者为首，在场助力，或致命而非重伤，或重伤而非致命者，以为从论。"[4]《大清律例·刑律·断狱下》"检验尸伤不以实"条（412.02）："诸人自缢溺水身死，别无他故，亲属情愿安葬，官司详审明白，准告免检。若事主被强盗杀死，苦主自告免检者，官与相视伤损，

① ［清］薛允升：《读例存疑重刊本（三）》，黄静嘉编校，成文出版社1970年版，第635页。
② ［清］薛允升：《读例存疑重刊本（四）》，黄静嘉编校，成文出版社1970年版，第779页。
③ ［清］薛允升：《读例存疑重刊本（五）》，黄静嘉编校，成文出版社1970年版，第1085页。
④ ［清］薛允升：《读例存疑重刊本（三）》，黄静嘉编校，成文出版社1970年版，第637页。

将尸给亲埋葬。"① 但这种表述形式仅各出现一次，且相关内容并未出现直接的量刑规定。

（二）劫杀

《大清律例》中所见的"劫杀"在表达的含义方面基本上沿袭了唐律中的"叛"与"强盗"两类用法。前者如《大清律例·兵律·军政》"主将不固守"条（207.02）："凡沿边沿海及腹里州县，与武职同城，若遇边警及盗贼生发攻围，不行固守而辄弃去，及守备不设，被贼攻陷城池，劫杀焚烧者，除专城武职照本律拟斩监候外；其守土州县，亦照守边将帅失陷城寨律，拟斩监候；其同城之知府及捕盗官，比照守边将帅被贼侵入境内掳掠人民律，发边远充军；统辖兼辖各官，交部分别议处。"② 但此条中"劫杀"并未包含直接的定罪量刑信息。后者如《大清律例·刑律·贼盗上之二》"强盗"条（266.34）："粮船水手行劫杀人，不分人数多寡，曾否得财，俱拟斩立决枭示，恭请王命，先行正法。其抢夺案内下手杀人之犯，亦照行劫杀人例，正法枭示；为从帮殴，如刃伤及手足、他物，至折伤以上者，俱拟绞立决；……至粮船经过地方，游帮匪徒，有抢劫杀人及被获时拒捕杀伤人者，均照粮船水手抢劫拒捕例办理。"③ 此条本身即为"强盗"律后所附条例，自然是对"强盗"具体情节的细化与补充，这也说明"盗杀"与"劫杀"的暗合及其密切关系。虽然"行劫杀人"与"劫杀"在表述形式方面略有不同，但其所表达的含义显然是一致的。就具体量刑来看，与唐律中的"强盗杀人"也是一致的。与之相同的内容还有《大清律例·刑律·贼盗中之一》"白昼抢夺"条（268.04）：

---

① ［清］薛允升：《读例存疑重刊本（五）》，黄静嘉编校，成文出版社1970年版，第1268页。
② ［清］薛允升：《读例存疑重刊本（三）》，黄静嘉编校，成文出版社1970年版，第467页。
③ 同上书，第610—611页。

"苗人聚众至百人以上,烧村劫杀抢掳妇女,拏获讯明,将造意首恶之人,即在犯事地方斩决枭示。"①《大清律例·刑律·贼盗下之一》"恐吓取财"条(273.11):"安徽省拏获水烟箱主匪徒,除审有抢劫杀伤强奸拐卖等情,各照本律例从重定拟外;其但经携带烟童,或与鸡奸,或纵令卖奸,或遇事挺身架护者,俱发极边足四千里充军。"②

由此可见,"盗杀"与"劫杀"在后世刑律中的含义及其处罚内容不断具体化。至清代,这两类犯罪行为在刑律中所表达的含义都非常具体,可以说都只是指向了前代刑律中"盗杀"与"劫杀"的具体情节,并在立法方面将这些情节独立化、完整化。清律中所见的"盗杀"与"劫杀"显然已不是容纳了若干具体犯罪行为的概念。秦汉至隋唐,刑律中对于杀人行为的描述呈现出的是逐渐概念化、抽象化的趋势,这一阶段,刑事立法技术与立法原理皆有非常大的发展。魏晋律学对于大量犯罪行为与主观心态的精细诠释即是这一发展过程的阶段性成果。隋唐之后,刑律中对于杀人行为的描述呈现出的是逐渐具体甚至烦琐的趋势,不再有刑事立法原理方面的大发展,当然,定罪量刑的技术性规定自然是有所进步的。

五、小结

"盗杀"是秦汉律中的比较常见的犯罪行为,我们在睡虎地秦简《法律答问》与张家山汉简《二年律令·盗律》中见到了明确的记载。"劫杀"是唐律中的犯罪行为,虽然《唐律疏议》中并未有关于"劫杀"的直接表述形式,但我们自正史文献中见到了其作为犯罪行为而使用的情况。

---

① 〔清〕薛允升:《读例存疑重刊本(三)》,黄静嘉编校,成文出版社1970年版,第631页。
② 〔清〕薛允升:《读例存疑重刊本(四)》,黄静嘉编校,成文出版社1970年版,第714页。

《旧唐书·睿宗本纪》载:"八月乙卯,诏以兴圣寺是高祖旧宅,有柿树,天授中枯死,至是重生,大赦天下。其谋杀、劫杀、造伪头首并免死配流岭南,官典受赃者特从放免。天下大酺三日。"[①]又《旧唐书·武宗本纪》载:"二月壬申朔。癸酉,以时雨愆候,诏:京城天下系囚,除官典犯赃、持杖劫杀、忤逆十恶外,余罪递减一等,犯轻罪者并释放。征党项行营兵士,不得滥有杀伤。"[②]谋杀、犯赃、十恶皆是传统刑律中成熟的犯罪行为或"罪名",此无疑义。而根据《旧唐书》的记载,劫杀与谋杀、犯赃、十恶显然是列的关系。因此,劫杀在唐代刑事法体系中应当同样作为"罪名"或"类罪名"而存在的。同时,数次大赦"劫杀"均不在赦免的范围,可见其在唐代是常赦所不免之重罪。

　　就杀人罪在传统刑律中的发展来看,杀人罪被概括为"七杀"即谋、故、劫、斗、戏、误、过失,目前见到的对"七杀"较早、较系统的解释出自元代律学著作《吏学指南》,[③]其中的概括明显是以唐代以后的刑律为蓝本。谋杀、戏杀、斗杀等"罪名"的内容自秦汉至唐代乃至明清虽有发展变化,但发展轨迹较为清晰。值得注意的是,秦汉律中的"盗杀"至唐代演变为"劫杀",其内容与表述皆发生了非常大的变化,而且此种发展变化在表述和内容等方面皆显得较为繁乱。秦汉律中的"盗杀"当做广义解释,凡属"盗"这一"类罪名"中的具体犯罪行为,其行为过程中发生了致人死亡之结果,都应包含在"盗杀"之内,对行为人的主观方面并无具体要求。因此,"盗"的过程中过失致人死亡的行为也属于"盗杀"的范畴。对于唐律中"劫杀"含义的理解,也当沿袭秦汉律中关于"盗杀"广义解释的思路,加威势下手取财的过程中致人死亡的行为

---

① [后晋]刘昫等:《旧唐书》卷七《睿宗本纪》,中华书局 1975 年版,第 157—158 页。
② [后晋]刘昫等:《旧唐书》卷十八上《武宗本纪上》,中华书局 1975 年版,第 609 页。
③ 参见[元]徐元瑞等:《吏学指南(外三种)》,杨讷点校,浙江古籍出版社 1988 年版,第 60 页。

都当作为"劫杀"来认识，但唐律中"劫杀"的含义在秦汉律的基础之上有了行为主观方面的限制，这与劫本身的含义是密切相关的。对于"劫"的含义，段玉裁说："以力胁止人而取其物也"，徐元瑞说："威力强取"，皆是行为人主动以其犯罪行为的实施来追求犯罪结果的发生，其中并不包括行为人过失的情况。而因盗过失杀伤人自然属于过失杀的范畴，而且是属于过失杀中科处"真刑"而不准赎的行为。① 因此，行为人主观方面的限制是秦汉律中的"盗杀"与唐律中的"劫杀"最主要的区别。

　　就"劫杀"的刑罚适用来看，唐律在身份关系、行为具体情节与刑罚轻重程度三方面较之秦汉律有进一步发展。身份关系方面，唐律更加注重凡人相犯与良贱相犯、亲属相犯等的差异，如略卖期亲以下卑幼为奴婢同斗殴杀人法。将略卖行为与斗殴杀人行为同等处罚也说明了略卖行为与斗杀行为性质上的相似性。犯罪行为的具体情节方面，唐律更加注重具体犯罪行为不同情节在量刑方面的差异，在此基础之上予以轻重不同的处罚。这种详细的区分可以让我们更清晰地看到"劫杀"的量刑情况。整体上来说，唐律对于威势取财致人死亡行为的量刑轻于秦汉律，而这一结果出现的原因是唐律在定罪量刑的过程中更加注重身份关系与犯罪行为的具体情节。唐代之后，关于"劫杀"的法律规范向着具体化的方向进一步发展。清代刑事立法中"盗杀"与"劫杀"并存，法律规范的具体内容显然更加注重行为的细节方面，这也是传统刑律中关于杀人犯罪行为立法的发展趋势。

---

　　① 参见刘晓林：《唐律"七杀"研究》，商务印书馆 2012 年版，第 158—159 页。

第五章　秦汉律中的斗殴杀与
唐律中的斗杀

　　"斗"与"殴"表达着不同的含义，这种差别在传统法典及律学著作中表现得非常明显。作为犯罪行为，两者的侧重点明显不同："斗"主要强调的是双方的冲突，"殴"主要强调一方施予另一方的打击；"斗"在表达冲突的时候并未含有"兵杖在后"之意，而"殴"明确地表达了以工具、兵杖击打之意。竹简秦汉律中，"斗"与"殴"未有太多连用的情况，所见多是斗杀、殴杀、斗伤、殴伤的表述。唐律中，"斗"与"殴"的含义基本沿袭了秦汉律中的相关内容，但唐律中的殴伤、殴杀主要强调的是杀伤行为实施者的"杀心""害心"，其内容实际上更接近于秦汉律中的"贼杀伤"。竹简秦汉律中还有大量关于"斗殴杀伤"的处罚以及保辜的内容，将其与唐律相关内容作比较分析可对斗殴杀伤在含义、处罚等方面的发展演变有大致了解。

一、斗殴杀伤的含义

　　《说文》释"鬥"①为："两士相对，兵杖在后，象斗之形。凡斗之属

---

　　① 《说文解字》中，"鬥"（都豆切）表示的是争斗之"斗"；"斗"（当口切）表示的是作为度量衡的"十升为斗"。[汉]许慎撰、[清]段玉裁注：《说文解字注》，三篇下"鬥部"、十四篇上"斗部"，上海古籍出版社1981年版，第114页上、717页上。为了统一表述，仅在此处使用"鬥"，下文一律用"斗"，不再一一说明。

皆从斗。"段玉裁认为此释义非出自许慎:"按此非许语也。许之分部次弟,自云据形系联。玬屈在前部,故受之以斗。然则当云争也。两玬相对象形,谓两人手持相对也。乃云两士相对,兵杖在后,与前部说自相戾,且文从两手,非两士也。此必他家异说,浅人取而窜改许书。虽孝经音义引之,未可信也。"①但从其表示两人相争之意的角度来看,此种解释未必无可采之处。在表达相争之意时,斗与争可以互训、通用。我们在传世文献中常见这种解释:"争,争斗之争",而且此种解释在《春秋》及其注疏中多次出现,可见其用法之固定与典型。

　　《左传·宣公十一年》:春,楚子伐郑,及栎。子良曰:"晋、楚不务德而兵争,与其来者可也。晋、楚无信,我焉得有信?"乃从楚。夏,楚盟于辰陵,陈、郑服也。注曰:"争,争斗之争。"②

　　《左传·成公二年》:君子谓:"华元、乐举,于是乎不臣。臣,治烦去惑者也,是以伏死而争。"注曰:"谓文十八年,杀母弟须。……争,争斗之争。"③

　　《春秋谷梁传序》:而汉兴以来,瑰望硕儒,各信所习,是非纷错,准裁靡定。故有父子异同之论,石渠分争之说。注曰:"分争,争斗之争。"④

　　《谷梁传·僖公三十年》:徐邈曰:"凡出奔归月,执归不月者,齐则国更立主,若故君还入,必有战争祸害,所以谨其文。执者,罪名未定,其国犹追奉之,归无犯害,故例不月。"注曰:"战争,争

　　①　[汉]许慎撰、[清]段玉裁注:《说文解字注》,三篇下"鬥部",上海古籍出版社1981年版,第114页上。
　　②　[周]左丘明撰、[晋]杜预注、[唐]孔颖达正义:《春秋左传正义》卷第二十二,北京大学出版社1999年版,第628页。
　　③　[周]左丘明撰、[晋]杜预注、[唐]孔颖达正义:《春秋左传正义》卷第二十五,北京大学出版社1999年版,第703页。
　　④　[晋]范宁集解、[唐]杨士勋疏:《春秋谷梁传注疏》卷第一,北京大学出版社1999年版,第10页。

斗之争。"①

　　《谷梁传·昭公八年》：射而中，田不得禽，则得禽。田得禽而射不中，则不得禽。是以知古之贵仁义，而贱勇力也。注曰："射以不争为仁，揖让为义。争，争斗之争。"②

从"争斗"互训的解释中我们看到了两者之间表意的一致性。此种解释方式除了多次出现之外，还多见有强调其普遍性的表述，如《公羊传·隐公元年》载："争，争斗之争，下同。"③又《公羊传·僖公二十八年》："争，争斗之争，下注同"。④可见，争、斗互训已成定式，其表达的是双方的对抗性矛盾，至于是否具体到"兵杖在后"的程度，笔者尚未见到更多记载。⑤斗在表达矛盾、对抗的基础之上，还有进一步表示攻击的含义，《公羊传·宣公六年》："公怒，以斗撎而杀之"，注曰："撎，犹敲也。敲，谓旁击头项。撎，五羔反，又苦交反，犹敲也。敲，口吊反，击也。"⑥"斗"的这种含义与"殴"已十分接近，《说文》释"殴"："捶毄物也。"段玉裁注："捶，以杖击也。因谓杖为捶。捶毄物者，谓用杖击中人物也。按此字即今经典之敺字。《广韵》曰：俗作敺。是也。唐《石

_____

　　①　〔晋〕范宁集解、〔唐〕杨士勋疏：《春秋谷梁传注疏》卷第九，北京大学出版社1999年版，第152页。
　　②　〔晋〕范宁集解、〔唐〕杨士勋疏：《春秋谷梁传注疏》卷第十七，北京大学出版社1999年版，第285页。
　　③　〔汉〕公羊寿传、〔汉〕何休解诂、〔唐〕徐彦疏：《春秋公羊传注疏》卷第一，北京大学出版社1999年版，第13页。
　　④　〔汉〕公羊寿传、〔汉〕何休解诂、〔唐〕徐彦疏：《春秋公羊传注疏》卷第十二，北京大学出版社1999年版，第262页。
　　⑤　实际上，此处的"兵杖在后"应该主要是对相争之状态的比拟，未必是真实状态的描述。也就是说，其注释内容所强调的主要是"相对"的状态，"兵杖在后"也是对于"相对"状态的进一步说明，只要存在"相对"状态，即使没有出现"兵杖在后"也是"斗"所表达的内容；当然若是真实的"两士相对，兵杖在后"的状态，只要未着手实施实际的击打行为，自然也属于此处所说"斗"的范畴。
　　⑥　〔汉〕公羊寿传、〔汉〕何休解诂、〔唐〕徐彦疏：《春秋公羊传注疏》卷第十五，北京大学出版社1999年版，第331页。

经·周礼》：射鸟氏以弓矢殴乌鸢。方相氏索室殴疫。入圹以戈击四隅殴方良。冥氏以灵鼓殴之。庶氏凡殴蛊则令之比之。壶涿氏以炮土之鼓殴之。今版本皆作敺，唐刻独不误。张参《五经文字》殳部殴，一口反。攴部无敺。殳部殴字正为经典而出。特未尝箸之曰又起俱反，俗作敺耳。殴训捶毄物，故以弓矢，以戈，以灵鼓，以炮土之鼓皆捶击意也。"[1] "殴"指的是击打，其中"以弓矢，以戈，以灵鼓，以炮土之鼓"明显的含有以兵杖击之意。《汉书·文三王传》载："后数复殴伤郎，夜私出宫。"颜师古注曰："殴，捶击。"[2]

　　将"斗"与"殴"相比，可发现以下两方面的区别：第一，"斗"主要指的是对抗性的冲突，这种冲突是双方的，且暗含双方势均力敌之意，斗争互训将此意表述得更加清晰；"殴"也含有冲突之意，但主要强调的是一方压倒性的优势，表达的是一方施予另一方的打击。第二，"斗"在表达对抗性冲突的时候，所表达的"兵杖在后"之意是象征性的，其所强调的是"兵杖在后但未用"之意，一旦出现了"兵杖互击"的状态，便不再是"斗"所表达的含义；而"殴"明确地表达了以工具、兵杖击打之意。从中我们可以看到"斗"与"殴"比较明显的差异。"斗殴"连用自何时起？目前，笔者尚未见到直接的记载，但"斗"与"殴"之间的关系是极为清晰的，《周礼·地官司徒·调人》载："凡有斗怒者，成之；不可成者，则书之，先动者诛之。"注曰："斗怒，辨讼者也。不可成，不可平也。书之，记其姓名，辨本也。"疏曰："言'斗怒'，则是言语忿争，未至殴击，故成之。若相殴击，则当罪之也，故郑云斗怒谓辨讼也。"[3] 可

---

① ［汉］许慎撰、［清］段玉裁注：《说文解字注》，第三篇下"殳部"，上海古籍出版社1981年版，第119页下。

② ［汉］班固撰、［唐］颜师古注：《汉书》卷四十七《文三王传》，中华书局1962年版，第2215—2216页。

③ ［汉］郑玄注、［唐］贾公彦疏：《周礼注疏》卷第十四，北京大学出版社1999年版，第360页。

见，"斗"与"殴"虽然都表达了对抗性的冲突、矛盾，但两者存在差异："斗"表达的是言语忿争，而"殴"表达的是实际的击打，这种差异既是冲突程度方面的差异，亦是冲突手段方面的差异。清人沈家本谓："相争为斗，相击为殴"，① 清人王明德进一步强调了两者的差异："斗，则不过怒目相视，口舌相争，手足作势，或彼此相扭，而不相捶击，或彼来此拒，而不交手，又或彼去此追，而恶语相激，则皆谓之斗。"② "怒目相视"与"口舌相争"都属于"斗"，进一步则是"手足作势"甚至是"彼此相扭"。但"斗"之界限非常清晰，必须是"不相捶击"与"不交手"，否则便是超出了"斗"的范围。"若殴则手足及身，木石金刃相击矣。世或有斗而不殴者，断未有殴而不斗者矣。"③ 这种冲突是相互性的，《尚书·康诰》正义："故《孝经》曰：'不爱其亲而爱他人者，谓之悖德。不敬其亲而敬他人者，谓之悖礼。以顺则逆，民无则焉。不在于善，而皆在于凶德'是也。以此言贼杀他人，罪小于骨肉相乖阻。但于他人言其极者，于亲言其小者，小则有不和詈争斗讼相伤者也。于亲小则伤心，大乃逆命，殴骂杀害，互相发起而可知也。"④ 言语冲突的升级自然是肢体方面的冲突，肢体冲突发展到一定程度的必然结果是冲突一方对另一方的殴击，若最终出现致人死亡的结果则为"斗杀"或"殴杀"。正史文献中不仅能见到关于"斗杀"的内容，还能见到大量关于"殴杀"的内容。

　　《汉书·刑法志》：至成帝鸿嘉元年，定令："年未满七岁，贼斗杀人及犯殊死者，上请廷尉以闻，得减死。"⑤

---

　　① ［清］沈家本：《历代刑法考》（四）《论故杀》，邓经元、骈宇骞点校，中华书局1985年版，第2065页。

　　② ［清］王明德：《读律佩觿》，何勤华等点校，法律出版社2001年版，第71页。

　　③ 同上。

　　④ ［汉］孔安国传、［唐］孔颖达疏：《尚书正义》卷第十四，北京大学出版社1999年版，第367—368页。

　　⑤ ［汉］班固撰、［唐］颜师古注：《汉书》卷二十三《刑法志》，中华书局1962年版，第1106页。

《汉书·鲍宣传》：凡民有七亡：……七亡尚可，又有七死：酷
吏殴杀，一死也；……师古注曰："殴，击也。"①

《汉书·翟方进传》：吏民残贼，殴杀良民，断狱岁岁多前。②

《刑法志》中关于"斗杀"的记载内容引述了成帝时颁布的法令，其
中"贼斗杀人"的表述形式或可为"贼、斗杀人"，所表达的含义是"贼
杀人"与"斗杀人"两种犯罪行为。那么，"斗杀"在汉律中应当是一类
含义比较固定的犯罪行为。③结合后世正史文献中的记载，大致也能说
明汉律中"斗杀"的固定含义。汉宣帝时丞相丙吉，"逢群斗者，死伤横
道，吉不问过之。又逢人逐牛，牛喘吐舌，止驻，使骑吏问逐牛行几里。"
掾史对丞相不问群斗之事颇感困惑，丙吉曰："人斗杀伤，长安令、京兆
尹职所当禁。吾备宰相，不亲小事。"④这里，我们对汉丞相的具体职掌
不做论述，仅就其中"斗杀伤"的含义稍作探讨。丙吉丞相所说的"斗杀
伤"应当是一类犯罪案件，是说群斗过程中有死伤，这类案件应当由长
安令、京兆尹所管辖。《鲍宣传》与《翟方进传》的记载中，"殴杀"的含
义非常清晰，但并不能据此说明秦汉律中"殴杀"的含义，因为相关记
载中所涉及的内容并非来源于引述律令，也未强调其包含的法律意义。
以下，结合出土文献中的相关内容对秦汉律中"斗杀"与"殴杀"的含义
稍作探讨。

---

① ［汉］班固撰、［唐］颜师古注：《汉书》卷七十二《王贡两龚鲍传》，中华书局1962
年版，第3088—3089页。

② ［汉］班固撰、［唐］颜师古注：《汉书》卷八十四《翟方进传》，中华书局1962年版，
第3422—3423页。

③ "斗杀"作为固定的表述形式在后世也比较常见，《太平御览·兵部》引《唐书》：
"……裴度既平淮西，蔡人大悦。旧令：途无偶语，夜不燃烛，又以酒食相过从者，以军法论。
度乃约法，惟盗斗杀外，余尽除之，其往来者，不复以昼夜为限。"［宋］李昉等：《太平御览》
卷二七九《兵部十·信义》，中华书局1960年版，第1301页下。

④ ［唐］杜佑：《通典》卷二十一《职官三·宰相》，王文锦等点校，中华书局1988年版，
第536页。

　　睡虎地秦简与张家山汉简中，"斗"与"殴"在绝大多数情况下并未连用，我们见到的多是"斗杀""殴杀""斗伤""殴伤"的表述，这与传世文献中的记载是一致的。竹简秦汉律中仅见到一处"斗殴"连用的记载，张家山汉简《二年律令·贼律》载："斗殴变人，耐为隶臣妾。怀（怀）子而敢与人争斗，人虽殴变之，罚为人变者金四两。（三一）"正是这条律文清晰地表达了"斗"与"殴"的区别。"怀子而敢与人争斗"说的是怀孕妇女与他人对抗性的冲突、矛盾，"人虽殴变之"则是说对抗、矛盾升级后，他人在互相攻击中占有优势，将怀孕妇女"殴"致流产。从"罚为人变者金四两"中可以看出对孕妇施加殴打行为的一方减轻了处罚，根据在于怀孕妇女在相争的过程中具有一定主观过错，应当承担一定的责任。"斗"表达的是双方对抗性的冲突，暗含有双方势均力敌之意，如睡虎地秦简《法律答问》载："……相与斗，交伤，皆论不殴（也）？交论。（七四）""斗"的双方按照各自给对方所造成的伤害分别予以处罚，这将"斗"的相互性表达得较为清晰。① 关于"斗"与"殴"的差异及其关系，《法律答问》："斗，为人殴殴（也），毋（无）痏痏，殴者顾折齿，可（何）论？各以其律论之（八九）。"互相争斗的过程中，一方逐渐处于劣势，最终"为人殴"，双方各自按照给对方造成的伤害结果处罚。就此来看，秦律中的"斗""殴"是有比较清晰的界限的。

　　可以发现，秦汉律中"斗"与"殴"在含义方面所表现出的差异与传世文献中的记载基本一致。从秦汉律的其他相关内容中，也能得出这一结论。睡虎地秦简《法律答问》载："殴大父母，黥为城旦春。……（七八）"

---

　　① 堀毅认为："所谓斗是相对于贼而言的，指打架。"〔日〕堀毅：《秦汉贼律考》，载〔日〕崛毅：《秦汉法制史论考》，法律出版社 1988 年版，第 312 页。将"斗"与"贼"比较，若是为突出两者的差别而将其释为"打架"似乎没有太大的问题。但此种解释未能将"斗"视为一个过程，充分重视其在不同阶段所表达的不同含义，自然也不可能对"斗"与"殴"的关系尤其是两者的可转化性予以充分重视。

张家山汉简《二年律令·捕律》载："以县官事殴若詈吏，耐。……(四六)"可见"殴"表达的主要是单方面的侵害。睡虎地秦简《法律答问》载："律曰：斗决人耳，耐。……(八〇)"张家山汉简《二年律令·捕律》载："捕盗贼、罪人，及以告劾逮捕人，所捕格斗而杀伤之，及穷之而自杀也，杀伤者除，其当购赏者，半购赏之。……(一五二)"其中"格斗"是说此来彼往的相互攻击，"斗决人耳"则是争斗过程中致人伤害。

　　"斗杀"与"殴杀"同时出现在秦汉律中，两者的关系如何？目前尚无准确的认识。结合《文献通考》所引《魏律·斗律》的相关内容，我们可以对两者的关系稍作探讨。"祖父母、父母忿怒以兵刃杀子孙者，五岁刑；殴杀及爱憎而故杀者，各减一等。"①魏律此条主要针对两类行为："忿怒以兵刃杀"与"殴杀及爱憎而故杀"，相比之下前者处罚重、后者处罚轻，因为后者在前者量刑基础上"减一等"。从魏律律文内容来看，"殴杀"是纳入"故杀"当中的，对此，唐律中规定得非常清晰。《唐律疏议·斗讼》"斗殴杀人"条(306)载：

　　　　诸斗殴杀人者，绞。以刃及故杀人者，斩。虽因斗，而用兵刃杀者，与故杀同。（为人以兵刃逼己，因用兵刃拒而伤杀者，依斗法。余条用兵刃，准此。）

　　　　《疏》议曰：斗殴者，元无杀心，因相斗殴而杀人者，绞。以刃及故杀者，谓斗而用刃，即有害心；及非因斗争，无事而杀，是名"故杀"：各合斩罪。"虽因斗而用兵刃杀者"，本虽是斗，乃用兵刃杀人者，与故杀同，亦得斩罪，并同故杀之法。注云"为人以兵刃逼己，因用兵刃拒而伤杀"，逼己之人，虽用兵刃，亦依斗杀之法。"余条用兵刃，准此"，谓余亲戚、良贱以兵刃逼人，人以兵刃拒杀者，并

_____

① ［元］马端临：《文献通考》（下册）卷一百六十九《刑考八》，浙江古籍出版社2000年版，第1468页下。

准此斗法。又律云："以兵刃杀者，与故杀同。"既无伤文，即是伤依斗法。注云"因用兵刃拒而伤杀者"，为以兵刃伤人，因而致死，故连言之。

问曰：故杀人合斩，用刃斗杀亦合斩刑，得罪既是不殊，准文更无异理。何须云"用兵刃杀者，与故杀同"？

答曰：《名例》："犯十恶及故杀人者，虽会赦，犹除名。"兵刃杀人者，其情重，文同故杀之法，会赦犹遣除名。

不因斗，故殴伤人者，加斗殴伤罪一等。虽因斗，但绝时而杀伤者，从故杀伤法。

《疏》议曰：不因斗竞，故殴伤人者，加斗殴伤一等，若拳殴不伤，笞四十上加一等，合笞五十之类。"虽因斗，但绝时而杀伤者"，谓忿竞之后，各已分散，声不相接，去而又来杀伤者，是名"绝时"，从故杀伤法。

唐律中的"以刃杀"即魏律中的"以兵刃杀"，"以刃杀"的处罚比"斗杀"重的理由律《疏》已做解释"即有害心"。唐律中"以刃杀"与"故杀"同样处罚，据此可以推测《魏律》中的"殴杀"与"故杀"也是同样处罚，这种处罚应当重于"斗杀"。至于唐律立法将"以刃杀"单独列举的理由，"问答"中说的非常清楚。单独列举"斗而用兵刃杀者"主要突出两方面的含义：一是强调此行为虽属"斗杀"，但与"斗杀"有异；二是强调此行为虽属"斗杀"，但与"故杀"相似。异于"斗杀"而同于"故杀"的原因在于"其情重"，即情节及通过情节所表现出的犯罪主观心态或主观恶性重于"斗杀"。① 唐律中"斗"与"殴"的含义是沿袭秦汉律而来，"斗"强调的是相互性的冲突，"殴"强调的则是一方强势性的打击。从处罚的角度来讲，针对同一对象的"斗杀""殴杀"并无区别，因

---

① 关于唐律中"情"作为法律词汇所具有的特殊含义以及"情重"的意义可参见刘晓林：《〈唐律疏议〉中的"情"考辨》，《上海师范大学学报（哲学社会科学版）》2017 年第 1 期。

此，本条表述为"斗殴杀人"。唐律中尚有大量"斗杀""殴杀"的表述，但其目的仅是突出行为的不同。我们能看到唐律中对"殴伤"与"斗伤"做了不同处理："不因斗竞，故殴伤人者，加斗殴伤一等"，即非因相互性的冲突、矛盾，一方单纯殴击另一方致伤则在处罚方面加重斗伤一等，此处的"殴伤"与秦汉律中的"贼伤"含义相同，为有意追求对方伤害的行为。

沈家本谓："凡斗殴杀人者……本无害人之意，"① 其中的"本无害人之意"与唐律中的"斗殴者元无杀心"② 所强调的重点皆是行为人并非以"斗"或"殴"之行为手段积极追求犯罪对象死亡之结果，其主观心态并非直接故意。"因相斗殴而杀人"则进一步表明行为人对犯罪对象死亡之结果的心态属于间接故意。行为人对其所实施的斗殴行为，应当预见可能产生的或然结果，这是立法基于斗殴行为所含有的危害性、危险性与"一般人"的认知标准所做的通常判断。但行为人并非排斥致人死亡之结果的出现，决意实施斗殴行为而放任了斗殴对象死亡之结果的出现；或是突发的斗殴行为，行为人临时起意、动辄行凶、不计后果致他人死亡，亦属间接故意之范畴。③

唐律中，"斗"与"殴"乃斗杀行为之不同发展阶段，斗、殴并非孤立的两个行为，而是同一行为先后相续之发展阶段。对于"斗杀"的定

① ［清］沈家本：《历代刑法考》（四）《论故杀》，邓经元、骈宇骞点校，中华书局1985年版，第2065页。

② 另，《唐律疏议·斗讼》"斗殴误杀伤傍人"条（336）"问答"在解释"殴甲误中于丙，尚以斗殴伤论"的理由时也说"以其元无杀心，至死听减一等"。唐律中出现的两处"无杀心"表达的含义一致。

③ 现代刑法中有一种突发性犯罪与唐律斗杀之罪过形式颇为相似，临时起意、动辄行凶，不考虑危害结果，其伤害行为最终致人死亡。此类案件，行为人对伤害行为与伤害结果是明知、追求的，主观心态为直接故意；对于伤害行为致人死亡的结果，却仅预见到概括的可能性，并非希望其发生、仅是放任了危害结果。对于伤害行为所造成的他人死亡，行为人的认识因素是明知危害结果可能发生，意志因素是放任危害结果发生，属间接故意。具体案例可参见高铭暄、马克昌主编：《刑法学》（上编），中国法制出版社1999年版，第209页。

罪量刑，必须充分注意到由"斗"至"殴"的转化过程，并且充分关注其法律意义。《唐律疏议·斗讼》"两相殴伤论如律"条（310）载："诸斗两相殴伤者，各随轻重，两论如律。"即由于前期的"斗"，双方互相殴击，进一步导致伤亡的，根据各自的殴击行为及其给对方造成的伤害程度分别予以处罚。从过程上分析，唐律中的"斗殴杀"可能有两种表现形式：第一，双方产生言语争斗，随后发展为手足相殴，殴击过程中致一方死亡，即由"斗"至"殴"并最终发展为"殴死"或"殴杀"；第二，双方未有前期相互性的冲突，一方基于伤害而故意对另一方实施"殴击"，"殴击"的过程中出现一方死亡的结果，即由"殴击"直接发展成为"殴杀"。这两种行为在唐律中原则上都认定为"斗殴杀人"，但我们对照前述秦汉律中的相关内容分析，后者在秦汉律中更加符合"贼杀"的含义并予以处罚。这说明传统刑律中杀人罪具体犯罪行为的"类型化"是一个过程，在这个过程中，杀人罪的各种具体类型逐渐丰富、固定。

根据唐律的内容，我们还可以看到其中所规定的构成"斗殴杀人"的两方面条件：一是时间方面的条件，双方因"争斗"发展为"殴斗"，矛盾升级导致一方行为人当场行杀人之事，登时而杀方为"斗杀"、绝时而杀则为"故杀"。通过行为时间所判断的内容实际上仍然是行为人的主观心态，"'虽因斗，但绝时而杀伤者'，谓忿竞之后，各已分散，声不相接，去而又来杀伤者，是名'绝时'，从故杀伤法。"若是缘斗而杀，可以认为争斗一方死亡之结果是争斗过程中行为人没有预见到的，或者说已经预见到但轻信可以避免，也可能是行为人放任一方死亡之或然结果。"绝时而杀"则说明行为对象死亡之结果与事先的争斗行为并没有直接的因果关系，他人死亡乃是行为人直接追求的犯罪结果。因此，"绝时而杀"当为故杀而非斗杀。二是工具方面的条件，"斗殴杀"的认定原则上要求行为人无犯罪工具，若持械而斗则彰显其"害心"，为"故杀"；但他人用兵刃逼己，因而用刃拒而杀之，亦为"斗杀"。可见唐律对"斗殴杀"所做的限制性条件,目的是将"斗殴杀"与"故杀"予以区别。

二、斗殴杀伤的处罚

（一）秦律斗殴杀伤处罚的相关内容

睡虎地秦简《法律答问》中关于斗殴杀伤的内容并不多,而且大多数都是关于"斗伤"与"殴伤"的定罪量刑条文,关于"斗杀"或"殴杀"几乎没有直接的记载。秦简中关于斗殴伤的内容可以大致分为两类:①一是具体杀伤行为量刑的规定;二是法律适用过程中的原则性规定或是对法律术语的解释以及不同行为比类相附的规定,这些规定的目的都是使定罪量刑条文在司法实践中恰当地适用。

关于定罪量刑的规定,依据行为人与犯罪对象之间的关系,又可分为亲属之间的斗殴杀伤与常人之间的斗殴杀伤。

1. 亲属之间的斗殴杀伤

"殴大父母,黥为城旦舂。"今殴高大父母,可(何)论? 比大父母。（七八）

妻悍,夫殴治之,夬(决)其耳,若折支(肢)指、胅體(体),问夫可(何)论? 当耐。（七九）

以上两条律文规定的都是亲属之间的斗殴杀伤,具体来说,规定的是殴祖父母、曾祖父母以及殴妻的处罚情况。七八简的前半部分为"殴大父母,黥为城旦舂",这应当是本条引述其他律文的规定而作为本条

---

① 这种划分是相对的,是根据睡虎地秦简中与"斗殴杀伤"有关的简文内容所做的划分。有些关于杀伤行为量刑的规定中仍包含有比附的内容,但其最终出现了处罚的条文,故划分为一类;而比附的规定仅是说明某行为比照其他行为论,但未出现具体的处罚内容,故划分为一类。

比附的根据。据此，我们可以看到殴祖父母处以黥为城旦舂之刑，殴曾祖父母同样处罚。本条律文仅规定"殴"，而未规定造成何种伤害结果，因此，殴祖父母、曾祖父母只要有殴打行为，即予以处罚，不需要出现任何伤害结果。这一点基本上是可以确定的，原因有两方面：首先，从形式方面来看，根据睡虎地秦律其他条文的内容，若是要求有伤害结果出现，律文中必然有具体规定，如七九简中规定的决耳、折肢、胅体等。这些简文前后完整，不像有缺损的内容。[①] 其次，从内容方面来看，卑幼对于尊长的詈骂、殴打行为是秦汉刑律严惩的对象，同时，这与后世刑律的立法精神一致。如《唐律疏议·斗讼》"殴詈祖父母父母"条（329）："诸詈祖父母、父母者，绞；殴者，斩。"《疏》议曰："子孙于祖父母、父母，情有不顺而辄詈者，合绞；殴者，斩。"从中我们也可以看到，唐律中对殴詈祖父母与父母是一并处罚的，这应当是在表述形式方面较之秦律相关内容的进一步发展。七九简规定夫殴妻致其决耳、折肢、跌体等，夫处以耐刑。但前提是妻"悍"，即"骄横强悍"。[②] 若是妻未有过失而夫将其殴伤，则应当处以更重的刑罚。唐律中仍有夫殴伤妻妾的处罚，《唐律疏议·斗讼》"殴伤妻妾"条（325）载："诸殴伤妻者，减凡人二等；死者，以凡人论。殴妾折伤以上，减妻二等。"殴妻不同于殴凡人，因为夫妻之间存在特殊的身份关系，律《疏》中说"妻之言齐，与夫齐体，义同于幼"，因此，殴妻在处罚方面"减凡人二等"；妾的身份与妻不同，殴妾与殴妻也有不同，殴妾只有造成折伤以上才予以处罚，并且在殴妻的量刑基础之上再减二等，即殴妾折伤以上减殴凡人四等处罚。夫殴死妻与殴死凡人同样处罚，即"死者，以凡人论"，处以绞刑；夫殴死妾，减

---

① 七八简的图版可见睡虎地秦墓竹简整理小组：《睡虎地秦墓竹简·图版》，文物出版社1990年版，第55页。

② 睡虎地秦墓竹简整理小组：《睡虎地秦墓竹简·释文》，文物出版社1990年版，第154页注释［一］。

夫殴死妻两等处罚,应当处以徒三年之刑。① 从中我们已看不到关于"妻悍"的内容,② 但是唐律律文所体现的立法精神与秦律是一致的,即夫殴伤、殴杀妻妾的处罚轻于常人之间的殴伤、杀,这说明身份关系在唐律定罪量刑过程中产生的影响较之其在秦律中的影响更加细致与深入。

2. 常人之间的斗殴杀伤

律曰:"斗夬(决)人耳,耐。"今夬(决)耳故不穿,所夬(决)非珥所入殴(也),可(何)论? 律所谓,非必珥所入乃为夬(决),夬(决)裂男若女耳,皆当耐。(八〇)

或与人斗,缚而尽拔其须麇(眉),论可(何)殴(也)? 当为城旦。(八一)

或斗,啮断人鼻若耳若指若唇,论各可(何)殴(也)? 议皆当耐。(八三)③

---

① 按:夫殴死妻与殴死凡人同样处以绞刑,夫殴死妾在绞刑的基础之上减二等当为徒三年。《唐律疏议·名例》"称加减"条(56):"惟二死、三流,各同为一减。"《疏》议曰:"假有犯罪合斩,从者减一等,即至流三千里。或有犯流三千里,合例减一等,即处徒三年。故云'二死、三流,各同为一减'。其加役流应减者,亦同三流之法。"

② 其中表露出的信息是唐代丈夫的权力似乎比秦汉时期更大,不必有"妻悍"的情况即可惩戒妻妾,但若其伤亡,仍要处罚。

③ 日本学者崛毅认为八三简中的"议"具有比类相附的性质:

答文中有"议"字。这种判决方式是秦简中独一无二的,因此可以说它是一种极特殊的方式。也就是说,被列为科罪对象的行为大致可以分为二种。(1)有法定条文规定的。例如:"殴大父母→黥城旦"(《法律答问》)。(2)律文里虽无规定,但可根据判决先例,条理及比附加以量刑处理。例如:"殴高大父母→比大父母"(《法律答问》)。该例属于(2)的范围。然而,严格说来,该例与当时法庭用语里的"比"性质略有不同。一般所说的"比"(唐律的比附)是针对如明知有"不得放马进官府"的规定却擅自将牛牵入官府之行为而言的。即所谓"类推解释"。但是,该例与上例(牛和马的例子)根本不同。该例正如有"杀他家豕赀二甲"规定,却杀掉人家的羊的例子一样(据秦汉时代的算术书《九章算术》所载,豕价为三百钱,羊价为五百钱。这里以此为基准)。如果杀死人家的羊,而按照杀猪的情况论处,则只会对被告有利。在这个意义上,该例与上例完全不同。从该例来看,可以知道当时确实不存在针对"啮断人鼻耳"的条文规定。但是,正像"律曰,斗决人耳,耐"(《法律答问》)一样,规定"撕裂他人的耳朵(未撕断),当处耐刑"。这样看来,(不免对加害者过分有利)该例依照上述条文则也应当处以同等的刑罚。从这里我

　　士五（伍）甲斗，拔剑伐，斩人发结，可（何）论？当完为城旦。

（八四）

　　斗以箴（针）、鍖、锥，若箴（针）、鍖、锥伤人，各可（何）论？斗，

当赀二甲；贼，当黥为城旦。（八六）

　　"邦客与主人斗，以兵刃、投（殳）梃、拳指伤人，揗以布。"可

（何）谓"揗"，揗布入公，如赀布，入齎钱如律。（九〇）

以上律文规定的是常人之间的斗殴杀伤。八〇简的前半部分"律曰：斗

夬（决）人耳，耐。"其中"律曰"之后的内容显然是引述秦律其他条文的

　　们可以窥见唐代名例律"诸断罪无正条，其应出罪者，则举重以明轻。其应入罪者，则举轻以明重"之渊源，而且，可以了解到秦律中"比"与"议"在用法上有什么微妙的不同。

　　〔日〕崛毅：《秦汉贼律考》，载〔日〕崛毅：《秦汉法制史论考》，法律出版社1988年版，第313—314页。首先，"议"是否为秦律中"独一无二"的判决方式是存在疑问的，睡虎地秦简中所见关于"议"的记载仅有以下内容：

　　《法律答问》：士五（伍）甲盗一羊，羊颈有索，索直一钱，问可（何）论？甲意所盗羊殹（也），而索系羊，甲即牵羊去，议不为过羊。（二九）

　　《秦律十八种·仓律》：种：稻、麻亩用二斗大半斗，禾、麦一斗，黍、荅亩大半斗，叔（菽）亩半斗。利田畴，其有不尽此数者，可殹（也）。其有本者，（三八）称议种之。（三九）

　　《秦律十八种·仓律》：城旦之垣及它事而劳与垣等者，旦半夕参；其守署及为它事者，参食之。其病者，称议食之，令吏主。……（五五）

　　《秦律十八种·司空》：一脂，攻间大车一两（辆），用胶一两、脂二锤。攻间其扁解，以数分胶以之。为车不劳，称议脂之。（一三〇）

　　《为吏之道》：申之义，以穀畸，欲令之具下勿议。彼邦之圂（倾），下恒行巧而威故移。

（一二五）

　　二九简中的"议"与正文八三简中的"议皆当耐"稍有相似，整理小组引《周易·中孚·象传》："君子以议狱缓死"，释"议"为"议处"。从内容来看，"议不为过（盗）羊"与"议皆当耐"均未体现明显的比附与被比附内容，将之视为比类相附似乎过于牵强。《秦律十八种》与《为吏之道》的相关内容中，"议"与"比附"毫不相涉，那么崛毅所谓"（议）这种判决方式是秦简中独一无二的"根据为何？似乎尚待进一步探讨。但就目前的记载来看，说秦律中的"议"具有立法技术方面的特殊意义似乎缺乏相关文献的支持。

　　其次，崛毅认为"（议）该例与当时法庭用语里的'比'性质略有不同"，"比"作为比附的形式在睡虎地秦简中有较多记载，其内容与唐律中的比类相附具有明显的渊源关系，这是值得肯定的，关于秦律中"比"的内容及其与唐律比附的关系下文详述。

规定，据此，我们可以看到斗殴撕裂人耳处以耐刑。后半部分实际是对"决耳"在法律适用方面的"扩张解释"。即"决耳"并不限于撕裂"挂珥"的部位，不论行为对象的性别、撕裂的具体位置，只要是撕裂皆处以耐刑。八一、八三、八四、八六简的内容是针对不同的具体斗殴杀伤行为所明确规定的处罚：斗殴过程中将对方绑缚而尽拔其须眉，处以城旦之刑；斗殴过程中啮断人鼻、耳、指、唇，处以耐刑；斗殴过程中拔剑出鞘斩人发结，完为城旦；斗殴过程中以针、鈚、锥伤人，赀二甲。九〇简的内容与前述略有不同，规定的是秦国之外的人与秦国人相斗殴的过程中，若以兵刃、殳梃、拳指伤人则罚布入官，这似乎与近代"罚金刑"有所相似，[①] 此处除去"罚布入官"以外是否有其他的处罚，本条并未见到相关内容。

睡虎地秦简中我们还可以见到以下与斗殴杀伤人相关的规定：

相与斗，交伤，皆论不殴（也）？交论。（七四）

臣强与主奸，可（何）论？比殴主。｜斗折脊项骨，可（何）论？比折支（肢）。（七五）

拔人发，大可（何）如为"提"？智（知）以上为"提"。（八二）

铍、戟、矛有室者，拔以斗，未有伤殴（也），论比剑。（八五）

或与人斗，夬（决）人唇，论可（何）殴（也）？比痍痏。（八七）

或斗，啮人頯若颜，其大方一寸，深半寸，可（何）论？比痍痏。（八八）

斗为人殴殴（也），毋（无）痍痏，殴者顾折齿，可（何）论？各以其律论之。（八九）

这些竹简所记载的内容并未有具体处罚或量刑方面的规定，多为法律适用过程中的解释、说明，用以补充客观、具体的列举所造成的固有

---

① 参见马克昌主编：《刑罚通论》，武汉大学出版社1995年版，第192页。

弊端。① 七四简的内容是斗杀伤定罪量刑中的原则性规定,即斗殴过程中相互造成伤害,依据行为人给行为对象所造成的伤害程度,分别予以处罚。八九简的内容实际上是七四简内容进一步的规定,对他人进行殴击,不但未给对方造成伤害反而被对方打掉了牙齿,根据双方给对方造成的伤害程度,分别予以处罚。同样的内容在唐律中亦可得见,《唐律疏议·斗讼》"两相殴伤论如律"条(310)载:

> 诸斗两相殴伤者,各随轻重,两论如律;后下手理直者,减二等。(至死者,不减。)

《疏》议曰:"斗两相殴伤者",假有甲乙二人,因斗两相殴伤,甲殴乙不伤,合笞四十;乙殴甲伤,合杖六十之类。或甲是良人,乙是贱隶,甲殴乙伤,减凡人二等,合笞四十;乙殴甲不伤,加凡人二等,合杖六十之类。其间尊卑、贵贱,应有加减,各准此例。"后下手理直者,减二等",假甲殴乙不伤,合笞四十;乙不犯甲,无辜被打,遂拒殴之,乙是理直,减本殴罪二等,合笞二十。乙若因殴而杀甲,本罪纵不至死,即不合减,故注云"至死者不减"。

问曰:尊卑相殴,后下手理直得减,未知伯叔先下手殴侄,兄

① 戴炎辉认为唐律立法的特质之一为"客观具体主义":"唐律对犯罪之处罚,不采取主观的、概括的态度,而采取客观的、具体的主义。……故同其罪质之犯罪,仍依其主体、客体、方法、犯意、处所、数量(日数、人数、赃数等)及其他情况,而另立罪名,各异其刑。"戴炎辉:《唐律通论》,戴东雄、黄源盛校订,元照出版公司2010年版,第30页。日本学者仁井田陞有相同的观点:"与其说唐律是抽象、概括、主观地观察各种犯罪,毋宁认为它是具体、个别、客观地对待各种犯罪的,作为在这一点上体现了古代法特征的法典,唐律是著名的。例如,虽是性质相同的犯罪,却根据犯意、犯罪的状况、犯罪的方法、犯罪人以及被害人的身份、犯罪的目标等情况的不同,设立各种罪名、科以不同的处罚。"〔日〕仁井田陞:《唐律的通则性规定及其来源》,载刘俊文主编:《日本学者研究中国史论著选译(第八卷)》,中华书局1992年版,第155—156页。详究秦汉律的内容就可发现,客观具体乃传统刑律立法的特质。同时,唐律立法在形式与内容方面的诸种特征也非首创,很大程度上是承袭秦汉律而来。客观具体列举的弊端是不可避免的,为了追求对于具体犯罪行为列举的精细,必然要影响抽象概括程度,而律文中诸多原则性、解释性、比类相附的条文即是弥补这一固有缺陷的必然手段。

姊先下手殴弟妹，其弟、侄等后下手理直，得减以否？

答曰：凡人相殴，条式分明。五服尊卑，轻重颇异。只如殴缌麻兄姊杖一百，小功、大功递加一等；若殴缌麻以下卑幼，折伤减凡人一等，小功、大功递减一等。据服虽是尊卑，相殴两俱有罪，理直则减，法亦无疑。若其殴亲侄、弟妹，至死然始获罪，伤重律则无辜。罪既不合两论，理直岂宜许减？举伯叔兄姊，但殴伤卑幼无罪者，并不入此条。

两相殴伤，指行为双方互相殴斗致有死伤。此种情况异于单方斗殴之罪，责任应由行为双方共同承担。具体来说，由于相互"争斗"所致双方互相殴击，根据各自的殴击行为及其给对方造成的具体伤害情节，分别予以处罚；一方无故殴击另一方，后者"理直"予以还击，先下手者根据殴击行为及其造成的伤害结果依照"斗殴伤"处罚；后下手"理直"者根据其殴击行为及其造成的伤害结果比照"斗殴伤"减二等处罚，但若殴击致死，不再减等而以"斗杀"处以绞刑。斗殴各条所规定的处罚内容都是着眼于斗殴一方殴击另一方造成的伤亡情况，本条旨在补充斗殴所规定的单方处罚，为互相殴击而互有伤害的斗殴行为规定处罚原则。但本条处罚原则的适用亦有例外，"问答"载："但殴伤卑幼无罪者，并不入此条"，即尊长殴伤卑幼无罪的情况下，不适用本条。从立法精神上来看，唐律与秦律"相与斗，交伤，……交论"的内容是一致的，即"五服尊卑，轻重颇异"。但我们自秦律中未见类似的解释说明，另外，唐律对于具体情节的规定显然更加详细。

睡虎地秦简《法律答问》八二简是对法律术语"提"的具体解释。七五、八五、八七、八八简的内容属于性质相同的一类规定，形式上亦有共同点，皆有"比……"的表述。可以推测，"比"之前的内容多为律文规定不甚明确、司法实践过程中易于出现困惑的内容，而"比"之后则是律文具体、明确规定的内容，比类相附是解决规定不清、不尽的有效手段。这些比类相附的具体内容详见下表：

表 5.1　秦律斗殴杀伤中的比类相附详表

被比附的犯罪行为	比附对象	比附内容
臣强与主奸	殴主	犯罪行为
斗折脊项骨	折肢	犯罪结果
拔铍、戟、矛以斗，未有伤	拔剑以斗（未有伤）	犯罪工具
斗决人唇	斗致人疻痏	犯罪结果
斗啮人頯、颜，其大方一寸，深半寸	斗致人疻痏	犯罪结果

此处的"比"具有"类推解释"的性质，通过不同犯罪行为之间的比类，将律文在犯罪行为、犯罪结果、犯罪工具、犯罪对象等方面的不明、不尽之处予以明确。从内容及功能方面来看，这些内容在唐律中有更加系统化的表述。《唐律疏议·名例》"称反坐罪之等"条（53）：

> 诸称"反坐"及"罪之""坐之""与同罪"者，止坐其罪；（死者，止绞而已。）

> 《疏》议曰：称反坐者，《斗讼律》云："诬告人者，各反坐。"及罪之者，依例云："自首不实、不尽，以不实、不尽之罪罪之。"坐之者，依例："余赃应坐，悔过还主，减罪三等坐之。"与同罪者，《诈伪律》："译人诈伪致罪，有出入者，与同罪。"止坐其罪者，谓从"反坐"以下，并止坐其罪，不同真犯。故"死者止绞而已"。

> 称"准枉法论""准盗论"之类，罪止流三千里，但准其罪，

> 《疏》议曰：称准枉法论者，《职制律》云："先不许财，事过之后而受财者，事若枉，准枉法论。"又条："监临内强市，有剩利，准枉法论。"又，称准盗论之类者，《诈伪律》云："诈欺官私以取财物，准盗论。"《杂律》云："弃毁符、节、印及门钥者，准盗论。"如此等罪名，是"准枉法""准盗论"之类，并罪止流三千里。但准其罪者，皆止准其罪，亦不同真犯。

并不在除、免、倍赃、监主加罪、加役流之例。

《疏》议曰：谓从"反坐"以下，并不在除名、免官、免所居官，亦无倍赃，又不在监主加罪及加役流之例。其本法虽不合减，亦同杂犯之法减科。

称"以枉法论"及"以盗论"之类，皆与真犯同。

《疏》议曰：以枉法论者，《户婚律》云："里正及官司妄脱漏增减以出入课役，赃重入己者，以枉法论。"又条："非法擅赋敛入私者，以枉法论。"称以盗论之类者，《贼盗律》云："贸易官物，计所利，以盗论。"《厩库律》云："监临主守以官物私自贷，若贷人及贷之者，无文记，以盗论。"所犯并与真枉法、真盗同，其除、免、倍赃悉依正犯。其以故杀伤、以斗杀伤及以奸论等，亦与真犯同，故云"之类"。

唐律中的"与……同罪""以……论""准……论"等内容与秦汉律中的"比"具有明显的源流关系，其共同点都是从立法技术上补充已有条文的不清、不尽之处。传统刑律在具体表述方面存在大量的不清、不尽之处，这是客观具体的立法体例的内生产物。实际上，唐律中比类相附的具体形式并不止"称反坐罪之等"条所列举的内容，在定罪量刑的过程中还有"同……法""从……法""依……为罪""依……之罪"等大量具体形式。另外，立法未有直接规定的前提之下，在相似犯罪行为量刑的基础之上加、减若干等也是唐律中所见的常用立法技术。与秦汉律中相比，唐律在比附的限制方面显然有更加具体的内容，如："罪之""坐之""与同罪"等具体形式比附得罪，法定最高刑为绞刑；通过"准……论"比附得罪者，法定最高刑为流三千里。这些立法技术的具体表述是秦汉律中未曾见到的，[①] 而通过具体立法技术限制刑罚加重也是秦汉律

---

① 这里需要说明的是虽然这些技术性手段与具体表述在竹简秦汉律中未曾见到，但由于我们并未见到秦汉律全貌，因此并不完全排除秦汉律中存在这些内容的可能性。

中不常见的。①

进一步来说，将唐律中的"轻重相举"视为秦汉律中"比"的进一步发展是大致可信的。《唐律疏议·名例》"断罪无正条"条（50）载：

> 诸断罪而无正条，其应出罪者，则举重以明轻；
>
> 《疏》议曰：断罪无正条者，一部律内，犯无罪名。"其应出罪者"，依《贼盗律》："夜无故入人家，主人登时杀者，勿论。"假有折伤，灼然不坐。又条："盗缌麻以上财物，节级减凡盗之罪。"若犯诈欺及坐赃之类，在律虽无减文，盗罪尚得减科，余犯明从减法。此并"举重明轻"之类。
>
> 其应入罪者，则举轻以明重。
>
> 《疏》议曰：案《贼盗律》："谋杀期亲尊长，皆斩。"无已杀、已伤之文，如有杀、伤者，举始谋是轻，尚得死罪；杀及谋而已伤是重，明从皆斩之坐。又例云："殴告大功尊长、小功尊属，不得以荫论。"若有殴告期亲尊长，举大功是轻，期亲是重，亦不得用荫。是"举轻明重"之类。

"轻重相举"的适用范围是"犯无罪名"，这是其与前述以、准、依、同等比附论罪形式的差异所在。比附论罪是律文有所规定，但规定的内容存在不清、不尽之处，故以"比类相附"予以明确；"轻重相举"针对的是律文没有任何具体的规定。对于"轻重相举"与"比附"两者之间的关系与各自含义，黄源盛教授认为"比附援引"之性质近似于近现代刑

---

① 因为秦汉时期的法定刑罚结构与后世有所不同，尤其是尚未见到普遍的刑等与刑种累加计算规则。虽然龙岗秦简、岳麓秦简、睡虎地秦简、张家山汉简等出土文献中见有较多"加罪"的内容，但秦及汉初律内的"加罪"表现为"附加刑罚"，本质是复数叠加，而非单数刑罚意义上的以重代轻；且"加罪"并不逾越具体刑种，即不会打乱"死刑—城旦舂刑—耐刑—财产刑"的基本序列。参见张传玺：《秦及汉初律上的"加罪"和刑罚加等排序》，载《第七届青年法史论坛论文集》，上海，2018 年 10 月 21 日，第 69—87 页。基于秦汉时期法定刑罚体系的特征，限制刑等加重的立法技术并无产生与适用的空间。

法理论中的类推,"轻重相举"之性质近似于论理解释中的当然解释。①
笔者认为这是准确的,"比附论罪"与"轻重相举"之间的差异显而易见,
"比附论罪"当然是通过"比附"来"论罪"。那么,律文中就必须存在所
"比"的对象,即"比附论罪"的适用必须要求律文中存在明确的依据。
因此,其适用之范围相对有限。"轻重相举"只是概括地衡量犯罪行为
与所处刑罚的轻重,并不严格要求具体的律文依据,其适用范围较之"比
附论罪"稍宽。

　　"轻重相举"与"比附论罪"的相同之处也是我们必须注意的,唐律
中定罪量刑的具体内容是以给予不同的具体犯罪行为相应的处罚为核
心的。②在具体犯罪行为的处罚方面,是通过概括规定、具体列举、比附
论罪、轻重相举四层次相结合的方式实现的。③因此,"轻重相举"与"比
附论罪"的本质是一致的,都是针对律文中的规定不足以对具体犯罪行
为确定相应刑罚的情况下所适用的技术性手段。两者之间存在的差别
是量的差别而非质的差别,即律文规定不清、不尽时,适用比附论罪;无
律文规定时,适用轻重相举;比附论罪的适用优先于轻重相举。从内容
上看,两者与秦律中的"比"具有明显的渊源关系,可能在后世的发展中,
两者的差异逐渐显现,最终形成了唐律中的两种不同的技术表现形式。

---

　　① 唐人赵冬曦、清人沈家本与日本学者仁井田陞将"轻重相举"等同于"比附";我国
台湾地区刑法学者蔡墩铭认为"轻重相举"近似于现代刑法解释学中的论理解释;我国台湾
地区学者戴炎辉与大陆地区学者刘俊文肯定"轻重相举"所具有的论理解释性质,但又将其
归入广义的"比附",戴、刘之说颇具折中性质;黄源盛在总结以上观点的基础之上得出其论
点。参见黄源盛:《唐律轻重相举条的法理及其运用》,载林文雄教授祝寿论文集编辑委员会
主编:《当代基础法学理论——林文雄教授祝寿论文集》,学林文化事业有限公司2001年版,
第261—292页。
　　② 参见〔日〕中村正人:《清律误杀初考》,载〔日〕寺田浩明主编:《中国法制史考证》
(丙编第四卷),中国社会科学出版社2003年版。另可参见刘晓林:《唐律误杀考》,《法学
研究》2012年第5期;刘晓林:《唐律中的"罪名":立法的语言、核心与宗旨》,《法学家》
2017年第5期。
　　③ 参见刘晓林:《唐律"七杀"研究》,商务印书馆2012年版,第236—237页。

可见，比类相附这一传统刑律中的典型立法技术由秦汉至唐代经历了逐渐多元化、固定化、精细化的发展过程。

（二）汉律斗殴杀伤处罚的相关内容

张家山汉简《二年律令》中所见关于斗殴杀伤的记载较多，这些记载集中于《贼律》，就其内容来看，多是对斗殴杀伤的具体犯罪行为予以处罚的规定。

1. 一般斗殴杀伤

> ……斗而杀人，弃市……(二一)

> 斗以釰及金铁锐、锤、椎伤人，皆完为城旦舂。其非用此物而眇人，折枳、齿、指，胅体，断肤（决）鼻、耳者，(二七)耐。……(二八)

> 斗殴变人，耐为隶臣妾。瓖（怀）子而敢与人争斗，人虽殴变之，罚为人变者金四两。(三一)

从二一简中我们看到汉代斗杀人曾被处以弃市之刑，这里的斗杀人指的是犯罪对象已死亡，达到犯罪既遂的状态。从二七、二八简的内容中我们可以看到汉律中斗以釰及金铁锐、锤、椎伤人，处以完为城旦舂的刑罚，未使用这些工具而致人瞎一目、折肢、折齿、胅体以及鼻、耳断裂，处以耐刑。[①] 将张家山汉简《二年律令·贼律》的这些内容与前述睡虎地秦简《法律答问》中的相关内容作一比较，秦律规定：斗以针、鉥、锥伤人，处以赀二甲的刑罚；拔剑出鞘斩人发结，完为城旦。再来看秦律中关于斗殴未使用兵刃、工具致人伤害的处罚，斗决人耳、啮断人鼻、

---

① 根据《二年律令·盗律》的内容："群盗及亡从群盗，殴折人枳（肢）、胅体及令伎（跛）蹇（蹇），若缚守将人而强盗之，及投书、县人书恐猲人以求(六五)钱财，盗杀伤人，盗发冢，略卖人若已略未卖，桥（矫）相以为吏、自以为吏以盗，皆磔。(六六)"群盗殴折人肢、胅体等，处以磔刑，这种处罚是极重的，但根据《贼律》其他条文，群盗即使未有实际的杀伤抢掠行为，仍处以极重的处罚。此处仅将群盗犯殴伤人的处罚情况列出做一比较，群盗杀伤的内容详见"盗杀"章节的相关内容。

耳、指、唇，处以耐刑；缚而尽拔其须麋（眉），处以城旦之刑。可以发现，在部分犯罪行为处罚基本相似的情况下（断鼻、耳、指、唇等，秦汉律均处以耐刑），汉律处罚偏重（斗以釰及金铁锐、锤、椎伤人，秦律处以赀二甲、汉律处以完为城旦）。三一简规定，斗殴致人流产，耐为隶臣妾，但孕妇明知自己怀有身孕仍与人相斗，导致被殴流产的，减轻行为人的处罚，处以罚金四两，这也体现了罪责刑的基本一致。

2. 刑徒、奴婢与庶人之间的斗殴杀伤

　　鬼薪白粲殴庶人以上，黥以为城旦舂。城旦舂也，黥之。（二九）

　　奴婢殴庶人以上，黥頯，畀主。（三〇）

从二九简前半部分我们可以看到，鬼薪、白粲刑徒殴庶人以上，处以黥为城旦舂之刑，此处之"殴"也是强调殴打行为，不必出现其他严重的伤害后果。后半部分说的是城旦舂刑徒殴庶人以上处以黥刑，省略了与前一句话所描述的内容相同的犯罪行为与犯罪对象，即省略了"殴庶人以上"。[①]

3. 官吏之间斗殴杀伤

　　（斗……）其毋伤也，下爵殴上爵，罚金四两。殴同死〈列〉以下，罚金二两；其有疕痏及□，罚金四两。（二八）

　　以县官事殴若詈吏，耐。所殴詈有秩以上，及吏以县官事殴詈五大夫以上，皆黥为城旦舂。长吏以县官事詈少吏（四六）☒者，亦得毋用此律。（四七）

从以上内容中我们可以看到官吏之间斗殴杀伤行为定罪量刑的大致原则。以官吏的行政级别为基本标准，在未致严重伤害结果的前提之下，下级官吏殴打上级官吏，处以罚金四两；殴打同级官吏，处以罚金

二两。同级官吏之间斗殴致"疻痏及□"，根据整理小组引《急就篇》及
《汉书·薛宣传》应劭注，"疻痏"大致为皮肤青肿一类的轻伤，同时，
整理小组推测缺字为"类"，[①] 此处可能是说同级官吏斗殴造成轻伤一类
的伤害结果，处以罚金四两。根据四六、四七简的内容，因为公务事由
殴打、辱骂低级官吏，处以耐刑；殴打辱骂有秩以上官吏及具有五大夫
以上爵位的官员，处以黥城旦舂之刑。因此，汉律中所规定的官吏之间
斗殴致伤的处罚原则大致是"被害者爵位高于加害者，则从重惩处加害
者"。[②] 我们在正史文献中，还能看到高级官员斗杀基层小吏的记载，《后
汉书·冯异传》载："（冯）彰卒，子普嗣，有罪，国除。"李贤引《东观汉
记》注曰："彰子普坐斗杀游徼，会赦，国除。"[③] 汉明帝永平年间（58—
75 年），东汉开国功臣冯异之孙冯普袭其父（冯彰）东缗侯之爵，冯普"斗
杀游徼"，"游徼"为汉代基层官员，[④] 其级别甚至低于斗食、佐史等少吏。
冯普作为东缗侯而斗杀基层小吏，虽然被汉明帝赦免了死罪，但被革除
爵位。若不考虑其中的政治因素，仅就"斗杀游徼"的处罚来看，这是

---

　　① 参见张家山二四七号汉墓竹简整理小组：《张家山汉墓竹简〔二四七号墓〕（释文修
订本）》，文物出版社 2006 年版，第 12 页"注释〔七〕"。
　　② 参见李均明：《张家山汉简所反映的适用刑罚原则》，《郑州大学学报（哲学社会科学
版）》2002 年第 4 期。
　　③ ［宋］范晔撰、［唐］李贤注：《后汉书》卷十七《冯岑贾列传》，中华书局 1965 年版，
第 652 页。［东汉］刘珍等：《东观汉记校注》卷九《冯彰传》，吴树平校注，中华书局 2008 年版，
第 324 页。
　　④ 《汉书·百官公卿表》载："……皆有丞、尉，秩四百石至二百石，是为长吏。百石以
下有斗食、佐史之秩，是为少吏。大率十里一亭，亭有长；十亭一乡，乡有三老、有秩、啬夫、
游徼。三老掌教化；啬夫职听讼，收赋税；游徼徼循禁贼盗。"［汉］班固撰、［唐］颜师古注：
《汉书》卷十九上《百官公卿表第七上》，中华书局 1962 年版，第 742 页。又《后汉书·百官志》
载："五乡置有秩、三老、游徼。本注曰：有秩，郡所署，秩百石，掌一乡人；其乡小者，县置
啬夫一人。皆主知民善恶，为役先后，知民贫富，为赋多少，平其差品。三老掌教化。凡有孝
子顺孙，贞女义妇，让财救患，及学士为民法式者，皆扁表其门，以兴善行。游徼掌徼循，禁
司奸盗。又有乡佐，属乡，主民收赋税。"［宋］范晔撰、［唐］李贤注：《后汉书》志第二十八《百
官五》，中华书局 1965 年版，第 3624 页。

很重的。

4. 亲属之间的斗殴杀伤

妻悍而夫殴笞之，非以兵刃也，虽伤之，毋罪。(三二)

妻殴夫，耐为隶妾。(三三)

子牧杀父母，殴詈泰父母、父母、叚大母、主母、后母，及父母告子不孝，皆弃市。(三五)

贼杀伤父母，牧杀父母，欧〈殴〉詈父母，父母告子不孝，其妻子为收者，皆锢，令毋得以爵偿、免除及赎。(三八)

妇贼伤、殴詈夫之泰父母、父母、主母、后母，皆弃市。(四〇)

殴兄、姊及亲父母之同产，耐为隶臣妾。其奊訽詈之，赎黥。(四一)

殴父偏妻父母男子同产之妻、泰父母之同产，及夫父母同产、夫之同产，若殴妻之父母，皆赎耐。其奊訽詈之，罚金(四二)四两。(四三)

由于妻悍，夫对其进行殴笞，只要未使用兵刃等工具，即使造成其他伤害结果，仍不予处罚。与前述睡虎地秦简《法律答问》的内容相比，汉律显然赋予了丈夫更多的权力。秦律规定由于妻悍，夫殴打致妻撕裂耳、折肢、胅体，处以耐刑。同时，根据三三、四〇简的内容，妻殴夫耐为隶妾；妻殴詈夫之泰父母、父母、主母、后母，处以弃市之刑。这里也未强调伤害结果，只要有殴、詈行为即予以处罚。《太平御览·刑法部·决狱》引董仲舒《春秋决狱》："甲父乙与丙争言相斗，丙以佩刀刺乙，甲即以杖击丙，误伤乙，甲当何论？或曰：殴父也，当枭首。"[1] 我们不详究董氏议罪之内容，仅就"甲当何论"的提问来考察，"殴父也，当枭首"

---

① ［宋］李昉等：《太平御览》卷六四〇《刑法部六·决狱》，中华书局 1960 年影印版，第 2868 页下。

应该是按照当时的立法所作的评价。因此，汉律中殴父之行为可能处以
的是枭首之刑。

四一、四二、四三简的内容是殴詈亲属的处罚细则，其中的血缘关
系对处罚轻重的影响十分明显，兄姊、亲父母之同产与父偏妻、父母男
子同产之妻等相比，前者有直接的血缘关系而后者没有血缘关系。[①]因
此，殴詈前者处罚更重。程树德在《九朝律考·汉律考》中引《晋书·刑
法志》："殴兄姊加至五岁刑，以明教化也。"之后有一段按语："魏改汉
律，加殴兄姊至五岁刑，则汉律当在四岁刑以下。"[②]"四岁刑以下"的推
测范围还是比较大的，根据张家山汉简《二年律令·贼律》的内容，我
们可以确切地看到，汉代殴兄姊曾被处以耐为隶臣妾之刑。

三八简的内容是子女殴詈父母的处罚原则，而非具体的定罪量刑条
文。子女犯有贼杀伤、牧杀、殴詈父母等犯罪行为或者子女被父母控告
不孝的，必须予以严惩，不准以爵位来抵、免，不准以金钱赎罪。"锢"

---

① 关于此处"同产"的含义，整理小组引《后汉书·明帝纪》注："同产，同母兄弟也。"
张家山二四七号汉墓竹简整理小组：《张家山汉墓竹简〔二四七号墓〕（释文修订本）》，文物
出版社 2006 年版，第 7 页。杨鸿年认为：汉魏同产既包括兄弟，也包括姊妹，汉律中同产以
同母为主。参见杨鸿年：《汉魏"同产"浅释》，《法学评论》1984 年第 1 期。张家山汉简研
读班认为："西汉早期之'同产'，不可排除其包括同父异母兄弟的可能。"张家山汉简研读班：
《张家山汉简〈二年律令〉校读记》，载李学勤、谢桂华主编：《简帛研究（2002、2003）》，广西
师范大学出版社 2005 年版，第 177—178 页。许道胜认为："同产不仅包括同母的兄弟，很可
能还包括同母的姐妹。"许道胜：《张家山汉简〈二年律令·贼律〉补释》，《江汉考古》2004
年第 4 期。朱红林认为："《睡虎地秦墓竹简·法律答问》有：'同父异母相与奸，可（何）论？
弃市。'若从秦简来看，汉律此处的'同产'应当也包括同母异父的兄弟姊妹才对。"朱红林：《张
家山汉简〈二年律令〉集释》，社会科学文献出版社 2005 年版，第 7 页。马瑞等认为："'同产'
一词在古籍中有'浑言'与'析言'之别，浑言之则包括'同父异母'与'同母异父'者，析言
之则强调关系为'同母所生'或'同父所生'者。"马瑞、李建平：《"同产"词义考辨》，《汉字
文化》2011 年第 2 期。可以看出，学者对"同产"的解释有逐渐扩大的趋势，此处的"同产"
应当作广义的解释，既包括同父异母兄弟姊妹也包括同母异父兄弟姊妹。因此，兄姊、亲父母
之同产显然是具有血缘关系的亲属，而父偏妻父母男子同产之妻等亲属并不具有血缘关系。

② 程树德：《九朝律考》，中华书局 1963 年版，第 111 页。所引内容见 [唐] 房玄龄等：
《晋书》卷三十《刑法志》，中华书局 1974 年版，第 925 页。

在汉代曾有作为处罚方式的用法，含义为禁绝出仕之道、不得为官吏，但简文中"皆锢"则未表达此种含义，而是一种限制身份的刑罚，具体内容为"毋得以爵偿、免除及赎"。①

5. 汉律中与斗殴杀伤相关的内容

张家山汉简《二年律令·贼律》六、七、八简的内容是汉律所规定的行船杀伤人、②畜产及损毁财物而对船人以及船啬夫、吏等其他人员的处罚情况。从唐律的相关内容中，我们看到同样的犯罪行为是比照斗殴杀伤减等处罚的，故将此条汉律放在此处略作讨论。

> 船人渡人而流杀人，耐之；船啬夫、吏主者赎耐。其杀马牛及伤人，船人赎耐；船啬夫、吏赎羇（迁）。其败亡（六）粟米它物，出其半，以半负船人。舳舻负二，徒负一；其可纽毄（系）而亡之，尽负之，舳舻亦负二，徒负一；罚船啬（七）夫、吏金各四两。流杀伤人、杀马牛，有（又）亡粟米它物者，不负。（八）

我们仅探讨其中杀伤人的相关内容，律文规定：船人渡人而杀人，耐；船啬夫、吏主者赎耐；船人渡人而伤人，船人赎耐；船啬夫、吏赎羇（迁）。船人为他人伤亡结果的直接责任人，故处罚比船啬夫、吏主要重。船人渡人而造成他人伤亡，从主观心态分析，船人应当是过失，或是既非故意亦非过失。即船人应当预见到行船过程中会出现某种危险可能造成伤亡结果，但是由于疏忽大意未能预见或是已经预见但轻信可以避免，最终造成伤亡结果的发生；或是意外灾害导致他人伤亡，不可预见、不可避免。从汉律的规定来看，未明确区分船人的主观心态。唐律中亦可见相关内容，《唐律疏议·杂律》"行船茹船不如法"条（427）载：

---

① 详情参见"贼杀伤"相关章节的具体内容。

② 实际上此处的"杀伤"与我们所说的"斗杀伤"是有一定区别的，此处之"杀伤"表达的含义与现代刑法中的"致人死亡"相似，即行船过程中造成他人死亡。但中国古代刑律中"杀"与"死"未有清晰的界限，行为对象死亡即"杀人"，至少在秦汉律中，从未出现针对"致人死亡"的定罪量刑内容。

　　诸船人行船、茹船、写漏、安标宿止不如法，若船筏应回避而不回避者，笞五十；以故损失官私财物者，坐赃论减五等；杀伤人者，减斗杀伤三等；

　　《疏》议曰："船人"，谓公私行船之人。"茹船"，谓茹塞船缝。"写漏"，谓写去漏水。"安标宿止"，谓行船宿泊之所，须在浦屿之内，仍即安标，使来者候望。违者，是"不如法"；"若船筏应回避者"，或沿溯相逢，或在洲屿险处，不相回避，覆溺者多，须准行船之法，各相回避，若湍碛之处，即溯上者避沿流之类，违者：各笞五十。以不茹、写、回避之故，损失官私财物者，"坐赃论减五等"，谓十四杖六十，十匹加一等，罪止杖一百。"杀伤人者，减斗杀伤罪三等"，杀人者，徒二年半；折人一支者，徒一年半之类。

　　其于湍碛尤难之处，致有损害者，又减二等。监当主司，各减一等。卒遇风浪者，勿论。

　　《疏》议曰：激水为湍，积石为碛。谓湍碛险难之所，其有损失财物，或杀伤人者，"又减二等"，谓失财物，于坐赃上减七等；杀伤人者，减斗杀伤五等。"监当主司，各减一等"，谓各减行船人罪一等。卒遇暴风巨浪，而损失财物及杀伤人者，并不坐。

唐律首先对船人行船应当遵守的规则作了强制性规定，若不遵守这些规则，即使未造成任何伤害也要受到处罚。那么，遵守了这些规则仍然造成伤亡结果的，自然减轻处罚，这是较之汉律非常明显的发展。船人行船未遵守相关规定，造成他人伤亡的，减斗杀伤三等处罚，这与唐律戏、误、过失等非故意致人死亡的犯罪行为比照斗杀减等处罚是一致的，从船人主观心态分析，也属于非故意的致人伤亡。若在"湍碛尤难之处"致人死亡，即客观条件恶劣，易于发生危害结果，则船人减轻处罚，"又减二等"。"卒遇暴风巨浪"，即现代刑法理论中的意外事件，船人免于处罚，这与现代法的精神是一致的。

表 5.2　秦汉律斗殴杀伤处罚详表

行为	处罚	出处
殴大父母、高大父母	黥为城旦舂	睡虎地秦简《法律答问》
妻悍，夫殴治之，决其耳，若折支（肢）脂、胅体	耐	
斗决人耳、啮断人鼻若耳若指若唇	耐	
与人斗，缚而尽拔其须麋（眉）	城旦	
拔剑伐、斩人发结	完为城旦	
斗以针、鈚、锥伤人	赀二甲	
邦客与主人斗，以兵刃、投（殳）梃、拳指伤人	揩以布	
斗而杀人	弃市	张家山汉简《二年律令·贼律》
殴詈泰父母、父母、段大母、主母、后母	弃市	
妻悍而夫殴笞之，非以兵刃也，虽伤之	毋罪	
斗而眇人，折枳、齿、指，胅体，断决鼻、耳	耐	
斗以釦及金铁锐、锤、椎伤人	完为城旦舂	
下爵殴上爵毋伤	罚金四两	
殴同列以下毋伤	罚金二两	
殴同列以下导致疕痏及□	罚金四两	
鬼薪白粲殴庶人以上	黥以为城旦舂	
城旦舂殴庶人以上	黥之	
奴婢殴庶人以上	黥颜，畀主	
斗殴变人	耐为隶臣妾	
㜸（怀）子而敢与人争斗，人虽殴变之	罚为人变者金四两	
以县官事殴若詈吏	耐	
所殴詈有秩以上，及吏以县官事殴詈五大夫以上	皆黥为城旦舂	
妻殴夫	耐为隶妾	
妇贼伤、殴詈夫之泰父母、父母、主母、后母	皆弃市	
殴兄姊及亲父母之同产	耐为隶臣妾	
殴父偏妻父母、男子同产之妻、泰父母之同产，及夫父母同产、夫之同产，若殴妻之父母	皆赎耐	

　　通过对睡虎地秦律、张家山汉律中斗殴杀伤相关内容的梳理，我们发现竹简秦汉律中关于斗殴杀伤的内容集中于具体处罚，且这部分记载较之其他杀人罪类型相对丰富。因此，我们将竹简秦汉律中所见的斗殴杀伤具体处罚情况稍作汇总以便参照。

　　唐律中关于斗殴杀伤具体处罚的内容由直接规定与比附论罪两部分构成，比附论罪即大量"以斗杀论""从斗杀法"的行为，由于秦汉律中未涉及这些内容，故此处不作过多论述。以下将唐律斗殴杀伤的处罚情况列表详述，借以和秦汉律中的相关内容做一比较：

表 5.3　唐律斗殴杀伤处罚详表

行为	处罚	出处
斗殴杀人	绞	《斗讼》"斗殴杀人"条（306）
斗杀子孙	徒一年半	《厩库》"畜产抵蹋啮人"条（207）
斗杀缌麻以上尊长	斩	《贼盗》"残害死尸"条（266）
斗杀弟妹	徒三年	《贼盗》"略卖期亲以下卑幼"条（294）
斗杀妾		
手足斗殴人	笞四十	《唐律疏议·斗讼》"斗殴以手足他物伤"条（302）
手足斗殴致伤	杖六十	
他物斗殴人	杖六十	
他物斗殴人致伤	杖八十	
拔发方寸以上	杖八十	
手足斗殴致他人血从耳目出及内损吐血	杖六十	
他物斗殴致他人血从耳目出及内损吐血	杖八十	
斗殴人，折齿，毁缺耳鼻，眇一目及折手足指，若破骨及汤火伤人	徒一年	《唐律疏议·斗讼》"斗殴折齿毁耳鼻"条（303）
折二齿、二指以上及髡发	徒一年半	
诸斗以兵刃斫射人，不著	杖一百	《唐律疏议·斗讼》"兵刃斫射人"条（304）
刃伤，及折人肋，眇其两目，堕人胎	徒二年	

续表

行为	处罚	出处
斗殴折跌人支体及瞎其一目	徒三年	《唐律疏议·斗讼》"殴人折跌支
损二事以上，及因旧患令至笃疾，若断舌及毁败人阴阳	流三千里	体瞎目"条（305）

三、斗殴杀伤的保辜

通过上文对睡虎地秦简、张家山汉简中斗殴杀伤相关内容的梳理，我们对秦汉律中所载斗殴杀伤的基本内容有了大致的了解，对其在秦汉之际的发展、变化也有了一些初步认识，但是目前所见简牍文献中关于斗殴杀伤的内容集中于斗殴致伤。我们从竹简秦汉律中可以见到关于保辜制度较为集中的内容，通过对保辜制度的相关内容进行梳理，可以使我们对"斗殴伤"与"斗殴杀"及两者之间的关系有进一步的认识。

"凡斗殴伤者，历代皆有保辜之制；保辜者，各随其伤轻重，令殴者以日数保之，限内致死，则坐重辜，……限内致死者，各依杀人罪，限外，及虽在限内，以他故死者，各依本杀伤法。"[1] 保辜之制大致源自周秦。[2]《公羊

---

① 陈顾远：《中国法制史》，中国书店1988年版，第302页。秦律中的保辜可能具有更加广泛的含义，即不仅规定斗殴杀伤实行"保辜"，其他民事法律行为，如建筑、修缮等土木工程也实行"保辜"。《说文》载："辜，保任也。"段玉裁注："辜者，辜之省。辜与保同义叠字，师古以坐重辜解之，误矣。《春秋公羊传》注曰：古者保辜。郑伯髡原为大夫所伤，以伤辜死。君亲无将。见辜者，辜内当以弒君论之，辜外当以伤君论之。辜皆当作辜。原许君之义，实不专谓罪人保辜，谓凡事之估计像图耳。《广雅》曰：辜推，都凡也。是其理也。"［汉］许慎撰、［清］段玉裁注：《说文解字注》，十二篇下"女"部，上海古籍出版社1981年版，第621页上。又睡虎地秦简《秦律十八种·徭律》载："兴徒以为邑中之红（功）者，令辜（辜）堵卒岁。未卒堵坏，司空将红（功）及君子主堵者有罪，令其徒复垣之，勿计为徭（徭）。"可见秦律"保辜"可能不限于斗殴杀伤。亦可参见高恒：《汉简牍中所见汉律论考》，载高恒：《秦汉简牍中法制文书辑考》，社会科学文献出版社2008年版，第153页；朱红林：《张家山汉简〈二年律令〉研究》，黑龙江人民出版社2008年版，第141—142页。

② 蔡枢衡谓："《周礼》不言保辜，足见殷代尚无保辜制度。保辜制度也不可能创始于

传·襄公七年》何休注曰："古者保辜，诸侯卒名，故于如会名之，明如会时为大夫所伤，以伤辜死也。君亲无将，见辜者，辜内当以弑君论之，辜外当以伤君论之。"徐彦解云："庄三十二年传云'君亲无将，将而必诛'，故此注引之。其弑君论之者，其身枭首，其家执之。其伤君论之者，其身斩首而已，罪不累家，汉律有其事。然则知古者保辜者亦依汉律，律文多依古事，故知然也。"[①] 可见保辜之设乃是为了区别伤害与杀人的不同刑事责任与处罚，[②] 这种区别是十分必要的，"一般地说，死亡是创伤的发展。在这个意义上，伤害和死亡实是一个过程的两个阶段。"[③] 斗殴行为与死伤结果在内容上是因果关系，在时间上是继起关系。斗殴行为可能导致行为对象当场伤残、死亡，而这种伤害结果也可能在斗殴行为结束之后很久才会出现。行为人必须对其行为及结果承担法律责任，但如何使行为实施完毕之时尚未出现结果的情况下，行为人仍能承担相应的法律责任？保辜制度的产生在当时对刑法上的"因果关系"理论未有清晰认识的条件下，比较恰当地解决了这个问题。保辜就是保息，保息就是保养生息，限期养伤。犯罪对象限内死亡则负杀人之罪责、限外死亡只负伤人之罪责。"除使犯人负担养伤义务外，实际是有意识地应用反映自然界因果

春秋、战国和秦、汉。由此可见，保辜制度理当创始于西周，很可能是成康时代的新猷。"蔡枢衡：《中国刑法史》，中国法制出版社 2005 年版，第 196 页。刘俊文谓："保辜乃古法，周秦之际已经有之。"刘俊文：《唐律疏议笺解》（下册），中华书局 1996 年版，第 1483 页。

　　① ［汉］公羊寿传、［汉］何休解诂、［唐］徐彦疏：《春秋公羊传注疏》卷第十九，北京大学出版社 1999 年版，第 425 页。

　　② 蔡枢衡认为《左传》郑伯者被弑，"未至乎舍而卒"的记载"实则传文有意强调杀伤行为与死亡间的结果关系明确，虽属情见乎词，要与保辜制度无关。"原因在于"意图弑君，便属死有余辜，何待实行？更何待死亡？显见作传的何休不懂刑法。惟谓'古者保辜'，当必有所本。"蔡枢衡：《中国刑法史》，中国法制出版社 2005 年版，第 195—196 页。而徐彦的疏解似乎回答了蔡氏的疑问，弑君与伤君皆为立诛之罪，但具体处罚内容有异："其弑君论之者，其身枭首，其家执之。其伤君论之者，其身斩首而已，罪不累家"，同时在汉律中找到了确实的根据"汉律有其事"。进一步说，弑君与伤君更主要的区别在于所承担刑事责任的不同，即法律所给予行为人"否定性法律评价"的内容不同，通过保辜制度予以区别，意义还是很大的。

　　③ 蔡枢衡：《中国刑法史》，中国法制出版社 2005 年版，第 148—149 页。

关系联系的意识。对于刑法，具有限制滥罚的作用，意味着刑法上的行为和结果之间的因果关系的萌芽，标志着刑法史上的一种进步。"①

睡虎地秦简《法律答问》载："人奴妾治（笞）子，子以肺（枯）死，黥颜頯，畀主。……（七四）"整理小组将"子以肺（枯）死"释为"子因此患病而死"。②张伯元教授对此结合睡虎地秦简相关内容做了比较详细的辨正，认为"子以肺死"并非指具体致死原因，而可能是一个时间问题，"肺"同"辜"。③根据张伯元教授的论证，此条秦简的内容反映的就是殴伤人的保辜问题。私奴婢殴笞子女，子女在辜限内死亡，对奴婢处以黥颜頯后交还给奴隶主。在《法律答问》中我们还能看到与此条内容极为相似的另一条简文："人奴擅杀子，城旦黥之，畀主。（七三）"对比两条简文的内容，我们发现犯罪主体基本一致，前述为"人奴妾"，后述为"人奴"；科处刑罚也基本一致，前述为"黥颜頯，畀主"，后述为"城旦黥之，畀主"。

---

① 参见蔡枢衡：《中国刑法史》，中国法制出版社 2005 年版，第 195 页。但蔡氏谓："限外死亡只负杀人未遂罪责"，这是笔者不赞同的，限外致死自然是承担伤人的罪责，何来"杀人未遂"一说？况且秦汉之际也不大可能对"未遂"这一"故意犯罪的停止形态"领域的基本概念有清晰的认识。

② 睡虎地秦墓竹简整理小组：《睡虎地秦墓竹简·释文》，文物出版社 1990 年版，第 111 页。

③ 张伯元教授认为："云梦秦简《法律答问》《秦律十八种》中未出现'辜'字，是不是在秦律中'辜限'的概念还没有确立？事实并不是这样的。秦简《答问》简 74 中有'人奴妾笞子，子以肺死，黥颜頯，畀主。'……《答问》简 74，是一条与'奴杀子'内容相同的法律条文。秦简《答问》简 73 条规定：'人奴擅杀子，城旦黥之，畀主。'如果在这条条文中的'人奴'后面再加上一个'妾'字，就可以说，它基本上已经把第 74 号简的内容包括了。虽然第 74 号简说的是先'笞'后死，但被笞打而死的事实与'擅杀子'性质相同，处刑也相同，那么何以还要另立一条？是不是因为先'笞'后死，中间包含有'端不端'（故意不故意）的意思？只是未在律条中说明，我以为，不说明就表明它是用不着论其'端不端'的。既然用不着论其是否故意，那又为何要另立一条，说'子以肺死'？按理说，人已死是既成事实，至于笞打之后如何死法则与她杀人罪的性质严重程度相比就是次要的了。从这一角度看，'子以肺死'说的不是如何死法，如上面所说的病死、股伤死、曝死的诸问题，而可能是一个时间问题。这样我们就把'肺'作为'辜'字来看待了。"张伯元：《出土法律文献丛考》，上海人民出版社 2013 年版，第 26—27 页。又可参见张伯元：《说"辜"二题》，载张伯元：《出土法律文献研究》，商务印书馆 2005 年版，第 185—187 页。

将两条简文所记载的犯罪行为做一比较，前述为"笞子"，后述为"擅杀子"。私奴婢"笞子"而辜限内子死亡与擅杀子处以同样的刑罚，据此，在犯罪主体、处罚基本一致的前提之下，我们可以推断殴笞子而辜限内子死亡是按照擅杀子来处罚的。但仅依据一条简文，对于秦律中殴笞伤人保辜问题的不明之处仍然很多，如最为关键的"辜限"便未在此条简文中有所记载。目前，我们只能依据汉简的记载做大致的推测。[①]

张家山汉简《二年律令·贼律》《奏谳书》及《居延新简》中对斗、殴伤人的辜限及辜限过后所定罪名与处罚有比较详细的记载：

《二年律令·贼律》

斗伤人，而以伤辜二旬中死，为杀人。(二四)

父母殴笞子及奴婢，子及奴婢以殴笞辜死，令赎死。(三九)

诸吏以县官事笞城旦舂、鬼薪白粲，以辜死，令赎死。(四八)

根据二四简的内容，斗伤人的情况下，伤者在"二旬"即二十天内死亡，行为人要承担杀人的刑事责任。从这里我们可以明显地看出，斗伤人的辜限为"二旬"，这与传世文献的记载一致，《汉书·高惠高后文功臣表》载：嗣昌武侯单德，"元朔三年，坐伤人二旬内死，弃市"。[②]昌武侯单德"坐伤人二旬内死"，可能是根据斗而杀人之罪被处以弃市之刑，按张家山汉简《二年律令·贼律》载："斗而杀人，弃市。……(二一)"三九、四八两支简的内容是父母殴笞子及奴婢、官吏因公事殴笞城旦舂等刑徒，被殴者于辜限内死亡的，行为人被处以"赎死"之刑。[③]根据《二年律令·具律》的记载："赎死，金二斤八两。……(一一九)"即犯罪人应

---

① 从"汉承秦制"的角度来看，秦律中的辜限可能与所见汉律的规定一致，为二旬即二十天。参见张伯元：《说"辜"二题》，载张伯元：《出土法律文献研究》，商务印书馆2005年版，第187页"注释①"。

② 〔汉〕班固撰、〔唐〕颜师古注：《汉书》卷十六《高惠高后文功臣表》，中华书局1962年版，第568页。

③ 张家山汉律中"赎死"属于"赎罪"的一种，其"明确具有规定刑的性质"。参见朱红林：《张家山汉简〈二年律令〉研究》，黑龙江人民出版社2008年版，第49—52页。

向官方缴纳黄金二斤八两。根据张家山汉简《二年律令·金布律》的记载："有罚、赎、责（债），当入金，欲以平贾（价）入钱，及当受购、偿而毋金，及当出金、钱县官而欲以除其罚、赎、责（债），及为人除者，皆许之。各以其二千石_{（四二七）}官治所县十月金平贾（价）予钱，为除。_{（四二八）}"可知臣民在向国家缴纳罚金、赎金以及偿还债务时，原则上必须缴纳"金"，但是也可以折合成铜钱来缴纳，"金"与"钱"之间的兑换比率按照每年十月二千石官治所所在县市场上"金"的价格为标准。① 我们在《奏谳书》中也能看到保辜的相关内容：

> 汉中守谳（谳）：公大夫昌苔（答）奴相如，以辜死，先自告。相如故民，当免作少府，昌与相如_{（四九）}约，弗免，已狱治，不当为昌错告不孝，疑罪。·廷报：错告，当治。_{（五〇）}

公大夫昌答伤奴相如，相如在辜限内死亡，昌应当承担杀奴的刑事责任，但昌自告相如"不孝"希望借此免于处罚。昌是否"错告"及其原因并非这里要讨论的内容，我们关注的是昌由于相如在辜限内死亡而承担了杀奴的责任。

《居延新简》中可见到两则关于斗殴伤人而伤者于辜限内死亡的记载：

1.《居延新简》甲渠塞第四燧探方二（E.P.S4.T2：100）

> 以兵刃索绳它物可以自杀者予囚囚以自杀杀人若自伤＝
> 伤人而以辜二旬中死予者髡为城旦舂及有②

高恒教授将此条标点为："以兵刃索绳它物可以自杀者予囚，囚以自杀、杀人；若自伤、伤人而以辜二旬中死，予者髡为城旦舂及有……"，

① 参见朱红林：《张家山汉简〈二年律令〉研究》，黑龙江人民出版社2008年版，第180—182页。
② 甘肃省文物考古研究所等：《居延新简（甲渠候官与第四燧）》，文物出版社1990年版，第561页。

认为此条汉简是"汉《囚律》中关于监狱管理条文的残简"。① 根据其内容,任何人将兵刃、绳索,以及其他足以致人伤亡的工具给予囚犯,若囚犯使用此兵刃、工具自伤或伤人,被伤者在辜限即二十天内因伤死亡,提供兵刃、工具者髡为城旦舂。那么,提供足以致人伤亡的兵刃、工具予囚犯,囚犯使用了工具直接自杀或杀人既遂的,也应当处以髡为城旦舂之刑。相关内容我们在唐律中亦可得见,《唐律疏议·断狱》"与囚金刃解脱"条(470):

> 诸以金刃及他物,可以自杀及解脱,而与囚者,杖一百;若囚以故逃亡及自伤、伤人者,徒一年;自杀、杀人者,徒二年;若囚本犯流罪以上,因得逃亡,虽无伤杀,亦准此。

> 《疏》议曰:"金刃",谓锥、刀之属。"他物",谓绳、锯之类。可以自杀及解脱枷、锁、杻,虽囚之亲属及他人与者,物虽未用,与者即杖一百。若以得金刃等故,因得逃亡,或自伤害,或伤他人,与物者徒一年;若囚自杀,或杀他人,与物者徒二年;若囚本犯流罪以上,因得金刃等物而得逃亡者,虽无杀伤,与物者亦徒二年。

唐律此条规定之内容与居延汉简所见汉律一致,但唐律未涉及保辜之内容。是否此类犯罪行为在唐律中已不适用保辜之制?答案当然是否定的。涉及杀伤行为的,皆有保辜之适用,相关内容在《唐律疏议·斗讼》"保辜"条(307)中集中规定,而不必在每条涉及杀伤犯罪之律文中逐条规定。可以看出,唐律中的"通则性内容"已形成比较完整、独立的形态。这说明在法典结构方面,唐律已在秦汉律的基础之上有了较大发展。具体到处罚方面,唐律规定,将锥、刀、绳、锯等物品擅自给予囚犯的,根据囚犯所犯之罪,大致分为两类:将可以自杀及解脱之物品给予犯流罪以上囚犯,囚犯因此逃亡的,给予工具之人处以徒二年之刑。将

---

① 高恒:《汉简牍中所见汉律论考》,载高恒:《秦汉简牍中法制文书辑考》,社会科学文献出版社 2008 年版,第 152 页。

可以自杀及解脱之物品给予犯流罪以下（不包括流罪）囚犯，根据囚犯
对工具的使用情况及造成的伤害结果，分别予以处罚，详见下表：

表 5.4　《唐律疏议·断狱》"与囚金刃解脱"条（470）处罚详表

犯罪行为		处罚
以金刃及他物，可以自杀及解脱与囚	未用	杖一百
	逃亡、自伤、伤人	徒一年
	自杀、杀人	徒二年
以金刃及他物，可以自杀及解脱与犯流罪以上之囚	逃亡	徒二年

2.《居延新简》破城子房屋二二（E.P.F22：326）

　　迺□□□申第三隧戍卒新平郡苦县奇里上造朱疑见第＝
　　五燧戍卒同郡县始都里皇□
　　□所持铍即以疑所持胡桐木杖从后墨击意项三下以辜＝
　　一旬内立死案疑贼杀人甲辰病心腹□□ ①

高恒教授将此条标点为："乃□□□申第三燧戍卒新平郡若县奇里上
造朱疑见第五燧戍卒同郡县始都里皇□□所持铍，即以疑所持胡桐木杖，
从后墨击意项三下，以辜一旬内立死。案疑贼杀人。甲辰病心腹□□" ②
简文记载的是关于斗殴杀伤人案件的司法文书，案件中涉及三个人：皇
□、朱疑、意。意被人用胡桐木杖击打致伤，辜限一旬内死亡。由于犯
罪工具胡桐木杖为朱疑所持，因此"案疑贼杀人"。汉简的记载补充了
秦简的一些内容，但仍有许多不明之处，结合"破城子房屋二二（E.P.
F22：326）"的内容，这些不明之处带来的疑问非常明显。根据前述张家
山汉简与居延新简"甲渠塞第四燧探方二（E.P.S4.T2：100）"的内容，

———————————

①　甘肃省文物考古研究所等：《居延新简（甲渠候官与第四燧）》，文物出版社1990年版，第498页。

②　高恒：《汉简牍中所见汉律论考》，载高恒：《秦汉简牍中法制文书辑考》，社会科学文献出版社2008年版，第153页。

汉律中的辜限皆为二旬，但"破城子房屋二二（E. P. F22∶326）"所载的意被木杖击伤，"辜一旬内立死"，参照唐律保辜的相关内容，辜限之确立乃是依据伤害之器具或依据伤害之程度。此处的辜限"一旬"是由于致伤之工具"胡桐木杖"的特殊性还是由于伤害程度的特殊性？尚不得而知。同时，被害人意还有"甲辰病心腹"的情况，是否对辜限及辜限满后的定罪量刑直接产生影响？可惜后文缺损未能详究。①

根据上文对竹简秦汉律及传世文献中保辜事例的分析，将秦汉时期杀伤罪的辜限及处罚汇总如下：

表 5.5   秦汉时期的辜限及处罚详表

行为	辜限与罪名	处罚	出处
人奴妾笞子	子以胅死	黥颜頯，畀主	睡虎地秦简《法律答问》
斗伤人	以伤辜二旬中死，为杀人	弃市	张家山汉简《二年律令·贼律》
父母殴笞子及奴婢	子及奴婢以殴笞辜死，令赎死	赎死（金二斤八两或二千石官治所县十月金平价予钱）	张家山汉简《二年律令·贼律》
吏以县官事笞城旦舂、鬼薪白粲	以辜死，令赎死		
公大夫昌苔（笞）奴相如	以辜死	不详	张家山汉简《奏谳书》
以兵刃索绳它物可以自杀者予囚，囚以自杀、杀人；若自伤、伤人	以辜二旬中死	予者髡为城旦舂	《居延新简》
疑所持胡桐木杖，从后墨击意项三下	以辜一旬内立死……案疑贼杀人	弃市	
昌武侯单德，坐伤人	伤人二旬内死	弃市	《汉书·高惠高后文功臣表》

---

① 参见张伯元：《出土法律文献丛考》，上海人民出版社 2013 年版，第 29—30 页。

唐律保辜的主要内容集中规定于《唐律疏议·斗讼》"保辜"条（307）：

诸保辜者，手足殴伤人限十日，以他物殴伤人者二十日，以刃及汤火伤人者三十日，折跌支体及破骨者五十日。（殴、伤不相须。余条殴伤及杀伤，各准此。）

《疏》议曰：凡是殴人，皆立辜限。手足殴人，伤与不伤，限十日；若以他物殴伤者，限二十日；"以刃"，刃谓金铁，无大小之限，"及汤火伤人"，谓灼烂皮肤，限三十日；若折骨跌体及破骨，无问手足、他物，皆限五十日。注云"殴、伤不相须"，谓殴及伤，各保辜十日。然伤人皆须因殴，今言不相须者，为下有僵仆，或恐迫而伤，此则不因殴而有伤损，故律云"殴、伤不相须"。"余条殴伤及杀伤各准此"，谓诸条殴人，或伤，故、斗、谋杀，强盗，应有罪者，保辜并准此。

限内死者，各依杀人论；其在限外及虽在限内，以他故死者，各依本殴伤法。（他故，谓别增余患而死者。）

《疏》议曰："限内死者，各依杀人论"，谓辜限内死者，不限尊卑、良贱及罪轻重，各从本条杀罪科断。"其在限外"，假有拳殴人，保辜十日，计累千刻之外，是名"限外"；"及虽在限内"，谓辜限未满，"以他故死者"，他故谓别增余患而死，假殴人头伤，风从头疮而入，因风致死之类，仍依杀人论，若不因头疮得风，别因他病而死，是为"他故"：各依本殴伤法。故注云"他故，谓别增余患而死"。其有堕胎、瞎目、毁败阴阳、折齿等，皆约手足、他物、以刃、汤火为辜限。

唐律规定适用保辜的条件大致分为两类：殴或伤，仅具备一项即适用保辜，即注文曰："殴、伤不相须"。作为法律术语，"相须"意为："两个以上的条件同时具备","不相须"意为:"不必同时具备两个条件"。①
仅有殴打之行为,即使当场并未造成明显的损害结果;或未有殴打之行
为,仅是僵仆、恐迫等而造成伤害。此两种情况皆须保辜。

　　根据适用保辜制度的两种具体情况,律文设定了不同的辜限:有殴
打行为时,根据不同的殴打工具,设立轻重不等的辜限,手足殴不论是
否造成伤损,皆十日;他物殴造成伤损,二十日;金刃殴,不论是否造成
伤损,三十日;汤火伤人,三十日。不因殴而致人伤损,十日。若是造成
特别严重的伤损,如律文所列"折跌支体及破骨"等,则不论是否因殴所
致、亦不论因何工具所致,皆须五十日。辜限期满之后,根据限内被害
人是否死亡及死亡原因重新定罪量刑:凡在辜限内死亡,各依杀人罪论,
其间如有"尊卑、良贱即罪轻重,各从本条杀罪科断",即依尊卑相犯分
别加重或减轻处罚。凡在辜限外死者,或虽在辜限内但因他故(例如别
增余患)而死者,各依本殴伤法,即死亡结果与殴击行为无因果关系,行
为人仅承担伤害之责任。

表 5.6　唐律辜限详表

行为		辜限
不因殴	伤损	十日
殴	手足殴　伤与不伤	十日
殴	他物殴　伤	二十日
殴	金刃　伤与不伤	三十日
殴	汤火　灼烂皮肤	三十日
伤	折骨跌体及破骨	五十日

---

　　①　参见董志翘:《〈唐律疏议〉词语杂考》,《南京师大学报(社会科学版)》2002 年第 4
期。

另外，唐律还在相关律文中补充规定了保辜制度适用过程中的一些内容：

《唐律疏议·斗讼》"兵刃斫射人"条（304）

诸斗……堕人胎，徒二年。（堕胎者，谓辜内子死，乃坐。若辜外死者，从本殴伤论。）

《疏》议曰：……注云"堕胎者，谓在辜内子死，乃坐"，谓在母辜限之内而子死者。子虽伤而在母辜限外死者，或虽在辜内胎落而子未成形者，各从本殴伤法，无堕胎之罪。其有殴亲属、贵贱等胎落者，各从徒二年上为加减之法，皆须以母定罪，不据子作尊卑。若依胎制刑，或致欺绐，故保辜止保其母，不因子立辜，为无害子之心也。若殴母罪重，同折伤科之。假有殴姊胎落，依下文："殴兄、姊徒二年半，折伤者流三千里。"又条："折伤，谓折齿以上。"堕胎合徒二年，重于折齿之坐，即殴姊落胎，合流三千里之类。

本条对斗殴致人堕胎的保辜适用情况作了补充说明。斗殴堕人胎处以徒二年，辜限根据上文列举之斗殴工具确定。补充说明的内容为：胎儿必须在母辜限内死亡，若在母辜限外子死，或虽在辜限内胎落但子尚未成形，则不以斗殴堕人胎论，而根据斗殴致胎儿之母的具体伤情处罚。根据在于律《疏》所谓："保辜止保其母，不因子立辜，为无害子之心也。"这是立法者对犯罪主观心态极为精细的解释。

《唐律疏议·斗讼》"殴人折跌支体瞎目"条（305）

诸斗殴折跌人支体及瞎其一目者，徒三年；（折支者，折骨；跌体者，骨差跌，失其常处。）辜内平复者，各减二等。（余条折跌平复，准此。）

《疏》议曰：因斗殴"折跌人支体"，支体谓手足，或折其手足，或跌其骨体；"及瞎一目"，谓一目丧明，全不见物者：各徒三年。注云折支者，谓折四支之骨；跌体者，谓骨节差跌，失于常处。"辜内平复者"，谓折跌人支体及瞎一目，于下文立辜限内，骨节平复及目得见物，并于本罪上减二等，各徒二年。注云"余条折跌平复，准此"，谓于诸条尊卑、贵贱等斗殴及故殴折跌，辜内平复，并减二等。虽非支体，于余骨节平复亦同。若支先孪，是废疾被折，故此殴孪支止依殴折一支，流二千里，有荫合同减、赎。何者？例云："故殴人至废疾，流，不合减赎。"今先废疾，不因殴令废疾，所以听其减、赎。

本条规定的是斗殴致伤根据辜限内伤者的恢复情况对行为人予以处罚。辜限内伤者平复的，行为人减二等处罚，"平复"即恢复健康。辜限仍是根据上文所列之殴打工具、情节而确定。

秦汉律中保辜制度之完整内容无法得见，但将所见内容与唐律比较后发现，唐律在结构、内容方面皆较秦汉律有极大发展，其中对于秦汉律沿袭之痕迹非常清晰。

四、传统刑律中斗殴杀的发展趋势

从传世文献中的"贼斗杀人"与竹简秦汉律中的"斗杀伤""殴杀伤"及相关内容来看，秦汉时期的"贼杀""殴杀"与"斗杀"存在一定程度的交叉，其边界并不清晰。唐律立法也在努力辨析相关概念的边界，《唐律疏议·斗讼》"斗殴杀人"条（306）："不因斗，故殴伤人者，加斗殴伤罪一等。虽因斗，但绝时而杀伤者，从故杀伤法。"《疏》议曰："不因斗竞，故殴伤人者，加斗殴伤一等，若拳殴不伤，笞四十上加一等，合笞五十之类。'虽因斗，但绝时而杀伤者'，谓忿竞之后，各已分散，声不相接，去而又来杀伤者，是名'绝时'，从故杀伤法。"从律《疏》的解释中可以明显地看出"殴杀""刃杀"在"故杀"与"斗杀"的交叉部分，立法者努力辨析其中的界限。在客观具体的立法体例之下，这种努力并不容易有明显的效果，因为法律条文对于每个具体犯罪行为与情节列举得越详细，其中交叉的内容就会越多。但唐律对于相关概念的区分显然是客观具体的立法体例之下最为清晰的，因为我们自明清律中关于"斗杀"与"殴杀"的内容来看，其在沿袭唐律相关内容的基础之上显然向着更加具体的方向进一步发展，甚至在一定程度上表现出繁碎的特征。《大清律例·刑律·人命之二》"斗殴及故杀人"条（290.00）律目后有一段小注："独殴曰殴，有从为同谋共殴；临时有意欲杀，非人所知曰故；共殴者惟不及知，仍只为同谋共殴。此故杀所以与殴同条，而与谋有分。"薛允升谓此为明律，小注乃清顺治三年添入。律文载："凡斗殴杀人者，不问手足、他物、金刃并绞[监候]。"薛允升在之后有一段按语：

> 《唐律疏议》："斗殴者，原无杀心，斗而用刃，即有害心。"又云："虽因斗，但绝时而杀伤者，从故杀伤法。"此斗与故之界限也。《明律》改为不论金刃他物，均为斗杀，而无绝时杀伤等语。后又以有意欲杀为故，甚至金刃十余伤，及死者已经倒地，并死未还手，恣意迭殴者，亦谓之斗，天下有如此斗殴之法耶？金刃最易戕生，伤人即应拟徒，杀人因以故杀论，本与手足他物不同。《明律》以有意欲杀为故，设供称无心致死，即不以故杀定拟矣。不以显然有凭者为准，而以有意无意为断，似嫌未尽允当。下手重者拟绞，元谋满流，余人满徒，《唐律》最为分明。《明律》上二层与《唐律》同，下一层与《唐律》异，不知何故？自不问手足他物金刃并绞之律行，而故杀中十去其二三矣。自"临时有意欲杀，非人所知曰故"之律注行，而故杀中，又十去其二三矣。近百十年以来，斗殴案内，情节稍有可原者，秋审俱入于缓决，是从前之应以故杀论者，今俱不实抵矣。每年此等案件，入情实者，不过十之一二，虽系慎重人命之意，然杀人不死，未免过于宽厚矣。再亲手杀人，而虚拟绞罪，并不实抵，已觉过宽；非亲手杀人，而死由自尽，亦拟死罪，且有拟

入情实者，似嫌未尽允协。①

就"斗杀"与"故杀"原本就有交叉，在其中又造出"殴杀"，这一做法本为廓清"斗杀"与"故杀"的边界而设，但实际上是带来了新的困惑。比如明清律中的"谋故斗杀"与"谋故殴杀"如何区分，其中的界限并不容易说明。②

五、小结

竹简秦汉律中有较多关于"斗殴杀伤"的内容，其主要含义是争斗中致人伤亡的行为，但"斗"与"殴"的侧重各有不同："斗"侧重于双方势均力敌的冲突，且多为言语、手足冲突；"殴"侧重一方对另一方的打击，且多为工具击打。唐律中，"斗杀伤"的内涵较之秦汉律有所缩小，以兵刃殴击、不因斗而一方对另一方的单独殴击所造成的伤亡被归入"故杀伤"的范畴。唐律对"斗杀"所做的时间、工具方面的限制，如"登时而杀""不用兵刃而杀"等内容皆是为了与"故杀"有明确的区分。从"斗殴杀伤"的处罚来看，由于唐律将秦汉律"斗殴杀伤"中情节较重

---

① ［清］薛允升：《读例存疑重刊本（四）》，黄静嘉编校，成文出版社1970年版，第830页。

② 《大清律例·刑律·斗殴上》"殴致使及本管长官"条（306.05）："凡兵丁谋故杀本管官之案，若兵丁系犯罪之人，而本管官亦系同犯罪者，将该兵丁照例拟斩监候，请旨即行正法，斗殴杀者，仍拟绞监候。如本管官与兵丁一同犯罪，致将兵丁杀死者，仍按凡人谋故斗杀各本律科断。"［清］薛允升：《读例存疑重刊本（四）》，黄静嘉编校，成文出版社1970年版，第907—908页。《大清律例·刑律·捕亡之一》"罪人拒捕"条（388.03）："凡一切犯罪事发，官司差人持票拘捕，及拘获后金派看守押解之犯，如有逞凶拒捕，杀死差役者，为首无论谋故殴杀，俱拟斩立决；为从谋杀加功，及殴杀下手伤重致死者，俱拟绞立决；其但系殴杀帮同下手者，不论手足他物金刃，拟绞监候；在场助势未经帮殴成伤者，改发极边足四千里充军。若案内因事牵连，奉票传唤之人，被追情急，拒毙差役；以及别项罪人拒捕，并聚众中途打夺，均仍照拒捕追摄打夺各本律本例科断。如差役非奉官票，或虽经奉票而有藉差吓诈，陵虐罪犯情事，致被殴死者，各照平人谋故杀本律定拟，均不得以拒捕杀人论。"［清］薛允升：《读例存疑重刊本（五）》，黄静嘉编校，成文出版社1970年版，第1125页。

的一些内容归入了"故杀"的范畴，因此总体上来看，唐律关于"斗杀伤"的处罚轻于秦汉律；秦汉律中，已对斗殴杀伤行为人与犯罪对象的身份关系有了初步的区分，但唐律的相关内容详细地体现了这种身份关系对定罪量刑的影响。秦汉律中能见到关于斗殴杀伤适用保辜的内容，但辜限及处罚等方面的内容较为单一，唐律根据伤情、工具规定了十日至五十日不等的辜限，对于辜限期满后的罪名、处罚及相关内容皆有进一步详细规定。总的来说，秦汉律中的"斗殴杀"与"贼杀"存在一些交叉；唐律中，这一模糊地带仍然存在，立法者为了区分"斗杀"与"故杀"，对于斗殴致死的时间、工具等情节作了详细的规定；唐代之后，对于斗殴杀的规定更加细致，但是在客观具体的立法体例之下，越来越详细的规定并没有廓清相关概念的界限，反而增加了一些认识方面的困惑。

第六章　秦汉律与唐律中的戏杀

秦汉简牍与传世文献中，关于"戏杀"的记载不多，结合唐律中的相关内容，可以对秦汉律中"戏杀伤"的大致含义与处罚情况有初步的认识。由秦汉至唐代，"戏杀伤"的处罚有加重的趋势。竹简秦汉律中所见的"戏杀人"处以"赎刑"，即向官府缴纳赎金以替代"真刑"的执行方式；"戏伤人"则免于处罚。唐律中"戏杀伤"皆在"斗杀伤"的基础之上减等处罚，这说明唐代立法者认为"戏杀伤"的主观恶性与客观危险性与"斗杀伤"在一定程度上是相似的，只是量上有所差别。唐代之后，"戏杀伤"的处罚在一定程度上又呈现出减轻的趋势。明清时期，"戏杀伤"在刑律中的独立性进一步减弱，清律中大量的"戏杀伤"行为"以斗杀伤论"，说明"戏杀伤"虽然在律文中独立规定，但其与"斗杀伤"的界限已非常模糊。

一、"戏"与"戏杀伤"的含义

《说文》许慎释"戏"为："三军之偏也"；[①] 又："一曰兵也"，[②] 据清

---

① 段玉裁注："偏若先偏后伍，偏为前拒之偏。谓军所驻之一面也。史汉《项羽纪》《高帝纪》皆曰：诸侯罢戏下。各就国。师古曰：戏，军之旌旗也。音许宜反。亦读曰麾。又《窦田灌韩传》。灌夫率壮士两人。及从奴十余骑。驰入吴军。至戏下。所杀伤数十人。师古曰：戏，大将之麾也。读与麾同。又音许宜反。按颜说必本旧音义。似与许说小异。然相去不远。度旧音义必有用许说者矣。"［汉］许慎撰、［清］段玉裁注：《说文解字注》，十二篇下"戈"部，上海古籍出版社1981年版，第630页下。

② 当然，此处只是《说文》所释"戏"的含义与用法，关于"戏"的其他含义、用法以及

人段玉裁的注释，后者与"戏杀"之"戏"的含义具有比较清晰的渊源关系，"戏杀"产生的基础与"戏"之为"兵"的含义具有极其密切的联系。段玉裁注："一说兵械之名也。引申谓为戏豫，为戏谑。以兵杖可玩弄也。可相斗也。故相狎亦曰戏谑。《大雅》毛传曰：戏豫，逸豫也。"[1] 另，《说文》注"娭"为"戏也"，段玉裁注："戏者，三军之偏也。一曰兵也。嬉戏，则其余义也。《左传》：子玉曰：请与君之士戏。固以战为戏矣。《上林赋》：娭游往来。善曰：娭，许其切。然则今之嬉字也。今嬉行而娭废矣。"[2] "娭"为"嬉"，又常有"嬉戏"的表述，都包含了共戏的含义。根据段玉裁的注释，兵杖可玩弄、可相斗，这将"戏"所包含的行为与结果的危险性表达得非常清晰，《左传》中的"以战为戏"则清晰地表达了"戏"的对抗性，即以力相搏。传世文献中大量关于"戏伤""戏而伤"的表述也是"戏"之危险性的直接表现。

　　《群书治要·吴越春秋》：吴王夫差闻孔子与子贡游于吴，出求观其形，变服而行，为或人所戏而伤其指，夫差还，发兵索于国中，欲诛或人。[3]

　　《艺文类聚·人部三·笑》：《琐语》曰：师旷御晋平公鼓瑟。辍而笑曰：齐君与其嬖人戏，坠于床而伤其臂。平公命人书之曰：某月某日，齐君戏而伤，问之于齐侯。笑曰：然，有之。[4]

出处可参看宗福邦、陈世铙、萧海波主编：《故训汇纂》"戈"部，商务印书馆 2003 年版，第850—851 页。

　　[1]　[汉]许慎撰、[清]段玉裁注：《说文解字注》，十二篇下"戈"部，上海古籍出版社1981 年版，第 630 页下。

　　[2]　[汉]许慎撰、[清]段玉裁注：《说文解字注》，十二篇下"女"部，上海古籍出版社1981 年版，第 620 页上。

　　[3]　[唐]魏徵等：《群书治要》卷第十二《吴越春秋》，吕效祖点校，鹭江出版社 2004 年版，第 218 页。

　　[4]　[唐]欧阳询：《艺文类聚》卷第十九《人部三·笑》，汪绍楹校，上海古籍出版社 1965 年版，第 356 页。同样记载可见[宋]李昉等：《太平御览》卷三九一《人事部三十二·笑》，中华书局 1960 年版，第 1810 页下。

《太平御览·人事部一百三十七·斗争》:《吕氏春秋》曰:楚之边邑名曰卑梁,其处女争桑于境上,戏而伤卑梁之女。卑梁人以让吴人,吴人应之不恭,怒而杀之。吴人往报之,尽屠其家。于是吴楚大争。[①]

在"戏"的固有含义的基础之上,我们可以对其表达以力相搏时的具体内容与特征稍作概括:首先,"戏"作为一种共同行为,包含着行为主体的双方性;其次,这种双方互搏的行为具有产生危险的可能性,既包括行为过程的危险性,又包括行为结果的危险性;最后,行为双方对行为的危险性有共同的认识。段注所引《左传》为《僖公二十八年》:"请与君之士戏,君冯轼而观之,得臣与寓目焉。"[②]"与君之士戏"即请求双方以力相搏。传世文献中,"戏"作"以力相搏"的用法比较普遍。《国语·晋语》"智伯国谏智襄子"载:"智襄子戏韩康子而侮段规。"[③]其中"戏"作玩笑、耍笑。从常识的角度推测,这种玩笑与耍笑既可能是一般的玩笑、耍笑,亦可能是以力相戏,而以力相戏的含义实际上已经包含了产生某种危险结果的可能。我们自传世文献中也能够见到"戏"直接表达以力相戏的内容,《国语·晋语》"少室周知贤而让"载:"少室周为赵简子之右,闻牛谈有力,请与之戏,弗胜,致右焉。"三国吴韦昭注:"戏,角力也。"[④]少室周与牛谈相戏,"戏"的内容自然是以力相搏,因为少室周听闻牛谈"有力",要求与之"戏"。那么,两人对于"戏"所可能产生的危险性与危害结果应当有共同的认识。从少室周"弗胜,致右焉"

---

① 〔宋〕李昉等:《太平御览》卷四九六《人事部一百三十七·斗争》,中华书局 1960 年版,第 2270 页下—2271 页上。

② 〔周〕左丘明撰、〔晋〕杜预注、〔唐〕孔颖达正义:《春秋左传正义》卷第十六,北京大学出版社 1999 年版,第 447 页。

③ 上海师范大学古籍整理组校点:《国语》卷十五《晋语九》,上海古籍出版社 1978 年版,第 502 页。

④ 同上书,第 496 页。

的结果来看，双方对共同危害行为的过程与结果都是认可的。依据"戏"的含义分析"戏杀伤"的表述形式，"戏"是行为及其过程，"杀伤"是行为结果。那么，行为双方共同实施危险行为、以力相搏，若致伤害结果出现则为"戏伤"，若致死亡结果出现则为"戏杀"。《史记·夏侯婴传》载："汝阴侯夏侯婴，沛人也。为沛厩司御。……高祖戏而伤婴，人有告高祖。高祖时为亭长，重坐伤人，告故不伤婴，婴证之。后狱覆，婴坐高祖系岁余，掠笞数百，终以是脱高祖。""高祖戏而伤婴"即高祖与夏侯婴相戏，将夏侯婴致伤。有人将高祖"戏伤"夏侯婴之事告发至官府，韦昭曰："告，白也。白高祖伤人。"高祖应当从重处罚。如淳曰："为吏伤人，其罪重也。"[①] 其中的"戏伤"可解作高祖与夏侯婴以力相戏而致夏侯婴伤。从中我们还可以看到，秦汉时期的"戏伤"是"伤害"的一种，是法律规定要受到处罚的犯罪行为，官员犯"戏伤"要加重处罚。

二、秦汉律中"戏杀"的含义

传世文献与秦汉律中关于"戏杀"的记载都不多见，张家山汉简《二年律令·贼律》中见有一条记载：

　　……戏而杀人，赎死；伤人，除。(二一)

张家山汉简中所见关于"戏杀伤"的记载主要是汉律中关于"戏杀伤"处罚方面的内容，从中无法了解到汉律中关于戏杀伤含义、特征等方面的信息。另外，张家界古人堤汉简见有"人杀戏（逆序插入）"条，即"戏杀人"，[②] 但未见详细内容。我们自传世文献中可以见到两条关于汉代戏

---

① ［汉］司马迁：《史记》卷九十五《樊郦滕灌列传》，中华书局 1963 年版，第 2663—2664 页。相同记载亦可见《汉书·夏侯婴传》。［汉］班固撰、［唐］颜师古注：《汉书》卷四十一《樊郦滕灌傅靳周传》，中华书局 1962 年版，第 2076 页。

② 参见湖南省文物考古研究所、中国文物研究所：《湖南张家界古人堤简牍释文与简注》，《中国历史文物》2003 年第 2 期。

杀案件的记载：

> 《酉阳杂俎·礼异篇》：律有甲娶，乙丙共戏甲。旁有柜，比之
> 为狱，举置柜中，复之。甲因气绝，论当鬼薪。①
>
> 《风俗通义》：汝南张妙会杜士，士家娶妇。酒后相戏，张妙缚
> 杜士，捶二十。又悬足指。士遂致死。鲍昱决事云：酒后相戏，原
> 其本心，无贼害之意。宜减死也。②

据《酉阳杂俎》载，甲娶妻之际，乙、丙与甲嬉戏，将甲置于柜中关
闭，致甲窒息而死，乙和丙被处以鬼薪的劳役刑。《意林》引东汉应劭《风
俗通义》佚文，汝南人张妙酒后与杜士嬉戏，将杜士捆绑捶打并捆绑脚
趾倒悬，致杜士死亡，汉人鲍昱认为张妙无杀伤之害心，即张妙并非通
过捆绑、捶打追求杜士死亡结果的出现。因此，应当在死罪的基础之上
减轻处罚。根据这两则记载，可以对汉律中戏杀伤的含义与处罚情况有
进一步的认识。就案件的内容来看，有一点非常巧合，两则戏杀伤案例
发生的场合都是"娶亲"或"娶妇"。因此，戏杀伤人事件应当是发生在
大庭广众的场合，至少仅有行为人与被害人的可能性不大。那么，这种
嬉戏就应当是双方的共同行为，行为双方对共同的嬉戏行为或危险行为
有基本一致的认识。这种基本一致的认识最主要的内容就是行为双方
对共同嬉戏行为的危险性或可能的危险性有大致相同或相似的认识，这
与张斐《晋律注》中戏的含义是一致的。张斐谓："两和相害谓之戏"，③
元人徐元瑞与张斐有同样的注解："两和相害谓之戏"，在此基础上，徐
氏有进一步的例释："假如以力共戏，终虽至死，和而不相嗔恨而致死者，
是和而相害也。"④根据张斐、徐元瑞的注解与《酉阳杂俎》《风俗通义》

---

① ［唐］段成式：《酉阳杂俎》，方南生点校，中华书局 1931 年版，第 8 页。
② ［唐］马总：《笔记小说大观》（第一册）《意林》，江苏广陵古籍刻印社 1983 年版，第
202 页上。
③ ［唐］房玄龄等：《晋书》卷三十《刑法志》，中华书局 1974 年版，第 928 页。
④ ［元］徐元瑞等：《吏学指南（外三种）》，浙江古籍出版社 1988 年版，第 56 页。

所载案例的内容,以"两和相害"表述汉代戏杀的含义大致也是可行的。①
具体来说,"两和"是"戏杀伤"成立的前提性条件,即嬉戏双方相互之
间并无杀伤之故意,也就是《风俗通义》中鲍昱所言:"无贼害之意";"相
害"是"相戏"行为最终出现的结果,虽然没有"贼害之意",但"戏"产
生了"害"之结果。结合前述传世文献中"戏"的含义,可将秦汉律中的
"戏杀"概括为:实施"共戏"行为的双方当事人对于"共戏"行为的危
险性及其可能产生的危险结果有共同的认识,但仍决意实施"共戏"行
为,最终导致一方当事人死亡。②

三、秦汉律中"戏杀伤"的处罚

根据张家山汉简《二年律令·贼律》的记载,"戏而杀人"被处以"赎
死"。《二年律令·具律》:"赎死,金二斤八两。……(一一九)"戏伤人"除",
即犯罪人免于实际的处罚。③

《风俗通义》所见案例中,戏杀人最终减死,应当是未实际执行死刑,
具体处以何种刑罚不得而知,这与《二年律令》中的立法精神是基本一

---

① 整理小组也引用了张斐《晋律注》"两和相害谓之戏"来注释张家山汉简中的相关
内容。参见张家山二四七号汉墓竹简整理小组:《张家山汉墓竹简[二四七号墓](释文修订
本)》,文物出版社 2001 年版,第 11 页。

② 水间大辅谓汉律中的"戏杀"为:"在双方同意的情况下相互打闹嬉戏,结果却伤了
对方性命。"〔日〕水间大辅:《秦律、汉律中的杀人罪类型——以张家山汉简〈二年律令〉为
中心》,载中国秦汉史研究会编:《秦汉史论丛》(第 9 辑),三秦出版社 2004 年版,第 329 页。
水间大辅对于汉律戏杀的定义大致是不错的,但其仅从外在方面描述了行为双方对嬉戏行为
的"同意",并未深入揭示行为双方对嬉戏行为及可能造成的危险在认识方面与意志方面的具
体内容。当然,需要指出的是:若仅根据秦汉简牍中的记载对秦汉律中的戏杀伤做出比较全
面的描述并不容易,当我们把目光略向后移,就会发现后世刑律及律学著作中的戏杀与其具
有基本一致的内容,结合相关内容,我们可能会对秦汉律中的戏杀有进一步的认识。

③ 参见朱红林:《张家山汉简〈二年律令〉集释》,社会科学文献出版社 2005 年版,第
28 页。但"除"的同时是否有其他的惩罚措施,尚不清楚。

致的。戏杀人"原其本心，无贼害之意"，不应当处以死刑。《酉阳杂俎》
所见案例中，戏杀人被处以鬼薪，这与《二年律令》的记载差异颇大，[①]
但与后世晋律的记载基本一致，《太平御览》引《晋律》"三岁刑"注曰：
"若伤人上而谤、伪造官印、不忧军事、戏杀人之属，并三岁刑也。"[②] 汉
代鬼薪为三岁刑，与晋律戏杀人的处罚相似。那么《酉阳杂俎》所载汉
代戏杀案件的处罚与《二年律令》不一致的原因可能是由于《二年律令》
反映的是西汉初年的法制，此案时间稍后，所以与晋律中的规定大致
相似。当然这只是一种推测，而且前提是《酉阳杂俎》所载案件的处罚
大致反映了当时的实际情况。

张家山汉律中所载"戏而伤人"免予处罚，这与传世文献中的记载
略有出入，前引《史记·夏侯婴传》："高祖时为亭长，重坐伤人"，如淳
注曰："为吏伤人，其罪重也。"[③] 按照如淳所说，高祖戏伤夏侯婴"重坐"，
即加重处罚。因为高祖为亭长，具有吏的身份，应当加重处罚。那么，
汉律对于一般人犯戏伤应当规定了处罚，官吏犯戏伤人在一般人处罚的
基础之上加重处罚。但张家山汉律中说"戏而……伤人，除。"由于简文
残损，无法进一步探讨。

四、"戏杀"在唐律中的发展

唐律中关于戏杀伤人的处罚内容主要规定于《唐律疏议·斗讼》

---

① 水间大辅也提出了这一问题："《酉阳杂俎》中却为何记载着鬼薪这一明显有异于赎
死的刑罚呢？其理由尚不甚明了。"〔日〕水间大辅：《秦律、汉律中的杀人罪类型——以张家
山汉简〈二年律令〉为中心》，载中国秦汉史研究会编：《秦汉史论丛》（第9辑），三秦出版社
2004年版，第329页。

② 〔宋〕李昉等：《太平御览》卷六四二《刑法部八·徒作年数》，中华书局1960年版，
第2877页上。

③ 〔汉〕司马迁：《史记》卷九十五《樊郦滕灌列传》，中华书局1963年版，第2663—
2664页。

"戏杀伤人"条（338）：

> 诸戏杀伤人者，减斗杀伤二等；（谓以力共戏，至死和同者。）虽和，以刃，若乘高、履危、入水中，以故相杀伤者，唯减一等。即无官应赎而犯者，依过失法收赎。（余条非故犯，无官应赎者，并准此。）
>
> 《疏》议曰："戏杀伤人者"，谓以力共戏，因而杀伤人，减斗罪二等。若有贵贱、尊卑、长幼，各依本斗杀伤罪上减二等。虽则以力共戏，终须至死和同，不相嗔恨而致死者。"虽和，以刃"，《礼》云："死而不吊者三，谓畏、压、溺。"况乎嬉戏，或以金刃，或乘高处险，或临危履薄，或入水中，既在险危之所，自须共相警戒，因此共戏，遂致杀伤，虽即和同，原情不合致有杀伤者，唯减本杀伤罪一等。"即无官应赎"，谓有荫及老、小、废疾之类，而犯应赎罪者，依"过失"法收赎。假有过失杀人，赎铜一百二十斤，戏杀得减二等，赎铜六十斤，即是轻重不类，故依"过失"赎罪，不从减法。注云"余条非故犯"，谓一部律内，诸条非故犯罪，无官应得收赎者，并准此。假有甲为人合药，误不如本方杀人，合徒二年半，若白丁，则从真役；若是官品之人合赎者，不可征铜五十斤，亦征一百二十斤，则是"余条"之类。
>
> 其不和同及于期亲尊长、外祖父母、夫、夫之祖父母虽和，并不得为戏，各从斗杀伤法。
>
> 《疏》议曰：谓戏者元不和同；及于期亲尊长、外祖父母、夫、夫之祖父母，此等尊长，非应共戏，纵虽和同，并不得为戏：各从斗杀伤之法。假有共期亲尊长戏，折一支者，仍处绞之类。

唐律中关于"戏杀伤"的基本内容可概括为三方面："一为和同，二为共戏，三为杀伤"，[①] 这与秦汉律以及晋律中所见的内容是一脉相承的。

---

① 戴炎辉：《中国法制史》，三民书局1995年版，第68页。

唐律通过肯定的列举强调了两方面的特征：首先，"两和相害"，即"以力共戏，因而杀伤人"，强调的是共同嬉戏行为与最终杀伤结果之间的因果关系；其次，"至死和同"，即"虽则以力共戏，终须至死和同，不相嗔恨而致死者"，强调的是"和"必须贯穿嬉戏行为始终，也就是双方在认识、意志因素方面基本相似的内容必须贯穿行为始终。①

　　律文通过否定的表述强调了三方面的特征：首先，不和同不得为戏，"不和同"已与前述"两和相害"的构成特征相悖，若不和同强为戏而造成的伤亡结果，"从斗杀伤法"。原因在于：不和同而强为戏，行为本质上是"两讼相趣"，②属于斗杀伤的范畴，自然别依他法科断。其次，卑

---

　　① 需要注意的是，"至死和同"的内容是说"以力相戏"的双方对于"戏"的过程与结果所可能产生的伤亡结果有共同的认识，"立帖相杀"等以死相搏的行为并非"戏杀伤"。《宋刑统》"斗殴故殴故杀"门载"唐开成元年十一月二十一日敕"："中书舍人崔龟从等状据大理寺申，详断立帖和同，把剃刀割张楚喉咙后，却自割喉咙不死人张公约。伏以张公约与张楚素无怨嫌，立帖相杀，今法寺、刑部并无此条。自今以后，应有和同商量，相杀者，请同故杀人例，不在免死之限。敕旨宜依。"［宋］窦仪：《宋刑统》，薛梅卿点校，法律出版社1998年版，第374页。对于此则案例，刘俊文教授谓："张公约与张楚立帖相杀，至死合同，正属于此律所谓之戏杀伤。二人所用以相杀者既为剃刀，当依律'虽和以刃减本杀伤一等之法'，免死科流。而崔龟从等漫云'法寺、刑部并无此条'，改奏同故杀例科斩，敕旨竟从之，君臣上下不解律义至是，令人惊诧。"刘俊文：《唐律疏议笺解》（下册），中华书局1996年版，第1062页。刘俊文教授认为张公约与张楚立帖相杀、至死合同，是为戏杀，这正是对戏杀伤中"和同"的具体内容有所误解。详细分析"戏杀"的主观心态及其对伤亡结果的态度，行为人双方应当预见到"以力相戏"行为可能产生致人死伤之结果，对于这种结果是否发生应当持有的是过失的心态，即由于疏忽大意没有预见到或者已经预见到但轻信可以避免。若是行为人预见到必然发生致人死伤之结果，如何还能将之归入"戏"的范畴？"立帖相杀"显然是行为人双方互有"杀心"与"害心"，这正是"戏杀伤"所排斥的心态。因此，法寺、刑部的意见应当是恰当的。通过此则案例，我们对于"戏杀伤"中"和同"的内容有进一步的认识，"和同"仅是行为双方对于"共同嬉戏"的过程以及结果所可能产生的危险性有共同的认识，若是"以力相博"必然产生死伤或者你死我亡的"立帖相杀"，则不属于"戏杀伤"的范围；本虽"和同"，但"共戏"过程中心态转化，亦不属于"戏杀伤"的范围，如《元史·刑法志》"斗殴"载："诸军官纵酒，因戏而怒，故殴伤有司官者，笞三十七，记过。"［明］宋濂等：《元史》卷一百五《刑法四》，中华书局1976年版，第2674页。"因戏而怒"即"共戏"过程中心态发生转化，伤人行为须依"故殴伤"定罪量刑。

　　② ［唐］房玄龄等：《晋书》卷三十《刑法志》，中华书局1974年版，第928页。

幼与尊长虽和仍不得为戏，这实质上是对传统社会伦理秩序的维护。卑幼对于尊长应当怀有恭敬之心，即使"和同"仍不得为戏，若卑幼与尊长为戏导致死伤，自然不应再以"戏杀伤"处罚。"虽和"说的是卑幼与尊长共戏的行为本质上的确属于"和同相戏"，但法律并不认定为"和同"。卑幼与尊长即使和同相戏，若造成了尊长伤亡的结果，卑幼须以斗杀伤尊长定罪量刑。最后，不得"危险相戏"，律文列举了"危险相戏"的四种情况：以刃、乘高、履危、入水中。需要注意的是此处仅是举例说明，并不是说"危险相戏"的情况只有这几种。律《疏》引述《礼记·檀弓》中的相关内容对"危险相戏"加重处罚的理由作了说明，以兵刃为戏或于险危之所为戏，行为人应对可能造成的危害结果有更加清晰的认识。因此，若造成伤亡结果不得以戏杀伤处罚。此即张斐谓："斗之加兵刃水火中，不得为戏，戏之重也。"[①]

亲属间的戏杀伤是我们在竹简秦汉律及传世文献中未曾见到的，其处罚规则与其他杀伤行为一样，也是以行为人与杀伤对象之间的服制关系为基础。原则上，卑犯尊在常人相犯的基础之上加重科刑，尊犯卑在常人相犯的基础之上减等科刑。[②]另外，本条规定"即无官应赎而犯者，依过失法收赎"，即戏杀伤人在特定情况下准"赎"。这与《二年律令》中关于戏杀人处以赎死的内容表面上有些相似，但实际上性质完全不同。张家山汉律中的"赎死"属于"赎罪"的一种，其"明确具有规定刑的性质"。[③]而唐律中对戏杀人等犯罪予以宽宥的具体方式为以金赎

---

① ［唐］房玄龄等：《晋书》卷三十《刑法志》，中华书局 1974 年版，第 928—929 页。

② 唐律中杀伤等"侵身犯"之科刑原则，均为卑犯尊加重科刑、尊犯卑减等科刑。即是戴炎辉所谓："亲属之相犯……虽处罚原理有不同，但均与凡人犯有疏；再且因其亲属关系，处罚上亦有其特例。……于侵身犯，尊长犯卑幼，勿论或减轻；卑幼犯尊长，则坐之或加重。"戴炎辉：《唐律通论》，戴东雄、黄源盛校订，元照出版公司 2010 年版，第 41 页。

③ 参见朱红林：《张家山汉简〈二年律令〉研究》，黑龙江人民出版社 2008 年版，第49—52 页。

刑而不科真刑，具有"闰刑"与"易刑（换刑）"的性质。无官应赎之人戏
杀人，依过失杀人法赎铜一百二十斤，而非从斗杀上减二等后赎铜六十
斤。① 赎铜入被杀之家，② 这与汉律中所规定的向官府缴纳赎金也是不同
的。无官应赎之人，律疏谓"有荫及老、小、废疾之类，而犯应赎罪者"，
"有荫"之人由《唐律疏议·名例》"应议请减（赎章）"条（11）、"妇人有
官品邑号"条（12）、"五品以上妾有犯"条（13）三条律文所规定；"老、小、
废疾"之人由《唐律疏议·名例》"老小及疾有犯"条（30）规定。

　　唐律中戏伤人的处罚原则为"减斗伤二等"，而斗伤的具体处罚内
容规定在《唐律疏议·斗讼》"斗殴以手足他物伤"条（302）、"斗殴折
齿毁耳鼻"条（303）、"兵刃斫射人"条（304）、"殴人折跌支体瞎目"条
（305），根据斗殴工具种类、伤害程度的不同，区分非常详细，③ 戏伤人的，
在斗殴伤人处罚基础之上减二等科刑；若以刃嬉戏致伤，减一等科刑。

---

　　① 对于科刑不减等之原因，刘俊文教授谓："此律规定之罚例，仅适用于一般犯罪不合
赎之人及有官应赎之人，而不适用于无官应赎之人（即荫赎之人）。如是无官应赎之人戏杀伤
人，当依过失杀人法征赎铜一百二十斤，而不当依此律减斗杀二等徒三年收赎铜六十斤。盖若依
此律减罪后收赎，则所罚轻于过失，既于法理不通，又不足以惩罪也。"刘俊文：《唐律疏议笺解》（下
册），中华书局1996年版，第1601页。戴炎辉先生谓："盖过失杀伤之赎铜，各准本杀伤本状（真刑）
而定；今戏杀伤比之情重，更应准本杀伤罪收赎。同时赎铜入被杀伤之家，理应从重，以保护之。"
戴炎辉：《唐律各论》，成文出版社1988年版，第529页。
　　② "以铜赎罪，铜入被杀伤之家"为赎刑之原则性规定，《唐律疏议·贼盗》"以毒药药
人"条（263）载："脯肉有毒，曾经病人，有余者速焚之，……即人自食致死者，从过失杀人法。"
《疏》议曰："……'即人自食致死者'，谓有余，不速焚之，虽不与人，其人自食，因即致死者，
从过失杀人法，征铜入死家。"《唐律疏议·斗讼》"妻妾殴詈故夫父母"条（331）载："诸妻妾
殴、詈故夫之祖父母、父母者……过失杀伤者，依凡论。"《疏》议曰："'故夫'，谓夫亡改嫁者；
其被出及和离者，非。……'过失杀伤者，依凡论'，谓杀者，依凡人法，赎铜一百二十斤；……
其铜入被伤杀之家。"唐《狱官令》规定："诸伤损于人及诬告得罪，其人应合赎者，铜入被告
及伤损之家。即两人相犯俱得罪及同居相犯者，铜入官。"〔日〕仁井田陞：《唐令拾遗》，栗劲、
霍存福等编译，长春出版社1989年版，第726页。即赎铜入官为唐律赎刑之例外情况，彼此
俱罪与同居相犯，赎铜入官。
　　③ 关于唐律斗殴致伤的详细处罚情况及其与秦汉律中斗殴杀伤的关系，详见"斗殴杀
伤"相关章节的详细内容。

此处将竹简秦汉律及传世文献中所见戏杀伤的处罚情况与唐律相关内容做一对照：

表 6.1　汉律、晋律与唐律戏杀伤处罚对照详表

	行为	处罚	出处
汉律	戏而杀人	赎死	《二年律令·贼律》
	戏而伤人	除	
	甲乙丙共戏，乙丙将甲置柜中，致甲气绝	鬼薪	《西阳杂俎》
	酒后相戏，张妙缚杜士，捶二十、又悬足指，士遂致死	减死	《意林》引《风俗通义》佚文
晋律	戏杀人	三岁刑	《太平御览》引《晋律》
唐律	戏杀人	徒三年	《唐律疏议·斗讼》"斗殴以手足他物伤"条（302）、"斗殴折齿毁耳鼻"条（303）、"兵刃斫射人"条（304）、"殴人折跌支体瞎目"条（305）、"戏杀伤人"条（338）
	手足戏致伤	笞二十	
	他物戏致伤	笞四十	
	戏致拔发方寸以上	杖六十	
	手足戏致他人血从耳目出及内损吐血	杖四十	
	他物戏致他人血从耳目出及内损吐血	杖六十	
	戏致折齿，毁缺耳鼻，眇一目及折手足指，若破骨及汤火伤人	杖九十	
	戏致折二齿、二指以上及髡发	杖一百	
	戏致刃伤，及折人肋，眇其两目，堕人胎	徒一年半	
	戏折跌人支体及瞎其一目	徒二年	
	损二事以上，及因旧患令至笃疾，若断舌及毁败人阴阳	徒二年半	

同时，唐律中尚有一些比照戏杀处罚的犯罪行为，一般表述为"以戏杀论"。按《唐律疏议·名例》"称反坐罪之等"条（53）："称'以枉法

论'及'以盗论'之类,皆与真犯同。"又《吏学指南》释:"罪同真犯谓之以。凡称以者,悉同其法而科之。"① 即"以戏杀论"者实质上也是唐律戏杀的主要内容。如《唐律疏议·贼盗》"以物置人耳鼻孔窍中"条(261)《疏》议曰:"……或因戏恐迫,使人畏惧致死伤者,以戏杀伤论。若有如此之类,各随其状,依故、斗、戏杀伤法科罪。"又《唐律疏议·斗讼》"斗殴误杀伤傍人"条(336):"若以故僵仆而致死伤者,以戏杀伤论。"《疏》议曰:"仰谓之僵,伏谓之仆。谓共人斗殴,失手足跌,而致僵仆,误杀伤傍人者,以戏杀伤论。别条'戏杀伤者,减斗杀伤人二等',谓杀者徒三年,折一支者徒二年之类。"因戏恐迫,使人畏惧致死,以戏杀论处以徒三年;因斗殴之故僵仆致旁人死亡,以戏杀论处以徒三年;斗殴误杀助己者,减戏杀二等,处以徒二年。但此类内容在竹简秦汉律中未见相关记载,故仅在此列出,不再展开分析。②

五、传统刑律中戏杀伤的发展趋势

唐代之后,传世文献中关于"戏杀伤"的记载仍不多见,《元史·刑法志》"杀伤"中见有关于"戏杀"的内容:"诸良人戏杀他人奴者,杖七十七,征烧埋银五十两。"③ 唐律中并无直接规定良人戏杀他人奴婢的内容,《唐律疏议·斗讼》"戏杀伤人"条(338):"诸戏杀伤人者,减斗杀伤二等。"《疏》议曰:"若有贵贱、尊卑、长幼,各依本斗杀伤罪上减二等。"因此,良人戏杀他人奴婢应当在良人斗杀他人奴婢量刑的基础

---

① [元]徐元瑞等:《吏学指南(外三种)》,杨讷点校,浙江古籍出版社1988年版,第54页。

② 唐律"以戏杀论"的具体内容可参见刘晓林:《唐律"七杀"研究》,商务印书馆2012年版,第132—135页。

③ [明]宋濂等:《元史》卷一百五《刑法四》,中华书局1976年版,第2677页。

之上减二等处罚。据《唐律疏议·斗讼》"部曲奴婢良人相殴"条(320)：
"其良人殴伤杀他人部曲者，减凡人一等；奴婢，又减一等。"《疏》议曰：
"良人殴伤或杀他人部曲者，'减凡人一等'，谓殴杀者，流三千里；折一
支者，徒二年半之类。'奴婢，又减一等'，殴杀者，徒三年；折一支，徒
二年之类。"唐律中的"斗杀"与"殴杀"在定罪量刑方面存在交叉地带，
对此前文已述。良人斗殴杀他人部曲流三千里，若戏杀他人部曲，减二
等，处以徒二年半之刑；良人斗殴杀他人奴婢徒三年，若戏杀他人奴婢，
减二等，处以徒二年之刑。《元史·刑法志》中关于良人戏杀他人奴的
量刑较之唐律为轻。又："诸幼小自相作戏，误伤致死者，不坐。诸戏伤
人命，自愿休和者听。诸两人作戏争物，一人放手，一人失势跌死，放
者不坐。诸以物戏惊小儿，成疾而死者，杖六十七，追征烧埋银五十两。
诸以戏与人相逐，致人跌伤而死者，其罪徒，仍征烧埋银给苦主。"[1] 从这
些内容中也能看出元代"戏杀伤"处罚方面整体较之唐律为轻。明清律
关于"戏杀伤"的律文非常完整，我们可以将其与竹简秦汉律与唐律中
的相关内容稍作对比。

《大清律例·刑律·人命之三》"戏杀误杀过失杀伤人"条(292.00)：

1 凡因戏［以堪杀人之事为戏，如比较拳棒之类。］而杀伤人，
及因斗殴而误杀伤旁人者，各以斗杀伤论。［死者并绞。伤者验轻
重坐罪。］其谋杀、故杀人而误杀旁人者，以故杀论。［死者处斩，
不言伤，仍以斗殴论。］

2 若知津河水深泥淖，而诈称平浅，及桥梁渡船朽漏不堪渡人，
而诈称牢固，诓令人过渡，以致陷溺死伤者，［与戏杀相等。］亦以
斗杀伤论。

3 若过失杀伤人者，［较戏杀愈轻。］各准斗杀伤罪，依律收赎，

_____

①　［明］宋濂等：《元史》卷一百五《刑法四》，中华书局 1976 年版，第 2678 页。

　　给付其［被杀伤之］家。……①

此条律文后标明："此乃《明律》,律末原有小注,余系顺治三年添入。"将其与竹简秦汉律、唐律中的"戏杀伤"比较,区别非常明显:

　　首先,唐律中"戏杀伤人"独立为一条律文,后世刑律显然沿袭了此种立法模式,将戏杀、误杀、过失杀人同条规定。

　　其次,清律中"戏杀"在犯罪主观心态方面的核心内容仍是排斥"杀心"或"害心",这是与其他杀人犯罪的具体类型相区别的关键。如《大清律例·名例下之二》"老小废疾收赎"条(22.07)有"无心戏杀"之语,②其中"无心"乃是对于"戏杀"的限定或解释,其含义为无"杀心"或无"害心";"戏杀"所表达的含义自然是与"谋杀""故杀"相对且完全不同的行为类型。但清律"戏杀误杀过失杀伤人"本条夹注却表达出与秦汉律以及唐律中的"戏"略有不同的含义,夹注谓"戏"为:"以堪杀人之事为戏。如比较拳、棒之类。"唐律中明确规定不得"危险相戏",即以刃、乘高、履危、入水中等情况不得为戏。唐律中的"危险相戏"与明清律中的"以堪杀人之事为戏"表达了大致相同的含义,但唐律中的"危险相戏"是排除在通常的"戏杀伤"之外的,明清律中的"以堪杀人之事为戏"则为"戏杀伤"的通常含义。

　　最后,不同杀人犯罪的具体类型之间的交叉越来越明显,不同杀人罪具体类型之间的界限也越来越不清晰。律文中所说"若知津河水深泥淖,而诈称平浅,及桥梁渡船朽漏不堪渡人,而诈称牢固,诓令人过渡,以致陷溺死伤者,"原本规定于唐律《诈伪》中,其与"戏杀"的界限是

---

　　①　参见［清］薛允升:《读例存疑重刊本(四)》,黄静嘉编校,成文出版社1970年版,第849页。

　　②　参见［清］薛允升:《读例存疑重刊本(二)》,黄静嘉编校,成文出版社1970年版,第94页。

比较清晰的，^①但清律夹注谓其"与戏杀相等"。另外，唐律中戏杀伤人在处罚方面"减斗杀伤二等"，这仅是说"戏杀"在量刑方面比照"斗杀"，但清律中戏杀伤人"以斗杀伤论"，这就是将"戏杀"在定罪量刑各方面皆与"斗杀"等同了，^②其中"以……论"所具有的特殊含义非常固定。^③

六、小结

竹简秦汉律中所见的"戏杀"是行为人对他人死亡的结果并未持期望的心态，并未以其行为积极追求他人死亡结果的发生，而是放任或排

---

① 《唐律疏议·诈伪》"诈陷人至死伤"条（385）："诸诈陷人至死及伤者，以斗杀伤论。（谓知津河深洿，桥船朽败，诳人令渡之类。）"《疏》议曰："谓津济之所，或有深洿，若桥船朽漏，不堪渡人，而诈云'津河平浅，船桥牢固'，令人过渡，因致死伤者，'以斗杀伤论'，谓令人溺死者绞，折一支徒三年之类。故注云'谓知津河深洿，桥船朽败，诳人令渡之类'。称'之类'者，谓知有坑阱、机枪之属，诳人而致死伤者，亦以斗杀伤论。其有尊卑、贵贱，各依斗杀伤本法。"

② 《大清律例·刑律·人命之三》"戏杀误杀过失杀伤人"条（292.04）："凡因戏而误杀旁人者，以戏杀论。拟绞监候。"薛允升在之后有一段按语："以上条例，之则未免过重矣。斗殴虽无杀人之心，究系杀人之事。因戏杀人，既无杀心，亦无斗情，其致误毙旁人，情节尤轻，原ام问拟满流，不为无见。以戏杀本罪拟绞，未免过重。《唐律》戏杀伤人者，减斗杀伤二等，况因戏误杀乎。六杀唯谋为最重，故杀次之，斗杀又次之，误杀则出于意外，戏杀、过失均无害心，故俱不拟抵。谋故重，则戏、误不能从轻，其理然也。明律改误杀为绞罪，尚不为苛，唯戏杀亦拟绞抵，似嫌过重。即以律论，只言因戏杀伤人，及因斗殴而误杀伤旁人者，各以斗杀伤论，并无因戏而误杀旁人，亦以斗杀论之文。"［清］薛允升：《读例存疑重刊本（四）》，黄静嘉编校，成文出版社1970年版，第849页。薛允升也指出了清律中"戏杀"与"斗杀"并不清晰的边界。

③ 《唐律疏议·名例》"称反坐罪之等"条（53）："称'以枉法论'及'以盗论'之类，皆与真犯同。"《疏》议曰："以枉法论者，《户婚律》云：'里正及官司妄脱漏增减以出入课役，赃重入己者，以枉法论。'又条：'非法擅赋敛入私者，以枉法论。'称以盗论之类者，《贼盗律》云：'贸易官物，计所利，以盗论。'《厩库律》云：'监临主守以官物私自贷，若贷人及贷之者，无文记，以盗论。'所犯并与真枉法、真盗同，其除、免、倍赃悉依正犯。其以故杀伤、以斗杀伤及以奸论等，亦与真犯同，故云'之类'。"关于唐律中"以……论"的含义、特征与用法亦可参见霍存福、丁相顺：《〈唐律疏议〉"以""准"字例析》，《吉林大学社会科学学报》1994年第5期。

斥。具体来说，一方已经预见到自己的行为可能产生致他人死亡之结果，但放任了危害结果的产生；或是已经预见到可能产生他人死亡之结果，但轻信可以避免；亦或是应当预见到可能产生他人死亡之结果但由于疏忽大意未能预见。秦汉律中的"戏杀"与唐律中的"戏杀"在含义方面变化不大，罪名表述也没有发生明显变化。①"戏杀"由秦汉律发展至唐律，最大的变化在处罚方面，唐律中的"戏杀伤"已不再以金钱赎刑而是比照斗杀科以真刑，这说明戏杀在唐律中是一种比较严重的犯罪，唐代立法者对于"和同相杀"的行为明显持否定态度而予以比较严重的处罚。唐代之后，刑律中的"戏杀伤"在含义与处罚方面皆发生了比较明显的变化，主要表现为"戏杀"与"斗杀"的界限越来越模糊，处罚方面，较之唐律明显为轻。这一发展趋势应当是传统刑律客观具体的立法体例之下的必然产物。

---

① 就所见文献来看，秦汉律中杀人罪作为类罪名所包含的具体罪名的表述发生了比较明显的变化，如：贼杀发展为故杀，牧杀与谋贼杀发展为谋杀，盗杀发展为劫杀，过失杀、过误杀演变为过失杀与误杀等。

第七章　秦汉律中的过失杀、过误杀与唐律中的误杀、过失杀

秦汉时期的"误"与"过失"尚未有比较清晰的界分,这一现象在竹简秦汉律中亦有非常明显的表现。就两者所表达的含义来看,"误"与"过失"作为犯罪主观心态皆表达了非故意的内容,但两者在表意方面侧重有所不同。竹简秦汉律与传世文献中的"误"与"过失"所表达的含义有所交叉,甚至有通用、互训的情况,所见大量"过误"的表述兼具两者的含义。唐律中的"误"与"过失"有了比较清晰的界分,但两者的区分从何时起逐渐明确,尚不清楚。秦汉律中的"过误杀人""过失杀人"与唐律中的"过失杀"在处罚原则方面是一致的,即都规定准赎,但秦汉时期的赎刑在内容、适用范围等方面与唐律尚有区别。

一、秦汉律中的误、过误与过失

秦汉时期误与过失尚未有比较清晰的区分,对此,沈家本已在《误与过失分别说》中有了大致的论述:

> 误与过失,古人每不分别。《大禹谟》:"宥过无大",孔传:"过误所犯,虽大必宥。"以过、误并言,此不分别者也。《舜典》:"眚灾肆赦。"孔传:"眚,过。灾,害。肆,缓。过而有害,当缓赦之。"疏:《春秋》言肆眚者,皆谓缓纵过失之人。是肆为缓也,眚为过

也。过而有害，虽据状合罪，而原心非故如此者，当缓赦之。小则恕之，大则宥之。"《康诰》："乃有大罪，非终，乃惟眚灾，适尔，既道极厥辜，时乃不可杀。"疏："若人乃有大罪，非终行之，乃惟过误为之，以此故，汝当尽断狱之道，以穷极其罪，是人所犯，乃不可以杀，当以罚宥论之，以误故也。"观《康诰》此节，亦即本于《舜典》及《大禹谟》之意，并专指过失而言。孔疏先言过误，后言误，则过与误未免混淆。《周礼·司刺》："一宥曰不识，再宥曰过失，三宥曰遗忘。"郑司农云："过失若今律过失杀人不坐死。"玄谓："识，审也。不审，若今仇雠当报甲，见乙，诚以为甲而杀之者。过失，若举刀欲杀析伐而轶中人者。"疏："假令兄甲是仇人，见弟乙，诚以为是兄甲，错杀之，是不审也。"康成此注将二者分而为二。《调人》："凡过而杀伤者人。"注："过，无本意也。"是康成以不审为误，非本意为过失，义各不同。张斐《律注表》："不意误犯谓之过失。"又云："过失似贼，戏似斗，斗而杀伤旁人又似误。"其"不意"二字，即本诸康成之非本意，而又加以"误犯"二字，于是二者又混合难分。斗而杀伤旁人正是误，而以"似误"设为疑词，可见其误与过失不知分别。《晋律》中或亦无误杀伤专条也。①

据沈氏之意，"过失""误""过误"三者在晋之前并未有明确的区分。张斐《晋律注》谓："不意误犯谓之过失"，不仅未对"过失"有准确的定义，反而使"过失"与"误"更易混淆。因为"不意""误"与"过失"三者各自的含义未有明确界分且非常相近，以"不意"与"误"诠释"过失"岂不是适得其反？与之相应，秦汉律中可能也没有"误杀"与"过失杀"的清晰划分。问题在于唐律中界分已较清晰的"误杀"与"过失杀"在秦汉律中如何表述？根据《周礼·秋官司刺》中关于"三宥"的内容我们看到"不识""过失"与"遗忘"的区别。郑玄注曰："不识，谓愚民无所识则宥之。过失，若今律过失杀人不坐死。"据郑玄所言，东汉刑律中曾有过失杀人不坐死的内容。另外，我们还能在《周礼·地官司徒·调人》中看到"过而杀伤""过失杀伤"与"过误杀伤"互训的情况：

> 凡过而杀伤人者，以民成之。郑玄注曰："过，无本意也。"释曰："此谓非故心，是过误攻杀或伤于人者。"

> ……鸟兽亦如之。郑玄注曰："过失杀伤人之畜产者。"释曰："亦谓过误杀伤人之鸟兽，若鹰隼牛马之属，亦以民平和之。案：今杀伤人牛马之等，偿其价直耳。和之使辟于此，不得就而仇之。"①

从中可以看到，"过而杀伤""过失杀伤"与"过误杀伤"的含义为"非故心"，即不是故意的以其行为积极追求他人死伤之结果的出现。据此，可以推测唐律中的"误杀"与"过失杀"在秦汉律中皆表述为"过失杀"，其含义大致为非故意的致人死亡。②张家山汉简《二年律令·贼律》中关于"过失杀"的记载可以初步证实我们的推测："……其过失及戏而

---

① ［汉］郑玄注、［唐］贾公彦疏：《周礼注疏》卷第十四，北京大学出版社1999年版，第357页。

② 沈家本据《后汉书·郭躬传》的记载："法令有故误、传命之谬，于事为误，误者，其文则轻。"谓："按汉律，既有故、误之分，则杀伤亦当有之。贼杀人出于有心，即《唐律》之故杀。康成注谓报甲杀乙，即《唐律》之误杀也。或古人文字简质，故、误但有通例，各条中未尝分析言之。如矫制之误，尚书不知，而郭躬申明之也。据康成此注，而参以郭躬之语，则《汉律》之有误杀，可以互相印证矣。"［清］沈家本：《历代刑法考》（三）《汉律摭遗卷五》，中华书局1985年版，第1472页。结合沈氏《误与过失分别说》的观点，可以推断汉律中应当只有"误杀"而无"过失杀"；且汉律中的"误杀"应当包含了唐律及后世刑律中的"误杀"与"过失杀"。但就《二年律令》关于"过失杀人赎死"的记载来看，沈氏谓汉律中已有"误杀"之"罪名"的说法尚不能成立。但换个角度来说，汉律中对后世刑律所谓"误杀"之犯罪行为应当有所规制则大致是不错的。

杀人，赎死；伤人，除。(二一)"

结合传世文献的记载，我们对秦汉时期的"过失""过误"以及"误"所表达的具体内容有进一步的认识。

> 《周礼·司刺》：一宥曰不识，再宥曰过失，三宥曰遗忘。注曰："玄谓识，审也。不审，若今仇雠当报甲，见乙，诚以为甲而杀之者。过失，若举刃欲斫伐，而轶中人者。遗忘，若间帷薄，忘有在焉，而以兵矢投射之。"①

郑玄举例诠释了三种非故意而可予以原宥的主观心态，其所举之例皆为杀伤事例。以现代刑法理论审视，"不识"属于故意杀人行为实施过程中具体犯罪对象的错误，"过失"属于意外事件致人死亡，"遗忘"属于应当预见到自己的行为可能造成他人伤亡，但由于疏忽大意未能预见或已经预见但轻信可以避免（即现代刑法中的过失致人死亡）。这里的"过失"与唐律中的"过失"非常相似，《唐律疏议·斗讼》"过失杀伤人"条(339)《疏》议曰："过失之事，注文论之备矣。""注文论之"即："耳目所不及，思虑所不到；共举重物，力所不制；若乘高履危足跌及因击禽兽，以致杀伤之属，皆是。"但郑玄在《周礼·地官·司救》的注释中谓："过失，亦由邪恶酗酒、好讼，若抽拔兵器，误以行伤害人丽于罪者。"②《司刺》中的过失与《司救》中的过失显然含义不同，前者似现代刑法理论中的意外事件，与唐律中的"过失"相类；后者似现代刑法理论中的过失，与唐律中的"误"相类。因此，仅凭郑氏注解，并不能得出秦汉律中的"过失"较为准确的含义，但我们在《周礼》及正史文献中，还可见到大量关于"过误""过失"以及"误"表示行为人主观心态的记载：

---

① ［汉］郑玄注、［唐］贾公彦疏：《周礼注疏》卷第三十六，北京大学出版社1999年版，第946页。

② ［汉］郑玄注、［唐］贾公彦疏：《周礼注疏》卷第十四，北京大学出版社1999年版，第355页。

《周礼·秋官司寇》

乃立秋官司寇，使帅其属而掌邦禁，以佐王刑邦国。释曰：……《孝经援神契》"五刑"章："刑者，侀也。过出罪施者，下侀为著也。行刑者，所以著人身体。过误者出之，实罪者施刑。是以《尚书》云：'眚灾肆赦，怙终贼刑。'"引之者，证司寇行刑当审慎也。①

凡害人者，寘之圜土而施职事焉，以明刑耻之。郑玄注曰："害人，谓为邪恶已有过失丽于法者。以其不故犯法，寘之圜土，系教之，庶其困悔而能改也。寘，置也。施职事，以所能役使之。明刑，书其罪恶于大方版，著其背。"释曰："云'害人，谓为邪恶，已有过失丽于法者'，案《司救职》云：'凡民之有邪恶者，三让而罚，三罚而士加明刑，耻诸嘉石，役诸司空。'即此下文者是也。此谓语言无忌，悔慢长老，过浅，直坐之嘉石，不入圜土者也。彼下文又云：'其有过失者，三让而罚，三罚而归于圜土。'此谓抽拔兵剑，误以伤人，罪重，不坐嘉石，径入圜土，昼日亦役之司空，夜入圜土者也。此罢民，本无故心，直是过误，此入五刑者为轻，比坐嘉石者为重，故云已丽于法，丽于法，是入圜土者也。"②

壹赦曰幼弱，再赦曰老旄，三赦曰蠢愚。释曰："三赦与前三宥所以异者，上三宥不识、过失、遗忘，非是故心过误，所作虽非故为，比三赦为重，据今仍使出赎。"③

"过误者出之"即宽宥非故意犯罪。"不故犯法"即"本无故心，直

---

① ［汉］郑玄注、［唐］贾公彦疏：《周礼注疏》卷第三十四，北京大学出版社 1999 年版，第 887 页。

② 同上书，第 904—905 页。

③ ［汉］郑玄注、［唐］贾公彦疏：《周礼注疏》卷第三十六，北京大学出版社 1999 年版，第 947 页。

是过误",其与谋杀、故杀相对,排除有意追求杀伤结果的心态。①"非是故心过误"即过误非是故心所为。又《尚书·大禹谟》载:"宥过无大,刑故无小",孔安国传:"过误所犯,虽大必宥。不忌故犯,虽小必刑。"②其中的"过误"指的也是与故犯相对的心态。"过误"的此种含义还可见《潜夫论·述赦》:

> 《尚书·康诰》:"王曰:'于戏!封。敬明乃罚。人有小罪匪省,乃惟终,自作不典;戒尔,有厥罪小,乃不可不杀。'"言恐人有罪虽小,然非以过差为之也,乃欲终身行之,故虽小,不可不杀也。何则?是本顽凶思恶而为之者也。"乃有大罪匪终,乃惟省哉,适尔,既道极厥罪,时亦不可杀。"言杀人虽有大罪,非欲以终身为恶,乃过误尔,是不杀也。若此者,虽曰赦之可也。金作赎刑,赦作宥罪,皆谓良人吉士,时有过误,不幸陷离者尔。③

"过误"即并非"终身为恶",是可以赦宥的。又《论衡·答佞》:

> 问曰:"聪明有蔽塞,推行有谬误,今以是者为贤,非者为佞,殆不得贤之实乎?"曰:聪明蔽塞,推行谬误,人之所歉也。故曰:"刑故无小,宥过无大。"圣君原心省意,故诛故赏误。故贼加增,过误减损,一狱吏所能定也,贤者见之不疑矣。④

"故"与"贼"表达的皆是有心、有意而为之意,因此要加重处罚,

---

① 《周礼注疏》编者注:"'不故犯法',诸本同,闽本'不'改'无',误也。疏云:'此罢民,本无故心,直是过误',浦校作'无故犯法',以'不'字为误,大误。阮校:'按故犯法犹今言谋杀、故杀也。'"[汉]郑玄注、[唐]贾公彦疏:《周礼注疏》卷第三十四,北京大学出版社1999年版,第904页"脚注⑤"。

② [汉]孔安国传、[唐]孔颖达疏:《尚书正义》卷第四,北京大学出版社1999年版,第91页。

③ [汉]王符撰、[清]汪继培笺:《潜夫论笺正》卷四《述赦》,中华书局1985年版,第195页。

④ 黄晖:《论衡校释》(附刘盼遂集解)第十一卷《答佞》,中华书局1990年版,第520—521页。

即使轻罪仍不得原宥；"过误"是无心为之，可以减轻处罚，即使重罪也当原宥。① 另外，我们在正史文献中也可见到"过误"表达行为主观心态的记载：

> 《汉书·文三王传》：积数岁，永始中，相禹奏立对外家怨望，有恶言。有司案验，因发淫乱事，奏立禽兽行，请诛。太中大夫谷永上疏曰："……以三者揆之，殆非人情，疑有所迫切，过误失言，文吏踬寻，不得转移。萌牙之时，加恩勿治，上也。既已案验举宪，宜及王辞不服，诏廷尉选上德通理之吏，更审考清问，著不然之效，

---

① 对于其中的"故贼加增，过误减损"一句，亦有不同观点，黄晖谓：

　　孙曰：疑当作"故误则加增，过误则减损"。"贼"即"则"字之误。故误者，有心之误。有心之误，则加重其罪。过误者，无心之误。无心之误，则减损其罪。《后汉书·郭躬传》云："有兄弟共杀人者，而罪未有所归，帝以兄不训弟，故报兄重而减弟死。中常侍孙章宣诏，误言两报重，尚书奏章矫制，罪当腰斩。帝召躬问之。躬对章应罚金。帝曰：'章矫诏杀人，何谓罚金？'躬曰：'法令有故、误。章传命之谬，于事为误，误者其文则轻。'帝曰：'章与囚同县，疑其故也。'躬曰：'周道如砥，其直如矢。君子不逆诈。君王法天，刑不可以委曲生意。'帝曰：'善。'"躬之所谓"故"者，即"故误"。"误"者，即"过误"也。晖按：孙说非也。"诛故赏误"句绝。孙读"误故贼加增"，故使其义难通。汉人言律，或以"故""过"对言，或以"故""误"对言。过、误义同，故有以"过误"连言。此文云："刑故无小，宥误无大。"又云"故贼加增，过误减损。"以"故""过"对言者《雷虚篇》："天不原误，反而赏故。"此文云："诛故赏误。"郭躬云："法令有故、误。"此以"故""误"对言者《后汉纪》九："时诏赐降胡子缣，尚书案事，误以十为百。上欲鞭之。钟离意曰：过误者，人所有也。"《雷虚篇》曰："以冬过误。"此文云："过误减损。"《潜夫论·述赦篇》："虽有大罪，非欲以终身为恶，乃过误尔。"又云："时有过误，不幸陷离者尔。"并以"过、误"连文者。张斐《律表》曰：(《晋书·刑法志》)"知而犯之谓之故，不意误犯谓之过失。"是"故"与"误"义正相反。孙氏云："所谓故者，即故误也。"其说殊非。盼遂案：此当以"赏故"句绝，即伪《尚书》之"宥过无大"意。"诛故"与"赏误"相对为文，即伪《尚书》"刑故无小"之意。"故贼"者，《书·尧典》"怙终贼刑"，郑玄注："怙其奸邪，终身以为残贱则用刑之。"此"故贼"犹《尚书》之"怙贼"矣。此文应解作圣君原心省意，故诛故者而赏误者。于故贼者则加增其刑，过误者则减损其刑也。孙氏举正误以"赏误"之"误"属下句读，欲改成"故误则加增，过误则减损"，此文益难通矣。

黄晖：《论衡校释》(附刘盼遂集解)第十一卷《答佞》，中华书局1990年版，第520—521页。黄晖所说的汉律中"过、误义同，故有以'过误'连言。"这应当是比较准确的，因为我们自传世文献与竹简秦汉律中皆未见到两者清晰的区别。

定失误之法，而反命于下吏，以广公族附疏之德，为宗室刷污乱之耻，甚得治亲之谊。"①

《汉书·车千秋传》：车千秋，本姓田氏，其先齐诸田徙长陵。千秋为高寝郎。会卫太子为江充所谮败，久之，千秋上急变讼太子冤，曰："子弄父兵，罪当笞；天子之子过误杀人，当何罪哉！"②

《后汉书·钟离意传》：时，诏赐降胡子缣，尚书案事，误以十为百。帝见司农上簿，大怒，召郎，将笞之。意因入叩头曰："过误之失，常人所容。若以懈慢为愆，则臣位大，罪重，郎位小，罪轻，笞皆在臣，臣当先坐。"乃解衣就格。帝意解，使复冠而赏郎。③

《后汉书·方术列传·蓟子训》：蓟子训者，不知所由来也。建安中，客在济阴宛句。有神异之道。尝抱邻家婴儿，故失手墯地而死，其父母惊号怨痛，不可忍闻，而子训唯谢以过误，终无它说，遂埋藏之。……④

从以上记载中我们可以看到，"过误失言""过误之失""过误杀人"等表述说的都是非故意地造成了损害结果或不良后果。但正是由于"过误"的心态，最终应当对其"定失误之法"，并认为"常人所容"。即使摔死了婴儿，由于这种伤害结果是出于"过误"的主观心态，因此"终无他说"。由此可见，正史中"过误"表达主观心态时的含义及处罚原则

---

① ［汉］班固撰、［唐］颜师古注：《汉书》卷四十七《文三王传》，中华书局1962年版，第2216—2217页。

② ［汉］班固撰、［唐］颜师古注：《汉书》卷六十六《公孙刘田王杨蔡陈郑传》，中华书局1962年版，第2883页。

③ ［宋］范晔撰、［唐］李贤等注：《后汉书》卷四十一《第五钟离宋寒列传》，中华书局1965年版，第1409页。

④ ［宋］范晔撰、［唐］李贤等注：《后汉书》卷八十二下《方术列传》，中华书局1965年版，第2745页。这则记载显然具有神怪性质，其内容从司法的角度审视并不可信。将婴儿"故失手墯地"致死，从行为人的角度来看显然是贼杀人，即使从旁人的角度来看，也是很明显的过失杀人。苦主"终无它说，遂埋藏之"，似乎未有下文。但我们注意的是其中对摔死婴儿这一行为的主观心态的描述"过误"，其明显表达了非故意的心态。

与《周礼》中的记载基本是一致的，表达的都是非故意的心态，由此造成的伤害结果应当予以宽宥。

我们在《二年律令》中的《贼律》《爵律》两篇均看到了"过失杀人"的记载，尚未见到"过误杀人"的记载。但《魏律》中有"会赦及过误相杀，不得报仇，所以止杀害也"[1]的内容。是否秦汉律中也曾有"过误杀伤"的表述？尚待进一步证实。另外，竹简秦汉律中还有大量"误"作为犯罪主观心态的表述：

《效律》

马牛误职（识）耳，及物之不能相易者，赀官啬夫一盾。（四四）

计脱实及出实多于律程，及不当出而出之，直（值）其贾（价），不盈廿二钱，除；廿（五八）二钱以到六百六十钱，赀官啬夫一盾；过六百六十钱以上，赀官啬夫一甲，而复（五九）责其出殹（也）。人户、马牛一以上为大误。误自重殹（也），减罪一等。（六〇）

《法律答问》

"气（饩）人赢律及介人。"·可（何）谓"介人"？不当气（饩）而误气（饩）之，是谓"介人"。（二〇七）

可（何）如为"大误"？人户、马牛及者（诸）货材（财）直（值）过六百六十钱为"大误"，其它为小。（二〇九）

"马牛误职（识）"即标识错误，未能起到辨认、区别的作用；整理小组注"大误，重大错误"，[2]但重大只是"误"之程度，这与二〇九简的内容是一致的。以上秦律中"误"所表达的含义包括主客观两方面的内容：客观方面，实际出现的行为结果与行为人所追求的结果不一致，即马牛

---

[1]　《晋书·刑法志》引《魏律·序》，参见［唐］房玄龄等：《晋书》卷三十《刑法志》，中华书局1974年版，第925页。

[2]　睡虎地秦墓竹简整理小组：《睡虎地秦墓竹简·释文》，文物出版社1990年版，第144页。

应当准确标识但未标示准确、计当合实但却脱实等；主观方面，这种不一致的结果不是行为人所积极追求的，而是非故意造成的。

　　张家山汉简《二年律令·贼律》

　　诸上书及有言也而谩，完为城旦舂。其误不审，罚金四两。（一二）

　　□□□而误多少其实，及误脱字，罚金一两。误，其事可行者，勿论。（一七）

　　整理小组注："误不审，偶不确切。"[①]据此，"误"乃是偶然之意。朱红林谓："'误多少其实'，'误'与'多少'是同义互指，误的含义就是多少，即'超出或不足'。"[②]但"多少"更多的是指行为所造成的结果。许道胜认为"误乃指一种过失行为，非指偶然"。[③]许说较之整理小组的注释，应当是更接近原意。将"误"与"不审"连起来分析，即"不审"之结果是由"误"而致。一七简的内容将"误"之心态与所造成结果之间的关系描述得更为清晰，"其事可行"即"误"虽造成了与应当产生的结果不一致的情况，但这种不一致若未实质影响本应产生的预期结果，则"勿论"；反之，若"误"影响了本应产生的预期结果，自然应受到处罚，如误脱字影响了上书及其他官方文件的意思表达，则对相关责任人予以处罚。

　　《居延汉简释文合校》317·11A

　　宗前受茭五十二积今白五十三积多一积误毋状当坐罪当死叩☑[④]

　　《敦煌悬泉汉简释粹》

　　……驩，乘，齿十八岁，送渠犁军司令史勋，承明到遮要，病柳

---

　　①　张家山二四七号汉墓竹简整理小组：《张家山汉墓竹简〔二四七号墓〕（释文修订本）》，文物出版社 2006 年版，第 9 页。

　　②　朱红林：《张家山汉简〈二年律令〉集释》，社会科学文献出版社 2005 年版，第 24 页。

　　③　许道胜：《张家山汉简〈二年律令·贼律〉补释》，《江汉考古》2004 年第 4 期。

　　④　谢桂华、李均明、朱国炤：《居延汉简释文合校》，文物出版社 1987 年版，第 513 页。

张,立死,卖骨肉临乐里孙安所,贾(价)千四百,时啬夫忠服治爰书,
误脱千,以为四百。谒它爰书,敢言之。(A)

守啬夫富昌。(B)(Ⅱ 0114 ③:468)①

居延汉简与悬泉汉简所记载的事例中,作为主观心态的"误"所造成的
行为结果是相似的,应当为"五十二积"实为"五十三积",应作"千四百"
实作"四百"。朱红林谓:"误脱"为"遗漏",② 从行为外观及结果来看,
自无疑问。但我们通过分析行为者的主观心态进一步探讨"误"的内容
时,就会注意到:"误"表示的是非故意的心态,将"五十二积"作"五十三
积"、将"千四百"作"四百"并不是行为人积极追求的结果。

通过对传世文献及竹简秦汉律中作为行为人主观心态的"过失"与
"误"的分析,我们发现秦汉时期的"过失"与"误"作为犯罪主观心态
皆表达了非故意的内容。"误"侧重于行为人主观认识方面的错误,"过
失"侧重于行为人主观上未有清晰认识。但秦汉律与传世文献中两者所
表达的含义有所交叉,甚至有通用、互训的情况。由于简牍资料有限,
我们无法进一步分析其中的原因,但是可以结合张斐的注解对"误"与
"过失"的关系及发展演变试作总结。秦汉时期的"过失"与"误"表达
了相似的含义,张斐谓:"意以为然谓之失""不意误犯谓之过失",从表
述上分析:"不意误犯"为过失,那么过失与误可能有交叉地带;从含义
上分析:"意以为然"表达了以非为是、以是为非的含义,而这种主观心
态实际上包含在"不意误犯"之中,即"意以为然"是"不意误犯"的一
种具体表现方式。③ 另外,需要注意的是,汉律中的"误"在张斐的注释

---

① 胡平生、张德芳:《敦煌悬泉汉简释粹》,上海古籍出版社2001年版,第112页。

② 参见朱红林:《张家山汉简〈二年律令〉集释》,社会科学文献出版社2005年版,第
24页。

③ 张斐将"失"注解为"意以为然"。对此,宁汉林、魏克家认为"意"是"臆"的省笔
和借字,含有臆测、臆断等义。臆测或臆断,有与客观实际不符的,也有与客观实际相符的。
与客观实际不符的判断称之为错误,与客观实际相符的判断称之为正确。臆断与实际不符而

内容中成为"失",这种注释内容很有可能是张斐基于以下两方面考虑有意为之：

首先,是为了强调刑律中作为主观心态的"失"与"过失"的区别。为什么要突出这种差异？大概是因为汉律中的"误"与"过失"并未有太清晰的界分。"失"所表达的含义是行为人对其行为的法律意义、结果等方面有所认识(只是行为人的这种认识与客观实际不符),而"过失"所表达的含义是行为人对其行为的法律意义、结果等方面没有认识(是否应当有认识、无认识的原因并不考虑)。"失"与"过失"的差异即"意"与"不意"的差异,"意"是行为人主观的认识,"不意"是没有认识。

其次,张斐将"过失"解释为"不意误犯",若再用"误"表达另一种主观心态与责任形式,不可避免地会带来一些措辞上的混乱。"失"与"过失"明确的划分是律学发展的一个重要里程碑,表明了"法律解释由宏观的定性研究向微观的定量研究的转变",[①]"对于中国古代刑法史的发展来说,无疑是一个长足的进步"。[②]这种进步是应该肯定的,但是《晋律注》仍未将"误"与"过失"划分清晰。对此,沈家本亦有较为准确的评价："'目所不及,思虑所不到'二语,亦即从'非本意'三字抽绎而出。汉人语简质,至唐则详明耳。自是之后,历代遵循,莫之或改。"[③]秦汉律中的"过失"在唐律中发展为"误"与"过失"两种不同的犯罪主观心态,其含义在秦汉律的基础上有了进一步明确的界定,但两者仍有交织不清

自认为相符,"意以为然"而实际不然,这就称之为"失"。失是误,也就是刑法上的错误。参见宁汉林、魏克家：《中国刑法简史》,中国检察出版社1999年版,第119页。

① 蒋集耀：《中国古代魏晋律学研究》,载何勤华编：《律学考》,商务印书馆2004年版,第95页。

② 穆宇：《张斐法律思想述评》,载何勤华编：《律学考》,商务印书馆2004年版,第148页。

③ [清]沈家本：《历代刑法考》(四)《寄簃文存卷三》,邓经元、骈宇骞点校,中华书局1985年版,第2122页。

之处。以现代刑法理论分析，唐律中的"误"基本上与疏忽大意的过失表达了相近的含义，[①]唐律"过失"的内容既包含了疏忽大意的过失又包含了意外事件的部分内容。

因此，与秦汉律中的相关内容比较，唐律已对"误"与"过失"有了比较清晰的界分，但两者的外延仍有交叉不清之处，这个问题大概在传统律学理论框架之内是无法解决的。

二、秦汉律与唐律过失杀伤定罪量刑方面的比较

以上我们主要探讨了秦汉律中"过失"与"误"的含义，限于材料，对于"过失杀伤"尚未有深入分析。关于"过失杀伤"的处罚，《二年律令·贼律》："其过失及戏而杀人，赎死；伤人，除。(二一)"我们可以看到：汉律中的过失杀人处以赎死，按《二年律令·具律》："赎死，金二斤八两。……(一一九)"过失伤人"除"，即免于处罚。[②]又《尚书·舜典》："金作赎刑"。孔安国传："误而入刑，出金以赎罪。"[③]这里的"误"指的是犯罪的主观心态，与"过失"表达的应当是相同的含义。由于"误"而入刑允许以金"赎罪"而不科"真刑"，这与唐律中过失犯罪的处罚原则是一致的。[④]《唐律疏议·斗讼》"过失杀伤人"条(339)对"过失杀伤人"的

---

①　唐律中的"误"有一种具体的表现形式，即现行刑法中的"错误"，这类"误"犯罪的行为在现行刑法中是以故意犯罪来定罪量刑的，如故意杀人的对象错误、工具错误并不影响其故意杀人罪的成立。

②　参见朱红林：《张家山汉简〈二年律令〉集释》，社会科学文献出版社 2005 年版，第 28 页。

③　［汉］孔安国传、［唐］孔颖达疏：《尚书正义》卷第三，北京大学出版社 1999 年版，第 65 页。

④　参见刘晓林：《唐律"七杀"研究》，商务印书馆 2012 年版，第 147—150 页。

处罚规定得非常简单，即"各依其状，以赎论。"但此条仅是对于过失杀伤定罪量刑方面的原则性规定，并非具体处罚条文。结合相关内容，唐律中的过失杀伤根据处罚方式大致分为三类：一是免除刑事责任的过失杀伤，主要是尊长过失杀伤卑幼、主人过失杀伤奴婢等情况；二是以铜赎罪的过失杀伤，主要是常人之间的过失杀伤；三是科真刑而不准赎的过失杀伤，主要是卑幼过失杀伤尊长、奴婢过失杀伤主等情况。由于前述《二年律令·贼律》的内容有限，根据"过失杀人赎死"的内容，可以推测其针对的可能主要是常人之间的过失杀伤。基于此，我们发现《二年律令》与《唐律疏议》中关于过失杀伤的内容主要有以下三方面的差异：

第一，《二年律令》中规定了明确的赎金数额，即"赎死"需缴纳金二斤八两；唐律中，这类过失杀伤"视伤害之程度，准斗殴杀伤本法收赎"，[①] 即比照斗殴杀人所处之刑罚，折算为赎铜之数。按《唐律疏议·斗讼》"斗殴杀人"条（306）之规定，斗殴杀人处以绞刑。根据《唐律疏议·名例》"死刑二"条（5）绞刑应缴纳赎铜一百二十斤。

第二，《二年律令》中的"赎罪"是向官府缴纳黄金或铜钱，[②] 唐律中的赎铜原则为"以铜赎罪，铜入被杀伤之家"，如《唐律疏议·贼盗》"以毒药药人"条（263）律《疏》载："……'即人自食致死者'，谓有余，不速焚之，虽不与人，其人自食，因即致死者，从过失杀人法，征铜入死家。"又《唐律疏议·斗讼》"妻妾殴詈故夫父母"条（331）律《疏》载："'故夫'，谓夫亡改嫁者；其被出及和离者，非。……'过失杀伤者，依凡论'，谓杀者，依凡人法，赎铜一百二十斤；……其铜入被伤杀之家。"唐《狱

---

① 刘俊文：《唐律疏议笺解》（下册），中华书局1996年版，第1604页。

② 参见朱红林：《张家山汉简〈二年律令〉研究》，黑龙江人民出版社2008年版，第50—54页。

官令》规定："诸伤损于人及诬告得罪，其人应合赎者，铜入被告及伤损之家。即两人相犯俱得罪及同居相犯者，铜入官。"① 即赎铜入官为唐律赎刑之例外情况，彼此俱罪与同居相犯，赎铜入官。

第三，《二年律令》中过失伤人免于处罚，唐律中规定过失杀伤人根据其造成的具体伤害程度比照斗殴伤害的处罚征收赎铜。唐律中斗殴伤害的具体处罚主要规定于《唐律疏议·斗讼》"斗殴以手足他物伤"条（302）、"斗殴折齿毁耳鼻"条（303）、"兵刃斫射人"条（304）、"殴人折跌支体瞎目"条（305）中，其处罚最轻为笞四十，最重为流三千里。具体刑种与刑等对应的赎铜之数额，根据《唐律疏议·名例》"笞刑五"条（1）、"杖刑五"条（2）、"徒刑五"条（3）、"流刑三"条（4）、"死刑二"条（5）之规定，详情见下表：

表 7.1　唐律过失犯罪赎铜详表 ②

刑罚	刑等	赎铜数（斤）
笞	十	一
	二十	二
	三十	三
	四十	四
	五十	五
杖	六十	六
	七十	七
	八十	八
	九十	九
	一百	十

---

① 〔日〕仁井田陞：《唐令拾遗》，栗劲、霍存福等编译，长春出版社1989年版，第726页。
② 本表引自刘晓林：《唐律"七杀"研究》，商务印书馆2012年版，第149—150页。

续表

刑罚	刑等	赎铜数（斤）
徒	一年	二十
	一年半	三十
	两年	四十
	两年半	五十
	三年	六十
流	两千里	八十
	两千五百里	九十
	三千里	一百
死	绞	一百二十
	斩	

至于过误伤人免于处罚的情况，在《二年律令》中可能是普遍适用的，但我们在唐律中仅见一处。《唐律疏议·擅兴》"功力采取不任用"条(244)：

> 若有所造作及有所毁坏，备虑不谨，而误杀人者，徒一年半；工匠、主司各以所由为罪。

> 《疏》议曰：谓有所缮造营作及有所毁坏崩撤之类，不先备虑谨慎，而误杀人者，徒一年半。"工匠、主司各以所由为罪"，或由工匠指挥，或是主司处分，各以所由为罪，明无连坐之法。律既但称"杀人"，即明伤者无罪。

此条规定的是"误杀伤"的处罚，行为人负有特定的缮造营作等义务、职责，但由于疏忽大意未尽到特定注意义务而致人死亡的，直接行为人即为责任承担者，他人不承担刑事责任；致人伤害的，由于行为人并不具有杀伤的故意，则免于处罚。

另外，我们在《龙岗秦简》及张家山汉简《二年律令·田律》中，见到了关于置机、设坑阱误杀人畜的记载，这类致人死亡的行为从行为人主观心态来分析，应当属于过误杀人的范畴。唐律中，这类犯罪也是比照斗杀伤来处罚的。

《龙岗秦简》

诸马、牛到所,毋敢穿穽及置它机,敢穿穽及置它【机】能害☐(一〇三)

☐人马、牛者☐(一〇四)

☐虽未有(一〇五)

杀伤殹(也),赀二甲;杀伤马☐(一〇六)

与为盗☐(一〇七)

☐【杀】人,黥为城(一〇八)

旦舂;伤人,赎耐。(一〇九)①

《二年律令·田律》

诸马牛到所,皆毋敢穿穽,穿穽及及置它机能害人、马牛者,虽未有杀伤也,耐为隶臣妾。杀伤马牛,与盗同法。杀人,(二五一)弃市。伤人,完为城旦舂。(二五二)

马牛能到的处所不得随意穿穽及置其他危险设备,否则有可能造成马牛等牲畜的伤害。比较秦律与汉律的内容,其在处罚方面皆按照所造成的伤害程度分为未致伤害、杀伤马牛、伤人、杀人四类,从用刑严苛程度来看,《二年律令》的处罚略重于《龙岗秦简》所见秦律。详情见下表:

表 7.2　秦汉律置机、设坑阱误杀伤人畜处罚对照表

行为		《龙岗秦简》中的处罚	《二年律令·田律》中的处罚
马牛到所穿穽及置它机	未有伤害	赀二甲	耐为隶臣妾
	杀伤马牛	为盗☐	与盗同法
	伤人	赎耐	完为城旦舂
	杀人	黥为城旦舂	弃市

① 中国文物研究所、湖北省文物考古研究所:《龙岗秦简》,中华书局 2001 年版,第107 页。

同样的内容亦见于《唐律疏议·杂律》"施机枪作坑阱"条(394):

> 诸施机枪、作坑阱者,杖一百;以故杀伤人者,减斗杀伤一等;若有标识者,又减一等。

> 《疏》议曰:有人施机枪及穿坑阱,不在山泽拟捕禽兽者,合杖一百。以施枪等故,而杀伤人者,减斗杀伤罪一等。若于机枪、坑阱之处,而立标识,欲使人知,而人误犯致死伤者,"又减一等",谓总减斗杀伤罪二等。若不杀伤人,从杖一百减一等,合杖九十。

> 其深山、迥泽及有猛兽犯暴之处,而施作者,听。仍立标识。不立者,笞四十;以故杀伤人者,减斗杀伤罪三等。

> 《疏》议曰:"深山、迥泽",谓非人常行之所,或虽非山泽,而有猛兽犯暴之处,施作机枪、坑阱者,不合得罪。仍立标识。不立者,笞四十。若不立标识,而致杀伤人者,减斗杀伤罪三等。若立标识,仍有杀伤,此由行人自犯,施机枪、坑阱者不坐。

本条律文主要规定的是对施机枪、作坑阱等危险行为的处罚,此类行为只能在"深山、迥泽及有猛兽犯暴之处"施行。若非在指定地点,即使已设立标志警示他人,不论是否造成伤亡,均杖一百,若造成他人伤亡,则根据具体伤亡情况,比照斗殴杀伤减一等处罚。若施机枪、作坑阱之处设立了标识警示他人,虽然仍属犯罪行为,但在未设标识的基础之上减一等处罚。深山、迥泽及有猛兽犯暴之处可以施机枪、作坑阱,但须设立标识,若未设立标识的,即使未造成任何伤亡,仍笞四十,造成他人伤亡的,则根据具体伤亡情况,比照斗殴杀伤减三等处罚。详情如下:

表 7.3 《唐律疏议·杂律》"施机枪作坑阱"条(394)处罚详表

行为		比附方式	处罚
施机枪、作坑阱(无标识)	未伤人		杖一百
	伤人	减斗杀伤一等	根据伤情轻重在斗伤人处罚的基础上分别减一等处罚
	杀人		流三千里

续表

行为		比附方式	处罚
施机枪、作坑阱（有标识）	未伤人	减无标识一等（减斗杀伤二等）	杖九十
	伤人		根据伤情轻重在斗伤人处罚的基础上分别减二等处罚
	杀人		徒三年
深山、迥泽及有猛兽犯暴之处，施机枪、作坑阱（不立标识）	未伤人		笞四十
	伤人	减斗杀伤三等	根据伤情轻重在斗伤人处罚的基础上分别减三等处罚
	杀人		徒二年半

三、传统刑律中过误杀人的发展趋势

秦汉律中的"误"与"过失"未有清晰的界分，传世文献中多有"过误"表达犯罪主观心态的记载。魏晋时期，刑事立法与律学理论皆有长足发展，大量律学著作对不同的心态作了比较细致的注释。所见史料中，"误""过失"与"过误"并用的记载比较常见。唐律中，"误"与"过失"作为两种不同的主观心态有了比较清晰的区分，虽然正史文献中"过误"表达主观心态的内容很多，但唐律未有"过误"的表述形式，这应当是唐律立法技术及法律原理较之前代更为发达的表现。唐代之后，"过误"仍作为行为主观心态使用，宋代理学文献、明清笔记小说与明清律中皆有相关内容，这是需要注意的。

《朱子语类·易七·无妄》

又曰："无妄一卦虽云祸福之来也无常，然自家所守者，不可不利于正。不可以彼之无常，而吾之所守亦为之无常也，故曰'无妄，元亨利贞，其匪正，有眚'。若所守匪正，则有眚矣。眚即灾也。"问："伊川言'灾自外来，眚自内作'，是否？"曰："看来只一般，微有不同耳。灾，是祸偶然生于彼者；眚，是过误致然。《书》曰'眚灾肆赦'，春秋曰'肆大眚'，皆以其过误而赦之也。"……

曰："也只一般。《尚书》云'眚灾肆赦'，《春秋》'肆大眚'，眚似是过误，灾便直自是外来。"又曰："此不可大段做道理看，只就逐象上说，见有此象，便有此义，少间自有一时筑著磕著。如今人问杯珓，杯珓上岂曾有道理！自是有许多吉凶。"①

《郁离子·刑赦》

郁离子曰："刑，威令也，其法至于杀，而生人之道存焉。赦，德令也，其意在乎生，而杀人之道存焉。《书》曰：'刑期于无刑。'又曰：'眚灾肆赦，此先王之心也。'是故制刑，期于使民畏，刑有必行，民知犯之之必死也，则死者鲜矣。赦者所以矜蠢愚，宥过误。"……②

其中"宥过误"是说宽宥非故意的犯罪，但不同出处所说的"过误"相关内容显然都是沿袭前代"眚灾肆赦、怙终贼刑"的说法而来。

如果说明清笔记小说等史料中所见的"过误"是沿袭前代而来，明清律中所见的"过误"与唐律相关内容比较，在形式上并未有清晰的沿袭痕迹。以《大清律例》为例，其中见有不少相关内容。

《大清律例·名例上之一》"五刑"条

（1.10）各坛祠祭署奉祀、祀丞，神乐观提点、协律郎、赞礼郎、司乐等官，并乐舞生及养牲官军，有犯奸、盗、诈伪、失误供祀，并一应赃私罪名；官及乐舞生罢黜，军革役，仍照律发落。若讦告词讼及因人连累，并一应公错过误犯罪者，照律纳赎。③

---

① ［宋］黎靖德编：《朱子语类》卷第七十一《易七·无妄》，王星贤点校，中华书局1986年版，第1799—1800页。

② ［明］刘基：《郁离子》卷上《刑赦》，魏建猷、肖善芗点校，上海古籍出版社1981年版，第24页。

③ ［清］薛允升：《读例存疑重刊本（二）》，黄静嘉编校，成文出版社1970年版，第12页。

（1.11）太常寺厨役，但系讦告词讼，过误犯罪，及因人连累问该笞杖罪名者，纳赎，仍送本寺着役。徒罪以上及奸盗诈伪，并有误供祀等项，不分轻重俱的决，改拨光禄寺应役。①

（1.13）僧道官有犯，径自提问，及僧道有犯奸、盗、诈伪、并一应赃私罪名，责令还俗，仍依律例科断。其公事失误、因人连累及过误致罪者，悉准纳赎，各还职为僧为道。②

《大清律例·名例上之二》"常赦所不原"条

（16.00）凡犯十恶、杀人、盗系官财物，及强盗、窃盗、放火、发冢、受枉法不枉法赃、诈伪、犯奸、略人、略卖、和诱人口；若奸党及谗言左使杀人、故出入人罪；若知情故纵听行、藏匿、引送、说事过钱之类一应实犯，［皆有心故犯。］虽会赦并不原宥。其过误犯罪，［谓过失杀伤人、失火及误毁、遗失官物之类。］及因人连累致罪，［谓因别人犯罪，连累以得罪者，如人犯罪失觉察、关防、钤束、及干连、听使之类。］若官吏有犯公罪，［谓官吏人等因公事得罪及失出入人罪，若文书迟错之罪，皆无心误犯。］并从赦宥。［谓会赦皆得免罪。］其赦书临时［钦］定［实犯等］置名特［赐宥］免，［谓赦书不言常赦所不原，临时定立罪名宽宥者，特从赦原。］及［虽不全免］减降从轻者，［谓降死从徒、徒从流、流从杖之类。］不在此限。［谓皆不在常赦所不原之限。］③

《大清律例·名例下之一》"老小废疾收赎"条

（22.08）凡年七十以上、十五以下，及废疾，犯流罪以下者，准其收赎一次，详记档案。若收赎之后，复行犯罪，除因人连累、过误入罪者，仍准其照例收赎外，如系有心再犯，即各照应得罪名，

① ［清］薛允升：《读例存疑重刊本（二）》，黄静嘉编校，成文出版社1970年版，第13页。
② 同上书，第13页。
③ 同上书，第45—46页。

按律充配，不准再行收赎。①

"过误犯罪""过误致罪""无心误犯""过误入罪"等表述显然都是说出于"过误"的心态犯罪而被处罚，但同条又出现"失误""误""过失"。出现这种情况的原因非常清楚，传统刑律客观具体的立法体例之下，发展趋势是逐渐细化，不会出现高度抽象、概括的词汇与概念。与之相应，则是条文逐渐细化乃至琐碎。结合条文具体内容，"过误"与"失误""误""过失"等表述相互之间的界分显然不够清晰。与唐律相比，明清律在立法语言、法律词汇与立法技术方面似乎未在抽象概括与具体列举之间把握一个适当的度。②另一方面，秦汉律中的"过误杀伤"发展至唐律中的"误杀"与"过失杀"，唐代之后，"误杀"与"过失杀"在刑律中的独立性似乎逐渐减弱，首先，明清律中戏杀、误杀、过失杀同条规定。③其次，律文中详细列举了一些具体的犯罪行为，"若知津河水深泥淖，而诈称平浅，及桥梁渡船朽漏不堪渡人，而诈称牢固，诓令人过渡，以致陷溺死伤者，"注文中称其"与戏杀相等"；又，律文中的"过失杀伤人"，注文中称其"较戏杀愈轻"，这似乎是以"戏杀伤"来衡量"过误杀伤"等犯罪行为。最后，误杀、过失杀等与戏杀一样，以斗杀伤论或准斗杀伤论。

四、小结

竹简秦汉律中可以见到关于"过失杀"的相关内容，行为人并非以

---

① ［清］薛允升：《读例存疑重刊本（二）》，黄静嘉编校，成文出版社 1970 年版，第94—95页。

② 如夹注在诠释过失杀伤时说"初无害人之意，而偶致杀伤人者"，"无害人之意"一语已将所表达的含义表述得非常清晰，"偶致杀伤"似乎可有可无。

③ 对于这一点，也适用于秦汉以后刑律中"戏杀伤"的发展。参见［清］薛允升：《读例存疑重刊本（四）》，黄静嘉编校，成文出版社 1970 年版，第849页。

其行为积极追求他人死亡之结果，行为人对他人死亡所持的是一种虽有
所预见但予以放任或未预见的心态；秦汉律中的"过失"在正史文献中
多有"过误"的表述，两者通用、互训的情况亦不少见。秦汉律中的"过
误杀人"在唐律中进一步发展为"误杀"与"过失杀"。将"误杀"与"过
失杀"汇集于一章讨论是出于客观与主观两方面的考虑：客观方面，目
前所见的秦汉简牍史料中，斗杀、戏杀、过失杀同条规定，[①]同时，相关

---

① 英国学者马若斐认为："秦汉律中，戏杀似乎与过失杀归在一类，这一类型的杀人罪
行是可以通过金钱来抵赎的。但是到了唐朝，立法者对于戏杀的态度发生了变化，他们似乎
更愿意将戏杀和斗杀归在一类，其当处的刑罚较之赎刑要严重得多。……公元753年颁行的
唐律第338条就将戏杀和斗杀归在一条当中。"〔英〕马若斐：《传统中国法的精神》，陈煜译，
中国政法大学出版社2013年版，第231—233页。马氏关于秦汉律中戏杀与过失杀"归在一
类"的看法应当没有问题，这种戏杀与误杀的相似性在唐律乃至后世刑律中与秦汉律是一致
的。但马氏在后文认为唐律中戏杀倾向于斗杀的认识则是值得商榷的，这种认识在很大程度
上是基于"公元753年颁行的唐律第338条就将戏杀和斗杀归在一条当中"的认识，这种认
识在很大程度上影响了马氏对于唐律中戏杀与斗杀之间关系的看法。但这种认识明显是有误
的，《唐律疏议·斗讼》"戏杀伤人"条（338）载：
　　诸戏杀伤人者，减斗杀伤二等；（谓以力共戏，至死和同者。）虽和，以刃，若乘高、履
　危、入水中，以故相杀伤者，唯减一等。即无官应赎而犯者，依过失法收赎。（余条非故犯，
　无官应赎者，并准此。）
　　其不同及于期亲尊长、外祖父母、夫、夫之祖父母虽和，并不得为戏，各从斗杀伤法。
马氏所谓的"唐律第338条就将戏杀和斗杀归在一条当中"大概指的是戏杀减斗杀二等、
从斗杀伤法等表述，这种表述实际上是唐律固有而广泛适用的立法技术，即不同犯罪行为之
间的比附，比附不仅适用在杀人罪中，还在其他犯罪中大量使用。如犯奸而奸人妻其夫，所奸
妻妾虽不知情亦与杀同罪，不能认为奸罪与杀人罪同条规定；同为婚以奸论，不能认为同姓
为婚与奸罪同条规定。具体到律文中"从斗杀法"的表述，实际上是"以斗杀论"的变体，唐
律中并未有对"从……法"之详尽解说，但以律文科刑详情对比来看，"从……法"比附涉及
死刑时，多科以真刑，由此说明"从……法"与"以……论"具有相似性；另，明清律中"戏杀""误
杀""过失杀"比照"斗杀"科刑之比附形式已变为"以……论"：
《大清律例·刑律·人命之三》"戏杀误杀过失杀伤人"条（292.00）：
　　1凡因戏［以堪杀人之事为戏，如比较拳棒之类。］而杀伤人，及因斗殴而误杀伤旁人
者，各以斗杀伤论。［死者并绞。伤者验轻重坐罪。］其谋杀、故杀人而误杀伤旁人者，以故
杀论。［死者处斩，不言伤，仍以斗殴论。］
　　2若知津河水深泥淖，而诈称平浅，及桥梁渡船朽漏不堪渡人，而诈称牢固，诓令人
过渡，以致陷溺死伤者，［与戏杀相等。］亦以斗杀伤论。
　　3若过失杀伤人者，［较戏杀愈轻。］各准斗杀伤罪，依律收赎，给付其［被杀伤之］家。

记载非常有限，若将其分别讨论，在史料方面过于牵强；主观方面，从古代刑律中杀人罪类型化的过程来看，戏杀、误杀、过失杀与谋杀、故杀、劫杀、斗杀相比，在独立性方面始终有所缺乏，唐律中这种趋势已颇为明显，①明清律中戏杀、误杀、过失杀在同条规定也证明了其相似性。②秦汉律中的"过失"实际包含了后世刑律中的"误"与"过失"两种犯罪主观心态的内容，《晋律注》中亦可看到误与过失逐渐分化的痕迹。唐律中，"误杀"与"过失杀"虽然已有比较清晰的界限，但两者之间交叉的内容依稀可见。处罚方面，汉律中"戏杀"与"过失杀"皆处以赎刑，而"过失致伤"免于处罚；"过失杀"原则上仍允许以铜赎罪，但唐律中的"赎罪"与秦汉律中的"赎刑"产生了非常大的变化。我们明显看到唐律在沿袭秦汉律的基础之上，在罪名、处罚等方面精细化发展的趋势，同时，服制关系对唐律中具体犯罪定罪量刑方面产生的广泛、深刻影响也是秦汉律中未曾见到的。唐代之后，刑律中关于"误杀"与"过失杀"的内容逐渐细化。唐律在秦汉律的基础之上本已对作为犯罪主观心态的"误"与"过失"有了比较清晰的界分，但明清律中"过误"等表述形式再次出现。需要注意的是，明清律中如"过误"等表述形式是立法体例进一步发展的必然产物，从结果上来看，似乎是难以避免的。

［过失，谓耳目所不及，思虑所不到。如弹射禽兽，因事投掷砖瓦，不期而杀人者；或因升高险足有蹉跌，累及同伴；或驾船使风，乘马惊走，驰车下坡，势不能止；或共举重物，力不能制，损及同举物者。凡初无害人之意，而偶致杀伤人者，皆准斗殴杀伤人罪。依律收赎，给付被杀被伤之家，以为营葬及医药之资。］（［清］薛允升：《读例存疑重刊本（四）》，黄静嘉编校，成文出版社1970年版，第849页。）

此条律文原为《明律》，律末原有小注，余系清顺治三年添入。若将唐律中大量"以"字例的表述皆视为同条规定显然是不适当的，因此，对于马氏所谓唐律戏杀与斗杀之间的关系应当慎重对待。

①　参见刘晓林：《唐律"七杀"研究》，第六章"戏杀、误杀、过失杀"，商务印书馆2012年版，第125—166页。

②　戏杀、误杀、过失杀各以斗杀或故杀论，可以看作中国古代刑事立法中以严惩故意犯罪为核心的典型表现，诸种非故意犯罪皆比附故意犯罪定罪量刑。这种特征并非始于明清，自秦汉便产生此种趋势，经魏晋隋唐至明清的发展从未中断，明清律中当为发展的完成形态。

第八章　注释律学中的"六杀"与"七杀"

　　杀人，是最古老的犯罪行为，规制杀人行为的条文是最古老的法律规范。以禁止杀人、处罚杀人者为基本内容的法律规范产生极早，从所见记载来看，这些法律规范的数量较多，与其他法律规范相比体系化程度也更加完备。如竹简秦汉律中所见对于不同杀人行为的描述及其相应处罚，从中皆能看出：至迟于秦汉，杀人罪立法①在整个法律体系中已占有重要地位，并呈现出较之针对其他犯罪行为的立法更加完备的体系。与之相应，规制杀人行为的条文内容很早就被注释律学所关注。"这些罪名具有古老的历史，罚则相对稳定、合理，也为人们所熟知，容易成为比类、依据的标准或范例……长期磨琢出来且区划较细的罪名及其罚则，自然就被作为定型化了的典型来使用。"②"定型化了的典型"与法律规范体系内的一般条文相比需要有更加概括的表述，就杀人犯罪而

---

　　①　所谓"杀人罪立法"或应表述为"针对杀人犯罪行为的立法"更为准确，因为中国古代的"罪名"一语并非如现代刑法中的"罪名"一样，是"高度概括某类犯罪、某类罪中某节犯罪或者某种犯罪本质特征，是某类犯罪、某节犯罪或者某种犯罪的称谓。"李希慧：《罪状、罪名的定义与分类新论》，《法学评论》2000年第6期。中国古代刑律中的"罪名"作为立法语言比较集中、系统地出现于唐代，含义为法律条文对犯罪行为及其定罪量刑具体方面内容的列举。目前，法律史学界并未对"某种具体犯罪行为"与"某罪名"作详尽辨析，故为避免表述与已有相关研究成果不一致而带来理解上的分歧，形式上仍沿用"杀人罪立法"，但表意所指乃是"针对杀人犯罪行为的立法"。参见刘晓林：《唐律中的"罪名"：立法的语言、核心与宗旨》，《法学家》2017年第5期。

　　②　霍存福、丁相顺：《〈唐律疏议〉"以""准"字例析》，《吉林大学社会科学学报》1994年第5期。

言，"六杀"与"七杀"显然是针对若干法律规范高度抽象的总结。

关于"六杀"与"七杀"的概括可见于宋代以后的大量律学著作与官箴书中，如《刑统赋解》《吏学指南》《读律佩觿》《读例存疑》与《福惠全书》等。当代学者在总结传统立法与律学成就时，延用此种概括，大量辞书中皆收有"六杀"与"七杀"词条，如《中华法学大辞典》《北京大学法学百科全书》《中国百科大辞典》等。另外，大量中国法制史教材，都在讲述唐代刑事法律制度相关内容时，将"杀人罪"作为唐代刑事立法的主要罪名，并明确指出"六杀"乃是唐律立法所设，甚至指出此乃《贼盗律》《斗讼律》所做之划分。

从"六杀"与"七杀"的表述及其内容来看，有以下几点需要注意：首先，从现有材料来看，这种针对杀人罪立法所做的近似于现代刑法理论中"类罪名"的概括始见于宋元时期的律学著作，后世仍沿袭此类表述；其次，律学著作中的"六杀"与"七杀"皆未包含唯一性或排他性的表述，但"七杀"之说所见更为普遍；最后，也是最为值得注意的问题，当代辞书中兼有"六杀"与"七杀"之说，且大量注释内容明确指出此为唐律立法所设并为后世刑律沿用，中国法制史教材中仅见"六杀"，同样强调此为唐律立法之划分。基于此，我们的问题非常明确：中国传统刑律中的"杀人罪"立法，由秦汉至隋唐发展演变过程的最终成果被我们理论化、系统化、类型化，最终以"六杀"或"七杀"的形式呈现。那么，"六杀"与"七杀"的性质究竟为何？两说究竟何者占优？就前者来说，若是立法语言或法律规范的明确划分，"六杀"与"七杀"自然非此即彼，并且判断标准应当是非常清晰的；若是学理注释，则没有严格意义上的是此非彼之问题，那么问题就转化为二说何者包容性与概括性更强。这一系列的问题未必是秦汉律与唐律杀人罪立法比较研究的过程中最为重要与关键的，但确实是我们必须解决的。因此，本章以"六杀"与"七杀"的表述切入，在梳理相关材料的基础之上对二说本质试做分析，并结合唐律条文将二说具体内容作进一步比照，最终就"六杀"与"七杀"的包容性与概括性作一取舍。

一、"六杀"与"七杀"的提出

"六杀"与"七杀"之说主要见于传统律学著作、现代辞书与中国法制史教材当中，[①] 不同出处所论之内容及其表述与侧重有所不同，以下稍作梳理。

（一）律学著作中的"六杀"与"七杀"

《刑统赋解》中可见"七杀"之名：

> 议夫制不必备也，立例以为总。
>
> 解曰：一部《律义》三十卷内有五刑、十恶、八议、六赃、七杀，合告不合告、应首不应首、合加不合加、合减不合减，制不倍细，俱在《名例》卷内以为总要也。[②]

"五刑""十恶""八议""六赃"之名，于唐律中已有直接的表述，后世律典仍沿袭这些表述。因此，这些术语首先是律学家的学理解释，

---

① 现代学术著作中，涉及"六杀"与"七杀"的内容并未超出传统律学著作与现代辞书中的概括，如韩国学者韩相敦认为"传统刑律中杀伤罪的骨干为谋、故、斗殴、戏、误、过失杀等六杀"。〔韩〕韩相敦：《传统社会杀伤罪研究》，辽宁民族出版社1996年版，"内容提要"。蔡枢衡认为："……杀人为谋杀、故杀、斗杀、殴杀、戏杀、误杀、过失杀等七种"。蔡枢衡：《中国刑法史》，中国法制出版社2005年版，第149页。刘晓林认为唐律中的杀人罪分为：谋、故、劫、斗、戏、误、过失，划分依据以行为人主观心态为主。参见刘晓林：《唐律"七杀"研究》，商务印书馆2012年版。与此相应，还有大量法律史专业博、硕士学位论文亦对"六杀"与"七杀"有所涉及。鉴于学术著作与学位论文中的相关内容更加倾向于自主研究，且就"六杀"与"七杀"表述自身的分析并未超出传统律学著作与现代辞书、教材，故不再专门梳理。

② 〔宋〕傅霖：《刑统赋解》卷下，〔元〕郑□韵释、〔元〕王亮增注，杨一凡编：《中国律学文献（第一辑）》（第一册），黑龙江人民出版社2004年版，第85—86页。

但这些学术语言来源于法律规范,同时也是立法语言。"七杀"以及"合告不合告""应首不应首"等术语则是对律文含义的概括,未必能于律文中找到相同的表述形式。因此,这些术语是律学家针对法律规范内容的阐发与概括,未必是立法语言。相同用法可见杨维桢所作"沈氏刑统疏序":"故五刑、十恶、八议、六赃、七杀之法或轻、或重、或减、或加,极平万变,通而者欲以索天下之情耳。"① 将"七杀"与"五刑""十恶""八议""六赃"之语并列,所强调者乃是其中之意,表达了这些术语、概念是对或轻、或重、或减、或加之万端情节的抽象与概括,并非指出这些术语的性质相同。

《刑统赋疏》中亦见"七杀",并且将其中具体内容依据律文做了细致的解释:

> 观其《刑统》诸条中或加或减、或重或轻,或轻罪变而从重、或重罪变而从轻,则可以见法之意变而不穷也。姑举律内七杀一事,明之"杀人者斩"此是一定之律文,若执守其文,但杀人者皆处斩刑,则又不可。盖杀人之情轻重不同,故例有七色,是名七杀:谋杀、故杀、劫杀、斗杀、误杀、戏杀、过失杀。②

除了明确指出"律内七杀一事"之外,之后的内容还明确引述了大量律文,指出谋杀与劫杀出自《贼盗律》,故杀、斗杀、误杀、戏杀、过失杀出自《斗讼律》。但结合作者之所以"举律内七杀一事"的原因,我们就可以对"七杀一事"有进一步的认识,"明著轻重不可易者,律之文也;变,通也。变通不穷随乎事者,律之意也。议法者虽知律之文,要知律之意。虽知律之意,要知律之变。若徒守其文而不知其意,知其意而不知其变,则胶于一定之体而终无用也。盖律文明著者易见,法意变通者

---

① [元]沈仲纬:《刑统赋疏》,载杨一凡编:《中国律学文献(第一辑)》(第一册),黑龙江人民出版社 2004 年版,第 295—296 页。

② 同上书,第 310—311 页。

难穷。"作者还引述了傅霖之语，"律学博士傅霖云：见于文者，按文而可知；不见于文者，求意而后得。"① 可见，"举律内七杀一事"的意图在于借以说明"律之文"与"律之意""律之变"，则"七杀"不妨看作对一定之文的阐发与概括，未必于律内尽见原文。

元代律学著作《吏学指南》亦可见"七杀"的概括：

> 七杀，谋（二人对议。）故（知而犯之。）劫（威力强取。）斗（两
> 怒相犯。）误（出于非意。）戏（两和相害。）过失（不意误犯。）②

徐元瑞之注解显然仍是着重于"义"的诠释，七杀之内，注解的重点是七种心态或犯罪主观方面。这七种心态自秦汉时期就被律学注释所关注，当然，竹简秦汉律中所见相关内容及含义未必与后世刑律完全一致。经由魏晋律学的进一步发展，③ 这些表示主观心态的术语在唐律乃至后世刑律中仍然得见。唐律及后世刑律条文中，谋、故、劫、斗、戏、误、过失，七种表述以及内容皆可得见，但律文中未必存在"七杀"之名。

清代官箴书与律学著作中，仍见"七杀"之名：

> 《福惠全书·刑名部四》"人命上"：人命有真。有假。真者不
> 离乎七杀。曰劫杀、曰谋杀、曰故杀、曰斗殴杀、曰误杀、曰戏杀、
> 曰过失杀。……七杀之中惟谋、故、斗殴抵命。……以上据供七杀
> 皆系平人之律以其所犯者多。故并拟之以为式。若其各杀律中。
> 载所犯之条颇悉。如谋杀人律内、谋杀制使。及本管长官之类。岂

① ［元］沈仲纬：《刑统赋疏》，载杨一凡编：《中国律学文献（第一辑）》（第一册），黑龙江人民出版社 2004 年版，第 310、314 页。
② ［元］徐元瑞等：《吏学指南（外三种）》，杨讷点校，浙江古籍出版社 1988 年版，第60 页。
③ 从徐元瑞的注释内容中能明显看到张斐《晋律注》的痕迹，张斐谓："其知而犯之谓之故，意以为缘谓之失，……两讼相趣谓之斗，两和相害谓之戏，无变斩击谓之贼，不意误犯谓之过失，……二人对议谓之谋……不和谓之强，攻恶谓之略，……取非其物谓之盗，……凡二十者，律义之较名也。"［唐］房玄龄等：《晋书》卷三十《刑法志》，中华书局 1974 年版，第 928 页。

常所经见者。且一切详具律例。未敢烦引。以滋冗厌。①

《读律佩觿》：……故明刑必本乎律天，天听高而体圆，故郊见乎圜丘，圆数六，莫极于五，故气至六而极。律历之数六，故律刑之数亦以六，六曹、六杀、六赃是也。②

《读例存疑》：六杀唯谋为最重，故杀次之，斗杀又次之，误杀则出于意外，戏杀、过失均无害心，故俱不拟抵。③

清人有"七杀"与"六杀"二说，黄六鸿所述"七杀"从表述形式上来看是以清律为基础，我们自《大清律例》中的确也能看到各自对应的条文；王明德所述"六杀"，虽仍以清律为基础，但其内容显然是对律文内容的学理阐释。原因很简单：传统刑律立法过程中极可能或者说必然受到了中国古代"天地观""宇宙观"等观念的直接影响，但"天听高而体圆"等表述绝不是立法语言；同时，王氏以"律历之数六"为因，得出结论"故律刑之数亦以六"，个人学理阐发的迹象非常明显。薛允升所称"六杀"及其表述内容与立法语言最为接近，但其比较的内容乃是谋杀、故杀、斗杀、误杀、戏杀、过失杀的主观恶性轻重，详细探究所述内容，并未指出明清律关于杀人罪的分类。因此，律学著作与官箴书中所见"七杀"与"六杀"，并未直接强调二说是律文的直接规定，且二说未见有排他性的内容。

---

① ［清］黄六鸿：《福惠全书》卷十四，康熙三十八年金陵濂溪书屋刻本。《中国古代法学词典》与《百科合称辞典》皆引《福惠全书》中"七杀"之说。参见高潮、马建石主编：《中国古代法学辞典》，南开大学出版社1989年版，第241页。袁世全主编：《百科合称辞典》，中国科学技术大学出版社1996年版，第574—575页。

② ［清］王明德：《读律佩觿》，怀效锋等点校，法律出版社2001年版，"本序"第5页。

③ 《大清律例·刑律·人命之三》"戏杀误杀过失杀伤人"条（292.04）："凡因戏而误杀旁人者，以戏杀论。拟绞监候。"此为薛允升之后的按语。［清］薛允升：《读例存疑重刊本（四）》，黄静嘉编校，成文出版社1970年版，第851页。

（二）现代辞书中的"六杀"与"七杀"

"中国知网百科"收录"六杀"与"七杀"词条,其中"六杀"解释 10 种、"七杀"解释 14 种,各种解释分别出自 19 种现代辞书。[①] 以出版年代来看,这些辞书出版最早的是高格、孙占茂主编的《刑事法学词典》,由吉林大学出版社 1987 年出版;出版最晚的是北京大学法学百科全书编委会主编的《北京大学法学百科全书》,由北京大学出版社 2000 年出版。

收录"六杀"词条的 10 种辞书对之解释基本一致,首先,"六杀"包括谋杀、故杀、斗杀、误杀、戏杀、过失杀;其次,多数辞书相关内容直接指出"六杀"乃唐律所设,还有些词条内容直接指出其为唐律《贼盗律》《斗讼律》所做划分。《法学大辞典》虽未直接表述"六杀"乃唐律所设,而称为"中国古代法律对谋杀、故杀、斗杀、误杀、戏杀、过失杀等六种杀伤人行为的总称。"但词条在逐一解释时皆引述《唐律疏议》条文,如"谋杀,即预谋杀人。唐律:'谋杀人者徒三年,已伤者绞,已杀者斩。'"[②] 但其中仍有不一致之处:首先,有两部辞书对于"六杀"的排序有所不同,主要体现在戏杀与误杀的先后顺序,《中华国粹大辞典》与《中华实用法学大辞典》将戏杀置于误杀之前。另外,《中华法学大辞

---

① 这些辞书具体包括:《中华国粹大辞典》《中国古代法学辞典》《中华法学大辞典·法律史学卷》《法学大辞典》《北京大学法学百科全书(中国法律思想史·中国法制史·外国法律思想史·外国法制史)》《中国百科大辞典》《中国古代生活辞典》《刑事法学词典》《中华实用法学大辞典》《法律文书大词典》《中国古代法学辞典》《中华文化制度辞典·文化制度》《中国成人教育百科全书·政治·法律》《中国劳改学大辞典》《法学大辞典》《百科合称辞典》《中国古代典章制度大辞典》《犯罪学大辞书》《刑事法学大辞典》《人类学辞典》《中华实用法学大辞典》。其中有五种辞书同时收录了"六杀"与"七杀"词条,即《中国古代法学词典》《法学大辞典》《北京大学法学百科全书(中国法律思想史·中国法制史·外国法律思想史·外国法制史)》《中国百科大辞典》《法律文书大词典》。"六杀"检索地址:http://kns.cnki.net/kns/brief/default_result.aspx,访问日期 2017 年 10 月 1 日。"七杀"检索地址:http://kns.cnki.net/kns/brief/default_result.aspx,访问日期 2017 年 10 月 1 日。

② 邹瑜、顾明总主编:《法学大辞典》,中国政法大学出版社 1991 年版,第 270 页。

典》将其他词条中所述之"斗杀"表述为"斗殴杀"。其次,有三部辞书未指出"六杀"乃唐律所设,也未大量引述唐律条文诠释,《中国百科大辞典》谓:"旧律中六种杀人罪的总论。"①《中华实用法学大辞典》谓:"中国古代法律对谋杀、故杀、斗杀、戏杀、误杀、过失杀等六种杀伤人行为的总称。"②《法律文书大词典》谓:"中国封建社会六种杀人罪的总称。"③其中,《中国百科大辞典》与《中华实用法学大辞典》同时收录了"七杀"词条,并在"六杀"词条中标识具体内容详见或参见"七杀"。

收录"七杀"词条的14种辞书中,有11种将"七杀"释为:谋杀、故杀、劫杀、斗杀、误杀、戏杀、过失杀;《中华文化制度辞典》《中国百科大辞典》《中华实用法学大辞典》三种辞书将"七杀"释为擅杀、谋杀、故杀、斗杀、戏杀、误杀、过失杀,其中,《中国百科大辞典》将"擅杀"排序在最末。两种"七杀"的不同组成分歧在于"擅杀"与"劫杀"何者为"七杀"之一。有七种辞书指出"七杀"乃唐律所设,④如《中国劳改学大辞典》谓:"历史上,将杀人罪归纳为七杀并以律定之,为唐朝。"⑤亦有直接指出"七杀"乃唐律《贼盗律》《斗讼律》所规定,如《人类学辞典》谓:"《唐律疏议》中的《盗贼律》及《斗讼律》规定得较为详尽。"⑥仍有未直接表述"七杀"乃唐律所设但引述《唐律疏议》条文逐条诠释"七杀"者,如《法学大辞典》谓:"中国封建法律规定的七种杀人罪的统称。"其中,"谋杀,指二人以上合谋杀人。但在特定情况下,一人也算谋杀。《唐律疏议·贼盗》:'谋杀人者,谓二人以上,若事已彰露,欲杀不虚,虽独一人,

---

① 中国百科大辞典编委会:《中国百科大辞典》,华夏出版社1990年版,第260页。

② 栗劲、李放主编:《中华实用法学大辞典》,吉林大学出版社1988年版,第352页。

③ 刘树孝、魏惠仙、杨永奎主编:《法律文书大词典》,陕西人民出版社1991年版,第212页。

④ 分别为:《中国劳改学大辞典》《法学大辞典》《北京大学法学百科全书》《中国古代典章制度大辞典》《犯罪学大辞书》《中华实用法学大辞典》《人类学辞典》。

⑤ 中国劳改学会编:《中国劳改学大辞典》,社会科学文献出版社1993年版,第3页。

⑥ 李鑫生、蒋宝德主编:《人类学辞典》,华艺出版社1990年版,第528—529页。

亦同二人谋法。'"①

从辞书相关内容来看，不论是"六杀"还是"七杀"，绝大多数注解都强调了此种概括性的表述定型于唐代，并为后世宋、元、明、清法律沿袭。如《刑事法学大辞典》谓："七杀始见于唐律，宋、明、清相沿未变。"②从中可以看出二说内容开始出现排他性因素，若"七杀"出自唐律立法，同一部法典中自然不会再有针对同一类犯罪行为的其他概括性表述。

(三)中国法制史教材中的"六杀"

目前，比较常见的中国法制史教材，既包括"统编教材"也包括各校自行编写的教材，少见"七杀"之语，基本上采"六杀"之说，以下引其要者：

> 为了区分人命罪案的动机、情节和结果轻重，《唐律》把人命罪从技术上区分为"六杀"，以便更好实现罪刑相适应。所谓六杀，系指谋杀……故杀……斗杀……误杀……戏杀……过失杀……这类区分，今天看来或不无交叉重迭，但在当时反映了刑事立法的技术高度。③

> 关于杀人罪，唐代对封建刑法理论的最大发展，就是在《斗讼律》中区分了"六杀"，即所谓"谋杀""故杀""斗杀""误杀""过失杀""戏杀"等。④

> 依据杀人者实施杀人行为时的主观状况等情节，唐律将杀人罪分作六种：故杀、谋杀、斗杀、戏杀、误杀、过失杀。⑤

所见中国法制史教材当中，"六杀"的具体内容相同，但排序略有

---

① 邹瑜、顾明主编：《法学大辞典》，中国政法大学出版社1991年版，第14页。
② 孙膺杰、吴振兴主编：《刑事法学大辞典》，延边大学出版社1989年版，第21页。
③ 范忠信、陈景良主编：《中国法制史》，北京大学出版社2007年版，第294页。
④ 曾宪义主编：《中国法制史》，北京大学出版社、高等教育出版社2013年版，第161页。
⑤ 朱勇主编：《中国法制史》，高等教育出版社2017年版，第154页。

差异；相关内容高度一致的表述是将"六杀"限定于唐律，即"六杀"之设乃唐律中的具体规定；与辞书中的相关内容比较，教材中明确指出了"六杀"的划分标准，即"动机、情节和结果"或杀人者的"主观状况"。

经大致梳理，关于"六杀"与"七杀"的表述，所见最早者为宋元时期律学著作中的记载，后世律学著作与当代辞书、教材沿用，就数量来看，"七杀"之说更盛。传统律学著作中"七杀"之说虽多，但基本上呈现出"六杀"与"七杀"二说并存的局面，我们并未见到更多排他性的表述。现代辞书中，二说开始出现了撕裂的状态，论者多将"六杀"或"七杀"限定为唐律之划分，若是立法之设，"六杀"与"七杀"则只能非此即彼。所见中国法制史教材中，几乎一致采"六杀"之说，并沿用了部分辞书中的观点，明确指出"六杀"出自唐律《贼盗律》与《斗讼律》。"六杀"与"七杀"之所以存在此种局面与发展趋势，根源在于我们对之性质并未有深入辨析，若是立法语言，必然以法律规范的明确表述为主，只能非此即彼；若是学理概括，则二说并存甚至多说并存才是常态。基于此，下文将对"六杀"与"七杀"的性质及其分歧再作辨析。

二、"六杀"与"七杀"的性质

"六杀"与"七杀"皆为传统律学著作中常见的专门词汇，我们并未见到"六杀"与"七杀"在较为广泛的领域作为其他含义普遍使用的情况。①但需要特别注意的是，传统律学著作中的专门术语与法律规范中

---

① 需要注意的是"七杀"也有做其他含义使用的情况，即与"七煞"通用。《中国方术大辞典》载："即七煞。选择家、星命家认为是极凶之煞。七杀为八字星命术中'六神'之一。指其他各干支中能克制本命五行之同性五行，即所谓'克我'。宋徐子平《珞琭子三命消息赋注》卷上'河公惧其七杀'句注：'假令丙日生人，逢亥七煞，亥中有壬，丙见壬为七煞。丁到子位，甲到申，辛到午，壬到巳，戊到寅，己到卯，庚到巳，皆为七煞之地，主有灾。如当生元有七煞，运更相逢，即重矣，不利求财，主有灾；如当生岁、月、日、时元无七煞，则灾轻。'又，'六

的立法语言是有区别的,我们在律学著作中常见"六杀""七杀"与其他
律学专门词汇连用的表述,如《刑统赋解》:"一部《律义》三十卷内有
五刑、十恶、八议、六赃、七杀,合告不合告、应首不应首、合加不合加、
合减不合减,制不倍细,俱在《名例》卷内以为总要也。"① 又《读律佩觿》:
"律历之数六,故律刑之数亦以六,六曹、六杀、六赃是也。"② 仅从表述形
式来看,"七杀""六杀"与"五刑""十恶""八议""六赃"等术语性质
等同。但略作比较,便很容易发现"六杀""七杀"与其他术语的差异:
"五刑""十恶""八议"等表述自汉律中便有比较清晰的制度渊源,经
由魏晋南北朝至隋唐,这些术语在律文中皆有直接的规定;至于"六赃",
虽然唐代之前律文中没有直接的表述,但其于唐律中已成为完备且体系
化程度非常高的立法内容;关于"六杀"与"七杀"的表述我们自法律规
范、法典中从未见到。也就是说:律学著作中有一部分术语是对法典词
汇、立法语言的诠释、说明,这些律学术语既是学术语言,亦是立法语
言;律学著作中有一部分术语是作者对于具体法律规范或整个规范体系
的抽象、概括,虽然其根源于成文法,但并不具有法律规范的性质,这
部分术语可视作传统律学针对具体法律规范或整个规范体系的"学理解
释",并非立法语言。

　　既为律学术语、又是立法语言的表述,可以"六赃"为例,唐律中有
明确的规范内容。

　　　　《唐律疏议·名例》"以赃入罪"条(33)《疏》议曰:在律,"正
　　赃"唯有六色:强盗、窃盗、枉法、不枉法、受所监临及坐赃。自外

害之徒,命有七伤之事'句注:'六害中逢七杀,克我者凶。'"陈永正主编:《中国方术大辞典》,
中山大学出版社 1991 年版,第 315 页。但"七煞"之说在传统律学著作中未见,同时,"七杀"
与其他词汇通用的情况仅此一处。

　　① 〔宋〕傅霖:《刑统赋解》卷下,〔元〕郄口韵释、〔元〕王亮增注,载杨一凡编:《中国
律学文献(第一辑)》(第一册),黑龙江人民出版社 2004 年版,第 85—86 页。

　　② 〔清〕王明德:《读律佩觿》,怀效锋等点校,法律出版社 2001 年版,"本序"第 5 页。

诸条,皆约此六赃为罪。

　　《唐律疏议·杂律》"坐赃致罪"条(389)《疏》议曰:赃罪正名,
其数有六,谓:受财枉法、不枉法、受所监临、强盗、窃盗并坐赃。
"正赃"与"赃罪正名"将"六赃"的性质表达得非常清晰,"在律"直接
指出了"六赃"出现在法律规范中。六种与"货财之利"①密切相关的典
型犯罪行为被类型化为"六赃",此名称出现于法律规范之中,具有直接
的法律效力,且其效力高于律内针对其他相关行为定罪量刑的条款,即
"自外诸条,皆约此六赃为罪"。律学著作中多引述立法中的具体表述,
并针对需要进一步诠释。《刑统赋解》谓:"按《贼盗律》内强盗、窃盗,
《职制律》内枉法、不枉法、受所监临,《杂律》内坐赃,此谓六赃也。"②
《吏学指南》释"六赃":"以强盗(比同强也)以窃盗(比同窃也)以枉法
(比同枉法)不枉法(受有罪人钱,判断不曲者)受所监临财物(监临之官,
不因公事,受所监临财物者)坐赃(非监临主司,因事受财者)"③其中不
仅对"六赃"条目集中列举,还说明了处罚方式。当然,律学著作对于
立法语言的诠释并非都是进一步说明,也有高度的凝练与总结。以"十
恶"为例,《唐律疏议·名例》"十恶"条(6)律注中对各自恶名的解释
已为详备,如"六曰大不敬。(谓盗大祀神御之物、乘舆服御物;盗及伪
造御宝;合和御药,误不如本方及封题误;若造御膳,误犯食禁;御幸舟
船,误不牢固;指斥乘舆,情理切害及对捍制使,而无人臣之礼)"《吏学
指南》中的概括极为简明:"大不敬(盗谩御物,无君臣之礼)"④可以看
出,《吏学指南》中对于"十恶"的注解与《唐律疏议》中的相关内容比

　　①　[唐]房玄龄等:《晋书》卷三十《刑法志》,中华书局1974年版,第928页。
　　②　[宋]傅霖:《刑统赋解》卷上,[元]郏□韵释、[元]王亮增注,载杨一凡编:《中国
律学文献(第一辑)》(第一册),黑龙江人民出版社2004年版,第36页。
　　③　[元]徐元瑞等:《吏学指南(外三种)》,杨讷点校,浙江古籍出版社1988年版,第
60—61页。
　　④　同上书,第59页。

较，基本内容高度相似，其中不能排除作者受到了《唐律疏议》的影响或直接借鉴了相关内容，但《吏学指南》中的注解显然更加精简与概括，这大概是为了使内容更加便于传播与诵读。

与"六赃""十恶"等术语相比，"七杀""六杀"的性质与之显然不同，最为直接的根据就是我们自法典中从未见到相关表述。唐律中没有，明、清律中仍然没有。这并不是"六杀"与"七杀"特殊，与之相似的律学术语还有很多，如"三父""五父""八母""十母"等。唐律中对于继父、嫡母、继母、慈母、养母等含义有所表述与说明。

《唐律疏议·名例》"称期亲祖父母等"条（52）

其嫡、继、慈母，若养者，与亲同。

《疏》议曰：嫡谓嫡母，《左传》注云："元妃，始嫡夫人，庶子于之称嫡。"继母者，谓嫡母或亡或出，父再娶者为继母。慈母者，依《礼》："妾之无子者，妾子之无母者，父命为母子，是名慈母。"非父命者，依礼服小功，不同亲母。"若养者"，谓无儿，养同宗之子者。慈母以上，但论母；若养者，即并通父。故加"若"字以别之，并与亲同。

《唐律疏议·斗讼》"殴妻前夫子"（333）

殴伤继父者，（谓曾经同居，今异者。）与缌麻尊同；同居者，加一等。（余条继父准此。）

《疏》议曰：继父者，谓母后嫁之夫。注云"谓曾经同居，今异者"，依《礼》"继父同居，服期"，谓妻少子幼，子无大功之亲，与之适人，所适者亦无大功之亲，而所适者以其资财，为之筑家庙于家门之外，岁时使之祀焉，是谓"同居"。

继父、继母等作为法律关系的主体，在律文中有直接的表述，但唐律中并未见其类型化的概括。关于其系统的概括与总结，即所谓的"五父十母"见于律学著作。《吏学指南》载：

五父

亲 谓生我身之父也。

养 谓继立我之父。遗抱者同。

继 谓父亡母再醮者。

义 谓受恩宠结拜之类。

师 谓受业之师也。

十母

亲 谓亲生我身者。

出 谓生我之身,为父离异者。

嫁 谓亲母因父亡改适者。

庶 谓母非正室而生我者。

嫡 谓我以妾所生,故以父正室曰嫡。

继 亲母已亡,父再娶者。

慈 谓妾无子,及妾之子无母,而父命为母者。

养 谓出继他人为子者。

乳 谓曾乳哺我身者。

诸 谓伯叔母之类统称。①

将《吏学指南》中所概括的"五父""十母"与唐律中的相关内容作一对照,《唐律疏议》中"继父"出现 11 次、"养父母"出现 5 次,亲父、慈父、师父皆未出现;亲母出现 6 次、庶母出现 1 次、嫡母 6 次、继母 8 次、慈母 7 次,未出现出母、嫁母、养母、乳母、诸母。② 而就解释的内容来看,《吏学指南》作为法律专科辞书更加注重诠释内容的可读性与传播

---

① [元]徐元瑞等:《吏学指南(外三种)》,杨讷点校,浙江古籍出版社 1988 年版,第85—86 页。

② 从字面检索,养母并未出现,但"养父母"共出现 5 次,具体为《唐律疏议·户婚》"养子舍去"条(157) 3 次、《斗讼》"告祖父母父母"条(345) 2 次。

性。这些源于法律条文的抽象与概括显然加入了作者的理解与学术观点，部分内容的产生可能是出于司法实践的需要。这些内容与法典中的法律规范内容并非严格地一一对应。对于这些术语，法典中并未有严格的表述，即其并非严格意义上的立法语言，在此意义上，其并不具备严格的法律效力。[①]

三、"六杀"与"七杀"的内容及其分歧

自宋元及后世律学著作直到当代大量辞书、教材当中，"七杀"的内容基本能包含"六杀"，二说对于谋杀、故杀、斗杀、戏杀、误杀、过失杀等内容基本没有分歧。争议的焦点主要在于是否应将劫杀、擅杀、殴杀等内容纳入杀人罪类型化的概括当中。以下针对具体内容试做分别说明。

（一）擅杀

传统律学著作中，未见将擅杀作为"六杀"或"七杀"之一的观点，此种观点多见于当代辞书，其中认为擅杀是"未经官府允许而私自处决犯人"[②]或"擅自杀死有罪的人或受其监管的人"。[③]将擅杀归于"六杀"或"七杀"之一应当是根源于秦汉律中的相关内容，擅杀的表述在竹简秦汉律中比较常见，用以指称一种具体的杀人行为，一般指超越法定权

---

① 当然，并不排除一些注释律学的成果被官方认可而在司法实践中具有一定程度的法律效力甚至被立法吸收的情况，如《元典章·礼部三·丧礼》中见有三父八母服图，明、清律典篇首亦可见。我们在这里说其不具有法律效力是立足于法律规范文本的分析，并借以区分学术语言与立法语言。

② 史仲文、胡晓林主编：《中华文化制度辞典·文化制度》，中国国际广播出版社1998年版，第359页。

③ 袁世全、冯涛主编：《中国百科大辞典》，华夏出版社1990年版，第260页。

限或程序而擅自实施的杀害行为。秦汉律中所见的擅杀皆为父母、主人杀害子女、奴婢，未见常人之间擅杀的内容。如睡虎地秦简《法律答问》载："擅杀子，黥为城旦舂。……(六九)"又："士五(伍)甲毋(无)子，其弟子以为后，与同居，而擅杀之，当弃市。(七一)"唐律条文中并没有"擅杀"的表述，①从犯罪主观心态具体内容的角度来分析，秦汉律中擅杀的含义与贼杀非常相似；唐律中相关杀人行为皆作为故杀来处罚。因此，秦汉时期的擅杀应当是贼杀的特殊形式，唐律中关于父母故杀、殴杀子女与奴婢的定罪量刑方面的规定明显沿袭了秦汉律中"擅杀"定罪量刑方面的相关内容。②但这部分定罪量刑的具体条文在杀人犯罪行为"类型化"之后已属"故杀"的内容，不应当与谋杀、故杀等术语并列。

值得注意的另一个问题是"擅杀"在清律中大量出现，《大清律》"夜无故入人家"条、"夫殴死有罪妻妾"条、"父祖被殴"条、"罪人拒捕"条律文中"擅杀"共出现 9 次，另有条例中所出现的"擅杀"逾 50 次。以清律律文中出现的"擅杀"为例，我们可以对之内容稍作分析。《大清律》"夜无故入人家"条载：

> 凡夜无故入人家内者，杖八十。主家登时杀死者，勿论。其已就拘执，而擅杀伤者，减斗杀伤罪二等。至死者，杖一百，徒三年。③

清律中"擅杀"的含义与秦汉律中所见一致，律文中"擅杀伤"与"减斗杀伤罪二等"连用，似乎在形式上强化了其独立的定罪量刑意义。但此表述或用语是否必要？这种表述又如何产生？将之与唐律相关条

---

① 《唐律疏议》中仅有一处关于"擅杀"的表述，但其含义并非秦汉律中的"擅杀"，《贼盗》"谋叛"条(251)律《疏》载："既肆凶悖，堪擅杀人"。这里的"擅杀"仅表示随意的杀人，并无犯罪对象等方面的限制，也不是一个近似于现代刑法理论中的"罪名"的关于犯罪行为的固定称谓。

② 参见刘晓林：《秦汉律中有关的"谒杀""擅杀"初考》，《甘肃政法学院学报》2013年第 5 期。

③ ［清］沈之奇：《大清律辑注》，怀效锋等点校，法律出版社 2000 年版，第 634 页。

文对比我们会有进一步的认识,《唐律疏议·贼盗》"夜无故入人家"条(269)载:

> 诸夜无故入人家者,笞四十。主人登时杀者,勿论;若知非侵犯而杀伤者,减斗杀伤二等。其已就拘执而杀伤者,各以斗杀伤论,至死者加役流。
>
> 《疏》议曰:"已就拘执",谓夜入人家,已被擒获,拘留执缚,无能相拒,本罪虽重,不合杀伤。主人若有杀伤,各依斗法科罪,至死者加役流。

清律量刑明显重于唐律,唐律该条起刑点为笞四十,清律中已变为杖八十。除去量刑方面的差异,清律与唐律条文相比,最大的区别是对具体犯罪行为列举的精细化,甚至出现了烦琐的趋势。清律于"已就拘执"之后增加"而擅杀伤者"一语,但从所增加文字的含义来看,已完全包含在唐律律疏对"已就拘执"的解说当中。也就是说,清律所增加的"而擅杀伤者",似乎对于条文表述的含义没有直接的作用,只是对于唐律条文本身已包含的内容用一个新的说法明确指示而已。清人薛允升谓:"杀名有六,谓谋、故、斗、戏、误及过失也,自唐已然。加以疯病杀,则杀有七矣。再加以擅杀,则杀有八矣。均与唐律不符。"① 初看薛氏之语,似乎是将疯病杀、擅杀与"六杀"并列而成"八杀",但结合上述唐、清律内容来看,薛氏指出的"擅杀"之名"与唐律不符"可能隐含着对大清律的批评之意。至于"疯病杀",也难与"六杀"或"七杀"并列。"六杀"或"七杀"划分的主要标准是犯罪主观心态,对此,张斐《晋律注》"释名"已表达得非常清晰,后世律学著作在此基础之上对于各种心态的注解逐步深入、细致。"疯病杀"之"疯病"似难归入犯罪主观心态之范畴,以

---

① ［清］薛允升:《读例存疑重刊本(四)》,黄静嘉编校,成文出版社1970年版,第863—864页。

现代刑法理论分析,应当是属于无责任能力或限制责任能力人所实施的行为,这显然与"六杀"不一致。因此,薛允升此处之观点本质上仍为"六杀"之说。基于传统刑律客观具体、一事一例的立法体例,立法对于犯罪行为的描述与列举呈现出更加细致的趋势,法律条文也愈加庞杂,对于一类犯罪行为的概括也会呈现出不周备的情况。我们已看到,明清律中溢出"六杀"或"七杀"的内容逐渐产生,这也是传统刑律发展的必经阶段。

(二)殴杀

传统律学著作中,见有"斗殴杀"的表述,亦有将"殴杀"独立为"六杀"或"七杀"之一的观点,现代学术著作中见有赞同此说者。[①]

"斗殴杀"实质上是"斗杀"的不同表述,并未对"六杀"或"七杀"提供新的内容,唐律条文中有多处"斗殴杀"与"斗杀"通用的表述,如《唐律疏议·斗讼》"斗殴杀人"条(306):

> 诸斗殴杀人者,绞。以刃及故杀人者,斩。虽因斗,而用兵刃杀者,与故杀同。(为人以兵刃逼己,因用兵刃拒而伤杀者,依斗法。)

> 《疏》议曰:斗殴者,元无杀心,因相斗殴而杀人者,绞。以刃及故杀者,谓斗而用刃,即有害心;及非因斗争,无事而杀,是名"故杀":各合斩罪。"虽因斗而用兵刃杀者",本虽是斗,乃用兵刃杀人者,与故杀同,亦得斩罪,并同故杀之法。注云"为人以兵刃逼己,因用兵刃拒而伤杀",逼己之人,虽用兵刃,亦依斗杀之法。

其中"斗殴杀人""斗法""斗杀之法"所表达的含义显然是相同的。"殴杀"的表述则是将"斗"与"殴"分离,突出了殴打致人死亡这一行

---

① 参见蔡枢衡:《中国刑法史》,中国法制出版社 2005 年版,第 149 页。

为过程中的不同阶段及其危害结果。唐律中，"斗"与"殴"乃斗杀行为之不同发展阶段，①《唐律疏议·斗讼》"斗殴以手足他物伤"条（302）载："诸斗殴人者，笞四十；（谓以手足击人者）伤及以他物殴人者，杖六十；（见血为伤。非手足者，其余皆为他物，即兵不用刃亦是）伤及拔发方寸以上，杖八十。若血从耳目出及内损吐血者，各加二等。"结合律《疏》中的内容，可以清晰地看出唐律立法根据"斗殴"行为过程发展的不同阶段及其危害结果分别量刑的内在逻辑。斗乃殴之起点，殴乃斗之发展。而"斗杀"状态则必定为殴之或然结果。沈家本谓："相争为斗，相击为殴，……凡斗殴杀人者，此往彼来，两相殴击，……"②可见"斗"仅指言语之冲突，未有实际伤害行为之发生，而"殴"则有互相击打之实害行为。至于斗、殴两者的内在联系，王明德曰："斗，则不过怒目相视，口舌相争，手足作势，或彼此相扭，而不相捶击，或彼来此拒，而不交手，又或彼去此追，而恶语相激，则皆谓之斗。若殴则手足及身，木石金刃相击矣。世或有斗而不殴者，断未有殴而不斗者矣。"③可见斗、殴并非孤立，而是同一行为之先后发展阶段，在对"斗杀"行为做法律评价时，由"斗"至"殴"的转化则为必然。仅有言语冲突，除双方有特定身份关系外，一般不作为法律评价的对象。④因此，"斗"与"殴"仅是同一伤

---

①　现行刑法中，斗、殴连用，并无此区分。如《中华人民共和国刑法》第二百九十二条所规定"聚众斗殴罪"："聚众斗殴的，对首要分子和其他积极参加的，处三年以下有期徒刑、拘役或者管制；有下列情形之一的，对首要分子和其他积极参加的，处三年以上十年以下有期徒刑：（一）多次聚众斗殴的；（二）聚众斗殴人数多，规模大，社会影响恶劣的；（三）在公共场所或者交通要道聚众斗殴，造成社会秩序严重混乱的；（四）持械聚众斗殴的。聚众斗殴，致人重伤、死亡的，依照本法第二百三十四条、第二百三十二条的规定定罪处罚。"

②　［清］沈家本：《历代刑法考》（四）《论故杀》，邓经元、骈宇骞点校，中华书局1985年版，第2065页。

③　［清］王明德：《读律佩觿》，何勤华等点校，法律出版社2001年版，第71页。

④　唐律中仅有言语即构成犯罪的行为大致有两类：一类为卑幼骂詈尊长，另一类为非议国政。卑幼骂詈尊长规定在《斗讼》以下各条中："妻妾詈夫"条（326）、"殴詈祖父母父母"条（329）、"妻妾殴詈夫父母"条（330）、"妻妾殴詈故夫父母"条（331）、"殴詈夫期亲尊长"

害行为的不同阶段，不宜作为截然相异的罪名与犯罪行为来理解，更不宜将其作为独立的定罪量刑单位来评价。[①] 自然，殴杀也不应当与故杀、斗杀等并列。

（三）劫杀

宋元明清律学著作中皆有将劫杀纳入"七杀"的观点，现代辞书中，采此说者亦不鲜见。将"劫杀"纳入唐律乃至后世刑律中针对杀人犯罪行为的类型化概括，最大障碍在于其并未出现于律文当中，即唐律中并未有针对劫杀科刑的条文。对此，我们需要进一步探讨。

唐律中并未有"劫杀"之语，甚至律文中"劫"的相关表述也不多，《唐律疏议·贼盗》"劫囚"条（257）中的"劫囚"与"强盗"条（281）中的"劫掠取财"是集中体现"劫"的两类犯罪行为：

《唐律疏议·贼盗》"劫囚"条（257）

诸劫囚者，流三千里；伤人及劫死囚者，绞；杀人者，皆斩。（但劫即坐，不须得囚。）

《唐律疏议·贼盗》"强盗"条（281）

诸强盗，不得财徒二年；一尺徒三年，二匹加一等；十匹及伤人者，绞；杀人者，斩。（杀伤奴婢亦同。虽非财主，但因盗杀伤，皆是。）其持杖者，虽不得财，流三千里；五匹，绞；伤人者，斩。

从这两条律文中，我们可以清晰地看到唐律对于"劫"犯罪的详细科刑情况。对于"劫囚"，若劫非死罪囚，处以流三千里之刑；若劫死罪囚，处以绞刑，此处只要求着手实施"劫"之行为即处罚，不需要出现任何犯罪结果，若是出现致人伤亡之结果，则属处罚之"加重情节"。"劫

条（334）、"部曲奴婢詈殴旧主"条（337）；非议国政的犯罪行为则主要包括：指斥乘舆、指斥尊号、指斥东宫等行为。

① 参见刘晓林：《唐律"斗杀"考》，《当代法学》2012年第2期。

囚"过程中致人伤害,处以绞刑;"劫囚杀人",皆斩。其中的"劫囚杀人"就是我们所说的"劫杀",只是律文在叙述罪状时,将"杀人"作为加重情节最后做单独列举。对于"强盗",根据是否得财、是否持杖、是否造成杀伤予以不同处罚,"强盗杀人"在律文中同样是作为加重情节来描述的。[①]尤其需要注意的是《唐律疏议·贼盗》"强盗"条(281)中实际上并没有对于"强盗持杖杀人"行为的处罚,仅规定了"伤人者,斩。"若是将目光局限于律文的明确规定,是否意味着"强盗持杖杀人"不予处罚?答案当然是否定的。实际上,唐律中与之类似的情况尚有不少,如《唐律疏议·名例》"断罪无正条"条(50)载:"诸断罪而无正条,其应出罪者,则举重以明轻;其应入罪者,则举轻以明重。"《疏》议曰:"案《贼盗律》:'谋杀期亲尊长,皆斩。'无已杀、已伤之文,如有杀、伤者,举始谋是轻,尚得死罪;杀及谋而已伤是重,明从皆斩之坐。"戴炎辉认为此乃"唐律常用技术"。[②]薛允升谓"唐律只言谋杀期亲尊长等项者皆斩,而无已伤已杀之文,亦无谋杀祖父母、父母罪名,盖罪至于皆斩,法已尽矣。且逆伦大变,律不忍言也"。[③]从中我们大概能看出,律文中未有明确表述的内容,并非皆是立法没有规定或者不予处罚,必须结合立法技术与法制观念对罪刑关系即犯罪行为与法定刑之间的一一对应关系做深入分析。

另外,我们自唐宋传世文献中见到大量关于"劫杀"的记载:

> 八月乙卯,诏……大赦天下。其谋杀、劫杀、造伪头首并免死配流岭南,官典受赃者特从放免。[④]

> 二月壬申朔……诏:京城天下系囚,除官典犯赃、持杖劫杀、

---

① 唐律中与之类似的内容还有谋叛(率部众攻击掠夺)杀人、略人略卖人而杀人,参见刘晓林:《唐律"劫杀"考》,《华东政法大学学报》2011年第4期。

② 参见戴炎辉:《唐律各论》,成文出版社1988年版,第357页、第359页"(注)"。

③ 〔清〕薛允升:《唐明律合编》,怀效锋、李鸣点校,法律出版社1999年版,第472页。

④ 〔后晋〕刘昫等:《旧唐书》卷七《睿宗本纪》,中华书局1975年版,第157—158页。

忤逆十恶外，余罪递减一等，犯轻罪者并释放。①

天禧四年，乃诏：天下犯十恶、劫杀、谋杀、故杀、斗杀、放火、强劫、正枉法赃、伪造符印、厌魅咒诅、造妖书妖言、传授妖术、合造毒药、禁军诸军逃亡为盗罪至死者，每遇十二月，权住区断，过天庆节即决之。②

己未，日南至，有事南郊，大赦，十恶、故劫杀、官吏受赃者不原。③

九月丙午，以岁无兵凶，除十恶、官吏犯赃、谋故劫杀外，死罪减降，流以下释之，……④

五月丁卯，诏天下死罪减一等，流以下释之，十恶至死、谋故劫杀、坐赃枉法者论如律。⑤

传世文献中将劫杀与谋杀、故杀、斗杀、官典犯赃、忤逆十恶等罪名、罪行并列使用的记载，说明其应当具有相同的性质，即这些术语在法律规范中应当具有相同的地位；又《宋史·真宗本纪》中"谋故劫杀"的表述进一步证实了劫杀应当与谋杀、故杀具有相同的性质。

从唐律具体法律规范的内容、立法技术以及传世文献的记载来看，劫杀与谋杀、故杀等术语具有相同的性质，将之作为"七杀"的组成部分应当符合立法原意。⑥

---

① ［后晋］刘昫等：《旧唐书》卷一八《武宗本纪》，中华书局 1975 年版，第 609 页。

② ［元］脱脱等：《宋史》卷一九九《刑法志》，中华书局 1977 年版，第 4974 页。

③ ［元］脱脱等：《宋史》卷二《太祖本纪》，中华书局 1977 年版，第 34 页。

④ ［元］脱脱等：《宋史》卷五《太宗本纪》，中华书局 1977 年版，第 76 页。

⑤ ［元］脱脱等：《宋史》卷六《真宗本纪》，中华书局 1977 年版，第 112 页。

⑥ 《元典章·刑部四》"诸杀一"中明确包含了：谋杀、故杀、斗杀、劫杀、误杀、戏杀、过失杀；"诸杀"中所包含的杀亲属、杀卑幼、奴杀主、杀奴婢娼佃、因奸杀人、老幼笃疾杀人、医死人、自害、杂例等处罚内容也明显是以前述"七杀"为比照对象。虽然就性质来说，《元典章》与律典仍有不同，但这至少为我们认识"七杀"提供了一些间接材料。参见陈高华等点校：《元典章》（三），天津古籍出版社、中华书局 2011 年版，第 1427 页。

四、小结

　　"六杀"与"七杀"本质上并非立法语言，而是传统律学著作中针对法律规范内容所作的学理解释，是对杀人犯罪行为类型化的概括。所见律学著作中，"七杀"之说盛于"六杀"，但在传统律学的语境之下，二说长期并存。现代辞书中，"七杀"与"六杀"的注解内容开始出现矛盾，矛盾的根源在于注释者对于两者性质没有清晰的认识。中国法制史教材当中对"六杀"之说的全盘采用，但未对"七杀"之说有所辨析，这可能是在未辨析二说本质基础上的"走偏"。将"六杀"与"七杀"的具体内容作比照分析，可以比较清晰地看到：谋杀、故杀、劫杀、斗杀、戏杀、误杀、过失杀是传统注释律学长期发展逐渐形成的概念，是律学家对于纷繁复杂的杀人犯罪行为高度抽象的概括与总结，是"定型化了的典型"，其较之"六杀"具有更优的包容性与概括性，并长期存在于传统注释律学的语境当中。

结　　语

　　针对秦汉律与唐律杀人罪立法的比较研究，首先是为了对具体定罪量刑条文的形成、发展与演变过程作相对系统的考察；其次是对定罪量刑条文中所蕴含的立法语言、立法技术与律典结构，及其相应的发展与演变过程作进一步梳理；最后是以杀人罪立法由秦汉至唐代的发展、演变过程为样本，对中国古代刑律的若干特质与发展趋势稍作总结。本研究的主要内容已基本完成，在此基础之上，拟针对研究主题"秦汉律与唐律杀人罪立法比较研究"所包含的几个关键词及其对应内容稍作总结与说明。当然，这个近似于"解题"的工作似乎更应该在开篇完成，但针对研究主题更加深入的认识不是应该在整个研究工作基本完成之时才产生的吗？因此，笔者不欲在"结语"部分针对研究主题总结若干条"结论"，而是就"秦汉律与唐律""杀人罪"与"比较"试作说明，并对本研究遗留的一些重要问题稍作梳理。

一、秦汉律与唐律

　　针对秦汉与唐代的法律制度进行比较研究具有非常明显的意义与价值。"历代之律，皆以汉《九章》为宗，至唐始集其成。"[①] 而汉《九章律》对于秦律的沿袭非常清晰，"汉承秦制，萧何定律，除参夷连坐之罪，增

---

　　① ［清］张廷玉等：《明史》卷九十三《刑法志》，中华书局 1974 年版，第 2279 页。

部主见知之条，益事律兴、厩、户三篇，合为九篇。"① 也就是说，在有据可考的前提之下，秦汉律是中国古代刑律与律典发展的开端，唐律呈现其高度成熟、完备形态。② 至明初，君臣仍认为"今制宜遵唐旧"。③ 明清律在沿袭唐律的基础之上，仍有进一步发展，但就基本原理与观念等方面，未有质的变化。秦汉至唐代，是中国古代刑律与律典发展过程中极为重要的时期，比较秦汉律与唐律的异同及其关系，自然会对中国古代刑律的若干特质及其形成、演变趋势产生比较直观的认识。但必须说明的是，本研究所谓"秦汉律"，是一个整体且宽泛的概念。至少与"唐律"相比，所谓"秦汉律"外延的"宽泛性"十分明显，这有两方面的具体表现：

首先，"秦汉律"之"秦"与"汉"难有清晰的界分，④ 这一方面是由

---

①　［唐］房玄龄等：《晋书》卷三十《刑法志》，中华书局 1974 年版，第 922 页。又见［唐］杜佑：《通典》卷一百六十三《刑法一·刑制上》，王文锦等点校，中华书局 1988 年版，第 4196 页。需要注意的是，所谓"汉承秦制"并非专指律典沿袭，我们见到唐代之前所称"汉承秦制"之"秦制"表达的是广义的"制度"，如《后汉书·班彪列传》："汉承秦制，改立郡县，主有专己之威，臣无百年之柄。"《后汉书·舆服志上》："汉承秦制，御为乘舆，所谓孔子乘殷之路者也。"《后汉书·舆服志下》："古者君臣佩玉，尊卑有度；上有韍，贵贱有殊。……韍佩既废，秦乃以采组连结于璲，光明章表，转相结受，故谓之绶。汉承秦制，用而弗改，故加之以双印佩刀之饰。"［南朝宋］范晔撰、［唐］李贤等注：《后汉书》卷四十上、志第二十九、志第三十，中华书局 1965 年版，第 1323、3643、3671—3672 页。

②　唐律在整个中国法制史上的价值与意义无需赘言，尤为值得关注的是唐律呈现的刑法理论的优越及其思想的代表性。蔡墩铭曾谓："旧律之中亦当有进步之刑法思想，即使以现代刑法学之观点衡之，不但毫无逊色，转足以自豪，此为研究旧律之人不难觉察之事实。旧律之中，以唐律最有价值，且其地位亦最为重要。因其上承秦汉魏晋，下启宋元明清各朝法律，有承先启后之功。研究中国旧律之人，如不能尽读历代之法律而只读唐律，则旧律之内容，亦可知其泰半；反之，不先习唐律而读明律清律，只能知旧律之皮相，无法窥其堂奥。由是观之，研究旧律者，应从唐律始。"蔡墩铭：《唐律与近世刑事立法之比较研究》，汉苑出版社 1976 年版，第 1—2 页。

③　［清］张廷玉等：《明史》卷九十三《刑法志》，中华书局 1974 年版，第 2279 页。

④　专门从事秦汉律研究的学者对此显然具有更加清晰的认识，徐世虹教授在《秦律研究》的"前言"中谓："'秦律'在本书中是一个内涵宽泛的概念，其不仅指向以律令为代表的立法形式，也包含律令体系及其所调整的一切社会关系；又由于秦汉律的传承关系，所谓'秦律研究'亦不能脱离汉律而为之，故往往秦汉连言。"徐世虹等：《秦律研究》，武汉大学出版社 2017 年版，"前言"第 1 页。

于"汉承秦制",秦及汉初的典章制度很难有清晰界限,另一方面则是史料所限,我们无法在所见史料的基础之上对其进行系统、全面的独立探讨。这两方面原因共同促成了"秦汉律"在研究过程中不宜也不能划分得过细。关于中国古代刑律与律典的断代研究,除了"秦汉律"的固定表述之外,与之相似的还有(也只有)"明清律"的称谓,我们从未见到诸如"隋唐律""唐宋律""宋元律"等固定表述。但学者关于"明清律"的使用与研究远不如"秦汉律"普遍。① 就政权更迭与制度沿革来看,"明清"与"秦汉"相似,其制度尤其是法律制度之间存在着极为清晰、深刻的沿袭痕迹,这是"秦汉律""明清律"固定表述产生的内在原因;但明清时期的史料极为丰富,这与秦汉的差异非常明显。因此,关于刑律与律典的断代研究虽然也存在"明清律"的固定表述,但并不如"秦汉律"使用广泛。

其次,"秦汉律"之"律"在内容方面尚不是具有严格"正刑定罪"意义的规范,在形式方面亦不是具有完整法典形态的规范体系。"秦汉律以事类为篇,在立法技术上与后世唐律并无明显区别,但在性质上却有根本不同。中国古代律典的刑法性质自魏新律后明朗化,经泰始律而至唐律,其单一刑法典的体例稳定不变。但就秦汉律而言,其性质并非单一。"② 与唐律相比,所谓"秦汉律"的"宽泛性"就非常明显了。我们

---

① 在"中国知网"所收录的期刊文献中以"秦汉律"为篇名关键词检索,共有学术论文三十余篇;以"明清律"为篇名关键词检索,共有学术论文不足十篇。代表性成果如:何勤华:《秦汉律学考》,《法学研究》1999 年第 5 期;杨振红:《秦汉律篇二级分类说——论〈二年律令〉二十七种律均属九章》,《历史研究》2005 年第 6 期;李力:《秦汉律所见"质钱"考辨》,《法学研究》2015 年第 2 期;赵立新:《论明清律对日本法的影响》,《华东政法学院学报》2006年第 3 期;张晋藩:《明清律"讲读律令"的启示》,《比较法研究》2011 年第 1 期;吴欢:《明清律典"例分八字"源流述略——兼及传统律学的知识化转型》,《法律科学》2017 年第 3 期。另有相关专著,如乔伟:《秦汉律研究》,吉林大学法律系法律史教研室 1981 年印;苏亦工:《明清律典与条例》,中国政法大学出版社 1999 年版。

② 睡虎地秦律、张家山汉律中皆见有并非定罪量刑条文的内容,新出文献中亦见有相同内容。如睡虎地 M77 汉简《葬律》之内容为葬制的具体规定,未见罪名之制。这至少可以

所称的"唐律",即唐代刑律或律典条文,甚至可以更加具体地说就是《唐律疏议》。但"秦汉律"的所指显然不会如此具体。因此,本研究所称之"秦汉律",很大程度是以"唐律"之"凡律以正刑定罪"[1]为标准来厘定其外延。也就是说,秦汉简牍文献中所见以定罪量刑为内容的条文与传世文献中与之相关的内容皆在"秦汉律"的范围之内。

二、"杀人罪"及其立法

基于"杀人罪"在刑事法律规范体系中的重要地位,针对秦汉律与唐律中的杀人罪立法进行比较研究,对于了解这一时期刑律与律典发展的整体特征无疑具有非常明显的典型性与代表性。但需要说明的是,秦汉律与唐律中的"杀人罪"很难形成比较全面、系统的描述。原因很简单,我们对于包括古代刑律在内的古代法的认识、描述与评价完全是基于我们所受到的以现代法学理论为基础的学术训练。而所谓"杀人罪"的表述形式便是完全基于现代法尤其是现代刑法理论而产生的,中国古代刑律中从未产生、亦不会产生高度抽象与概括的"罪名"。[2]我们可以很直接地指出现行刑法第 232 条规定了"杀人罪",也可以很明确地指出除第 232 条之外,刑法分则中还有 5 条与"杀人罪"相关的规定及相应罪名。[3]但我们很难说清秦汉律或唐律中的"杀人罪"所指为何?哪

说明,秦汉律在立法上尚未有意识地区分刑罚与非刑罚的界限。徐世虹等:《秦律研究》,武汉大学出版社 2017 年版,第 155、157 页。

　　[1]　[唐]李林甫等:《唐六典》卷第六,陈仲夫点校,中华书局 1992 年版,第 185 页。又见[后晋]刘昫等:《旧唐书》卷四十三《职官志》,中华书局 1975 年版,第 1837 页。

　　[2]　参见刘晓林:《唐律中的"罪名":立法的语言、核心与宗旨》,《法学家》2017 年第 5 期。

　　[3]　现行刑法总则中的规定自然与所有具体罪名都密切相关,如刑法原则、管辖、责任年龄、自首等。刑法分则中的规定则很明确,各章划分的标准是犯罪同类客体,各条包含着明确的罪名,各罪名之间的界限亦甚为清晰。现行刑法中所称的"杀人罪"只有刑法分则第 232

些律文与杀人罪相关？若一定要作此衡量，可能找出哪几条与"杀人罪"无关更加容易，也更可行。基于中国古代刑事立法的特质，律内存在大量针对具体犯罪行为的"比附"规定，这些规定涉及的范围非常广泛，不仅包括通例的比附、罪名的比附、刑罚加减的比附，还包括犯罪主体的比附、犯罪客体的比附、侵害对象的比附。[①] 在此基础之上，我们就很难在律内对所谓"杀人罪"画一个清晰的范围。因此，本研究所称的"杀人罪"是一个比较宽泛的概念，针对"杀伤"行为定罪量刑相关的条文皆为"杀人罪立法"。

三、比较的标准与对象

比较研究的核心问题是适当的标准，我们只有将不同研究对象以适当的标准进行分类比较，才能发现两者之间是否存在以及存在何种关

条所规定的"故意杀人罪"："故意杀人的，处死刑、无期徒刑或者十年以上有期徒刑；情节较轻的，处三年以上十年以下有期徒刑。"过失心态导致他人死亡与故意伤害导致他人死亡的行为皆非"杀人罪"，前者属于第 233 条规定的"过失致人死亡罪"，后者属于第 234 条规定的"故意伤害罪"。除第 232 条之外，刑法分则中还有 5 条与"杀人罪"相关，其中第 292 条规定了聚众斗殴致人死亡的，依照"故意杀人罪"定罪处罚。另有 4 条规定了"杀人罪"与其他罪名数罪并罚的情况，具体包括：第 120 条规定，犯"组织、领导、参加恐怖组织罪"并实施杀人的，依照数罪并罚的规定处罚。第 318 条规定，犯"组织他人偷越国（边）境罪"，对被组织人有杀害行为，或者对检查人员有杀害行为的，依照数罪并罚的规定处罚。第 321 条规定，犯"运送他人偷越国（边）境罪"，对被运送人有杀害行为，或者对检查人员有杀害行为的，依照数罪并罚的规定处罚。第 358 条规定，犯"组织卖淫罪""强迫卖淫罪"，并有杀害行为的，依照数罪并罚的规定处罚。也就是说，除了规定"故意杀人罪"的第 232 条与第 120 条、292 条、318 条、321 条、358 条，刑法分则中的其他条文与"杀人罪"并无直接关系。虽然分则条文中仍存在大量针对广义"杀人"行为定罪量刑的内容，但其并非狭义的"杀人罪"，如第 239 条规定，犯"绑架罪"杀害被绑架人的，仍以"绑架罪"定罪，处无期徒刑或者死刑，并处没收财产。"杀害被绑架人"只是量刑情节，并不影响"绑架罪"的性质与罪名。

　　① 参见王侃：《唐律中的类推不是"举重明轻"，而是"比附"——与中国法制史诸书及〈中国刑法史〉作者商榷》，《法学研究》1993 年第 3 期。

系。由于相关内容比较宽泛，我们针对"秦汉律"与"唐律"中的"杀人罪立法"进行的比较研究其实并未按照立法所呈现的样态进行。而本研究所采取的标准是将"秦汉律"与"唐律"所见的与"杀人罪"相关的条文置于不同的"类型"分别进行比较，如"秦汉律中的盗杀与唐律中的劫杀""秦汉律中的斗殴杀与唐律中的斗杀"；其间亦会根据行为主体与对象的特殊性，进行有针对性的比较，如将"秦汉律中的贼杀与唐律中的故杀"进行比较分析之后，进一步比较"秦汉律中的擅杀与唐律中的尊长故杀卑幼"。当然，此种分类比较有两方面的限制：一方面在于史料，即秦汉律中所见杀人罪相关内容有限且分布不均匀，此种分类标准就会造成各章节的论证详略无法统一。有些杀人罪的具体类型得以全面比较，而有些只能是一带而过或侧重于犯罪工具、行为对象、量刑等某一具体问题。另一方面在于比较的标准本身，我们所采用的比较标准即杀人罪"类型"并非立法本身的直接产物，秦汉律中自然未见相关规定，而唐律中亦未针对"杀人罪"进行分类。本研究的比较标准显然是受到宋元之后注释律学所称之"七杀"或"六杀"的直接影响，对于其性质、具体内容以及与制定法的关系，已有专章探讨，不再赘述。就分类比较的过程与结果来看，秦汉律中针对具体杀人行为定罪量刑的条文"类型化"程度不高，很难概括为"七杀"或"六杀"，但将其与唐律中的相关内容进行比较，大量具体条文的"类型化"过程与方向还是比较清晰的。

四、遗留的问题

自秦至唐跨越千余年，若将秦汉律对战国法制的沿袭以及唐律对后世刑律的影响也考虑在内，其间的发展变化情况就更为复杂。仅就"杀人罪"立法的演进历程来看，由"秦汉律"至"唐律"，在定罪量刑等方面发生了不少质的变化。本研究的重心是针对"杀人罪"相关条文的比较分析,尚有一些虽与"杀人罪立法"具有比较密切的关系,但限于史料、体例与研究主旨而未得深入展开的问题。此处择其典型者稍作提示,以之作为后续研究的起点。

中国古代刑律中的犯罪行为与行为结果始终没有清晰的区分,针对具体犯罪行为的定罪量刑在很大程度上是由该行为造成的结果来决定的。对此,蔡枢衡先生曾有深刻的论述:"一般地说,死亡是创伤的发展。在这个意义上,伤害和死亡实是一个过程的两个阶段。正是由于这个缘故,唐、宋、明、清律一面区分斗殴方法为手足、兵刃或他物;同时规定:成伤便是伤害罪,死亡便是杀人罪。"① 此论断非常准确地指出了问题所在:一方面是作为犯罪行为的"杀"与"伤"在立法中难以清晰界分,与之相应的是司法实践中的困惑;另一方面是作为犯罪行为的"杀"与作为行为结果的"死"之间的关系。传世文献中比较常见的,甚至作为立法语言的"杀死""杀伤"等固定表述形式,大概可以视为客观具体的立法体例以及传统律学语境之下无法清晰辨别其界限的痕迹。② 但蔡氏并未在指出问题所在的基础之上进行深入分析,相关阐释反而产生了一些困惑。"伤害和死亡实是一个过程的两个阶段",就行为本身及其造成的结果来看,这是准确的。但"成伤便是伤害罪,死亡便是杀人罪"却有进一步探讨的余地。

从秦汉律与唐律杀人罪立法的比较分析来看,秦汉时期"杀"就是

---

① 蔡枢衡:《中国刑法史》,中国法制出版社 2005 年版,第 148—149 页。

② 《唐律疏议》中"杀伤"的固定表述出现三百余次,未见"杀死";《大清律例》中"杀死""杀伤"皆出现百余处。但现行刑法当中,未见"杀死""杀伤"的表述。原因在于:现代法学中的犯罪构成理论已将犯罪行为与行为结果及其不同的定罪量刑意义区分得非常清晰,而作为犯罪行为的"杀"与"伤",由于行为人具有完全不同的主观心态,其区分亦非常明确。此处仅是提出问题,不欲进一步探讨,故不作详细统计,亦不引述律文与深入分析。

"死"，"死"就是"杀"。具体来说，"杀"作为犯罪行为，其表意包含着行为对象死亡，法律规范中的"贼杀""盗杀"等表述以及单独出现的"杀"，表达的都是行为对象已死亡的行为完成形态。若行为对象未死亡，则不以杀人定罪量刑。而作为行为结果的"死"一旦出现，致其死亡之行为即为杀人，不需要做其他判断。因此，"成伤便是伤害罪，死亡便是杀人罪"是对秦汉律杀人罪立法比较准确的描述。至唐代，虽然立法体例未发生根本性变化，针对具体犯罪行为的定罪量刑仍然是以客观、具体的列举为主。但刑律中的"杀""伤""死"显然具有了更加复杂的关系，这也是刑事立法与刑法理论进一步发展的结果。具体来说，唐律中所见的"成伤"未必是"伤害罪"，如《贼盗》"谋杀人"条（256）："诸谋杀人者，徒三年；已伤者，绞；已杀者，斩。"策划谋杀他人但未达既遂，仅给犯罪对象造成伤害结果的仍属谋杀人，量刑方面处以绞刑。关于"伤"的标准，《名例》"犯罪未发自首"条（37）《疏》议曰："伤，谓见血为伤。"又《贼盗》"以毒药药人"条（263）"问答"："其药而不死者，并同谋杀已伤之法。"投毒毒害他人，未致他人死亡则为"谋杀已伤"，"谋杀已伤"亦属"杀人"之范畴而并非"伤害罪"。唐律中所见的"死亡"亦未必是"杀人罪"。虽然作为犯罪行为的"杀"在表意方面仍包含着作为行为结果的"死"，但"致人死亡"的行为却并不一定是"杀人"。秦汉律中未见针对"致人死亡"之行为的单独表述，因为这些行为都属于"杀人"，但唐律中见有大量"致死""至死""死"表达"致人死亡"的用法。三种表述形式的交织非常明显，具体表述涉及的律文集中于《斗讼》，且涉及的条文数也大致相当。①《斗讼》中"致人死亡"的各种表达方式呈

---

① 唐律《斗讼》"序"《疏》："《斗讼律》者，首论斗殴之科，次言告讼之事。从秦汉至晋，未有此篇。至后魏太和年，分《系讯律》为《斗律》。至北齐，以讼事附之，名为《斗讼律》。后周为《斗竞律》。隋开皇依준《斗讼》名，至今不改。"由此可以看出：律内"致人死亡"的不同表达方式集中于《斗讼》、其行为内容以斗殴致人死亡为主；另一方面，传统刑律中针对"致

现出如下形态：首先，"致死""至死"与"死"各自单独使用，其所表达的"致人死亡"之意非常清晰，^①此种情况以"致死"为主；其次，以"致死"诠释"至死"与"死"，并强调其所表达的"致人死亡"之含义；^②最后，以"至死"诠释"死"，并强调其所表达的"致人死亡"之含义。^③从具体表述形式在律内出现的频次及其分布来看，"致死"显然是唐律中"致人死亡"的主要表达方式。与"至死""死"相比，"致死"的表意更加单一与固定，^④涉及的篇目、条文又更加广泛。可见，唐律中"致人死亡"的表达方式虽以"致死"为主，但"至死""死"在一定程度上与"致死"互补，并形成了较为复杂的表意整体。

人死亡"的专门表述及其量刑条文的出现与《斗律》的产生是大致同步的，针对具体犯罪行为的定罪量刑条款进一步丰富与律典结构逐渐发展是相伴而生的。

①　如《贼盗》"憎恶造厌魅"条（264）："以故致死者，各依本杀法。"《疏》议曰："'以故致死者'，谓以厌魅、符书咒诅之故，但因一事致死者，不依减二等，各从本杀法。"《斗讼》"殴兄妻夫弟妹"条（332）："即妾殴夫之妾子，……（至死者，各依凡人法。）"《疏》议曰："注云'至死者，各依凡人法'，当条虽有加减，至死者，并与凡人同。"《斗讼》"妻妾殴詈故夫父母"条（331）："诸妻妾殴、詈故夫之祖父母、父母者，……死者，斩。其旧舅姑，殴子孙旧妻妾，……死者，绞。"

②　如《斗讼》"殴詈夫期亲尊长"条（334）："诸妻殴詈夫之期亲以下、缌麻以上尊长，各减夫犯一等。……死者，各斩。"《疏》议曰："'死者，各斩'，谓殴尊长致死，妻、妾并合斩刑。"又"祖父母为人殴击子即殴击之"条（335）："诸祖父母、父母为人所殴击，子孙即殴击之，非折伤者，勿论；折伤者，减凡斗折伤三等；至死者，依常律。"《疏》议曰："'至死者'，谓殴前人致死，合绞；以刃杀者，合斩。故云'依常律'。"律《疏》将"死者""至死"释为"致死"即"致人死亡"，结合律文的内容，即使律《疏》未做此种诠释，上述"死者"与"至死者"所表达的殴击行为导致行为对象死亡的含义亦十分清晰。

③　如《斗讼》"部曲奴婢过失杀伤主"条（323）："殴主之缌麻亲，……死者，皆斩。"《疏》议曰："'死者，皆斩'，谓奴婢、部曲殴主缌麻以上亲至死者，皆斩，罪无首从。"

④　"至死"主要表达的是针对特定犯罪行为可适用死刑，作此含义时律内共出现69次，相关内容涉及除《厩库》《捕亡》之外的10篇计34条律文。具体表述形式为："至死减一等""至死加役流"，其功能主要表现为立法对死刑适用的技术性限制。参见刘晓林：《传统刑律中的死刑限制及其技术策略：以〈唐律疏议〉中的"至死"为中心的考察》，《四川大学学报（哲学社会科学版）》2019年第6期。

表 9.1 《唐律疏议》"致人死亡"的表达方式与分布详表

表述形式	出现的频次 （律、注、疏）	涉及的条文数
致死	82（18、0、64）	33 条（《职制》1 条《厩库》4 条《贼盗》5 条《斗讼》16 条《诈伪》2 条《杂律》5 条《断狱》5 条）
至死	28（4、4、20）	15 条（《斗讼》14 条、《捕亡》1 条）
死	46（21、2、23）	17 条（《厩库》1 条、《斗讼》16 条）

表 9.2 《唐律疏议》中"致人死亡"直接量刑详表

行为	量刑	本条
所管吏卒殴六品以下官长，致死	斩（皆斩、各斩）	《斗讼》"殴制使府主刺史县令"条（312）
所部吏卒殴佐职，至死者		
佐职及所统属官，殴伤官长，死者		《斗讼》"佐职统属殴官长"条（313）
殴皇家袒免及以上亲，死者		《斗讼》"殴皇家袒免以上亲"条（315）
部曲、奴婢殴良人，死者		《斗讼》"部曲奴婢良人相殴"条（320）
奴婢、部曲殴主缌麻以上亲至死者		《斗讼》"部曲奴婢过失杀伤主"条（323）
妻殴夫因殴致死		《斗讼》"妻殴詈夫"条（326）
媵及妾犯夫及妻，若妾犯媵，死者		
妻妾殴、詈故夫之祖父母、父母，死者		《斗讼》"妻妾殴詈故夫父母"条（331）
殴缌麻兄姊，小功、大功亲，致死		《斗讼》"殴缌麻兄姊等"条（327）
殴兄姊致死		《斗讼》"殴兄姊等"条（328）
殴先同居今异者之继父，死者		《斗讼》"殴妻前夫子"条（333）
殴伤见受业师，死者		
妻妾殴詈夫之期亲以下、缌麻以上尊长致死		《斗讼》"殴詈夫期亲尊长"条（334）

行为	量刑	本条
故与人食并出卖（脯肉有毒），以故致死者	绞	《贼盗》"以毒药药人"条（263）
尊长殴缌麻、小功、大功卑幼，致死		《斗讼》"殴缌麻兄姊等"条（327）
旧舅姑，殴子孙旧妻妾，死者		《斗讼》"妻妾殴詈故夫父母"条（331）
殴伤妻前夫之子，致死		《斗讼》"殴妻前夫子"条（333）
妻妾殴夫之卑属，死者		《斗讼》"殴詈夫期亲尊长"条（334）
尊长殴卑幼之妇，死者		
减窃囚食，以故致死者		《斗讼》"因应给衣食医药而不给"条（473）
（未产孕妇）犯罪应拷及决杖笞，拷决致死	加役流	《断狱》"拷决孕妇"条（495）
殴子孙之妇，死者	徒三年	《斗讼》"妻妾殴詈夫父母"条（330）
殴妾，至死者	徒二年	《断狱》"拷囚不得过三度"条（477）
拷囚过三度及杖外以他法拷掠，以故致死		
囚疮病未差，而拷及决杖笞致死	徒一年半	
主殴部曲至死者	徒一年	《斗讼》"主殴部曲死"条（322）
主司不为疾病丁匠（在役）、防人（在防）、官户、奴婢请给医药救疗，以故致死者		《杂律》"丁防官奴婢病不救疗"条（396）
征行人等，或病或伤，须医药救疗，因医食不如法致死者		《杂律》"从征从行身死不送还乡"条（407）
不为囚犯请及虽请不即给衣粮、医药，病重不许家人入视及不脱去枷锁，由此致死者		《断狱》"因应给衣食医药而不给"条（473）
决罚不如法，以故致死者		《断狱》"决罚不如法"条（482）

　　"致人死亡"的行为在唐律中不仅有独立的表达方式，还有专门的量刑条款，这些量刑条款可分为两类，一类是比附各种具体杀人类型量刑的内容，如《斗讼》"威力制缚人"条（309）《疏》议曰："甲是监临官，百姓无罪，唤问事以杖依法决罚致死，官人得杀人罪。"此类内容本研究各章已有比较充分的探讨。另一类是针对"致人死亡"直接量刑的内容，如《斗讼》"部曲奴婢良人相殴"条（320）："诸部曲殴伤良人者，……若奴婢殴良人……死者，各斩。"《疏》议曰："……因殴致死，各斩。"对于唐律中"致人死亡"专门量刑的条款，我们可稍作梳理，以展示唐律在秦汉律基础之上的变化。

　　综上，唐律中的"杀"与"死""伤"已经产生了比较明显的界限，进一步说，"致人死亡"的行为从"杀人"中逐渐分离出来而具有了相对独立的定罪量刑意义，但律内大量"致人死亡"比附"杀人"定罪量刑的内容仍然表明两者之间密切的内在关联。刑事法中"杀"与"死""伤"的深入辨别是由"结果责任"（Erfolgshaftung）逐渐转向"意思责任"（Schuldhaftung）之后，才逐渐表现出来的。中西古代刑法皆具有明显的"结果刑法"（Erfolgsstrafrecht）之特征，只是程度不同而已。行为人应对一切之行为结果负责，此系古代结果刑法之特色。[①]中国古代刑律中杀人罪立法由秦汉至唐代的变化比较明显地呈现了"结果刑法"向"意思刑法"发展的方向与趋势。这一内容虽与杀人罪立法密切相关，但对其深入的探讨需建立在针对秦汉律与唐律中的"伤害""致人死亡"及相关内容系统、全面比较研究的基础之上。相关内容已超出了本研究的范围及本研究的初始计划，留待之后适当的机会续作探讨。

　　[①]　蔡墩铭曾谓："行为人应对一切之行为结果负责，此系古代结果刑法之特色，其例甚多，不胜枚举。"参见蔡墩铭：《唐律与近世刑事立法之比较研究》，汉苑出版社1976年版，第86—87、164页。

参考文献

古籍类

［周］左丘明撰、［晋］杜预注、［唐］孔颖达正义：《春秋左传正义》，北京大学出版社 1999 年版。

［战国］吕不韦：《吕氏春秋新校释》，陈奇猷校释，上海古籍出版社 2002 年版。

［汉］班固撰、［唐］颜师古注：《汉书》，中华书局 1962 年版。

［汉］公羊寿传、［汉］何休解诂、［唐］徐彦疏：《春秋公羊传注疏》，北京大学出版社 1999 年版。

［汉］孔安国传、［唐］孔颖达疏：《尚书正义》，北京大学出版社 1999 年版。

［汉］刘向：《说苑校证》，向宗鲁校证，中华书局 1987 年版。

［汉］刘珍等：《东观汉记校注》，吴树平校注，中华书局 2008 年版。

［汉］司马迁：《史记》，中华书局 1963 年版。

［汉］王符撰、［清］汪继培笺：《潜夫论笺校正》，中华书局 1985 年版。

［汉］许慎撰、［清］段玉裁注：《说文解字注》，上海古籍出版社 1981 年版。

［汉］荀悦：《前汉纪》，上海涵芬楼用梁溪孙氏小渌天藏明嘉靖本影印。

［汉］赵歧注、［宋］孙奭疏：《孟子注疏》，北京大学出版社 1999 年版。

［汉］郑玄注、［唐］贾公彦疏：《周礼注疏》，北京大学出版社 1999 年版。

［晋］陈寿撰、［宋］裴松之注：《三国志》，中华书局 1964 年版。

［晋］范宁集解、［唐］杨士勋疏：《春秋谷梁传注疏》，北京大学出版社 1999 年版。

［晋］司马彪撰、［梁］刘昭注补：《后汉书》，中华书局，1965 年版。

［后晋］刘昫等：《旧唐书》，中华书局 1975 年版。

［南朝宋］范晔撰、［唐］李贤等注：《后汉书》，中华书局 1965 年版。

［梁］沈约：《宋书》，中华书局 1974 年版。

［北齐］魏收：《魏书》，中华书局 1974 年版。

［唐］杜佑：《通典》，王文锦等点校，中华书局 1988 年版。

［唐］段成式：《酉阳杂俎》，方南生点校，中华书局 1931 年版。

［唐］房玄龄等：《晋书》，中华书局 1974 年版。

［唐］李林甫等：《唐六典》，陈仲夫点校，中华书局 1992 年版。

［唐］李延寿：《北史》，中华书局 1974 年版。

［唐］李延寿：《南史》，中华书局 1975 年版。

［唐］令狐德芬等：《周书》，中华书局 1971 年版。

［唐］马总：《意林》，江苏广陵古籍刻印社 1983 年版。

［唐］欧阳询：《艺文类聚》，汪绍楹校，上海古籍出版社 1965 年版。

［唐］魏徵等：《群书治要》，吕效祖点校，鹭江出版社 2004 年版。

［唐］长孙无忌等：《唐律疏议》，刘俊文点校，中华书局 1983 年版。

［宋］窦靖德编：《朱子语类》，王星贤点校，中华书局 1986 年版。

［宋］窦仪：《宋刑统》，薛梅卿点校，法律出版社 1998 年版。

［宋］傅霖：《刑统赋解》，［元］郄□韵释、［元］王亮增注，杨一凡编：《中国律学文
　　献（第一辑）》（第一册），黑龙江人民出版社 2004 年版。

［宋］李昉等：《太平广记》，中华书局 1961 年版。

［宋］李昉等：《太平御览》，中华书局 1960 年影印版。

［宋］欧阳修、宋祁：《新唐书》，中华书局 1975 年版。

［宋］王钦若等：《宋本册府元龟》，中华书局 1989 年版。

［宋］薛居正等：《旧五代史》，中华书局 1976 年版。

［元］马端临：《文献通考》，浙江古籍出版社 2000 年版。

［元］沈仲纬：《刑统赋疏》，杨一凡编：《中国律学文献（第一辑）》（第一册），黑龙江
　　人民出版社 2004 年版。

［元］脱脱等：《辽史》，中华书局 1974 年版。

［元］脱脱等：《宋史》，中华书局 1977 年版。

［元］徐元瑞等：《吏学指南（外三种）》，杨讷点校，浙江古籍出版社 1988 年版。

［明］雷梦麟：《读律琐言》，怀效锋、李俊点校，法律出版社 1999 年版。

［明］刘基：《郁离子》，魏建猷、肖善芗点校，上海古籍出版社 1981 年版。

［明］丘浚：《大学衍义补》，林冠群、周济夫校点，京华出版社 1999 年版。

［明］宋濂等：《元史》，中华书局 1976 年版。

［清］洪亮吉：《春秋左传诂》，李解民点校，中华书局 1987 年版。

［清］黄六鸿：《福惠全书》，康熙三十八年金陵濂溪书屋刻本。

［清］焦循：《孟子正义》，沈文倬点校，中华书局 1991 年版。

［清］沈家本：《历代刑法考》，邓经元、骈宇骞点校，中华书局 1985 年版。

［清］沈家本：《历代刑法考》，商务印书馆 2011 年版。

［清］沈之奇：《大清律辑注》，怀效锋、李俊点校，法律出版社 2000 年版。

［清］孙希旦：《礼记集解》，沈啸寰、王星贤点校，中华书局 1989 年版。

［清］孙诒让：《墨子闲诂》，孙启治点校，中华书局 2001 年版。

［清］王筠撰集：《说文句读》，中国书店 1983 年影印版。

［清］王明德：《读律佩觿》，何勤华等点校，法律出版社 2001 年版。

［清］王聘珍：《大戴礼记解诂》，王文锦点校，中华书局 1983 年版。

［清］薛允升：《读例存疑重刊本》，黄静嘉编校，成文出版社 1970 年版。

［清］薛允升：《唐明律合编》，怀效锋、李鸣点校，法律出版社 1999 年版。

［清］张廷玉等：《明史》，中华书局 1974 年版。

北京大学《荀子》注释组：《荀子新注》，中华书局 1979 年版。

《元典章》，陈高华、张帆、刘晓、党宝海点校，中华书局、天津古籍出版社 2011 年版。

陈松长主编：《岳麓书院藏秦简（肆）》，上海辞书出版社 2015 年版。

甘肃省文物考古研究所等：《居延新简（甲渠候官与第四燧）》，文物出版社 1990 年版。

胡平生、张德芳：《敦煌悬泉汉简释粹》，上海古籍出版社 2001 年版。

黄晖：《论衡校释》（附刘盼遂集解），中华书局 1990 年版。

刘春生：《尉缭子全译》，贵州人民出版社 1993 年版。

刘仲平注译：《〈司马法〉今注今译》，台湾商务印书馆 1975 年版。

上海师范大学古籍整理组校点：《国语》，上海古籍出版社 1978 年版。

睡虎地秦墓竹简整理小组：《睡虎地秦墓竹简》，文物出版社 1990 年版。

《孔丛子》，王钧林、周海生译注，中华书局 2009 年版。

王利器校注：《盐铁论校注》，中华书局 1992 年版。

吴毓江：《墨子校注》，孙启治点校，中华书局 1993 年版。

谢桂华、李均明、朱国炤：《居延汉简释文合校》，文物出版社 1987 年版。

徐世虹：《沈家本全集》，中国政法大学出版社 2010 年版。

杨伯峻：《列子集解》，中华书局 1979 年版。

张家山二四七号汉墓竹简整理小组：《张家山汉墓竹简〔二四七号墓〕（释文修订本）》，文物出版社 2006 年版。

张涛：《列女传》，山东大学出版社 1990 年版。

赵尔巽等：《清史稿》，中华书局 1977 年版。

中国文物研究所、湖北省文物考古研究所：《龙岗秦简》，中华书局 2001 年版。

朱汉民、陈松长：《岳麓书院藏秦简（叁）》，上海辞书出版社 2013 年版。

著译作类

蔡墩铭：《唐律与近世刑事立法之比较研究》，汉苑出版社 1976 年版。

蔡枢衡：《中国刑法史》，中国法制出版社 2005 年版。

曹旅宁：《秦律新探》，中国社会科学出版社 2002 年版。

曹旅宁：《张家山汉律研究》，中华书局 2005 年版。

曹漫之主编：《唐律疏议译注》，吉林人民出版社 1989 年版。

曾宪义主编：《中国法制史》，北京大学出版社、高等教育出版社 2013 年版。

陈顾远：《中国法制史》，中国书店 1988 年版。

陈兴良：《口授刑法学》，中国人民大学出版社 2007 年版。

程树德：《九朝律考》，商务印书馆 2010 年版。

程树德：《九朝律考》，中华书局 1963 年版。

戴炎辉：《唐律各论》，成文出版社有限公司 1988 年版。

戴炎辉：《唐律通论》，戴东雄、黄源盛校订，元照出版公司 2010 年版。

戴炎辉：《中国法制史》，三民书局 1995 年版。

范忠信、陈景良主编：《中国法制史》，北京大学出版社 2007 年版。

傅荣珂：《睡虎地秦简刑律研究》，商鼎文化出版社 1992 年版。

高恒：《秦汉简牍中法制文书辑考》，社会科学文献出版社 2008 年版。

高明士：《律令法与天下法》，上海古籍出版社 2013 年版。

高明士：《中国中古礼律综论——法文化的定型》，商务印书馆 2017 年版。

高明士主编：《唐代身分法制研究——以〈唐律·名例律〉为中心》，五南图书出版有限公司 1992 年版。

高明士主编：《唐律与国家社会研究》，五南图书出版股份有限公司 1999 年版。

高明士主编：《唐律诸问题》，台大出版中心 2005 年版。

高铭暄、马克昌主编:《刑法学》,中国法制出版社 1999 年版。

高绍先:《中国刑法史精要》,法律出版社 2001 年版。

桂齐逊:《国法与家礼之间——唐律有关家族伦理的立法规范》,龙文出版社股份有限公司 2007 年版。

何勤华编:《律学考》,商务印书馆 2004 年版。

黄源盛:《汉唐法制与儒家传统》,元照出版公司 2009 年版。

黄源盛:《唐律与传统法文化》,元照出版公司 2011 年版。

黄仲夫:《刑法精义》,五南图书出版股份有限公司 2001 年版。

栗劲:《秦律通论》,山东人民出版社 1985 年版。

廖伯源:《秦汉史论丛(增订本)》,中华书局 2008 年版。

林文雄教授祝寿论文集编辑委员会主编:《当代基础法学理论——林文雄教授祝寿论文集》,学林文化事业有限公司 2001 年版。

刘海年:《战国秦代法制管窥》,法律出版社 2006 年版。

刘俊文:《唐律疏议笺解》,中华书局 1996 年版。

刘俊文主编:《日本学者研究中国史论著选译(第八卷)》,中华书局 1992 年版。

刘晓林:《唐律"七杀"研究》,商务印书馆 2012 年版。

马克昌主编:《刑罚通论》,武汉大学出版社 1995 年版。

闵冬芳:《清代的故意杀人罪》,北京大学出版社 2015 年版。

宁汉林、魏克家:《中国刑法简史》,中国检察出版社 1999 年版。

钱大群、钱元凯:《唐律论析》,南京大学出版社 1989 年版。

钱大群、夏锦文:《唐律与中国现行刑法比较论》,江苏人民出版社 1991 年版。

钱大群:《唐代行政法律研究》,江苏人民出版社 1996 年版。

钱大群:《唐律疏义新注》,南京师范大学出版社 2007 年版。

钱大群:《唐律研究》,法律出版社 2000 年版。

钱大群:《唐律与唐代法律体系研究》,南京大学出版社 1996 年版。

钱大群:《唐律与唐代法制考辨》,社会科学文献出版社 2013 年版。

钱大群:《唐律与唐代吏治》,中国政法大学出版社 1994 年版。

乔伟:《秦汉律研究》,吉林大学法律系法律史教研室 1981 年印。

乔伟:《唐律研究》,山东人民出版社 1986 年版。

苏亦工:《明清律典与条例》,中国政法大学出版社 1999 年版。

王立民:《唐律新探》,北京大学出版社 2010 年版。

吴杰:《清代"杀一家三人"律、例辨析》,法律出版社 2016 年版。

萧榕主编:《世界著名法典选编(中国古代法卷)》,中国民主法制出版社 1998 年版。

徐世虹等:《秦律研究》,武汉大学出版社 2017 年版。

闫晓君:《秦汉法律研究》,法律出版社 2012 年版。

杨廷福:《唐律初探》,天津人民出版社 1982 年版。

杨一凡、刘笃才主编:《中国法制史考证》(乙编第二卷),中国社会科学出版社 2003 年版。

袁行霈、严文明、张传玺、楼宇烈主编:《中华文明史》,北京大学出版社 2006 年版。

张伯元:《出土法律文献丛考》,上海人民出版社 2013 年版。

张伯元:《出土法律文献研究》,商务印书馆 2005 年版。

张伯元:《律注文献丛考》,社会科学文献出版社 2009 年版。

张明楷:《刑法学》(第四版),法律出版社 2011 年版。

郑显文:《出土文献与唐代法律史研究》,中国社会科学出版社 2012 年版。

朱红林:《张家山汉简〈二年律令〉集释》,社会科学文献出版社 2005 年版。

朱红林:《张家山汉简〈二年律令〉研究》,黑龙江人民出版社 2008 年版。

朱勇主编:《中国法制史》,高等教育出版社 2017 年版。

〔韩〕韩相敦:《传统中国的杀伤罪研究》,辽宁人民出版社 1996 年版。

〔日〕富谷至:《秦汉刑罚制度研究》,柴生芳、朱恒晔译,广西师范大学出版社 2006 年版。

〔日〕崛毅:《秦汉法制史论考》,法律出版社 1988 年版。

〔日〕铃木直美:《中国古代家族史研究——秦律·汉律にみる家族形态と家族観——》,刀水书房 2012 年版。

〔日〕仁井田陞:《唐令拾遗》,栗劲、霍存福等编译,长春出版社 1989 年版。

〔日〕仁井田陞:《中国法制史》,牟发松译,上海古籍出版社 2011 年版。

〔日〕仁井田陞:《中国身份法史》,东京大学出版会 1983 年版。

〔日〕石刚浩、〔日〕川村康、〔日〕七野敏光、〔日〕中村正人:《史料からみる中国法史》,法律文化社 2012 年版。

〔日〕水间大辅:《秦汉刑法研究》,知泉书馆 2007 年版。

〔日〕寺田浩明主编:《中国法制史考证》(丙编第四卷),中国社会科学出版社 2003 年版。

〔日〕太田幸男:《中国古代国家形成史论》,汲古书院 2007 年版。

〔英〕马若斐:《传统中国法的精神》,陈煜译,中国政法大学出版社 2013 年版。

辞书类

北京大学法学百科全书编委会:《北京大学法学百科全书(中国法律思想史·中国法
　　制史·外国法律思想史·外国法制史)》,北京大学出版社 2000 年版。

陈永正主编:《中国方术大辞典》,中山大学出版社 1991 年版。

高潮、马建石主编:《中国古代法学辞典》,南开大学出版社 1989 年版。

高格、孙占茂主编:《刑事法学词典》,吉林大学出版社 1987 年版。

何本方、李树权、胡晓昆主编:《中国古代生活辞典》,沈阳出版社 2003 年版。

康树华、王岱、冯树梁主编:《犯罪学大辞书》,甘肃人民出版社 1995 年版。

李鑫生、蒋宝德主编:《人类学辞典》,华艺出版社 1990 年版。

栗劲、李放主编:《中华实用法学大辞典》,吉林大学出版社 1988 年版。

林崇德、姜璐、王德胜主编:《中国成人教育百科全书·政治·法律》,南海出版公司
　　1992 年版。

刘树孝、魏惠仙、杨永奎主编:《法律文书大词典》,陕西人民出版社 1991 年版。

门岿、张燕瑾主编:《中华国粹大辞典》,国际文化出版公司 1997 年版。

史仲文、胡晓林主编:《中华文化制度辞典·文化制度》,中国国际广播出版社 1998
　　年版。

孙膺杰、吴振兴主编:《刑事法学大辞典》,延边大学出版社 1989 年版。

唐嘉弘主编:《中国古代典章制度大辞典》,中州古籍出版社 1998 年版。

袁世全主编:《百科合称辞典》,中国科学技术大学出版社 1996 年版。

张晋藩主编:《中华法学大辞典·法律史学卷》,中国检察出版社 1999 年版。

中国百科大辞典编委会:《中国百科大辞典》,华夏出版社 1990 年版。

中国劳改学会编:《中国劳改学大辞典》,社会科学文献出版社 1993 年版。

宗福邦、陈世饶、萧海波主编:《故训汇纂》,商务印书馆 2003 年版。

邹瑜、顾明总主编:《法学大辞典》,中国政法大学出版社 1991 年版。

期刊论文

安斌、韩俊雯:《中国古代自首制度简论》,《中国人民公安大学学报》2004 年第 4 期。

曹旅宁:《从天水放马滩秦简看秦代的弃市》,《广东社会科学》2000 年第 5 期。

曹旅宁:《秦汉磔刑考》,《湖南大学学报(社会科学版)》2007 年第 1 期。

柴英:《〈唐律疏议〉主要罪名考》,《郑州大学学报(哲学社会科学版)》2011 年第
    3 期。

陈红太:《从秦、汉律到唐律的变化看齐儒学对中国刑律的影响》,《政法论坛》2006
    年第 6 期。

陈鸣:《汉代持质的立法、执行及流变》,《史学月刊》2014 年第 12 期。

程维荣:《我国古代法律中的共同犯罪》,《河北法学》1984 年第 4 期。

崔永东:《竹简秦汉律与唐律所见司法制度的嬗变》,《暨南学报(哲学社会科学版)》
    2011 年第 6 期。

董志翘:《〈唐律疏议〉词语杂考》,《南京师大学报(社会科学版)》2002 年第 4 期。

冯勇:《汉律之"五杀"考析》,《江苏警官学院学报》2006 年第 6 期。

高明士:《东亚传统法文化的理想境界——"平"》,《法制史研究》第 23 期,元照出
    版公司 2013 年版。

郭建:《"坐而不偿,偿而不坐"——汉唐时期法律处置侵损财产行为的一项原则》,
    《华东师范大学学报(哲学社会科学版)》2010 年第 4 期。

何勤华:《秦汉律学考》,《法学研究》1999 年第 5 期。

何双全:《天水放马滩秦简综述》,《文物》1989 年第 2 期。

湖南省文物考古研究所、中国文物研究所:《湖南张家界古人堤简牍释文与简注》,
    《中国历史文物》2003 年第 2 期。

霍存福、丁相顺:《〈唐律疏议〉"以"、"准"字例析》,《吉林大学社会科学学报》
    1994 年第 5 期。

霍存福:《汉语言的法文化透视——以成语与熟语为中心》,《吉林大学社会科学学
    报》2001 年第 6 期。

景风华:《"矜弱"的逻辑:清代儿童致毙人命案的法律谱系》,《法学家》2017 年第
    6 期。

景风华:《经与权:中国中古时期继母杀子的法律规制》,《中南大学学报(社会科学
    版)》2015 年第 6 期。

劳东燕:《刑事政策与刑法解释中的价值判断——兼论解释论上的"以刑制罪"现象》,
    《政法论坛》2012 年第 4 期。

李芳、刘晓林:《唐律"故杀"考》,《西部法学评论》2011 年第 1 期。

李芳、刘晓林:《唐律"戏杀"考》,《科学经济社会》2012 年第 3 期。

李均明：《张家山汉简所反映的适用刑罚原则》，《郑州大学学报（哲学社会科学版）》
　　2002 年第 4 期。

李力：《秦汉律所见"质钱"考辨》，《法学研究》2015 年第 2 期。

李天石：《从张家山汉简与唐律的比较看汉唐奴婢的异同》，《敦煌学辑刊》2005 年
　　第 2 期。

李希慧：《罪状、罪名的定义与分类新论》，《法学评论》2000 年第 6 期。

李学勤：《放马滩秦简中的志怪故事》，《文物》1990 年第 4 期。

刘晓林：《〈唐律疏议〉中的"情"考辨》，《上海师范大学学报（哲学社会科学版）》
　　2017 年第 1 期。

刘晓林：《传统刑律中的死刑限制及其技术策略：以〈唐律疏议〉中的"至死"为中心
　　的考察》，《四川大学学报（哲学社会科学版）》2019 年第 6 期。

刘晓林：《从"贼杀"到"故杀"》，《苏州大学学报（法学版）》2015 年第 1 期。

刘晓林：《秦汉律与唐律谋杀比较研究》，《甘肃社会科学》2013 年第 2 期。

刘晓林：《秦汉律中有关的"谒杀""擅杀"初考》，《甘肃政法学院学报》2013 年第
　　5 期；

刘晓林：《唐律"斗杀"考》，《当代法学》2012 年第 2 期。

刘晓林：《唐律"过失杀"研究》，《科学经济社会》2011 年第 3 期。

刘晓林：《唐律"劫杀"考》，《华东政法大学学报》2011 年第 4 期。

刘晓林：《唐律"谋杀"考》，《西部法学评论》2010 年第 1 期。

刘晓林：《唐律立法体例的实证分析——以"不用此律"的表述为中心》，《政法论坛》
　　2016 年第 5 期。

刘晓林：《唐律误杀考》，《法学研究》2012 年第 5 期。

刘晓林：《唐律中的"余条准此"考辨》，《法学研究》2017 年第 3 期。

刘晓林：《唐律中的"罪名"：立法的语言、核心与宗旨》，《法学家》2017 年第 5 期。

马瑞、李建平：《"同产"词义考辨》，《汉字文化》2011 年第 2 期。

孟彦弘：《秦汉法典体系的演变》，《历史研究》2005 年第 3 期。

闵冬芳：《中国古代"谋杀"概念的形成与演变》，《法学》2009 年第 2 期。

闵冬芳：《中国古代的故杀》，《河北法学》2009 年第 4 期。

明廷强、张玉珍：《唐律共同犯罪探析》，《齐鲁学刊》2005 年第 1 期。

石经海、熊亚文：《何以"以刑制罪"：罪、责、刑相适应原则的定罪意义》，《社会科

学战线》2015 年第 2 期。

王侃：《唐律中的类推不是"举重明轻"，而是"比附"——与中国法制史诸书及〈中国刑法史〉作者商榷》，《法学研究》1993 年第 3 期。

王应瑄：《从唐代姚文秀杀妻案看我国古代故杀人罪的罪名定义》，《法学评论》1985 年第 5 期。

吴欢：《明清律典"例分八字"源流述略——兼及传统律学的知识化转型》，《法律科学》2017 年第 3 期。

萧典：《中国古代自首制度考——兼论自首制度演变发展的特征及其价值》，《武汉文史资料》2003 年第 5 期。

邢义田：《从张家山汉简〈二年律令〉论秦汉的刑期问题》，《台大历史学报》第 31 期，2003 年 6 月。

许道胜：《张家山汉简〈二年律令·贼律〉补释》，《江汉考古》2004 年第 4 期。

许利飞：《论〈唐律〉中的共同犯罪》，《法学评论》1999 年第 4 期。

闫晓君：《汉简〈贼律〉沿革考》，《华南师范大学学报(社会科学版)》2006 年第 1 期。

闫晓君：《秦汉盗罪及其立法沿革》，《法学研究》2004 年第 6 期。

闫晓君：《竹简秦汉律与唐律》，《学术月刊》2005 年第 9 期。

杨鸿年：《汉魏"同产"浅释》，《法学评论》1984 年第 1 期。

杨振红：《从出土秦汉律看中国古代的"礼""法"观念及其法律体现——中国古代法律之儒家化说商兑》，《中国史研究》2010 年第 4 期。

杨振红：《秦汉律篇二级分类说——论〈二年律令〉二十七种律均属九章》，《历史研究》2005 年第 6 期。

张功：《唐律谋杀罪理论体系形成考》，《南都学坛》2011 年第 1 期。

张建国：《张家山汉简〈具律〉121 简排序辨正——兼析相关各律条文》，《法学研究》2004 年第 6 期。

张晋藩：《明清律"讲读律令"的启示》，《比较法研究》2011 年第 1 期。

张全民：《秦律的责任年龄辨析》，《吉林大学社会科学学报》1998 年第 1 期。

张松：《睡虎地秦简与张家山汉简反映的秦汉亲亲相隐制度》，《南都学坛》2005 年第 6 期。

赵立新：《论明清律对日本法的影响》，《华东政法学院学报》2006 年第 3 期。

甄岳刚：《中国古代盗贼称谓考》，《北京师范学院学报(社会科学版)》1992 年第 6 期。

Geoffrey MacCormack：From Zei to Gu Sha：A Changing Concept of Liability in Traditional Chinese Law，*The Journal of Asian Legal History*，2007，Vol.7.

"三国时代出土文字资料の研究"班：《江陵张家山汉墓出土〈二年律令〉译注稿その（一）》,《东方学报》第 76 册,2004 年 3 月。

〔韩〕尹在硕：《睡虎地秦简和张家山汉简反映的秦汉时期后子制和家系继承》,《中国历史文物》2003 年第 1 期。

〔日〕水间大辅：《湖南张家界古人堤遗址出土汉简に见える汉律の贼律・盗律について》,《长江流域文化研究所年报》(第二号),早稻田大学长江流域研究所 2003 年 10 月。

〔日〕水间大辅：《秦律・汉律における杀人罪の类型——张家山汉简〈二年律令〉を中心に——》,《史观》(第 148 册),2003 年 3 月。

析出文献

曹旅宁：《释张家山汉简〈贼律〉中的"锢"》,载曹旅宁：《张家山汉律研究》,中华书局 2005 年版。

曹旅宁：《张家山汉简〈具律〉考》,载曹旅宁：《张家山汉律研究》,中华书局 2005 年版。

曹旅宁：《张家山汉律群盗考》,载曹旅宁：《张家山汉律研究》,中华书局 2005 年版。

陈泽宪：《刑事法制发展与公民权利保护》,载夏勇主编：《走向权利的时代》,中国政法大学出版社 1999 年版。

董康：《新旧刑律之比较概论》,载何勤华、李秀清主编：《民国法学论文精粹》(第四卷),法律出版社 2004 年版。

杜正胜：《传统法典始原——兼论李悝法经的问题》,载许倬云等：《中国历史论文集》,商务印书馆 1986 年版。

高恒：《汉简牍中所见汉律论考》,高恒：《秦汉简牍中法制文书辑考》,社会科学文献出版社 2008 年版。

高恒：《张斐的〈律注要略〉及其法律思想》,载何勤华编：《律学考》,商务印书馆 2004 年版。

黄源盛：《唐律轻重相举条的法理及其运用》,载林文雄教授祝寿论文集编辑委员会主编：《当代基础法学理论——林文雄教授祝寿论文集》,学林文化事业有限公司

2001 年版。

蒋非非:《〈二年律令·盗律〉"桥(矫)相以为吏、自以为吏以盗"考释》,载卜宪群、杨振红主编:《简帛研究(2007)》,广西师范大学出版社 2010 年版。

蒋集耀:《中国古代魏晋律学研究》,载何勤华编:《律学考》,商务印书馆 2004 年版。

廖伯源:《汉禁锢考》,载廖伯源:《秦汉史论丛(增订本)》,中华书局 2008 年版。

刘海年:《秦律刑罚考析》,载杨一凡、刘笃才主编:《中国法制史考证》(乙编第二卷),中国社会科学出版社 2003 年版。

刘俊文:《论唐格——敦煌写本唐格残卷研究》,载中国敦煌吐鲁番学会编:《敦煌吐鲁番学研究论文集》,汉语大词典出版社 1990 年版。

马志冰:《张家山汉简〈贼律〉研究——兼与睡虎地秦简及唐律比较》,载"沈家本与中国法律文化国际学术研讨会"组委会编:《沈家本与中国法律文化国际学术研讨会论文集(下册)》,中国法制出版社 2005 年版。

孟彦弘:《从"具律"到"名例律"——秦汉法典体系演变之一例》,载中国社会科学院历史研究所学刊编委会:《中国社会科学院历史研究所学刊》(第四集),商务印书馆 2007 年版。

穆宇:《张斐法律思想述评》,载何勤华编:《律学考》,商务印书馆 2004 年版。

宋磊:《家国冲突视野下的竹简秦汉律与唐律——汉唐律中家国角色的演变》,载陈景良、郑祝君主编:《中西法律传统》(第 9 卷),北京大学出版社 2014 年版。

王彦辉:《从张家山汉简看西汉私奴婢的社会地位》,载中国秦汉史研究会编:《秦汉史论丛》(第 9 辑),三秦出版社 2004 年版。

武树臣:《张家山汉简〈贼律〉研究——兼与秦律、唐律相比较》,载韩延龙主编:《法律史论集》(第 5 卷),法律出版社 2004 年版。

邢义田:《从张家山汉简〈二年律令〉重论秦汉的刑期问题》,载中国政法大学法律古籍整理研究所编:《中国古代法律文献研究》(第 3 辑),中国政法大学出版社 2007 年版。

闫晓君:《汉初的刑罚体系》,载闫晓君:《秦汉法律研究》,法律出版社 2012 年版。

闫晓君:《张家山汉简〈贼律〉考》,载江林昌、朱汉民、杨朝明、宫长为、赵平安等:《中国古代文明研究与学术史——李学勤教授伉俪七十寿庆纪念文集》,河北大学出版社 2006 年版。

张伯元:《〈盗跖〉篇与盗、贼律》,载张伯元:《出土法律文献研究》,商务印书馆

2005 年版。

张伯元:《汉简法律术语零拾(四则)》,载张伯元:《出土法律文献研究》,商务印书馆 2005 年版。

张伯元:《说"辜"二题》,载张伯元:《出土法律文献研究》,商务印书馆 2005 年版。

张家山汉简研读班:《张家山汉简〈二年律令〉校读记》,载李学勤、谢桂华主编:《简帛研究(2002、2003)》,广西师范大学出版社 2005 年版。

郑显文:《〈唐律疏议〉的律注研究》,载王沛主编:《出土文献与法律史研究》(第四辑),上海人民出版社 2015 年版。

支强:《〈二年律令·具律〉中所见"刑尽"试解》,载中国文物研究所:《出土文献研究(第 6 辑)》,上海古籍出版社 2006 年版。

〔德〕陶安:《中国传统法"共犯"概念的几则思考》,载《秩序·规范·治理——唐律与传统法文化国际学术研讨会论文集》,2011 年 2 月中国·台北。

〔法〕陆康:《清代法律文献视野中的精神病与杀父母》,载中国政法大学法律古籍整理研究所编:《中国古代法律文献研究》(第 7 辑),社会科学文献出版社 2013 年版。

〔韩〕尹在硕:《秦律所反映的秦国家族政策》,载中国社会科学院简帛研究中心编:《简帛研究译丛》(第一辑),湖南出版社 1996 年版。

〔韩〕尹在硕:《张家山汉简所见的家庭犯罪及刑罚资料》,载中国政法大学法律古籍整理研究所编:《中国古代法律文献研究》(第 2 辑),中国政法大学出版社 2004 年版。

〔美〕胡宗绮:《过失杀人:划分犯罪意图的谱系》,载黄宗智、尤陈俊主编:《从诉讼档案出发——中国的法律、社会与文化》,法律出版社 2009 年版。

〔日〕富谷至:《剥夺生命与处理尸体的刑罚》,载中国政法大学法律古籍整理研究所编:《中国古代法律文献研究》(第 3 辑),中国政法大学出版社 2007 年版。

〔日〕富谷至:《从汉律到唐律——裁判规范与行为规范》,薛夷风、周东平译,载周东平、朱腾主编:《法律史译评》(2014 年卷),中国政法大学出版社 2015 年版。

〔日〕富谷至:《奸罪的观念——从汉律到唐律》,赵晶译,载徐世虹主编:《中国古代法律文献研究》(第 8 辑),社会科学文献出版社 2014 年版。

〔日〕堀毅:《秦汉盗律考》,载堀毅:《秦汉法制史论考》,法律出版社 1988 年版。

〔日〕仁井田陞:《唐律的通则性规定及其来源》,载刘俊文主编:《日本学者研究中国史论著选译(第八卷)》,中华书局 1992 年版。

〔日〕石刚浩:《张家山汉简〈二年律令〉之〈盗律〉所见磔刑的作用》,李力译,载中国政法大学法律史学研究院编:《日本学者中国法论著选译》(上册),中国政法大学出版社 2012 年版。

〔日〕矢泽悦子:《斗と贼——秦、汉代における伤害と杀人の二つの形态について——》,载池田雄一:《奏谳书——中国古代の裁判记录——》,刀水书房 2002年版。

〔日〕水间大辅:《秦律、汉律中的杀人罪类型——以张家山汉简〈二年律令〉为中心》,载中国秦汉史研究会编:《秦汉史论丛》(第 9 辑),三秦出版社 2004 年版。

〔日〕水间大辅:《秦律·汉律における共犯の处罚》,载水间大辅:《秦汉刑法研究》,知泉书馆 2007 年版。

〔日〕水间大辅:《睡虎地秦简〈法律答问〉新考》,载华东政法大学法律古籍整理研究所:《第六届"出土文献与法律史研究"暨庆祝华东政法大学法律古籍整理研究所成立三十周年学术研讨会论文集》,2016 年 11 月中国·上海。

〔日〕水间大辅:《岳麓书院藏秦简〈为狱等状四种〉所见共犯处罚》,载《第三届"出土文献与法律史研究"学术研讨会论文集》2013 年 11 月中国·上海。

〔日〕水间大辅:《张家山汉简〈二年律令〉による秦汉刑罚制度研究の动向》,载中国史学会:《中国史学》(第 14 卷),朋友书店 2004 年版。

〔日〕中村正人:《清律误杀初考》,载寺田浩明主编:《中国法制史考证》(丙编第四卷),中国社会科学出版社 2003 年版。

学位论文

陈志杰:《清律"六杀"探析》,河南大学 2014 年硕士学位论文。

范莉:《唐律疏议之共同犯罪研究》,中国政法大学 2007 年硕士学位论文。

冯申:《汉唐律杀伤人罪之比较研究——以〈二年律令〉与〈唐律疏议〉为主线》,中国政法大学 2005 年硕士论文。

胡仁智:《两汉郡县官吏司法权研究》,西南政法大学 2007 年博士学位论文。

胡晓萍:《从传统社会杀人罪到当代刑法杀人罪的演变》,山东大学 2014 年硕士学位论文。

蒋冬梅:《杀人者死的中国传统观念及其实践研究》,华东政法大学 2008 年博士学位论文。

连宏:《汉唐刑罚比较研究》,东北师范大学 2012 年博士学位论文。

吕红梅:《秦汉士人犯罪研究》,首都师范大学 2006 年博士学位论文。

马立科:《浅议"六杀"之立法技术及借鉴价值》,中国社会科学院研究生院 2014 年硕士学位论文。

倪彬:《汉唐"匿哀"等罪研究》,南开大学 2012 年博士学位论文。

宋洁:《西汉法制问题研究》,湖南大学 2014 年博士学位论文。

王侃:《唐律杀人罪研究》,南京师范大学 2014 年硕士学位论文。

文霞:《秦汉奴婢法律地位及其比较研究》,首都师范大学 2007 年博士学位论文。

仪浩:《中国古代谋杀罪考——以一般主体为考察对象》,中国政法大学 2007 年硕士学位论文。

张功:《秦汉逃亡犯罪研究》,首都师范大学 2005 年博士学位论文。

赵旭:《法律制度与唐宋社会秩序》,东北师范大学 2006 年博士学位论文。

赵盈盈:《唐律谋杀罪研究》,安徽大学 2011 年硕士学位论文。

Jennifer Michelle Neighbors : A Question of Intent: Criminal Intent and Homicide Law in Qing and Republican China, Ph. D diss Univ. of California, 2004.

网络文献

《大明律集解附例》,"国学导航"网站 http://www.guoxue123.com/shibu/0401/01dmljj/index.htm

《读例存疑》, http://www.terada.law.kyoto-u.ac.jp/dlcy/index.htm

陈伟:《从"臣妾"、"奴妾"到"奴婢"》,"简帛"网站 http://www.bsm.org.cn/show_article.php?id=2715

陈伟:《秦汉简牍中的"隶"》,"简帛"网站 http://www.bsm.org.cn/show_article.php?id=2712

何有祖:《读岳麓秦简四札记(一)》,"简帛"网站 http://www.bsm.org.cn/show_article.php?id=2492

王伟:《张家山汉简〈二年律令〉杂考》,"简帛研究"网站 http://www.bamboosilk.org/Wssf/2003/wangwei01.htm